◎ 高等院校经济与管理核心课经典系列教材 ◎

国际经济与贸易专业

跨境电子商务理论与实务

KUAJING DIANZI SHANGWU LILUN YU SHIWU

（第二版）

主　编 ◎ 于立新　陈晓琴
副主编 ◎ 陈　原　陈秀玲

首都经济贸易大学出版社
Capital University of Economics and Business Press
·北京·

图书在版编目(CIP)数据

跨境电子商务理论与实务/于立新,陈晓琴主编. ――2版. ――北京:首都经济贸易大学出版社,2020.1

ISBN 978-7-5638-2997-2

Ⅰ.①跨… Ⅱ.①于… ②陈… Ⅲ.①电子商务—高等学校—教材 Ⅳ.①F713.36

中国版本图书馆CIP数据核字(2019)第209139号

跨境电子商务理论与实务(第二版)
主　编　于立新　陈晓琴
副主编　陈　原　陈秀玲

责任编辑	田玉春
封面设计	砚祥志远·激光照排 TEL:010-65976003
出版发行	首都经济贸易大学出版社
地　　址	北京市朝阳区红庙(邮编100026)
电　　话	(010)65976483　65065761　65071505(传真)
网　　址	http://www.sjmcb.com
E-mail	publish@cueb.edu.cn
经　　销	全国新华书店
照　　排	北京砚祥志远激光照排技术有限公司
印　　刷	三河市腾飞印务有限公司
开　　本	710毫米×1000毫米　1/16
字　　数	418千字
印　　张	23.75
版　　次	2017年3月第1版　**2020年1月第2版** 2020年1月总第5次印刷
书　　号	ISBN 978-7-5638-2997-2
定　　价	45.00元

图书印装若有质量问题,本社负责调换
版权所有　侵权必究

第二版前言

全球跨境电子商务诞生与发展已有 20 余年历史,然而中国跨境电子商务交易规模呈爆发式增长则始于 2012 年,作为市场与数字经济的产物,我国政府高度关注这一助推我国外贸协调增长的新兴国际服务贸易业态——跨境电子商务的发展,并连续出台一系列国家优惠政策予以扶持。2015 年 3 月设立了中国(杭州)跨境电子商务综合试验区,目前试点经验已在全国范围推广,其间曾经有上海、深圳、宁波、重庆、北京、武汉、兰州、西安、义乌等 35 个城市依据自身发展优势,纷纷加入跨境电子商务先行先试的行列中。在可预见的未来,我国跨境电子商务的发展将越来越规范,在保持国际领先发展水平的基础上,充分发挥在未来新一轮数字贸易国际竞争中的优势作用,带动我国经济保持中高速发展。

从理论上说,跨境电子商务是世界贸易组织(WTO)划分的十二大类服务贸易中计算机信息服务和分销服务两类别跨界融合发展所产生的服务贸易新业态。中国跨境电子商务交易规模在 2013 年突破了 3.1 万亿元,在 2014 年达到 4.2 万亿元,年增长幅度均超过 25%,发展增速远远超过同期外贸的增长速度。特别是 2014 年,跨境电子商务交易总额在进出口贸易总额中所占比重超过 10%。2015 年,跨境电子商务交易规模为 5.4 万亿元,同比增长 29%。据商务部统计,2016 年中国跨境电子商务进出口贸易额达6.7万亿元,占全国进出口贸易比重27.6%。2017年和2018年中国跨境电子商务交易额达到8.06万亿和9万亿元,分别占全国外贸进出口总额的29%和29.83%。据预测,未来5年,中国跨境电商交易额年增长率将超过30%。实践表明,经过改革和创新,我国将会逐步发展成为全球跨境电子商务发展的领跑者和排头兵。

目前,我国跨境电子商务所拓展的国际目标市场比较广泛,既有需求旺盛同时域内跨境电商交易文化氛围浓厚的发达国家,如美国、英国、德国、澳大利亚、日本、韩国等,也有具备不断成长的潜在需求、正在寻求机会促进跨境电子商务发展的部分发展中国家,例如"金砖国家"的俄罗斯、巴西、印度、南非等。一些中东欧、阿拉伯、中亚"一带一路"沿线国家的本土电商企业并不发达,无法满足本国消费者的网上购物需求,而中国制造的产品物美价廉,在这些国家的市场上更具有国际竞争优势,成为我国发展跨境电子商务的又一巨大推动力。此外,全球大量电商企业也在积极拓展亚太新兴经济体市场,人口众多、海外购物需求旺盛的中国,正在凭借这一巨大的消费市场潜力吸引着eBay、亚马逊、乐天等电商平台巨头纷纷进入这一新兴市场。

当前,我国的跨境电子商务正处在快速成长期,令人耳目一新的改革创新举措陆续出台,将使其发展更具有新时代变局的颠覆性。未来我国跨境电子商务将更加注重"互联网+分销"模式的培育、跨境电子商务信用体系的建立、物流服务的高效化与专业化,同时也会创建更多为中小型企业服务的外贸综合服务平台,大力发挥跨境电商行业协会的引导与助推作用。

跨境电商飞速发展的同时,催生了海关监管、跨境支付、国际物流、网络安全等一系列问题,但当前制约跨境电商发展的最核心问题仍旧是人才短缺问题。早在2015年6月,阿里研究院《中国跨境电商人才研究报告》显示,85.9%的企业认为跨境电商人才缺口严重。据测算,当前我国存在450万至600万的跨境电子商务人才缺口。高层次复合型跨境电子商务专业人才的严重短缺,是限制我国跨境电子商务行业健康可持续发展的最关键因素。随着我国跨境电子商务行业的不断快速发展,企业对跨境电子商务人才的需求也会不断增加。一般认为,企业招聘跨境电子商务人才时,更多倾向于国际贸易和电子信息、外语等相关专业的大学生。问卷调查显示,70%的企业选择跨境电商人才倾向于国贸专业的毕业生,53%的企业认为我国现行教育专业体系设置缺少本科层次以上的跨境电商人才培养。当前我国跨境电商人才需求与供给严重不平衡:一方面,跨境电商企业保持高速增长的态势,对人才的需求已成为制约产业发展的瓶颈;另一方面,高校国际贸易、电子商务等专业毕业生就业难的现实一直未有改善。兼具国际贸易和电子信息专业特征的跨境电子商务企业对人才的综合性需求较强,单一专业无法满足企业对复合型人才的需求。跨境电子商务作为国际贸易、计算机、信息技术、外语等专业交叉学科的复合型人才培养模式,能够较好地填补这一新业态岗位人才使用与储备的空白。

日益严峻的人才市场需求现实向我国高等财经类院校国际贸易专业人才培养模式提出了挑战,我们唯有立足国情,审时度势,顺应"互联网+分销"时代发展潮流,加快教学改革步伐,勇立世界数字经济发展潮头,才能不辱使命,为我国开放型经济发展源源不断地培育出一批又一批新型国际贸易新业态的专业人才。

目前国内关于跨境电子商务的教材并不多见,一般多偏重于实务,专业知识框架体系完整、理论与实践结合程度较好的跨境电子商务教材相对较少。本书第一版编写历时两年多,撰写中主要增强了其理论性,是一部较完整、系统地介绍跨境电子商务基础理论和实务操作基本知识的可供本科学生使用的教材,不仅涵盖跨境电子商务相关理论、政策、法规、统计、平台等基本理论知识,同时还介绍了跨境电子商务网络营销、物流、通关、网络安全、风险防范等实务操作业务。教材基础理论知识结构系统完整、专业知识体系通俗易懂,又不失集学科性专业建设基础教材的前瞻性、指导性、系统性及可操作性。

本教材还有一大特点,增加了创业篇的内容,通过吸收本科学生参与教改的调研并发表意见,以学生的视角对教材进行适当的修改与调整,使得教材更贴合学生的学习实际与兴趣,提高了教材的实用性,帮助学生学习到更多与跨境电子商务实际操作相关的知识,例如平台基础操作及规则、营销与数据分析、视觉美工以及物流与支付等,为学生将来在这一领域的创新和创业打下坚实的实用技能基础。

教材编写负责人于立新教授及武夷学院商学院沈慧芳原常务副院长、梁丽萍原教研室主任带领院系部分老师与学生2014~2015年先后前往上海自贸区、中国(杭州)跨境电子商务综合试验区、杭州师范大学阿里巴巴商学院和经济管理学院,以及杭州、义乌工商职业技术学院调研,并对义乌小商品国际商贸城的电商企业进行实地考察,了解最新的跨境电子商务发展模式与案例经验,根据企业对人才培养的需求,有方向性、针对性地进行教材编写工作。于立新教授,福建师范大学博士生、武夷学院老师陈晓琴,以及杨飞飞老师结合跨境电子商务的教学实际设计了本教材的整体理论框架和基本思路,于立新教授和陈晓琴老师对全书进行了认真的统稿、审校和修订工作。广东工业大学经济与贸易学院副院长陈原教授对本教材提出了修改意见,并结合我国跨境电商最活跃的地区广东珠三角跨境电商发展的典型企业案例进行了补充和完善。广东工业大学经济与贸易学院的李军博士、管理学院的雷霖老师对全书进行了认真细致的校对。本教材编写得到了武夷学院历任领导李宝银、吴承祯、陈金瑞的大力支持,得到学院科研处等各职能部门的帮助,在此表示衷心感谢。感谢陈荣冰教授对本教材出版的关心。感谢首都经济贸易大学出版社田玉春编辑对本书再版给予的热情支持。

本教材在原版教材的基础上,根据跨境电子商务当前的发展变化,对原教材部分章节内容做了较大幅度的修订,部分章节作者略有调整。参与第二版教材的作者编写分工如下:第一章,于立新、杨飞飞、蒋敏敏执笔;第二章,陈晓琴、陈秀玲执笔;第三章陈晓琴执笔;第四章,陈晓琴、彭华执笔;第五章于立新、缪志春、陈晓琴执笔;第六章,丘甜、陈原执笔;第七章,陈原、杨飞飞、王东方执笔;第八章,李保国、郭向东、陈原执笔;第九、十三、十四章,陈秀玲、陈晓琴执笔;第十章,梁丽萍、陈晓琴执笔;第十一章,王东方、陈晓琴执笔;第十二、十五章,陈晓琴、陈秀玲执笔。教材编写过程中,参与跨境电商教改的学生团队蒋敏敏、翟明鑫、谢燕婷、陈庆旺、张璇等人从学生视角提出了一些可行性的修改意见。

本书自从2017年正式出版、在各高校相关专业作为本科生教材使用以来,产生了一定的社会反响和学术影响力。应广大读者的要求,在第一版教材基础上,对新近出台的跨境电商法律法规、监管条例、政策实施以及实务操作的一些新变化,做了必要的修订和补充。第二版教材的修订工作主要由陈晓琴、于立新教授完成。在第一版、第二版教材编写、修订过程中参考了相关的教材、论文、期刊以及众多网站,在此表示衷心的感谢。由于跨境电子商务作为新兴业态,很多前沿概念和观点尚在探索之中或未达成共识,更由于编者能力有限,书中难免存在缺漏,敬请读者指出不足之处,以便修改和完善。

于立新
2019年10月

目 录

第一篇　跨境电子商务理论基础

第一章　跨境电子商务基础　3

第一节　跨境电子商务的概念　3
第二节　跨境电子商务的模式　11
第三节　中国跨境电子商务的兴起　17
复习思考题　24
参考文献　24

第二章　国内外跨境电子商务的发展　26

第一节　全球电子商务发展现状及特点　26
第二节　中国电子商务发展现状及特点　29
第三节　中国跨境电子商务发展现状及特点　35
复习思考题　48
参考文献　48

第三章　跨境电子商务理论　50

第一节　国际服务贸易与跨境电子商务　50

第二节　数字经济理论与跨境电子商务 ……………………………… 57
第三节　流通经济学理论与跨境电子商务 …………………………… 63
复习思考题 …………………………………………………………………… 67
参考文献 ……………………………………………………………………… 67

第二篇　跨境电子商务环境、政策与统计

第四章　跨境电子商务环境　73

第一节　跨境电子商务市场经济环境 ………………………………… 73
第二节　跨境电子商务法律政策环境 ………………………………… 78
第三节　跨境电子商务信息技术环境 ………………………………… 85
第四节　跨境电子商务社会人文环境 ………………………………… 89
复习思考题 …………………………………………………………………… 92
参考文献 ……………………………………………………………………… 92

第五章　跨境电子商务法规与政策　93

第一节　跨境电子商务政策法规发展概况 …………………………… 93
第二节　促进跨境电子商务发展的政策法规 ………………………… 96
第三节　跨境电子商务监管政策法规 ………………………………… 104
第四节　跨境电子商务支付结算政策法规 …………………………… 121
复习思考题 …………………………………………………………………… 127
参考文献 ……………………………………………………………………… 128

第六章　跨境电子商务统计　130

第一节　跨境电子商务统计概述 ……………………………………… 130
第二节　跨境电子商务数据 …………………………………………… 134
第三节　统计分析应用案例：中国跨境电子商务战略 ……………… 146
复习思考题 …………………………………………………………………… 153
参考文献 ……………………………………………………………………… 154

第三篇　跨境电子商务实务

第七章　跨境电子商务平台　　159

第一节　跨境贸易电子商务平台　……　159
第二节　跨境电子商务交易平台　……　169
第三节　跨境支付平台　……　174
第四节　跨境电子商务综合型服务平台　……　179
复习思考题　……　183
参考文献　……　183

第八章　跨境电子商务网络营销　　185

第一节　跨境电子商务网络营销策略　……　185
第二节　跨境电子商务网络营销技术应用　……　196
第三节　跨境移动电子商务　……　211
复习思考题　……　217
参考文献　……　217

第九章　跨境电子商务客户关系管理　　219

第一节　客户关系管理概述　……　219
第二节　跨境电子商务客户关系管理　……　225
第三节　跨境电子商务和数据挖掘　……　231
复习思考题　……　238
参考文献　……　238

第十章　跨境电子商务与通关　　240

第一节　跨境电子商务通关概述　……　240
第二节　跨境电子商务通关实务　……　243
第三节　跨境电子商务通关体制的改革　……　251

复习思考题 ··· 257

参考文献 ··· 257

第十一章　跨境电子商务与物流　259

第一节　跨境电子商务物流概述 ························· 259

第二节　跨境电子商务物流方式 ························· 263

复习思考题 ··· 271

参考文献 ··· 272

第四篇　跨境电子商务创业篇

第十二章　跨境电子商务平台基础操作及规则——以速卖通为例　275

第一节　速卖通简介 ····································· 275

第二节　速卖通平台基础操作 ··························· 278

第三节　速卖通平台基本规则 ··························· 291

课后训练 ··· 306

参考文献 ··· 306

第十三章　跨境电子商务营销、数据分析与客户服务——以速卖通为例　308

第一节　速卖通营销 ····································· 308

第二节　速卖通数据分析 ································· 313

第三节　速卖通客户服务 ································· 318

课后训练 ··· 326

参考文献 ··· 326

第十四章　跨境电子商务视觉美工——以速卖通为例　327

第一节　速卖通视觉营销 ································· 327

第二节　速卖通文案策划 ································· 329

第三节　速卖通店铺装修基础操作 ······················· 330

第四节　点爆广告图	337
课后训练	342
参考文献	342

第十五章　跨境电子商务跨境物流与支付——以速卖通为例　343

第一节　速卖通跨境物流	343
第二节　速卖通跨境支付	352
课后训练	363
参考文献	363

第一篇

跨境电子商务理论基础

第一章 跨境电子商务基础

学习目标

通过本章的学习,掌握跨境电子商务相关的基本概念,包括电子商务与跨境电商概念、不同的跨境电子商务的模式,以及跨境电子商务在中国的起源与发展状况,从而对跨境电子商务有基本的认识。

第一节 跨境电子商务的概念

一、电子商务与跨境电子商务的概念

(一)电子商务的概念

世界商界领袖比尔·盖茨和马云都曾说过,"21世纪,要么电子商务,要么无商可务",电子商务的狂潮正在全面勾画我们这个时代的传奇。电子商务通常是指在全球各地广泛的商业贸易活动中,在因特网开放的网络环境下,基于浏览器或服务器应用方式,买卖双方不谋面地进行各种商贸活动,实现消费者的网上购物、商户之间的网上交易和在线电子支付以及各种商务活动、交易活动、金融活动和相关的综合服务活动的一种新型的商业运营模式。

世界贸易组织(WTO)在其发布的电子商务专题报告中,定义电子商务为:通过电信网络进行的广告、销售和分销活动。

《中国电子商务蓝皮书》中对电子商务的定义是:通过Internet完成的商务交易。交易的内容可分为商品与服务交易,交易是指货币和商品的易位,交易要有信息流、资金流和现代物流的支持。

电子商务的前提条件就是信息化、数据化,信息的采集、加工和处理及信息内容的合理、准确是电子商务发展推广应用的根基。《大数据时代》中提道:"人类从依靠自身判断做决定到依靠数据做决定的改变,也是大数据做出的大贡献之一。"①

人是电子商务的核心。第一,电子商务是一个社会系统,社会系统的中心必然是人;第二,商务系统实际上是由围绕商品交易的各方面代表和各方面利益的人所组成的关系网;第三,在电子商务活动中,虽然我们时常强调工具的作用,但归根结底起关键作用的是人。由于电子商务是现代信息技术与现代商务的有机结合,因此,一个国家、一个地区能否培养出一大批能够掌握运用电子商务理论与实际操作技术的复合型人才,就成为该国、该地区发展电子商务的关键因素。

近年来中国的电子商务呈现井喷式发展,在"互联网+"趋势之下,电子商务这一新发动机将使中国的经济再次腾飞。在江苏省有这样一个村镇——沙集镇,地处苏北睢宁县盐碱地,人均GDP位列江苏省倒数第四,无矿产、能源等自然资源,也无家具加工传统,原来主要从事垃圾回收。2006年该镇东风村的年轻人孙寒从县移动公司辞职,开办了第一家从事拼装家具的网络销售及加工的店铺。沙集从无到有,2012年,该镇有农民网商3 000多人、2 051家网店,2014年销售额达15亿元,创造了我国经济发展落后地区脱贫致富的奇迹。2008年至2017年,全镇工业总产值以16.7%的平均速度持续增长,物流、商贸、摄影等相关服务业得到快速发展。目前,沙集镇农村电商参与交易的平台早已从淘宝拓展到天猫、京东商城、苏宁易购等多家电商平台,同时涉足亚马逊、eBay、阿里巴巴国际站等世界级平台。近年刚刚兴起的微商、网络直播、分享经济等新业态,也已在沙集开花结果。

表1-1和表1-2说明了近年来电子商务蓬勃发展的良好势头。

表1-1　　2008~2018年中国电子商务交易额和网络购物总额　　单位:万亿元

	电子商务交易额	网络购物总额
2008年	3.10	0.13
2009年	3.80	0.26
2010年	4.50	0.51
2011年	6.00	0.80

---

① 维克托·迈尔·舍恩伯格.大数据时代[M].杭州:浙江人民出版社,2012.

续表

	电子商务交易额	网络购物总额
2012 年	8.01	1.32
2013 年	10.30	1.85
2014 年	13.00	2.80
2015 年	18.30	3.80
2016 年	26.10	5.16
2017 年	29.16	7.18
2018 年	31.63	9.01

资料来源：艾瑞网(i research.cn)。

表1-2　　　　　全球电子商务发展水平(零售大数据)

2010 年全球电子商务网上零售规模为 5 725 亿美元，平均增速 19.40%[1]	2011 年全球电子商务总营业收入达 6 800 亿美元[2]	2013 年全球电子商务销售额突破万亿美元，中国按国别计算位列第一

2018 年美国电子商务市场收入达 5 045.82 亿美元，同比增长 12.9%，中国是全球最大的电子商务市场，2018 年收入 6 360.87 亿美元，英国、日本和德国也是全球五大电子商务市场之一，但是收入水平远不如中国和美国[3]

[1] 资料来自 Goldman Sachs。
[2] 数据来自摩根大通高级分析师伊姆兰·卡恩年度报关数据。
[3] 数据来自中文互联网数据资讯中心。

(二) 跨境电子商务的概念

跨境电子商务作为电子商务的重要分支，已经成为我国企业开展国际贸易活动的重要手段，成为当前我国对外贸易稳增长、调结构的推动力量。

所谓跨境电子商务(Cross Border E - Commerce)，是电子商务应用中一种较为高级的形式，是指分属不同关境的交易主体，通过电子商务平台达成交易、进行支付结算，并通过跨境物流送达商品、完成交易的一种国际商业活动。它被国际社会普遍认为是一种以电子数据交换和网上交易为主要内容的商业模式。

跨境电子商务脱胎于一种被称为"小额外贸"的外贸形式。这种形式在国内最早始于2005年，主要是交易双方通过互联网达成交易，通过PayPal等第三方支付方式进行支付结算。由于买方多为个人，交易产品量小，交易金额小，这类贸易当时主要通过DHL、联邦快递等快递方式完成运送，形成了一个区别于传统贸易流程的进出口交易方式。

目前国内跨境电子商务发展迅速。2009年以前外贸电子商务是阿里巴巴黄页的推广模式，不能支持交易，而现在的外贸电子商务已经完成了从信息时代向交易时代的转型。

2009年以后，阿里巴巴继敦煌网之后推出了阿里全球速卖通（AliExpress），于2010年4月正式上线，包括海外推广、交易支持、纠纷处理、在线支付、在线物流、信用体系和售后服务等整合服务平台。经过数年的迅猛发展，速卖通已经覆盖220多个国家和地区的海外买家，海外买家数量累计突破1.5亿，在全球100多个国家的购物类APP下载量中排名第一，是全球最大的跨境交易平台。在俄罗斯市场上，速卖通从2014年至今一直稳坐第一大电商平台交椅，俄罗斯用户量达2200万；在西班牙、波兰等国家，速卖通也是当地第一大跨境电商平台，其在西班牙拥有超过770万注册用户；在包括沙特阿拉伯、阿拉伯联合酋长国等在内的中东地区市场上，速卖通持续保持强劲增长势头；韩国是速卖通在亚洲地区的新兴潜力市场，2018年速卖通在韩国市场的成交额增长了60%；非洲国家也正展现出巨大的电商潜力，过去半年间，埃及、埃塞俄比亚、突尼斯、肯尼亚、摩洛哥等国家和地区的速卖通买家数量增长率都超过100%。像淘宝一样，速卖通把宝贝编辑成在线信息，通过速卖通平台发布到海外，通过国际快递，将宝贝运输到买家手上，就这样轻轻松松与230多个国家和地区的买家达成交易，赚取美元。

据PayPal的统计，在PayPal业务中，中国的跨境电子商务贸易额占据了亚洲约50%的份额，而且增速十分惊人。全球速卖通是阿里巴巴帮助国内中小企业快速接触终端批发零售商，多批次、小批量、快速销售，拓展更大利润空间而全力打造的融合支付、订单、发货及物流于一体的在线交易外贸电子商务平台，其示意图见图1-1。阿里巴巴全球速卖通在全球贸易新的形势下全力为国内中小企业创造更多收益和发展空间，这属于出口跨境电子商务。同时，在进口跨境电子商务方面，2014年2月19日，阿里宣布天猫国际正式上线，为国内消费者直供海外原装进口商品。

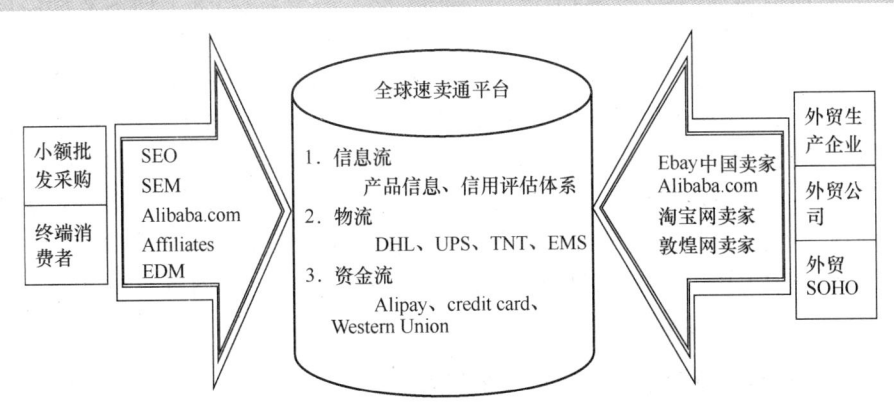

图1-1 全球速卖通平台示意

资料来源:根据艾瑞咨询网站相关资料制图。

专栏1-1:第三方支付[①]

第三方支付主要是指交易支持平台,是一些具有实力和信誉优势的独立机构,作为第三方机构与各大银行进行签约,待客户选购商品以后,双方通过这个平台提供的账户进行货款支付。用户可以使用网络支付、电话支付、电视支付、手机短信支付等多种方式。

电子商务的发展促进第三方支付平台的产生和发展,第三方支付平台的诞生有效地解决了电子商务中支付信用问题,也促使电子商务中的支付变得更为方便。其中依托大型电子商务网站,为其提供互联网、移动互联网等在线支付工具的企业有支付宝、财付通、微信支付等。

跨境电商的发展离不开国内电子商务的支持,随着国内电子商务的蓬勃发展,企业"触电"成为大势所趋,经济全球化的进一步发展也将"触电"的范围扩展到境外,跨境电商开始崭露头角。相对于传统的电商而言,跨境电商具备了全球性、即时性以及便捷性等多种特点,使下单、付款都能够在更短的时间内完成,同时在出口贸易中省去了很多中间环节,实现了无国界贸易。据商务部统计数据显示,目前我国跨境电子商务平台企业超过5 000家,境内通过各类平台开展跨境电子商务的企业已超过20万家。在传统外贸年均增长不足10%的情

---

① 资料来源:智库百科网站资料。

况下,中国跨境电商连年保持着20%~30%以上的增长,跨境电商交易额已占我国进出口贸易额12%左右,已经开始改变我国对外贸易的版图。中国电子商务研究中心发布的《2018年度中国跨境电商市场数据监测报告》显示,2018年中国跨境电商交易规模达9万亿元,同比增长11.6%。从进出口结构看,出口跨境电商规模7.1万亿元,占比约78.9%;进口跨境电商规模1.9万亿元,占比约21.1%。数据分析显示,2010年以来中国跨境消费增长翻了十番。从全球范围看,跨境电商增长速度已远超全球贸易额增速(当前,全球贸易增速仅3%左右,但跨境B2C的年增长就超过20%),中国在跨境电子商务领域已经走在世界最前列,有望形成世界级的网络贸易交汇的中心功能区。

二、电子商务和跨境电子商务特征

跨境电子商务是基于网络发展起来的,相对于物理空间来说,网络空间是一个新空间,是一个由网址和密码组成的虚拟但客观存在的世界。网络空间独特的价值标准和行为模式深刻地影响着跨境电子商务,使其不同于传统的交易方式而呈现出自己的特点。跨境电子商务是在电子商务的基础上发展起来的,因此其既具有电子商务的一般特征,又具有其独有的特征。

(一)电子商务一般特征

1.商务性

这是电子商务的本质特性,即提供买卖交易的服务、手段和机会。

2.服务性

电子商务作为一种交易方式,必须有相应的服务作为支撑。电子商务环境下交易的大多数仍然是传统的商品,商品没有变,但服务模式却发生了改变,通过更完善的服务满足客户的需求,提高客户的满意度,这是开展电子商务的关键。

专栏1-2:TP[①]

TP是国内电商特有的一个职位和词汇,是TaoBaoPartner的缩写,中文为"淘拍档",简单来说就是做淘宝网店代运营。

那么什么是淘宝代运营呢?总的来说就是淘宝商家可将店铺日常经营、管理、营销、推广的工作委托给专业的淘宝代运营公司,由具备丰富开店经验并经过严格培训的淘宝管理客服为卖家全天候经营淘宝网店,有效地提高网店的成交量,快捷、专业、安全地提升店铺的核心竞争优势。

---

① 资料来源:知识屋网站资料。

3. 方便性

在电子商务环境中,人们不再受地域的限制,客户能以非常简捷的方式完成过去较为繁杂的商业活动(如通过网络银行能够全天候地存取账户资金、查询信息等),同时使企业对客户的服务质量得以大大提高。在电子商务经营活动中,有大量的人脉资源可开发和沟通,从业时间灵活,在完成公司业务要求的同时,既解决了就业问题,又获取了劳动报酬。

4. 安全性

安全性是电子商务发展和应用的必然要求,同时又是目前制约电子商务可持续发展的重要因素。

5. 协调性

商务活动是一种协调过程,它需要雇员、客户、生产方、供货方以及商务伙伴间的协调。为提高效率,许多组织都提供了交互式的协议,使电子商务活动可以在这些协议的基础上进行。

6. 可扩展性

企业运用电子商务是一个循序渐进的过程。企业电子商务的解决方案必须随着客户群的变化、企业业务的发展、市场环境和管理环境的变化而进行扩展和调整。

(二)跨境电子商务特征

1. 全球性

跨境电子商务让贸易自由度大大拓展了,因此具有了全球性和非中心化的特性。跨境电子商务与传统的交易方式相比,一个重要特点在于它是一种无边界交易,突破了传统交易所具有的地理因素限制,互联网用户不需要跨越国界就可以把产品尤其是高附加值产品和服务提交到市场。网络的全球性特征带来的积极影响是信息的最大程度的共享,消极影响是用户必须面临因文化、政治和法律的不同而产生的风险。任何人只要具备了一定的技术手段,在任何时候、任何地方都可以让信息进入网络,相互联系进行交易。比如,一家很小的爱尔兰在线公司,通过一个可供世界各地的消费者点击观看的网页,就能顺利通过互联网销售其产品和服务,只要消费者接入了互联网,很难界定这一交易究竟是在哪个国家内发生的。

2. 无形性

网络的发展使数字化产品和服务的传输盛行。数字化传输是通过不同类型的媒介(例如数据、声音和图像)在全球化网络环境中集中进行的,这些媒介在网络中是以计算机数据代码的形式出现的,因而是无形的。数字化产品和服务基于数字传输活动的特性必然具有无形性。传统交易以实物交易为主,而在电子商务中,无形产品却可以替代实物成为交易的对象。以书籍为例,传统的纸质书籍,其排版、印刷、销售和购买被看作是产品的生产、销售,然而在电子商务交易中,消费者只要购买网上的数据权便可以使用书中的知识和信息。

3. 无纸化

跨境电子商务主要采取无纸化操作作为主要交易方式,这是以电子商务形式进行交易的主要特征。在跨境电子商务中,电子计算机通讯记录取代了一系列的纸面交易文件,用户发送和接收信息的整个过程实现了无纸化。无纸化带来的积极影响是使信息传递摆脱了纸张的限制,但由于传统法律的许多规范是以规范"有纸交易"为出发点的,因此,无纸化带来了一定程度上的法律空白和管理真空。

4. 即时性

对于网络而言,传输的速度和地理距离无关。传统国际贸易交易模式中信息交流方式如信函、电报、传真等,在信息的发送和接收间存在着长短不同的时间差。而跨境电子商务中的信息交流,无论实际时空距离远近,一方发送信息与另一方接收信息几乎是同时的,就如同生活中面对面交流。跨境电子商务可以通过跨境电子商务交易平台,实现多国企业之间、企业与最终消费者之间的直接交易。

5. 虚拟化

网络经济时代的国际贸易活动将以物理空间为主转向以数字媒体空间为主,出现了诸如虚拟要素市场、虚拟商品市场、虚拟金融机构等虚拟经济场所和经济主体。跨境电子商务通过网上"虚拟"的信息交换,开辟了一个更加开放、多维、立体的市场空间。虽然跨境电子商务交易过程在虚拟的场景中进行,但这种"虚拟"并不等于"虚无",贸易活动仍然实实在在地进行着。

6. 小批量

"小批量"是跨境电商相对于传统贸易而言的,单笔订单大多是小批量,甚至是单件。这是由于跨境电子商务实现了单个企业之间或者单个企业与单个消费者之间的交易。随着电子商务公司兰亭集势在美国上市,以小额高频率订单以及在线交易为核心的跨境电子商务越来越受到消费者青睐,小额跨境电子商务即所谓的B2C。

7. 高频度

高频度是指跨境电子商务实现了单个企业或消费者能够即时按需要采购、销售或消费,因此相对于传统贸易而言,交易双方的交易频率大幅提高。

8. 税收监管难

互联网是一个新生事物,现阶段它尚处在成长时期,网络设施和相应的软件协议对未来发展具有一定的不确定性。但各国税法制定者必须考虑的问题是,网络像其他的新生事物一样,必将以前所未有的速度和无法预知的方式不断演进。基于互联网的电子商务活动也处在瞬息万变的过程中,短短的十几年中全球电子交易经历了从 EDI 到电子商务零售业兴起的过程,数字化产品和服务更是花样出新,不断地改变着人类的数字化生活与数字经济的发展轨迹。

一般情况下,各国为维护社会的稳定,都会注意保持法律的持续性与稳定性,税收法律也不例外,这就会引起网络的超速发展与税收法律规范相对滞后的矛盾。如何将分秒都处在发展与变化中的网络交易纳入税法的规范,是国际税收监管领域的一个难题。跨境电子商务具有不同于传统贸易方式的诸多特点,而传统的税法制度却是在传统的贸易方式下产生的,必然会在电子商务贸易中存在漏洞,因此,跨境电子商务也给税收法律规范带来了前所未有的冲击与挑战。

第二节 跨境电子商务的模式

按照跨境电子商务的交易主体分类,目前我国跨境电子商务主要分为企业对企业(Business to Business,简称 B2B)的跨境电子商务,企业对消费者(Business to Customer,简称 B2C)的跨境电子商务,消费者对消费者(Customer to Customer,简称 C2C)的跨境电子商务。B2C 和 C2C 又合称为跨境零售贸易。

一、我国跨境电商的主要模式

(一)B2B 模式

B2B 模式的跨境电子商务是指一国(地区)供应商使用跨境电商平台或通过互联网和电子信息技术向其他国家(地区)企业提供商品和服务的国际商业活动。其交易活动的内容包括:一国企业向另一国供应商进行的采购;一国企业向另一国客户的批量销售;一国企业与另一国合作伙伴间的业务协调等。企业运用电子商务以广告和信息发布为主。从实现方式来看,企业可以通过自建网站直接开展 B2B 交易,也可以借助电子中介服务来实现 B2B 交易。自建网站开展 B2B 的企业多为产业链长、业务伙伴多或自身专业性强的大企业、跨国公司,如飞机、汽车、计算机等行业的制造商、大型批发、零售企业等,主要用于公司自身的业务和对供应商、销售商的服务;借助中介服务实现 B2B 的企业则多为中小型企业。在表现形式上,B2B 跨境电子商务主要分为以企业为中心的B2B 和以电子市场为中心的 B2B 两种。以企业为中心的 B2B 模式又分为卖方集中模式和买方集中模式两种,由卖家企业面向多家买家企业搭建平台销售其产品称为卖方集中模式,由买家企业面向多家供应商搭建平台采购原材料、零部件、经销产品或办公用品则称为买方集中模式。电子市场的B2B模式则可分为垂直和水平两种类型,垂直市场专门针对某个行业,如电子行业、汽车行业等,水平市场则是普遍适用于各个行业的宽泛的交易平台。B2B跨境电子商务代表网站有阿里巴巴国际站、中国制造网等。

(二) B2C模式

B2C模式的跨境电子商务,主要参与者是一国企业与另一国个体消费者。从实现方式来看,可以分为B2C跨境电子商务平台和自建的B2C跨境电子商务网站,采用国际航空小包和国际快递等方式将国内的产品或服务直接销售给国外消费者。根据B2C跨境电子商务的分类方式,B2C跨境电子商务的应用模式有百货商店式、综合商场式和垂直商店式三种类型。

百货商店式,即企业拥有自己的跨境电子商务网站和仓库,自己进行商品的采购,库存系列产品,甚至拥有自己的品牌,来满足客户的日常需求,实现更快的物流配送和更好的客户服务。例如唯品会、兰亭集势、米兰网等。

综合商场式,也可称为平台式,这种模式拥有较为稳定的网站平台、庞大的消费群体、完善的支付体系和良好的诚信体系,不仅引来众多卖家进驻商城,而且吸引很多消费者来购物。例如全球速卖通、敦煌网等,如同国内的天猫,仅仅是提供完备的销售系统平台,任买卖双方自由地选择交易,不负责采购、库存和配送。

垂直商店式,满足某种特定的需要或某些特定的群体,提供这一领域的更全面的产品和更专业的服务。像国内的麦考林、乐蜂网等都属于这种模式,在B2C跨境电子商务中,还没有这样的平台。

(三) C2C模式

在C2C模式中,电子商务活动的主要参与者都是个体消费者。该模式指的是不同国家之间个体消费者在互联网上进行的自由买卖。其构成要素除买卖双方外,还包括电子交易平台供应商。拍卖就是最为常见的C2C交易方式,例如eBay。这种拍卖网站成功的关键是吸引足够的买家和卖家,形成足够物品的拍卖市场,所以那些有大量访问者的网站就有条件进入这个领域。诸如Yahoo!等门户网站以及网上书店的先锋Amazon.com都相继开通了拍卖业务。在这种模式下,买家和卖家的数量越多越有效,新加入的拍卖者都趋向于选择已有的拍卖网站,这就使得已有的拍卖网站比后来跟进的新拍卖网站天生更有价值,经济学家称之为锁定效应。特殊消费品拍卖网站就是一些企业面临锁定效应给其带来的不利影响,避免在普通消费品拍卖市场上与eBay这样强大对手的竞争,而采取瞄准特殊目标细分市场的背景下产生的。早期的一些特殊消费品网站主要是瞄准技术产品(如计算机、计算机配件等),之后出现专门拍卖其他物品的网站(如 Stubhub 专门拍卖演出门票,Golf Club Exchange 专门拍卖高尔夫球杆,Winebid 专门拍卖葡萄酒等),这些网站通过定位于某个明确的细分市场获得了竞争优势,得以同 eBay 这样的大型拍卖普通消费品的网站共存下去。

图 1-2 是跨境电子商务流程的示意图。

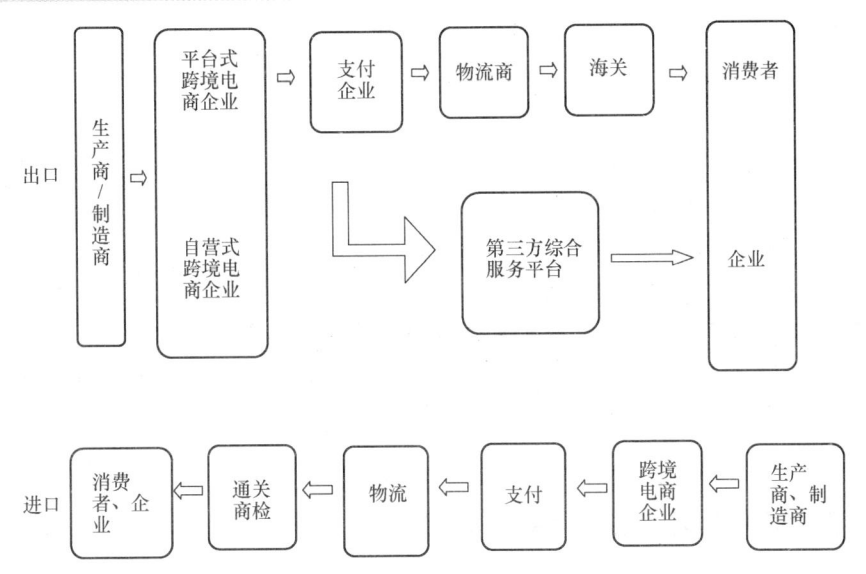

图 1-2 跨境电子商务流程

资料来源:李琪. 网络贸易理论与实务[M]. 北京:清华大学出版社,2010;并根据相关网络资料整理制图。

专栏 1-3:F2C[①]

F2C 模式(Factory to Customer)就是工厂直接将产品卖给消费者,减少流通环节所产生的费用,并将节省的成本全部让利给消费者。相比于电子商务 B2C 平台,F2C 模式的优势在于强有力的线下产业支撑、有效的全程品控、快速的市场反应。在网购过程中,消费者最担心的问题就是产品质量不能得到保障,很多 B2C 进货渠道、产品供应链参差不齐,生产厂家资质良莠不齐,消费者容易被图片上光鲜亮丽的商品迷惑。

---

① 资料来源:根据新浪网站资料整理。

专栏1-4：微商、海淘[①]

微商是指主要依托微博、微信等第三方平台从事的电子商务活动。微商具有市场投入小、门槛低、传播范围广、只需个体行为等特点。如今，微商已经成为许多学生、家庭主妇和自由职业者追捧的对象。

其中不乏有着许多成功的例子，比如说2013年初进入市场的俏十岁，第一个月销售额不到一万元，第二个月也仅仅两万元左右，但一年之后销售额便突破1亿元；再比如口袋购物，上线九个月就有1285万商家、11亿SKU交易量，还顺利地拿到了3.5亿美元的融资，这对一个刚刚成立仅几个月的公司来说堪称奇迹。

所谓"海淘"，即海外网站购物，就是通过互联网检索海外商品信息，并通过电子订购单发出购物请求，然后填上私人信用卡号码，由海外购物网站通过国际快递发货，或是由转运公司代收货物再转寄回国。

支付宝统计还显示，与动辄消费上千元的境内网购族相比，"海淘客"更显淡定，超过八成"海淘"用户单笔消费不会超过500元人民币，只有5%左右的"海淘"用户单笔消费在1000元人民币以上，这表明"海淘"用户消费普遍理性。

二、国内小额跨境电子商务模式分类

根据价值链分析方式，将国内的小额跨境电子商务的商业模式分为自营式模式、平台式模式、综合服务商模式以及企业应用跨境电子商务进行外贸交易的模式等四种。

（一）自营式电商模式

自营模式是指企业以标准化的要求，对其经营的产品进行统一生产或者采购、产品展示、在线交易，并通过物流配送将产品投放到最终消费群体的行为。自营电商具有品牌力强、产品质量可控以及交易流程管理体系完备等特征。

大宗制造业的外贸门槛较高，所以催生企业自建外贸平台来向海外销售自己的产品，这种模式比较有代表性的是兰亭集势等。这类跨境电商大都通过组建自己一整套的渠道供应链，销售特定类型的产品，它们有两个显著的特点：产品集中差异化以及货物的小包化。所谓产品集中差异化是指这类电商大都选

[①] 资料来源：纪妙，王明宇. 微商行业分析报告[J]. 中国商论，2015(21)；并根据期刊世界网站资料整理。

取一类或几种利润比较高的产品,如数码产品、婚纱等;货物的小包化则指的是它们的客户大多是终端的消费者,无须大宗货物的物流,只需要特定的国际快递解决物流问题。

(二)平台式模式

平台式模式又可以称为信息中介模式,这种模式是通过集中买卖双方的信息,并提供给供应商或者客户进行直接交易。最典型的案例是以阿里巴巴国际交易市场、环球资源网为代表的电商模式。近些年创立的阿里巴巴,是全球企业间电子商务的著名品牌,它为数千万网商提供海量商机信息和便捷安全的在线交易市场。买家如果在国际站上采购样品或外贸试单,就像在自由市场买东西,产品价格需要买卖双方商议确认后订单才能继续进行。环球资源网创立于1971年,公司主要是外贸B2B贸易平台以及举办展会和出版电子类杂志等产品,公司前身为亚洲较早的贸易市场资讯提供媒体。这种模式下的电商只是作为不同国家或地区企业之间的贸易平台来进行信息展示,其收入来源主要是通过向会员收取一定额度的会员费。

(三)综合服务商模式

综合服务商模式是一种新的电子商务趋势,其核心功能不再仅仅局限于产品的销售上,还要在物流、支付以及产品质量控制等各方面进行拓展。实际上国内的很多电子商务企业(如京东、天猫等)都在积极探索综合服务型电商模式,如京东已建立自有物流配送体系,天猫除了延续阿里巴巴的支付宝支付平台之外,也在积极寻求建立自有物流体系。

在跨境电商中,敦煌网、阿里全球速卖通是综合服务电商的代表型企业。与环球资源网等不同的是,这种模式不只是提供一个交易的平台,更重要的还可以帮助国内出口企业进行物流、支付、客户管理等,相当于国内的京东、淘宝。电商平台的盈利模式已经不是收取会员费,转而收取交易佣金。值得注意的是,这种模式为很多人创造了打通上下游渠道的便利,很多在线上拥有店铺的人会将敦煌网上的厂家产品图片放在自己的网店上,专注于客户的开发,省去了库存、物流等环节。

(四)企业应用型模式

随着技术及市场环境的变化,电子商务被传统企业应用并获得很大的成功,而跨境电商在企业中的应用有更大的针对性。尤其是2008年爆发全球金融危机以来,国内很多加工出口型企业受到国际经济形势的影响,不得不考虑新的商业运作方式,利用跨境电子商务模式进行外贸交易。

这种模式下，企业仍然要进行生产活动，相比于传统的生产型企业的价值创造，这种模式一部分价值来源于对跨境电商的应用，主要包括对前面三种电子商务平台的组合利用以及自身建立电子商务网站来进行销售活动。

表1-3 国内小额跨境电子商务四种模式的盈利模式比较

商务模式	价值创造环节	价值创造机制
自营式电商模式	产品销售环节	成本降低，利润率提高，销量增加
平台式电商模式	招揽卖家成为平台使用	会员费用及管理费用
综合服务电商模式	客户订单成交以及增值服务环节	订单佣金以及服务咨询等环节费用
企业应用型电商模式	产品销售环节	成本降低

资料来源：余盛楠．中国小额跨境电子商务模式比较［J］．经济研究导刊，2015（18）；并根据相关资料整理制表。

专栏1-5：O2O[①]

O2O电子商务即Online线上网店Offline线下消费，商家通过免费开网店将商家信息、商品信息等展现给消费者，消费者通过线上筛选服务，线下比较、体验后有选择地消费，在线下进行支付。最大的特点是突出了个性化消费的满足。

服务业领域覆盖面广、企业数量庞大、地域性强，很难在电视、互联网门户（新浪、搜狐）做广告，而O2O电子商务模式完全可以满足这个市场需要。

对本地商家来说，通过网店传播得更快、更远、更广，可以瞬间聚集强大的消费能力，也解决了团购商品在线营销不能常态化、实时化的问题，商家可以根据店面运营情况，实时发布最新的团购、打折、免费等服务优惠活动，提高销售量。

对消费者来说，通过线上筛选服务，线下比较、体验后有选择地进行消费。

对服务提供商来说，O2O模式可带来大规模高黏度的消费者，进而能争取到更多的商家资源。

---

① 资料来源：根据360百科资料整理。

第三节 中国跨境电子商务的兴起

一、中国跨境电子商务兴起的缘由

(一)全球金融危机成为中国跨境电子商务发展的助推剂

源于2008年的金融危机使得全球经济陷入低速增长的泥潭,在国际市场需求紧缩对外贸企业出口造成严重冲击的同时,国内外贸企业面临的跨境贸易形式也发生了不可逆转的显著变化:传统外贸集装箱式的大额交易正逐渐被小批量、多批次、快速发货的外贸订单所取代。在危机影响下,受资金链紧张及市场需求乏力等因素的制约,传统贸易进口商(尤其是一些中小进口商)往往将大额采购分割为中小额采购、将长期采购变为短期采购,以分散风险,这就极大地推动了以在线交易为核心,便捷、及时服务为优势的电子商务跨境小额批发及零售业务的发展。

(二)小额跨境电子商务进入门槛低

相对于传统国际贸易方式而言,跨境电子商务的门槛并不高,在国内选择合适的产品及进货渠道,然后通过国际性的电子商务平台联系国外的买家并出售产品,支付方式选择国际性的第三方支付平台(如 PayPal),物流则交给跨境邮政及快递公司来完成。随着跨境电子市场的不断拓展,跨境电子商务交易平台的建立已经没有技术上的障碍。从整个操作流程来看,似乎已经与国内企业间的电子商务(B2B)及普通消费者的网购(B2C)没有太多差别,只是更具国际性而已。跨境电子商务平台及跨境物流配送是小额跨境电子商务发展的关键,目前致力于小额跨境电子商务市场的信息平台有 eBay 中国、阿里巴巴"全球速卖通"、敦煌网、环球资源网等,基于这些平台都可以在线完成小额外贸交易。其中,作为跨国电子商务巨头的 eBay,是拥有全球3亿多买家的超级平台,主要用户来自电子商务环境比较成熟的欧美,旗下能够支持120多个国家和地区、20多种货币的在线支付工具 PayPal,在全球电子商务交易的支付环节中担负着举足轻重的作用。与此同时,小额跨境电子商务的兴起也直接推动了跨境电子商务物流的产生和发展,在此期间,兼顾成本、速度、安全甚至包括更多售后服务内容的物流服务产品应运而生,又在一定程度上加速了小额跨境电子商务的发展,使其呈现出加速发展的态势。

(三)跨境电子商务利润空间丰富

中国浙江义乌一家不足10人的贸易公司,一年人均跨境电商小额交易在

4 000万元人民币以上,正是这种类似"蚂蚁搬家"式的贸易方式为义乌数以万计的跨境电商企业赢得了丰厚利润。究其缘由,一方面,跨境电子商务通过高效获取信息、及时便捷与客户沟通、有效整合资源,一定程度上有助于企业降低运营成本、提高运营效率、扩大利润空间。另一方面,跨境电子商务可以在一定程度上减免传统进出口业务流程中许多繁杂的环节及费用支出,加之在线支付工具的流行及跨境快递渠道的不断完善,使得绕开传统贸易中的许多中间环节成为可能,为跨境电子商务创造了丰厚的利润空间。

(四)政府政策的大力支持

中国政府也越发重视跨境电子商务的发展,相继出台了一系列政策来扶持跨境电子商务的发展。2012年3月12日,商务部出台了《关于电子商务平台开展对外贸易的若干意见》;2012年5月国家发改委印发《关于组织开展国家电子商务示范城市电子商务试点专项通知》,确定了网络发票应用、电子商务企业公共信息服务、电子商务支付基础平台、跨境电子商务、电子商务诚信交易服务、电子商务标准和交易产品追溯服务六项试点重点领域;2012年12月,由国家发改委、海关总署共同开展的国家跨境电子商务试点工作在郑州正式启动,郑州、上海、重庆、杭州和宁波成为跨境电子商务试点城市,我国跨境电子商务的发展进入了新阶段;2013年8月29日,商务部网站发布消息,国务院办公厅转发商务部等部门《关于实施支持跨境电子商务零售出口有关政策的意见》,提出了六项措施,对于跨境电商出口在海关、检验检疫、税务以及收付汇等方面提出具体措施,包括海关、财政部、商务部在内的九个部委协调开展;2013年11月底,商务部发布《关于促进电子商务应用的实施意见》;2014年1月,财政部、国税总局联合发布《关于跨境电子商务零售出口税收政策的通知》,明确跨境电子商务零售出口有关的税收优惠政策;2014年5月,国务院发布《关于支持外贸稳定增长的若干意见》,加快推进外贸生产基地、各类贸易平台和国际营销网络建设,出台跨境电子商务贸易便利化措施等;2016年4月,财政部等三部委发布的《关于跨境电子商务零售进口税收政策的通知》正式实施,全国跨境电商税收规范和标准正式统一;2017~2018年,跨境电商相关法律规制政策不断完善,国务院和国家部委出台了《关于扩大进口促进对外贸易平衡发展的意见》《国务院决定在北京等22个城市新设跨境电商综合试验区》《关于完善跨境电子商务零售进口税收政策的通知》等促进跨境电商发展的相关政策文件;2018年中国首部《电子商务法》获得通过,2019年1月1日起开始正式实施。截至2018年底,与中国签署双边电子商务合作谅解备忘录的国家达到17个,覆盖五大洲。在这种背景下,那些相对正规、规模较大的跨境电商平台正在逐步显示出更突出的比较优势,令跨境电商行业迎来了行业整合的"机遇期"。

二、跨境电子商务的沿革与发展

跨境电子商务作为国际贸易的新手段,是电子商务发展到一定阶段产生的新型贸易形式,不仅使国际贸易走向无国界贸易,同时也引起世界贸易方式的巨大变革。对企业来说,跨境电子商务构建的开放、多维、立体的多边经贸模式,极大地拓宽了企业进入国际市场的路径,大大促进了多边资源的优化配置与企业间的互利共赢。跨境电子商务也经过了多种概念的演变。

(一) APEC 无纸贸易

2004 年,在 APEC 第 16 届部长级会议上,电子商务指导小组提出《APEC 跨境无纸贸易行动策略》,为 APEC 无纸贸易的实施制定了行动框架和时间表。所谓跨境无纸贸易是指,至 2006 年,感兴趣的经济体可参与电子原产地证书、电子卫生证书和电子检疫证书跨境传输的探路者计划。到 2010 年,大多数成员经济体应实现国内无纸贸易,并进行跨境海关数据传输试点项目。到 2020 年,将在整个亚太地区建立一个全面的无纸化贸易环境,在全区内实现贸易相关信息的电子数字传输,借以减少和消除在贸易管理、报关、国际运输和财务结算中需要的纸质文件,最终实现亚太地区全面无纸化贸易环境的目标。

(二) E 国际贸易

E 国际贸易(E – International Trading)作为一个新兴的概念被许多学者提出。简单地说,凡是通过电子商务进行的国际贸易活动,都可称为 E 国际贸易。E 国际贸易主要是相对传统贸易活动(如电话、传真等)而言的,现在所说的 E 国际贸易,主要是指基于互联网技术而开展的国际贸易活动。对进出口商而言,从网上寻找买家到网上报价、网上洽谈,直到最后收款,都属于 E 国际贸易的范围。E 国际贸易的核心仍然是国际贸易所涵盖的内容,电子商务只是其承载的工具和手段,以网络为所有信息的载体,以网络来完成信息流的快速传送,从而最大限度地缩短以往物流传送所耗费在信息流上的时间,期间如何保证信息的准确、保密而不被修改,成为交易双方共同认可的信息,是 E 国际贸易是否成功的关键。

(三) 全球电子商务

全球电子商务是指在全世界范围内进行的电子交易活动,参加电子交易各方通过网络进行贸易。涉及有关交易各方的相关系统,如买方国家进出口公司系统、海关系统、银行金融系统、税务系统、运输系统、保险系统等。

全球电子商务主要针对全球商务活动中的电子商务。全球贸易活动中,交易行为一般涉及政府的行政管理部门、贸易伙伴和相关的结算、运输、商检等商业部门,全球贸易的交易行为和过程本身并不直接针对市场上的消费者。因此,全球电子商务只是包括了商业机构对商业机构、商业机构对行政机构的电子商务活动。贸易伙伴之间以及贸易伙伴与相关银行、运输部门、保险部门、商检、海关和政府部门等传输订单和相关单据和文件就成为全球电子商务活动的主要内容之一。

三、中国跨境电商发展历程

1999年阿里巴巴实现用互联网连接中国供应商与海外买家后,中国对外出口贸易就实现了互联网化。在此之后,共经历了三个阶段,实现了从信息服务到在线交易、全产业链服务的跨境电商产业转型。

(一)跨境电商1.0阶段(1999～2003)

跨境电商1.0时代的主要商业模式是网上展示、线下交易的外贸信息服务模式。跨境电商1.0阶段第三方平台主要的功能是为企业信息以及产品提供网络展示平台,在网络上并不涉及任何交易环节。此时的盈利模式主要是通过向进行信息展示的企业收取会员费(如年服务费)。跨境电商1.0阶段发展过程中,也逐渐衍生出竞价推广、咨询服务等为供应商提供一条龙的信息流增值服务。

在跨境电商1.0阶段,阿里巴巴国际站平台以及环球资源网为典型代表平台。其中,阿里巴巴成立于1999年,以网络信息服务为主、线下会议交易为辅,是中国最大的外贸信息黄页平台之一。环球资源网1971年成立,前身为Asian Source,是亚洲较早的贸易市场资讯提供者,并于2000年4月28日在纳斯达克证券交易所上市,股权代码GSOL。

2003年国际电商巨头eBay以并购方式进入中国大陆市场,次年敦煌网上线。两大平台的市场定位不尽相同:敦煌网明确定位为将中国产品以零售方式卖到境外;eBay(中国)则沿袭其在其他国家和地区的做法,打破地区与国家界限,以零售方式实现商品的无障碍流通。随后又出现众多类似平台,如阿里巴巴速卖通、兰亭集势等。这一时期的跨境电商平台仅局限于以零售方式外销,被业界形象地称为"国际版淘宝"。有人称此阶段为我国跨境电商形成的初级阶段。

在此期间还出现了中国制造网、韩国EC21网、Kelly search等大量以供需信息交易为主的跨境电商平台。跨境电商1.0阶段虽然通过互联网解决了中国贸易信息面向世界买家的难题,但是依然无法完成在线交易,对于外贸电商产业链的整合仅完成信息流整合环节。

(二) 跨境电商2.0阶段（2004~2012）

2004年，随着敦煌网的上线，跨境电商2.0阶段来临。这个阶段，跨境电商平台开始摆脱纯信息黄页的展示行为，将线下交易、支付、物流等流程实现电子化，逐步实现在线交易平台。

2006~2007年，出现了依托境外电商平台进行进口商品消费的活动，被称之为"海淘""代购"。随后中国大陆本土也应运而生了专门提供境外商品选购的网络平台，如洋码头、跨境通、万国优品等，国内消费者可通过这些电子商务平台实现足不出户逛遍全球商超。这些平台的出现，从形态上完善了跨境电商，实现了零售业的无国界运行。至此，跨境电商形态得以完全形成。

相比第一阶段，跨境电商2.0更能体现电子商务的本质，借助于电子商务平台，通过服务、资源整合有效打通上下游供应链，包括B2B（平台对企业小额交易）平台模式以及B2C（平台对用户）平台模式两种模式。跨境电商2.0阶段，B2B平台模式为跨境电商主流模式，通过直接对接中小企业商户实现产业链的进一步缩短，提升商品销售利润空间。2011年敦煌网宣布实现盈利，2012年持续盈利。

在跨境电商2.0阶段，第三方平台实现了营收的多元化，同时实现后向收费模式，将"会员收费"改成以收取交易佣金为主，即按成交效果来收取百分点佣金。同时还通过平台上营销推广、支付服务、物流服务等获得增值收益。

(三) 跨境电商3.0阶段（2013年至今）

2013年成为跨境电商重要转型年，跨境电商全产业链都出现了商业模式的变化。随着跨境电商的转型，跨境电商3.0时代随之到来。

首先，跨境电商3.0阶段具有大型工厂上线、B类买家成规模、中大额订单比例提升、大型服务商加入和移动用户量爆发五方面特征。与此同时，跨境电商3.0服务全面升级，平台承载能力更强，全产业链服务在线化也是3.0时代的重要特征。

在跨境电商3.0阶段，用户群体由草根创业向工厂、外贸公司转变，具有极强的生产、设计和管理能力。平台销售产品由网商、二手货源向一手货源好产品转变。

3.0阶段的主要卖家群体正处于从传统外贸业务向跨境电商业务艰难转型期，生产模式由大生产线向柔性制造转变，对代运营和产业链配套服务需求较高。另一方面，3.0阶段的主要平台模式也由C2C、B2C向B2B、F2B模式转变，批发商买家的中大额交易成为平台主要订单。

跨境电商行业可以快速发展到3.0阶段，主要得益于以下几个方面：

第一,得益于我国政府的高度重视。在中央及各地方政府大力推动的同时,跨境电商行业的规范和优惠政策也相继出台。如《关于跨境贸易电子商务进出境货物、物品有关监管事宜的公告》(海关总署〔2014〕第56号)、《关于进一步促进电子商务健康快速发展有关工作的通知》(发改办高技〔2013〕894号)、《关于促进电子商务健康快速发展有关工作的通知》(发改办高技〔2012〕226号)、《关于开展国家电子商务示范城市创建工作的指导意见》(发改高技〔2011〕463号)等多项与跨境电商相关政策的出台,在规范跨境电商行业市场的同时,也让跨境电商企业开展跨境电商业务得到了保障。特别是2013年8月,国务院发布了《实施支持跨境电子商务零售出口的通知》;2014年2月海关总署发布公告,增列海关监管方式代码9610(全称:跨境贸易电子商务),使得跨境电商在海关得以定性。

第二,在海外市场,B2B在线采购已占据半壁江山。有相关数据指出,在美国,B2B在线交易额达5 590亿美元,是B2C交易额的2.5倍。在采购商方面,59%采购商以在线采购为主,27%采购商月平均在线采购5 000美元,50%供货商努力让买家从线下转移到线上,提升利润和竞争力。

第三,移动电商的快速发展也成就了跨境电商3.0阶段的快速到来。2013年,智能手机用户占全球人口22%,首次超过PC比例,智能手机达14亿台。《2018年全球移动市场报告》显示,2018年全球智能手机用户的数量约达30亿,预计到2021年,用户数量将达到38亿。同时,亚马逊公布,2014年圣诞购物季使用移动端进行购物的用户占比达50%。在美国比价网站PriceGrabber调查中显示,2014年感恩节购物季,40%的消费者会在进商场前进行网上比价,50%的消费者在商场会使用智能手机进行网上比价。移动电商的快速发展得益于大屏智能手机的普及和WiFi网络环境的改善,使用户移动购物体验获得较大提高,用户移动购物习惯逐渐形成。另一方面,电商企业在移动端的积极推广和价格战促销等活动都进一步促进移动购物市场交易规模大幅增长。中国互联网协会《中国互联网发展报告(2019)》显示,至2018年底,我国网民规模达到8.29亿,全年新增网民5 663万,互联网普及率达59.6%;2018年,中国移动互联网市场规模达11.39万亿,其中移动购物占据了主导地位,规模达到8.85万亿元。方便、快捷的移动跨境电商也为传统规模型外贸企业带来了新的商机。

图1-3形象地说明了中国跨境电商的发展历程。

专栏1-6:跨境微商——开启后微商时代①

很多人讲"跨境"的故事,他们用世界商店的思维把国内外产品和消费者链

---

① 资料来源:根据亿邦动力网站资料。

接在一起;很多人讲"微商"的故事,他们说流量时代过去了,微商可以弯道超车。那么,如果"跨境"与"微商"这两个热得不能再热的话题撞到一起,又会擦出什么样的火花呢？事实上,国内品牌商纷纷迷上微商的同时,跨境电商也对微信分销渠道垂涎三尺,反过来,这也推动了微信服务商增加跨境电商方面的尝试。

2015年5月,兰亭集势发布了一款基于全球社交网络的C2C移动电商平台——WeStore,可以向全球用户提供一种快捷、免费的途径来创建他们自己的移动在线商店,并通过社交网络销售商品。用户可将自己希望销售的商品拍照,通过该软件把链接分享到主要的社交网站,如Facebook和WhatsApp等。可见,兰亭集势的WeStore意在把每个用户转化为潜在的移动零售商,并希望在全世界范围内生成无数个小型移动在线商店,而社交网络的去中心化方式也给兰亭集势带来了不一样的兴奋点。同时,进口母婴电商蜜芽也于同年6月启动了名为"妈米"的微商项目,并在独立APP和微信版两条渠道共同展开业务。而在2014年4月份,口袋购物旗下微店就已低调发布了国际版应用"YouShop",面向海外用户提供手机开店工具。2014年10月,口袋购物基于海淘业务的独立APP"代购现场"正式上线,这是口袋购物微店衍生出来的一项细分业务,主要的模式为:卖家(都是海外华人)实时发布海外商品信息,国内买家通过该应用下单,然后再由卖家从海外直邮到中国。

1.0 时代(1999~2003)
关键字:
信息、黄页、产品展示
特征:
1. 以黄页形式提供消息
2. 收取会员费用
代表:
阿里巴巴、环球资源网

2.0 时代(2004~2012)
关键字:
在线交易、供应链、服务一体化
特征:
信息展示、物流、支付、客户关系管理集于一体
代表:
敦煌网、速卖通

3.0 时代(2013~)
关键字:
大平台、大用户、大订单、移动化
特征:
1. 传统规模型外贸企业陆续登场
2. B类买家成规模
3. 平台服务升级
4. 移动跨境电商逐渐走向主流趋势
代表:
敦煌网

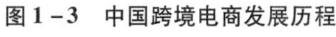

图1-3 中国跨境电商发展历程

资料来源:根据艾瑞咨询网站资料制图。

复习思考题

1. 跨境电子商务的发展对传统外贸商业模式有何积极和消极的影响？
2. 试查找最新数据分析我国当前跨境电子商务的发展状况。
3. 分析国内外跨境电子商务平台，并比较分析各平台运营特点。
4. 比较分析跨境电子商务的主要模式。
5. 试分析跨境电子商务给我国企业和消费者带来的好处。

参考文献

[1] Ali Ghorbani, Mohammad Bakhtazmay Bonab. Globalization and the Role of E-commerce in its Expansion [J]. Journal of Basic and Applied Scientific Research, 2013(03):78-82.

[2] 张旭. 电子商务对国际贸易的影响[J]. 财经科学,2007(07).

[3] 方少林. 论中小企业以电子商务渗透国际市场的策略[D]. 北京:对外经贸大学,2004.

[4] 阿里巴巴(中国)网络技术有限公司. 挡不住的跨境电商时代[M]. 北京:中国海关出版社,2015.

[5] 杨华. 跨境电子商务发展历程探讨[J]. 现代营销,2014(10).

[6] 沈玮. 跨境电子商务将促进国际贸易增长[J]. 国际市场,2013(6).

[7] 杨得芊. 跨境贸易电子商务试水[J]. 中国海关,2013(02).

[8] 上海社会科学院经济研究所课题组. 中国跨境电子商务发展及政府监管问题研究[J]. 上海经济研究,2014(08).

[9] 洪涛,王维维,王亚楠. 规范有序发展我国B2C跨境电子商务[J]. 商业财经,2013(11).

[10] 鄂立彬,黄永稳. 跨境电子商务的最新研究[J]. 东北财经大学学报,2014(3).

[11] 孙艳艳. 我国跨境电子商务的发展现状分析[J]. 经贸论坛,2014(08).

[12] 国家发展改革委,国务院信息办. 电子商务发展"十一五"规划[EB/OL]. [2007-06-25]. http://www.sdpc.gov.cn.

[13] 商务部. 关于促进电子商务应用的实施意见[EB/OL]. [2013-10-31]. http://www.mofcom.gov.cn.

[14] 刘重力,曹杰. APEC跨境无纸贸易行动战略进行评估与展望[J]. 国际贸易,2013(9).

[15]孙雷,王芳.中国跨境电子商务发展现状及对策[J].中国流通经济,2015(02).

[16]陈寰.对跨境电子商务发展现状的思考[J].当代经济,2014(10).

[17]商务部.关于实施支持跨境电子商务零售出口有关政策的意见[EB/OL].[2013-08-21].http://wms.mofcom.gov.cn.

[18]财政部.关于跨境电子商务零售进口税收政策的通知[EB/OL].[2016-03-24].http://gss.mof.gov.cn/zhengwuxinxi/zhengcefabu/201603/t20160324_1922968.html.

[19]赖建铭.我国B2B跨境电商的现状、问题与对策[J].国际商贸,2016(09).

[20]周革新,杨晓兰.我国跨境电商的前世今生[J].现代商贸工业,2016(21).

[21]艾媒新零售产业研究中心.2018~2019中国跨境电商市场研究报告[R].广州:艾媒新零售产业研究中心,2018.

第二章 国内外跨境电子商务的发展

学习目标

通过本章的学习,了解全球及中国电子商务发展现状和特点,掌握中国跨境电子商务发展的现状、特点及存在的问题,从而能简单地分析预测中国跨境电子商务的发展趋势和前景。

第一节 全球电子商务发展现状及特点

一、电子商务的起源和发展

早在 1839 年,当电报刚刚出现的时候,人们就开始了对运用电子手段进行商务活动的讨论。当贸易开始以莫尔斯码点和线的形式在电线中传输的时候,就标志着运用电子手段进行商务活动新纪元的开始。

现代电子商务是在与计算机技术、网络通信技术的互动发展中产生和不断完善的,近年来依托于计算机互联网络,随着其爆炸性发展而急剧拓展。

作为新兴事物,从 20 世纪 90 年代中期开始,我们可以将电子商务的发展划分为三个阶段。

(一) 高速发展的初始阶段

20 世纪末,基于计算机与通信结合的网络环境出现,在因特网上从事能产生效益的商务活动成为经济活动中的热点。出于对发展前景的美好展望,电子商务得到了快速发展,大量的风险投资家涌入电子商务领域,不断有企业宣布从事电子商务,新的电子商务网站大量涌现。根据著名咨询公司 CMP Research

在1998年初做的一项调查,大约有1/3的美国企业宣称将会在一年后实施电子商务,而在已经实施电子商务的企业当中,64%期望能在一年内收回投资。据另一项调查显示,美国1997年1~6月申请商业域名(.com)的公司从17万多个增加到近42万个,到1997年底,这一数据又翻了一番,电子商务的热度达到了白热化程度。

在电子商务的爆炸式发展中,资本市场的投资起到了推波助澜的作用。从20世纪90年代开始,在IT业快速发展的推动下,美国股市连涨10年,创造了经济奇迹。20世纪90年代中期以后,网络概念股票在美国股市受到青睐,网上图书销售商亚马逊的营业收入从1996年的1 580万美元增到1998年的4亿美元。基于Internet应用前景看好的情况,网络概念股节节走高。以高新技术类上市公司为主的美国NASDAQ股票市场,1996年初的指数点位还只有1 000点,2000年初该点位已经大大超过了4 000点。在财富效应的驱动下,各种资金蜂拥进入以网络为核心的IT领域,电子商务经历了初期的爆炸式发展。

专栏2-1:NASDAQ股票市场[①]

NASDAQ是全国证券业协会行情自动传报系统的缩写,创立于1971年,迄今已成为世界最大的股票市场之一。

纳斯达克是由美国全国证券交易商协会为了规范混乱的场外交易和为小企业提供融资平台而创建的。纳斯达克的特点是收集和发布场外交易非上市股票的证券商报价,它现已成为全球第二大的证券交易市场,现有上市公司总计5 400多家。纳斯达克是全世界第一个采用电子交易并面向全球的股市,它在55个国家和地区设有26万多个计算机销售终端。

纳斯达克指数是反映纳斯达克证券市场行情变化的股票价格平均指数,基本指数为100。纳斯达克的上市公司涵盖所有高新技术行业,包括软件、计算机、电信、生物技术、零售和批发贸易等。

(二)调整蓄势阶段

2000年初,在投资者的疯狂追捧下,NASDAQ接近了5 000点大关。正在这个时候,IT业经过10多年的高速发展之后积累的问题开始显露,电子商务也未能例外。尽管一些电子商务网站的营业收入已经做得很大,但支出更大,以致不能实现盈利。此外,随着规模的扩大,物流、管理等问题开始凸显,如何继

---

① 资料来源:根据百度百科资料整理。

续保持高速发展成为问题。

从 2000 年中期开始,和整个 IT 业一道,电子商务开始进入调整期。股市泡沫开始破灭,NASDAQ 指数在一年的时间内就从 5 000 点跌至 2 000 点以下。随着资金的撤离,许多依赖资本市场资金投入的网站陷入了困境,不少网站开始清盘倒闭。据不完全统计,超过 1/3 的网站销声匿迹了。电子商务经历了其发展过程中的寒冬。

(三) 复苏稳步发展阶段

2002 年底至今,电子商务发展步入复苏和稳步发展阶段。经过上阶段的严峻考验,生存下来的电子商务网站开始懂得电子商务网站的经营必须要有务实的特点,要在经营上找到经济的盈利点。有了这可贵的磨砺和经营实践,这些经营性的网站长期亏损局面开始扭转,出现了盈利。人们看到了希望,电子商务网站的经营实现了突破,出现了又一个春天。电子商务毕竟是具有强大生命力的新生事物,短暂的调整改变不了其上升趋势。在惨烈的调整之后,从 2002 年底该行业开始复苏,标志是不断有电子商务企业开始宣布盈利。

目前电子商务出现了许多新的发展趋势,与政府的管理和采购行为相结合的电子政务服务、与个人手机通信相结合的移动商务模式、与娱乐和消遣相结合的网上游戏等都得到了很好的发展。

二、全球电子商务发展现状

全球电子商务市场,地区发展呈现出美国、欧盟、亚洲三足鼎立的局面。美国是世界上最早发展电子商务的国家,同时也是电子商务发展最为成熟的国家,一直引领全球电子商务的发展,是全球电子商务的成熟发达地区。欧盟电子商务的发展起步较美国晚,但发展速度快,成为全球电子商务较为领先的地区。亚洲作为电子商务发展的新秀,市场潜力较大,近些年的发展速度和所占份额不断上升,是全球电子商务潜力最大的地区。

在全球各种电子商务模式中,B2B 电子商务交易一直占据主导地位,2002 年至今呈现持续高速发展态势。2015 年全球电子商务市场规模达 22.1 万亿美元,其中 B2B 电子商务规模为 19.9 万亿美元,占电子商务交易总额的 90%,可见 B2B 市场多么巨大。据 Statista 统计,目前全球 B2B 电商的市场规模达到了 10.5 万亿美元。同时,全球 B2C 跨境电商交易规模也持续保持高速增长,艾媒咨询发布的《2019 全球跨境电商市场与发展趋势研究报告》显示,2018 年全球 B2C 跨境电商交易额突破 6 500 亿美元,比去年同期增长 27.5%,预计 2019 年全球 B2C 跨境电商交易额将突破 8 000 亿美元。

三、全球电子商务发展特征

一是在全球电商市场总体向好的趋势下依旧存在发展的不平衡,主要表现在经济发达国家与欠发达国家之间的不平衡。丹麦、德国和英国超过 80% 的人口有网购经历,而在津巴布韦,这一比例仅为 1%。发达国家超过 50% 的人口经常在网上购买商品和服务,而一些非洲和中东地区国家的线上渗透率仅为 2.2%。

二是移动支付渗透率持续走高,第三方支付占比越来越大。2018 年 5 月,具有移动支付功能的星巴克手机 APP 已成为全美用户使用最多的线下移动支付服务。菲律宾频繁使用线上支付的民众比例达到 55%,总支出已从 2017 年的 925 亿比索增加到 2018 年的 1 219 亿比索,增长 32%。

三是人工智能、大数据和无人机等科技应用提升电商消费体验。随着语音控制设备和系统的普及,未来近 60% 拥有亚马逊智能音箱和苹果 Siri 设备及系统的美国消费者会通过语音指令完成网络购物。2018 年约有 60 万台商用无人机投入使用,进一步满足客户对配送时间的要求,几乎一半的美国人愿意接受无人机送货。

四是大部分国家和地区重视通过立法和制定政策来促进和保障电商发展。目前全球超过 70% 的国家已经通过了电子交易法,欧盟于 2018 年 1 月起实行支付新规,其中规定:预订和购买电商平台销售的产品使用银行卡、网银转账及欧元划账都不再收取额外的手续费用。哈萨克斯坦正在积极实施《数字哈萨克斯坦》国家规划,对《税收法典》进行修订,增加促进电子商务经营主体发展等条款。

第二节 中国电子商务发展现状及特点

一、我国电子商务发展历程

1997 年,中国化工信息网正式在互联网上提供商务服务,这被人们看作是我国电子商务的正式发端。数十年来,伴随着我国国民经济的快速发展以及国民经济和社会发展信息化的不断进步,我国电子商务行业虽然历经曲折却仍然取得骄人成绩。根据商务部发布的《中国电子商务报告(2018)》,2018 年中国电子商务交易规模继续扩大并保持高速增长态势,全年实现电子商务交易额 31.63 万亿元,同比增长 8.5%;网上零售额 9.01 万亿元,同比增长 23.9%;跨境电商进出口商品总额 1 347 亿元,同比增长 50%。中国已经成为世界上最大的网络零售市场。

纵观中国电子商务发展历程,我们可以将其划分为三个历史阶段。

(一)初创期(1997~2002)

互联网虽然是舶来品,但是却受到人们的热切期待。加之当时美国网络热潮兴起,促使我国互联网得以快速发展,中国化工网、8848、阿里巴巴、易趣网、当当网、美商网等知名电子商务网站很快就在最初的几年时间里发展起来。然而,由于这段时期我国信息化发展水平仍然较低,社会大众对于电子商务缺乏了解和信任,加上不久之后的互联网泡沫以及东南亚金融危机的影响,电商网站大多举步维艰。不过,这段时期的经历为我国电子商务发展打下了很好的基础,营造了很好的社会舆论和环境。

(二)快速发展期(2003~2007)

2003年"非典"在给国家带来巨大困扰的同时,也给电子商务的发展提供了难得的历史机遇,支撑电子商务发展的一些基础设施和政策在这期间得以发展起来。在这一年,阿里巴巴建立淘宝网并推出"支付宝"。国家也先后出台了一些促进电子商务发展的重要措施。2004年8月,全国人大通过了《电子签名法》;2004年年底,国务院通过了《关于加快电子商务发展的若干意见》;2005年10月,中国人民银行出台《电子支付指引(第1号)》,对电子支付中的规范、安全、技术措施、责任承担等进行了详细的规定;2007年6月,国家发改委、国务院信息化工作办公室联合发布《电子商务发展"十一五"规划》,这是我国首部电子商务发展规划,首次在国家政策层面确立了发展电子商务的战略和任务。

(三)创新发展期(2008年至今)

尽管受到国际金融危机的影响,但是2008年以来我国电子商务仍然以较高的速度增长。除了2009年、2010年外,其他年份的增长率都在30%以上。这段时期的特点是,我国电子商务初步形成了具有中国特色的网络交易方式,网民数量和物流快递行业都快速增长,电子商务企业竞争激烈,平台化局面初步成型。

中国互联网协会《中国互联网发展报告(2019)》显示,截至2018年底,我国网民规模达到8.29亿,全年新增网民5 663万,互联网普及率达59.6%,较2017年底提升3.8个百分点,超过全球平均水平2.6个百分点;我国IPv6地址数量为338 924 544个,年增长75.3%,已位居世界第二。截至2018年底,我国4G网络建设进入优化提升阶段,网络覆盖率已超全国98%的人口。此外,2018年,中国移动互联网市场规模达11.39万亿,其中移动购物占据了主导地位,规模达到8.85万亿元。这样的数据告诉我们,电子商务已如海啸般来袭。

二、我国电子商务发展现状及特点

(一)我国电子商务发展现状

1. 交易规模

据商务部发布的《中国电子商务报告(2018)》,2018 年中国电子商务交易规模继续扩大并保持高速增长态势,全年实现电子商务交易额 31.63 万亿元,同比增长 8.5%。中国电子商务研究中心发布的《2018 年度中国 B2B 电商市场数据监测报告》显示,2018 年中国 B2B 电商交易规模为 22.5 万亿元,同比增长 9.7%。近年来中国电子商务市场交易规模如图 2-1 所示。

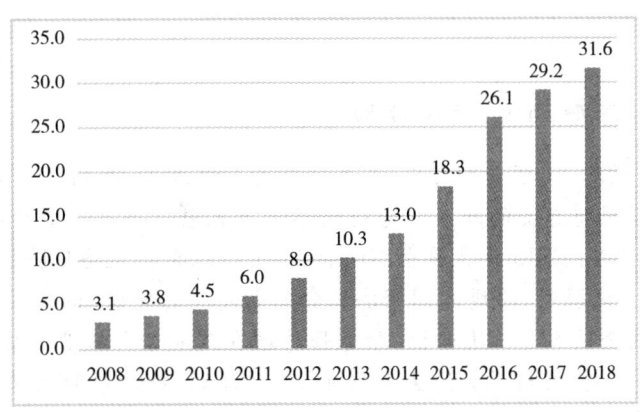

图 2-1 2010~2018 年中国电子商务市场交易规模(单位:万亿元)

专栏 2-2:中国电子商务研究中心[①]

为进一步深化和扩展电子商务研究,由电子商务研究中心牵头,依托庞大网商资源,联合多家研究机构、网络团体和媒体等共同发起成立"电子商务研究中心"。

电子商务研究中心是一个致力于电子商务研究的开放性研究平台和网络。中心以"电子商务"为研究对象,以推动和扩展电子商务研究为核心宗旨,以开放性和专业性为导向,致力于不断提升电子商务研究的质量与水准,并为相关

---

① 资料来源:根据百度百科资料整理。

研究人员、网络群体和互联网业界人士,提供一个高水平、高效率的平台。

其宗旨是聚合网络各界力量,关注电子商务发展;深化电子商务研究,服务电子商务事业。中心的主要工作:定期举办电子商务会议论坛,集中展现电子商务研究领域的成果;相关电子商务系列书籍印刷;监督报道各大电商售后投诉;参与和支持电子商务界的相关活动。

中国经济发展"电商化"趋势日益明显,电商交易规模和创新应用再创历史新高,网络交易量直线上升,电子商务的大发展、大繁荣,对于中国经济无疑是一个新的增长点。2015年国务院《政府工作报告》首次提出"互联网+"行动计划,这将培育更多的新兴产业和新兴业态,形成新的经济增长点,促进经济社会各领域的融合创新,这一利好政策将促进电子商务及B2B、工业互联网的发展。

专栏2-3:"互联网+"行动计划[①]

国内"互联网+"理念的提出,最早可以追溯到2012年11月于扬在易观第五届移动互联网博览会的发言。易观国际董事长兼首席执行官于扬首次提出"互联网+"理念。2015年3月全国两会上,全国人大代表马化腾提交了《关于以"互联网+"为驱动,推进我国经济社会创新发展的建议》的议案。2015年3月5日十二届全国人大三次会议,李克强总理在政府工作报告中首次提出"互联网+"行动计划,提出"制定'互联网+'行动计划,推动移动互联网、云计算、大数据、物联网等与现代制造业结合,促进电子商务、工业互联网和互联网金融健康发展,引导互联网企业拓展国际市场"。

"互联网+"是互联网发展的新业态,是知识社会创新2.0推动下的互联网形态演进及其催生的经济社会发展新形态。通俗来说,"互联网+"就是"互联网+各个传统行业",但这并不是简单的两者相加,而是利用信息通信技术以及互联网平台,让互联网与传统行业进行深度融合,创造新的发展生态。它代表一种新的社会形态,即充分发挥互联网在社会资源配置中的优化和集成作用,将互联网的创新成果深度融合于经济、社会各领域之中,提升全社会的创新力和生产力,形成更广泛的以互联网为基础设施和实现工具的经济发展新形态。

近年来,"互联网+"已经改造影响了多个行业,当前大众耳熟能详的电子商务、互联网金融、智慧旅游、在线影视、在线房产等行业都是"互联网+"的杰作。

---

① 资料来源:根据百度百科资料整理。

2. 细分市场

据中国电子商务研究中心发布的《2018年度中国B2B电商市场数据监测报告》显示,2018年电子商务市场细分行业结构中,B2B电子商务交易(包括规模以上企业B2B电子商务和中小企业B2B电子商务)规模为22.5万亿元,市场份额占比约71%。在营收规模上,按净额确认收入方法统计,2018年中国B2B电商营收规模达600亿元,同比增长71.4%。2018年B2B行业整体呈现出较大的增幅。

2018年电子商务市场细分行业结构中,B2B电子商务仍然占主导地位,整体达71%。同时,中国网络零售额逐年增长,2018年全国网上零售额达9.01万亿元,同比增长23.9%,其中实物商品网上零售额7.02万亿元,同比增长25.4%。另外,跨境电子商务持续发力,2018年中国跨境电商零售进出口总额达到1 347亿元,同比增长50%。随着网络购物行业的日益成熟,各家电商企业除了继续立足于网购市场的深耕和精细化运作,不断扩充品类、优化物流及售后服务外,也在积极向三四线城市甚至农村市场扩张,促使增长加快。2018年中国农村网络零售额达1.37万亿元,同比增长30.4%,其中农产品网络零售额达到2 305亿元,同比增长33.8%。

3. B2B交易

据中国电子商务研究中心发布的《2018年度中国B2B电商市场数据监测报告》显示,2018年中国B2B电商交易规模为22.5万亿元,同比增长9.7%,详见图2-2。

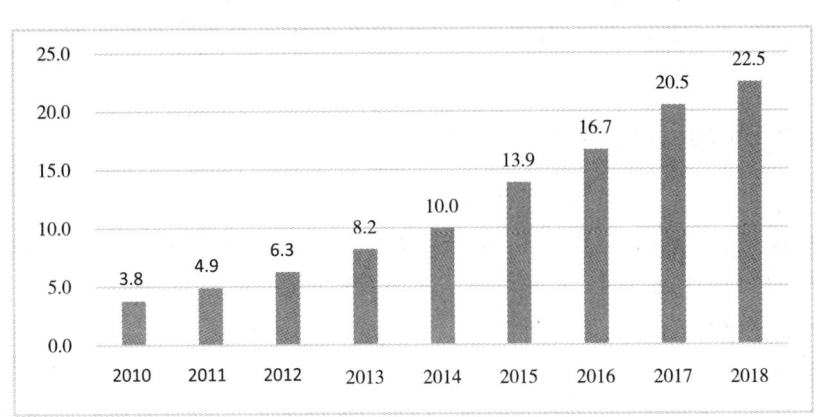

图2-2 2010~2018年中国B2B市场交易规模(单位:万亿元)

如果以1999年阿里巴巴成立为标志,中国B2B电子商务已有20年的历史。从1.0阶段的撮合交易发展到2.0阶段的在线交易,再到3.0阶段的资源整合平台,走向以大数据为核心的全产业链服务。作为行业的中间交易平台,B2B电商承担着撮合上下游交易的重任,可以有效减少交易环节、缩减产业链条、提升流通效率。

一是B2B电商1.0阶段。自1999年阿里巴巴开启中国B2B电子商务后,涌现了中国化工网、中国制造网等一大批B2B平台。这一时期的B2B主要是撮合交易,基于互联网渠道的低成本性和及时性,企业愿意选择B2B拓展业务。以阿里巴巴为代表的B2B电商以信息发布为运营模式,盈利主要来自会员费。

二是B2B电商2.0阶段。随着互联网的快速普及和信息化进程的不断推进,企业对电子商务的需求不断增加,越来越多的企业进入电子商务B2B市场,B2B电商发展迅猛,行业迅速进入2.0阶段。此阶段的电商B2B运营模式转向在线交易,代表企业如慧聪网、河姆渡等。

三是B2B电商3.0阶段,以易采办电子商务平台为代表的垂直类B2B电商迅速崛起。相较于以阿里巴巴为代表的综合性平台,垂直类B2B平台具备较强的"纵深"服务能力,能深入产业链上下游,满足企业多样化需求,符合工业4.0阶段大批量、低成本地提供个性化、定制化产品的特点。垂直类B2B平台的出现极大地促进了B2B电子商务市场的发展。

自2013年以来,随着工业4.0计划的提出,物联网、供给侧改革、中国制造2025、"互联网+"等各种新概念层出不穷,以企业服务为核心的B2B电子商务成为众人关注的焦点,用互联网思维改造传统行业成为发展趋势。企业开始引入云计算、大数据、人工智能等来助推效率的提升,与此同时,外部的专业化服务也在帮助企业提高效率、降低成本。中国B2B电子商务发展正在进入一个新的时代。

(二)我国电子商务发展特点

当前,我国电子商务发展呈现出一些突出特点:相关服务业发展迅猛,已经初步形成功能完善的业态体系;零售电子商务平台化趋势日益明显,平台之间竞争激烈,市场日益集中,开始出现一种新型的垄断(或寡头垄断)局面;电商平台的地位和作用日益凸显,电商平台、政府监管部门与进行网上销售的企业之间正形成一种新的市场治理结构;跨境电子交易发展迅速,但尚未形成有效的发展模式;区域发展不平衡情况显著,电子商务服务业主要集中在长三角、珠三角和北京等经济发达地区,而且出现日益集中的趋势。

在B2B电子商务方面,虽然B2B仍然是电子商务的主体,但原来以信息服务、广告服务、企业推广的时代早已逐渐退去,以在线交易、数据服务、金融服务、物流服务等为主的B2B电子商务新时代已经到来。B2B的在线交易仍在探索当中,创新模式也需接受市场的检验,全产业链的配套服务仍需进一步深化和挖掘。

在网络零售方面,近年中国网络零售市场取得快速发展,随着阿里巴巴、京东、聚美优品的上市,网络零售市场的竞争愈加激烈,B2C将继续推动网络零售市场的发展。另外,京东、苏宁易购、唯品会、聚美优品、当当网等电商在移动端有更多投入,手机端各类应用迅速拓展,用户的购物习惯也逐渐从 PC 端转向移动端。

从 B2C 市场未来发展情况看,随着用户网络购物意识的逐渐成熟及网络购物行为的日趋理性,产品品质及服务水平成为影响网络购物用户购买决策的重要因素,对品质产品的诉求将继续推动 B2C 市场的高速发展。从网络购物市场看,B2C 市场在网络购物整体中的占比将持续提升,将呈现出电商渠道下沉、跨境进口电商集中爆发、移动电商渐成主流、线上线下相融合等发展趋势。

在 O2O 方面,我国本地生活服务 O2O 市场快速发展,餐饮、休闲娱乐等 O2O 初具规模,但本地生活服务 O2O 在整体本地生活服务市场中渗透率较低。未来随着实物类电子商务用户群体网络消费内容的不断扩大、移动互联网的飞速发展,都将推动本地生活服务 O2O 快速发展。

在跨境电商方面,我国的跨境电子商务市场发展势头十分强劲,蕴含着巨大的潜力。2018 年,中国跨境电商交易规模达 9 万亿,同比增长 11.6%。从政策层面看,国家出台了一系列跨境电商促进政策,为跨境电商提供政策支持。从市场需求看,除了国外消费者对中国物美价廉商品的巨大需求外,中国消费者对海外优质的品牌商品也有同样旺盛的购买需求。从企业来看,除了既有行业内的大量外贸电商企业外,内贸电商企业也纷纷实施国际化战略,布局跨境电商业务。

第三节 中国跨境电子商务发展现状及特点

跨境电子商务是指不同国家或地区的交易双方,通过互联网以邮件或者快递等形式通关,数额小、次数多、速度快的新的国际贸易模式。目前,中国的电子商务正处于蓬勃发展时期,而以中小企业占主体的中国跨境电子商务市场也呈现出喜人态势,以其强大的生命力不断发展壮大。跨境电子商务作为一种电子化的新型跨境贸易模式,有着十足的活力和无可比拟的优势,但和每一个新生事物一样存在一定的问题和瓶颈,如何解决这些问题,是更好地发展跨境电子商务的基本要求。

一、跨境电子商务的兴起

金融危机成为跨境电子商务发展的催化剂。说到跨境电子商务的兴起,就不得不提及 2008 年那场波及世界各国的金融危机,受金融危机的影响,全球经济低迷,国际市场需求萎缩,给对外贸易企业以重创。然而,危机一定程度上变成了转机,长期以来的"集装箱"式的大额交易在那场危机中逐步被以数额小、次数多、速度快的订单取代,跨境电子商务因此获得了生存和发展的契机。国内外电子商务的快速发展给跨境电子商务提供了经验和条件:一方面,国内电子商务主要是在中国范围内进行电子商务交易,而跨境贸易是和不同国家或地区的客户进行电子商务交易,虽然在地域和形式上存在一定的差异,但是电子商务这种模式基本上大同小异,国内电子商务的充分发展对跨境电子商务企业起到了一个先行者的作用,很多经验和模式都是跨境电子商务可以直接借鉴的。另一方面,随着互联网和电子商务在各国的发展,人们对网购不再陌生和排斥,在观念上没有障碍,由于各国信息交流日益方便、快捷,消费者能够轻松地在互联网上搜集到来自世界各地的商品信息进行购买,为实现跨境电子商务提供了条件。

二、中国跨境电子商务的发展现状

(一)中国跨境电商发展环境分析

1. 进出口贸易增速放缓

受世界经济复苏态势缓慢及国内劳动力价格上涨、人民币升值等成本要素上升和贸易摩擦加剧等因素影响,近年来,我国外贸进出口总额增速有所放缓。其中:2014 年我国货物贸易进出口总值 26.43 万亿元人民币,比 2013 年增长 2.3%;2015 年我国货物贸易进出口总值 24.59 万亿元人民币,比 2014 年下降 7%;2016 年,我国货物贸易进出口总值 24.33 万亿元人民币,比 2015 年下降 0.9%;2017 年,我国货物贸易进出口总值 27.79 万亿元,比 2016 年增长 14.2%,扭转了此前连续两年下降的局面;2018 年,我国货物贸易进出口总值 30.51 万亿元,同比增长 12.6%。但进出口贸易总体增速放缓。

2. 利好政策全面铺展

中国对跨境电商的政策支持力度不断加大,从 2004 年的政策萌芽期开始,政策扶持分成了三个阶段:政策萌芽期(2004~2007),共发布了三项政策,初步规范电商行业发展,侧重于规范行业;政策发展期(2008~2012),陆续发布了十项政策,涉及监管、支付结算及试点等方面,政策呈点状分布,侧重支持引导;政策爆发期(2013 年至今),集中发布了多项政策,政策呈面状铺展,主要集中在出口方面,向实施面推进。特别是,2018 年国家政策整体以扶持为大方向,削减享受税收优惠政策的交易限制,降低相关进口商品关税税率。一系列关于正规跨境电商平台政策红利的释放、税收优惠限额提高、商品清单范围增加等,为行业发展带来新的发展机遇。2018 年 8 月 31 日,全国人大常委会通过我国电商领域首部综合性法律《电子商务法》,于 2019 年 1 月 1 日正式实施。电商法在约束和规范电子商务市场、提升市场整体品质、保障消费者合法权益的同时，也鼓励并支持跨境电商行业的发展，推动整个电商行业积极发展。

就跨境进口方面来说，国家出台了诸多的扶持政策。以此前实行的行邮税为例，国家对进口商品所要求的税率大约为10%，并给予50元的免税额政策支持，这使得跨境电子商务比一般贸易更具吸引力，在短短两年的时间里，我国跨境电子商务呈现爆发性增长态势。2016年4月8日，《关于跨境电子商务零售进口税收政策的通知》发布，要求通过跨境电子商务进口的商品不再按行邮税征税，而是与一般贸易一样需要征收关税、增值税、消费税等，并且推出了正面清单，清单中限制了部分当前热销商品的进口。对于消费者来说，税率的调整会影响他们的购买欲望，正面清单使部分企业的盈利受到影响。2016年5月和2017年9月国务院两度批准延长跨境电商零售进口监管过渡期，给跨境电商企业更多的调整空间。自2019年1月1日起，国家调整跨境电商零售进口税收政策，提高享受税收优惠政策的商品限额上限，扩大清单范围。行业的发展必定需要制度的规范性和有效的监管，不论新政策是否会暂缓施行或是进行修改完善，我国跨境电子商务都处在成长期，改革和创新都是必经之路。

3. 试点城市逐步增多

中国跨境电子商务综合试验区是中国设立的跨境电子商务综合性质的先行先试的城市区域，旨在跨境电子商务交易、支付、物流、通关、退税、结汇等环节的技术标准、业务流程、监管模式和信息化建设等方面先行先试，通过制度创新、管理创新、服务创新和协同发展，破解跨境电子商务发展中的深层次矛盾和体制性难题，打造跨境电子商务完整的产业链和生态链，逐步形成一套适应和引领全球跨境电子商务发展的管理制度和规则，为推动中国跨境电子商务健康发展提供可复制、可推广的经验。

2012年12月，海关总署在郑州召开跨境贸易电子商务服务试点工作启动部署会，上海、重庆等5个试点城市成为承建单位，标志着跨境贸易电子商务服务试点工作的全面启动。2013年10月，我国跨境电子商务城市试点开始在全国有条件的地方全面铺展。从试点城市公布特点来看，试点城市主要集中在物流集散地、口岸或是产品生产地等。2015年3月，国务院设立中国（杭州）跨境电子商务综合试验区，着力在跨境电子商务交易、支付、物流、通关、退税、结汇等各环节的技术标准、业务流程、监管模式和信息化建设等方面先行先试，逐步形成一套适应和引领全球跨境电子商务发展的管理制度和规则，为推动我国跨境电子商务的发展提供可复制、可推广的经验。2016年1月，国务院决定新设一批跨境电子商务综合试验区，将先行试点的中国（杭州）跨境电子商务综合试验区初步探索出的相关政策体系和管理制度，向更大范围推广。这些城市包括：天津、上海、重庆、合肥、郑州、广州、成都、大连、宁波、青岛、深圳、苏州，加上之前的杭州,跨境电商综合试验区扩大到 13 个城市。2018 年 7 月,国务院同意在北京、呼和浩特、沈阳、长春、哈尔滨、南京、南昌、武汉、长沙、南宁、海口、贵阳、昆明、西安、兰州、厦门、唐山、无锡、威海、珠海、东莞、义乌等 22 个城市设立跨境电子商务综合试验区。

在成立综合试验区之前,中国跨境电子商务服务试点城市共有四种可申报的业务模式,不同城市的业务试点模式范围有明显的限定。2016 年国家海关总署明确可以做跨境电商进口试点的城市共有重庆、广州、上海等 6 个城市,其他获批的试点城市均只有出口试点的资格。目前,我国跨境电子商务综合试验区的数量从 13 个增加至 35 个,基本覆盖了主要的一、二线城市,详见表 2-1、表 2-2。

表 2-1　中国跨境贸易电子商务服务试点城市审批情况

批次	批准时间	试点城市	审批单位
试点启动期	2012 年	郑州、上海、重庆、杭州、宁波	海关总署
全面铺展期	2013～2014 年	广州、深圳、苏州、青岛、长沙、平潭、银川、牡丹江、哈尔滨、烟台、西安、长春等十几个城市	海关总署
综试区启动期	2015 年 3 月	杭州	国务院
综试区推广期	2016 年 1 月	天津、上海、重庆、合肥、郑州、广州、成都、大连、宁波、青岛、深圳、苏州	国务院
	2018 年 7 月	北京、呼和浩特、沈阳、长春、哈尔滨、南京、南昌、武汉、长沙、南宁、海口、贵阳、昆明、西安、兰州、厦门、唐山、无锡、威海、珠海、东莞、义乌	国务院

表 2-2　中国部分跨境贸易电子商务服务试点城市业务模式限定范围

代表城市	直购进口模式	保税进口模式	一般出口模式	保税出口模式
重庆	√	√	√	√
广州	√	√	√	
上海	√	√		
宁波		√		
杭州			√	
郑州		√		√

跨境电子商务综合试验区建设着力在跨境电子商务交易、支付、物流、通关、退税、结汇等环节的技术标准、业务流程、监管模式和信息化建设等方面先行先试,通过制度创新、管理创新、服务创新和协同发展,破解跨境电子商务发展中的深层次矛盾和体制性难题,打造跨境电子商务完整的产业链和生态链,逐步形成一套适应和引领全球跨境电子商务发展的管理制度和规则,为推动全国跨境电子商务健康发展提供可复制、可推广的经验。跨境电子商务综合试验区是系统设计的考量,并不是所谓的一项优惠政策,而是一种制度性的创新。

专栏2-4:跨境电商综合试验区[①]

2015年3月,国务院决定设立中国(杭州)跨境电子商务综合试验区,这是第一批也是全国首个综合试验区。试验区着力以深化改革、扩大开放为动力,在跨境电子商务交易、支付、物流、通关、退税、结汇等各环节的技术标准、业务流程、监管模式和信息化建设等方面先行先试,通过制度创新、管理创新、服务创新和协同发展,破解跨境电子商务发展中的深层次矛盾和体制性难题,打造跨境电子商务完整的产业链和生态链,逐步形成一套适应和引领全球跨境电子商务发展的管理制度和规则,为推动我国跨境电子商务的发展提供可复制、可推广的经验。

2016年1月,国务院常务会议审议决定在广州、深圳、天津、上海、重庆、合肥、郑州、成都、大连、宁波、青岛、苏州12市新设跨境电子商务综合试验区,复制推广杭州"六大体系两大平台"经验做法。2018年7月,中国又新增了22个城市的跨境电子商务综合试验区,国务院同意在北京、呼和浩特、沈阳、长春、哈尔滨、南京、武汉、长沙、南宁、海口、贵阳、昆明、西安、兰州、厦门、唐山、无锡、威海、珠海、东莞、义乌等22个城市设立跨境电子商务综合试验区。

跨境电商综合实验区主要经验是"六体系两平台"。"六体系两平台"是跨境电商发展的基础框架。"六大体系"包括企业、金融机构、监管部门等信息互联互通的信息共享体系,一站式的在线金融服务体系,全程可验可测可控的智能物流体系,分类监管、部门共享和有序公开的电子商务信用体系,以及为企业经营、政府监管提供服务保障的统计监测体系和风险防控体系。"两大平台"则为线上"单一窗口"和线下"综合园区",通过建设这两大平台,实现政府部门间信息互换、监管互认、执法互助,汇聚物流、金融等配套设施和服务,为跨境电子商务打造完整产业链和生态圈,以更加便捷高效的新模式释放市场活力,促进企业降成本、增效益,支撑外贸优进优出、升级发展。

---

① 资料来源:根据中国电子商务研究中心网站相关资料整理。

(二)中国跨境电子商务现状分析

1. 跨境电子商务交易规模大

经过数十年的发展,内贸电子商务已经形成一套较为成熟的模式,且市场份额几乎被几个电商巨头占据,市场竞争相对激烈,这对于想进入该市场的传统企业来说,分一杯羹已是难事。而新兴的跨境电子商务为企业提供了更为广阔的国际市场,去掉中间环节,直接与海外零售商和消费者进行交易,节约了时间成本,具有更为丰厚的利润空间。

2012年后,我国跨境电子商务交易规模逐步扩大,年增长幅度均在30%以上,2013年突破了3.1万亿元,2015年的交易额为5.4万亿元,2018年中国跨境电商交易规模达9万亿元,如图2-3所示。中国已成为世界最大的电子商务市场,按照这样的速度,在未来几年,我国跨境电子商务规模将进一步扩大,凭借强大的市场供应能力和消费需求成为全球贸易的中心。

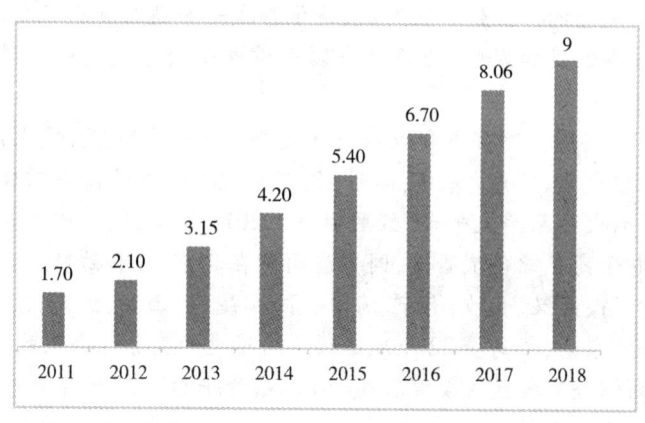

图2-3 中国跨境电子商务发展规模(单位:万亿元)

资料来源:艾瑞咨询集团网站。

在跨境电商交易模式结构上,2018年中国跨境电商的交易模式中跨境电商B2B交易占比达83.2%,跨境电商B2C交易占比16.8%。B2B模式在跨境电商模式占比中超八成,多年来一直是主导的商业模式。跨境电商B2B的商业模式在于去中间化,让品牌商和产品直接接触,通过用户来反作用于生产方和品牌方。此外,越来越多的B2C跨境电商平台建立起来,跨过众多的中间环节直接连接工厂与消费者,以B2B2C的形式减少交易环节,消除信息不对称。B2C

模式化整为零、面向终端的销售模式比传统外贸等形式更为灵活。

2. 我国跨境电子商务平台类型多样

现有的跨境电子商务平台分为三个类别：

其一，以天猫国际、亚马逊中国、兰亭集势等为代表的电商大平台。它们拥有成熟的经营模式和广阔的用户市场，跨境电子商务只是由用户需求跨地域后衍生出来的分支。这些平台偏向于采取直邮的方式来完成跨境物流，跨境直邮模式更加灵活，确保消费者买到"原汁原味"的海外商品。据美国第三方数据机构尼尔森发布的《2015 跨境网购消费报告》显示，42%的消费者会选择直邮的方式，该比例超过"保税发货""国内现货"等其他物流方式。

其二，以网易考拉海购为代表的新生代自营电商。自营电商的优势在于，它能够保证较优质的产品质量，避免良莠不齐，形成强大的品牌吸引力，增加消费者黏度。同时，这种选择直采自营模式的电商平台会有强大的供应链支持，为产品的引入、分类、展示、交易、物流配送、售后服务等各个重点环节都提供了有力保障。

其三，以蜜芽、小红书、洋码头等为代表的创业型中小平台。这类型的平台经过细致的市场需求分析后，善于利用社交分享进行口碑宣传，致力于培养对市场极具敏感度的买手进行海外采购，专注于垂直品类商品的销售。相比其他大电商平台，它们的特点是商品种类较为集中、目标消费群体有共性、运营方式另辟蹊径，注重对个性化、多样化的消费者需求的满足，挖掘尚未被大力开发的市场潜力。在其新颖的经营概念与模式吸引下，这类平台更易得到资本市场的青睐，在资本的助推下快速跑马圈地。

3. 我国跨境电子商务商品品类不断丰富

从销售商品的品类看，跨境电子商务平台热销的商品品类大部分以汽车配件、家居园艺、3C 电子产品、计算机及配件、轻奢珠宝等易于物流运输的小规格产品为主，2016 年以后有逐渐向汽车、大型家居等大件商品扩展的趋势。中国电子商务研究中心《2018 年度中国跨境电商市场数据监测报告》显示，2018 年中国出口跨境电商卖家品类分布上，3C 电子产品 18.5%、服装服饰 12.4%、家居园艺 8.5%、户外用品 6.5%、健康美容 5.2%、鞋帽箱包 4.7%、母婴玩具 3.5%、汽车配件 3.2%、灯光照明 2.3%、安全监控 1.7%、其他 35.2%。在品类上，3C 电子产品、服装服饰配件等消费品一直是跨境电商平台最畅销的品类，家居园艺、户外用品等需求也有攀升。跨境电子商务企业业务扩张的重要手段之一就是不断拓展销售商品品类，这有助于跨境电子商务企业抓住更多具有消费力的网购群体。随着电子商务对人们日常生活的影响不断加深与渗透、物流解决方案与科技手段不断创新，跨境电子商务零售商们将不断扩充其所覆盖的商品品类。

4. 我国跨境电子商务目标市场广泛

从我国跨境电商的目标市场看,具有旺盛需求同时国内跨境电子商务交易氛围浓厚的国家有美国、英国、德国、澳大利亚等,这些国家的顾客熟悉跨境网购,且支付环境较安全、物流基础设施较完善,能够为顾客提供优质的服务。因此,我国将继续与这些国家保持跨境电子商务贸易往来,并且进一步挖掘其深层次的需求。与此同时,部分发展中国家因其不断成长的需求,也在寻求机会促进跨境电子商务发展,例如俄罗斯、巴西、印度等,但这些国家的本土电商企业并不发达,无法满足国内消费者的网购欲望,而中国制造的产品物美价廉,在这些国家的市场上具有巨大的优势,成为我国发展跨境电子商务的一大动力。比如,"一带一路"沿线国家都具备与我国跨境电子商务企业展开深度合作的基础。

我国大量跨境电商企业也在拓展东南亚市场,值得一提的是印尼,该国人口众多,巨大的消费需求吸引着 eBay、亚马逊、日本乐天等电商平台巨头纷纷进入印尼市场。未来一段时期我国跨境电商企业将与上述企业展开竞争。同时在欠发达地区,电子商务和跨境网购依然是一个比较陌生的概念,对于跨境电子商务企业来说,这类型的市场需要花费较多时间和精力来开垦和培养。

三、中国跨境电子商务发展的特点及存在的问题

(一) 中国跨境电商发展的特点

1. 传统企业纷纷加入

2012 年以前,跨境电商的参与者主要以小微的草根企业、个体商户及网商为主。2013 年以来传统贸易中的主流参与者(如外贸企业、工厂和品牌商家)开始进入这个领域,并逐渐走向规模化运作。

2. 产业链日益完善

针对影响跨境电商发展的营销、通关商检、物流、支付等环节,跨境电商企业及服务企业不断向产业链其他环节延伸,整合多方资源提供一体化服务,新的服务商也在不断涌现,整个产业链和生态系统的服务链条越来越清晰和完善。

3. 品牌运营之路开启

早期跨境电商借助中国制造大国的优势,以销售物美价廉的产品及 OEM 代工为主,近两年来,大量企业开始考虑走品牌化运营之路,特别是一些较大的企业开始考虑规模化,建立自己的平台,把品牌引向海外市场,通过品牌来提升自身在跨境电商中的价值。

(二)中国跨境电子商务发展中存在的问题

跨境电商中不同的贸易方式,存在的问题有一定的差异。按一般贸易方式进出口的大额交易,目前尚未完全实现贸易无纸化,这在一定程度上影响了贸易的便利化及电子商务在贸易中的应用。从小额碎片化的贸易来看,除了受到未实现的贸易无纸化影响外,在产品、物流、通关等方面也存在一些行业性的难题,这些成为制约跨境电商发展的重要因素。

1. 政府职能未进行整体的合理有效的转变

目前,阻碍我国跨境电子商务进一步发展的因素主要是监管制度跟不上互联网时代数字贸易步伐、政府监管部门之间的协作性不高,易造成程序上的成本浪费、跨境电子商务企业运作"不规范"、市场秩序较混乱等问题。传统的政府监管方式不再适用于跨境电子商务的网络发展模式,因此新型的"互联网+政府"的整体监管方式就应该被提上日程,通过一系列的措施,对政府职能进行重设,让跨境电子商务在一个自由且合理合法的环境下创新与成长。在改革试验中,应明确政府的职责,在政府与市场之间形成一个良好的协作,充分发挥市场在资源配置中的决定性作用,激发企业的主体性、主动性和创造性;政府要有效引导社会资源优化配置,通过优化整体监管服务、完善政策法规,构建适应跨境电子商务发展的综合服务体系。

2. 商户的基本信息不规范

有效的交易以经营主体即商户的信息真实性、规范性为基础。目前对这些信息进行处理的是我们的平台经营者,如果平台上的商户能够完全按照实名制进行注册,就会解决一大部分问题,就不会存在虚假的商户利用平台流量去欺骗消费者,不会对平台的信誉造成伤害。但是对商户信息进行分析与判别是一项庞大的工作,这对于平台来说存在难度,所以在很多的情况下,经营主体的质量优劣就很难确定,不利于形成一个健康、信用充足的跨境电子商务贸易链条。

3. 产品质量的优劣不确定

在我国,进行跨境电子商务贸易的企业有很大一部分是小额外贸企业,它们一般不能承受商检所产生的费用,所以经常不做商检。同时由于个人邮寄政策的宽松,缺乏严格制度要求,企业一般不必经过检验检疫环节就能进行进出口贸易。在这种漏洞下,产品的质量就存在争议。另一方面,跨境电子商务贸易中市场会出现热销的所谓"爆款",在利益的驱使下,就会有部分不规范的企业销售仿制品或是劣质品,这些都会对消费者带来各种损害,必然会导致各国持谨慎态度,减少对这一类商品或与某一跨境电子商务企业的合作。

4. 清关障碍削弱物流时效

跨境物流的海关关卡一般有两个:出口国海关和目的国海关。在出口跨境电子商务中,商家要尤其注意出口国海关的相关制度要求和政策变化情况,有些海关的通关流程较为严格,当遇上海关扣货查验,那就要花费更多的成本,若是货件被退回发货地,或因文件资料缺失而需要重新补齐的,严重时还会出现直接没收货件,这些情况会直接削减商家的利润空间甚至亏损。

目的国海关也可能存在一定障碍,例如巴西海关几乎对每件包裹都要查验,并要求随附商业发票、原产地证明等资料。保证资料的齐全度对于有些小规模的跨境电子商务企业来说比较难做到,有时就算提供全部资料也可能被认为是伪造的。

此外,某些目的国海关由于技术落后,经济水平不高,无法利用电子系统进行清关工作,使得清关效率很低,从而也延长了整个物流配送时间。

5. 境外售前售后服务水平不高、海外仓建设滞后

由于存在地理隔断、政策差异等诸多不可避免的问题,跨境物流的发展并非一帆风顺,跨境电子商务国内外企业物流信息系统配置不统一、流程不一致等因素,很容易导致追踪货物物流信息出现差错,消费者难以实时了解货物的状况,同时也可能导致货物损坏、丢件以及后续的退货不便等问题。为了解决物流时间长、退换货不及时、客服远水解不了近渴、消费者购物体验差等问题,最佳方案就是在目的国建立海外仓,为海外消费者提供高效优质的物流及售后服务。针对海外建仓,亚马逊运营中心等已经提供了很好的海外仓建设思路,但随着海外仓创立条件愈加严格,诸多企业在这方面还未从根本上改变被动局面。

四、中国跨境电子商务的发展趋势

（一）产品品类和销售市场更加多元化

随着跨境电商的发展,跨境电商交易呈现新的特征,交易产品向多品类延伸、交易对象向多区域拓展。

从销售产品品类看,跨境电商企业销售的产品品类从服装服饰、3C电子、计算机及配件、家居园艺、珠宝、汽车配件、食品药品等便捷运输产品向家居、汽车等大型产品扩展。不断拓展销售品类成为跨境电商企业业务扩张的重要手段,品类的不断拓展,不仅使得"中国产品"和全球消费者的日常生活联系更加紧密,而且也有助于跨境电商企业抓住最具消费力的全球跨境网购群体。艾瑞分析认为,随着电商对人们日常生活的不断渗透与影响的不断加深,以及科技与物流解决方案的不断创新,跨境电商零售出口产业所覆盖的产品品类将持续扩充。

从销售目标市场看,以美国、英国、德国、澳大利亚为代表的成熟市场在未

来仍是跨境电商零售出口产业的主要目标市场,且将持续保持快速增长。与此同时,不断崛起的新兴市场正成为跨境电商零售出口产业的新动力,如俄罗斯、巴西、印度、印尼等国市场。

(二) B2C 占比提升,B2B 和 B2C 协同发展

随着物流、金融、互联网等国际贸易基础设施的改善和新技术的出现,国际贸易的形态也在不断演化。显著的变化之一是,产品从工厂到消费者的通路越来越多元化,跨境电商 B2C 这种业务模式逐渐受到企业重视,近年出现了爆发式增长,究其原因,主要是因为跨境电商 B2C 具有一些明显的优势:①利润空间大。相较于传统跨境贸易模式,B2C 模式可以跳过传统贸易的所有中间环节,打造从工厂到产品的最短路径,从而赚取高额利润。②有利于树立品牌形象,有利于国内不再满足做代工的工贸型企业和中国品牌利用跨境电商试水"走出去"战略,熟悉和适应海外市场,将中国制造、中国设计的产品带向全球,开辟新的市场。③把握市场需求。因为直接面对终端消费者,B2C 有利于更好地把握市场需求,为客户提供个性化的定制服务。④市场广阔。与传统产品和市场单一的大额贸易相比,小额的 B2C 贸易更为灵活,产品销售不受地域限制,可以面向全球 200 多个国家和地区,可以有效地降低单一市场竞争压力,市场空间巨大。

随着物流、互联网技术的发展及利好政策的陆续发布,阻碍跨境电商 B2C 发展的一些因素正在消减,B2C 在整体市场中的份额占比将进一步提升。但 B2B 作为全球贸易的主流,未来仍然会是中国企业开拓海外市场的最重要模式,B2B 和 B2C 将会协同发展。

跨境 B2C 的发展对中国制造出口企业来说无疑为扩展新业务提供了新的可能性,但需要注意的是,B2C 存在订单量小且不稳定的缺点,无法满足制造企业规模化生产的要求。此外,与国内 B2C 相比,跨境 B2C 市场会有市场需求周期性明显,营销推广费用较高,用户获取难度较大等诸多问题,跨境电商 B2C 类企业与境外本土购物网站的竞争也是不可避免的。

B2B 作为全球贸易的主流,在可以预见的未来仍然会是中国企业开拓海外市场的最重要模式。而 B2C 作为拉近与消费者距离的有效手段,对中国企业打响品牌,实现弯道超车,也将具有非常重要的地位。B2B 和 B2C 作为两种既区别又联系的业务模式,互补远远大于竞争,两者都能成为开拓海外市场的利器。

(三) 移动端成为跨境电商发展的重要推动力

移动技术的进步使线上与线下商务之间的界限逐渐模糊,以互联、无缝、多

屏为核心"全渠道"购物方式将快速发展。B2C 方面看,移动购物使消费者能够随时、随地、随心购物,极大地拉动市场需求,增加跨境零售出口电商企业的机会。从 B2B 方面看,全球贸易小额、碎片化发展的趋势明显,移动端可以让跨国交易无缝完成:卖家随时随地做生意,白天卖家可以在仓库或工厂用手机上传产品图片,实现立时销售,晚上卖家可以回复询盘、接收订单。基于移动端做媒介,买卖双方沟通变得非常便捷。

移动跨境电商的发展情况跟各国的互联网发展情况相关。对于美国之类的发达市场,互联网发展进程完备,跨境电商从 PC 到移动端的发展有很大的存量空间。在一些新兴市场,由于互联网发展水平略低,比如说像俄罗斯、东南亚和非洲,这些地区的大量用户不需要进入 PC 端跨境电商市场,而利用移动端的普及直接进入移动跨境电商市场,这是未来移动跨境电商发展的巨大增量市场。

跨境电商企业移动无线端发展迅速。雨果网数据显示,近年来,速卖通对无线应用端的多方部署使得无线端 APP 增速加快。2016 年"双 11",速卖通无线端订单成交占比 58%,当天 APP 在 84 个国家的 App Store 购物类应用下载中排名第一。2017 年,速卖通 APP 下载量猛增至 5 000 万次,实现 80% 增长。2018 年"双 11"无线交易单日占比高达 62%。未来移动端和 PC 端两个平台将深度融合,组合式采购。

专栏 2-5:开启"跨境+微商"新模式[①]

2015 年 12 月 12 日,一则大篇幅报道《"一键下单"到千家万户,天章悄然转型跨境电商》出现在珠海特区报上。作为珠海龙头企业,天章集团依托国家跨境电商保税进口政策,从香港、澳门"隔墙"采购的进口母婴产品,经过集团遍布全国的现代化营销配送网络,"一键下单"进入全国各地的千家万户。这背后是易观咨询帮助天章集团量身打造的"跨境电商+微商"的最新转型升级模式。

秉承去中心化方式,以社区推广为中心,大力发展社区推广员,将微小个体(微商)作为母婴用户的销售者,开展社区化运营,这是易观咨询设计方案的核心主张。线下的社区运营和线上微信端运营负责完成前期"消费信任建立",而线上一键下单方式完成"交易环节"。真正发挥了用社交做体验和传播,用微店做关系和交易的专有模式。

---

① 资料来源:根据《中国日报》中文网站相关资料整理。

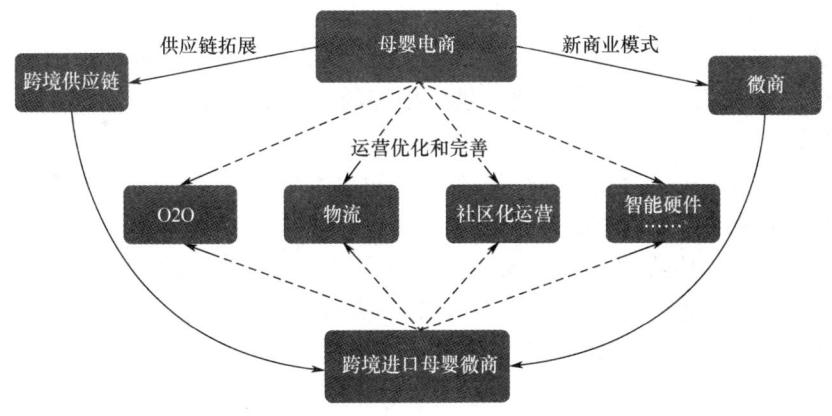

图2-4 "跨境电商+微商"模式

贴合传统企业务实精神,易观咨询采取"以点带面,逐步推进"方式进行。项目将通过三阶段完成:先做内部测试,从公司发起一批具有开拓精神的员工尝试新模式,接着以分公司为单位在区域做试点,覆盖销售周边社区人群,最后在全国进行复制。

(四)产业生态更为完善,各环节协同发展

跨境电子商务涵盖实物流、信息流、资金流、单证流,随着跨境电子商务的不断发展,软件公司、代运营公司、在线支付、物流公司等配套企业都开始围绕跨境电商企业进行集聚,服务内容涵盖网店装修、图片翻译描述、网站运营、营销、物流、退换货、金融服务、质检、保险等内容,整个行业体系越来越健全,分工更清晰,并逐渐呈现出生态化的特征。目前,我国跨境电商服务业已经初具规模,有力地推动了跨境电商行业的快速发展。

从物流方面看,为适应跨境电商的需求,兼顾成本、速度、安全甚至包含更多售后内容的物流服务产品应运而生,大量提供一体化服务的物流整合商也开始出现。如以海外仓储为核心的跨境电子商务全程物流服务商已经出现,递四方、出口易等都强化了对物流和供应链的整合,在海外建立了物流仓储,通常小额跨境物流配送需要15~30天的时间,通过对不同卖家需求的不同货运方式组合,这一配送时间已经大大缩短。此外,海外仓储建设的逐步完善更将提升卖家在国际贸易中的竞争地位。

从金融服务看,国家外汇管理局向国内17家第三方支付机构授予了跨境电子商务外汇支付业务试点牌照,使得支付结算方式更加多元化,推动外贸电商发展。针对交易过程,跨境电商平台eBay与太平洋保险、中银保险针对平台卖家推出跨境交易保险产品。从互联网金融方面看,一些金融机构如中国银行、平安金科等向跨境电商企业提供无抵押的信用贷款,解决中小企业融资难的问题。

除此之外,代运营服务、营销服务等公司也大量涌现,整个行业的产业系统更为完善,配套服务设施更为健全。

跨境电商的发展不仅仅需要一个电商平台,它的上游需要信息技术的引领,下游需要快递物流的支撑,只有信息流、资金流、物流三位一体地支撑到位,跨境电商才能颠覆传统商业模式,实现迅速增长。

复习思考题

1. 试对中国电子商务发展的环境进行分析。
2. 试述我国电子商务发展现状及特点。
3. 谈谈你对中国跨境电子商务发展过程中存在问题的认识。
4. 举跨境电商实例说明中国跨境电子商务近年的发展和存在的问题。
5. 谈谈你对中国跨境电子商务发展趋势的认识。

参考文献

[1]埃弗雷姆·特伯恩.电子商务管理新视角[M].北京:电子工业出版社,2005.

[2]中华人民共和国商务部.中国电子商务报告(2013)[M].北京:中国商务出版社,2014.

[3]埃弗雷姆·特班.电子商务:管理与社交网络视角[M].北京:机械工业出版社,2014.

[4]黄若.我看电商[M].北京:电子工业出版社,2013.

[5]淘宝大学.客户不丢:吸心大法,新老客户众归心[M].北京:电子工业出版社,2014.

[6]李鹏博.揭秘跨境电商[M].北京:电子工业出版社,2015.

[7]李红芳.中国跨境电商出口贸易现状及发展趋势展望[J].科技经济导刊,2016(21).

[8]中国商务新闻网.全球电商发展动态及启示[EB/OL].[2018-8-15].

https://baijiahao.baidu.com/s?id=1608830720681375220&wfr=spider&for=pc.

[9]商务部.中国电子商务报告(2018)[R].北京:商务部,2018.

[10]中国互联网协会.中国互联网发展报告(2019)[R].北京:中国互联网协会,2019.

[11]电子商务研究中心.2018年度中国B2B电商市场数据监测报告[R].北京:电子商务研究中心,2018.

[12]陈后润.2018年中国B2B电子商务发展前景分析,政策利好,前景广阔[EB/OL].[2018-12-05].https://www.baidu.com/link?url=KOkY_RjjtMoHuISGqn_saRgMDjW1Wn0voZeoKCnH-CZNmULSTYew7nsMkagtrMe80uKI6ccTu74a6L3llQL8jBRe3bVGOGNd8w-vKCqdD0u&wd=&eqid=c267e3390004db3c000000065d34318b.

[13]亿邦动力网.国务院在22个城市新设跨境电商综合试验区[EB/OL].[2018-07-13].http://www.ebrun.com/20180713/286352.shtml.

第三章 跨境电子商务理论

学习目标

通过本章的学习,了解跨境电子商务相关的基本理论,理解跨境电子商务与国际服务贸易的关系,掌握数字经济和流通经济学基本理论,掌握大数据在跨境电子商务中的应用,理解跨境电子商务条件下商品流通体系的发展和变化。

第一节 国际服务贸易与跨境电子商务

一、国际服务贸易与跨境电子商务的内涵

(一) 国际服务贸易的概念和分类

国际服务贸易(International Service Trade)是指当一国或地区的服务提供者向另一国或地区的服务需求者(包括自然人、法人或其他组织等)提供服务时,按照自愿有偿的原则取得外汇收入的过程,即服务的出口;一国或地区的服务消费者购买另一国或地区服务提供者的有效服务,即服务的进口[①]。

目前,普遍接受的是WTO《服务贸易总协定》(General Agreement on Trade in Services,GATS)关于服务贸易的分类方法。《服务贸易总协定》将服务贸易分成12大类,包括商业服务,通信服务,建筑服务,销售服务,教育服务,环境服务,金融服务,健康及社会服务,旅游及相关服务,文化、娱乐及体育服务,交通运输服务,其他服务。详见表3-1。

---

① 蔡宏波.国际服务贸易[M].北京:北京大学出版社,2012.

表 3-1　　　　　　　　GATS 的服务贸易 12 部门分类

1. 商业服务	专业服务、计算机及相关服务、研究与开发服务、不动产服务、设备租赁服务、其他服务
2. 通信服务	邮电服务、信使服务、电信服务、视听服务、其他通信服务
3. 建筑服务	工程建筑设计、工程建筑施工、安装及装配、维修与装潢、其他建筑服务
4. 销售服务	代理机构服务、批发业务、零售业务、特许经营服务、其他销售服务
5. 教育服务	初等、中等、高等及其他教育服务
6. 环境服务	污染物处理、废物处理、卫生及相关服务
7. 金融服务	与保险有关的服务、银行及其他金融服务、其他金融服务
8. 健康及社会服务	医疗服务、与人类健康有关的服务、社会服务及相关服务
9. 旅游及相关服务	住宿餐饮服务、导游服务、旅行社及其他服务
10. 文化、娱乐及体育服务	不包括广播、电影、电视在内的剧场、图书馆、博物馆及其他文化服务和体育服务
11. 交通运输服务	海运服务、内河航运、空运服务、空间服务、铁路运输服务、公路运输服务、管道运输、运输的辅助服务
12. 其他服务	

资料来源：世界贸易组织秘书处网站。

采用《服务贸易总协定》的标准分类已成为一种惯例，加入 WTO 的新成员均按该分类做出具体的入世承诺。需要注意的是，WTO 关于服务贸易的定义，虽然没有注明"国际"字眼，但 WTO 属多边协定性质，其条款适用于所有世贸组织成员，所以该定义应属国际服务贸易范畴。

（二）跨境电子商务与国际服务贸易的关系

跨境电子商务是电子商务的一种特殊形式。电子商务是以信息技术为基础，以商务活动为主体，以电子化方式为手段，在法律许可范围内进行的各种商务活动。电子商务本身是传统商务活动的电子化，其本质依然是商务，属服务业范畴，是现代服务业的一个重要组成部分。因此，跨境电子商务也应属于服务业范畴，是国际服务贸易的一种形式，是现代服务业的一个重要组成部分。

电子商务服务业是指伴随着电子商务的发展、以信息技术为基础而衍生出来的为电子商务活动提供各种服务的各行业的集合，是一种新兴服务行业体系。目前，电子商务服务业在内涵上有两种理解：一是广义的理解，是指传统服务业自身的电子化,即传统服务业借助互联网信息技术优化升级后实现服务的电子化,其实质是技术进步引起的产业自身的优化升级,属于新技术应用、产业改造升级的范畴。二是狭义的理解,是指伴随电子商务的发展催生或衍生出的专门为电子商务活动提供服务的新兴服务行业体系,实质是服务业自身的延伸和深化。

跨境电子商务是国际服务业中通信服务与销售服务融合发展的产物,具有创新性,是人类社会新技术发展应用而衍生的新兴产业或行业,是一种商业模式的创新,富有广阔的发展前景,属于创新技术应用和衍生的范畴。

1. 跨境电子商务是计算机和信息服务贸易的延伸和深化,是信息技术进步创新引致的发展

跨境电子商务是在信息技术尤其是互联网技术取得突破后发展起来的,通过不断应用新技术,将现有通信技术集成应用到一个新的环境中,属于一种商业模式的创新。因此,跨境电子商务服务在 GATS 关于服务贸易部门分类里应属计算机和信息服务贸易范畴,是信息技术不断进步和创新引致的发展结果。

2. 跨境电子商务是分销行业与互联网结合的新业态

通信手段的革命、信息处理能力的大幅提高以及信息网络的广泛应用,使现代经济中的生产、流通、分配和交换环节发生了根本性的变化。跨境电子商务业态使得商品流通方式更加快速、便捷,加快了信息、资源、资金、商品和服务的流转,但并没有改变商品的流通本质。从这个意义上来说,跨境电子商务是 GATS 服务贸易分类中分销服务中的批发和零售这种传统行业与互联网和信息技术结合不断创新发展的一种新型服务贸易业态形式。

3. 跨境电子商务的本质是创新经济

著名经济学家熊彼特(J. A. Schumpter)在其《经济发展理论》一书中提出了"经济创新"的概念。根据他的定义,"创新"是指"企业家实行对生产要素的新的结合"。熊彼特的"创新"不等同于技术上的新发明,只有把技术发明应用于经济活动,并创造了相应的体制和管理组织为其做保证,才能成为创新,才能促进经济的发展。在跨境电子商务业态形成过程中,技术创新、管理创新、制度创新、观念创新尤其是制度创新已经成为市场主体生存和发展的关键,成为经济增长的强大推动力。跨境电子商务服务业积极开展技术创新、商业模式创新和服务创新等各类创新,已经成为新兴的、备受关注的现代服务业。

综上所述,跨境电子商务是国际服务贸易自身的延伸和深化,是信息技术进步催生或衍生的新兴行业,是计算机和信息服务贸易、分销行业与互联网结合的新业态,其本质应当属于创新经济。跨境电子商务与国际服务贸易的关系如图 3-1 所示。

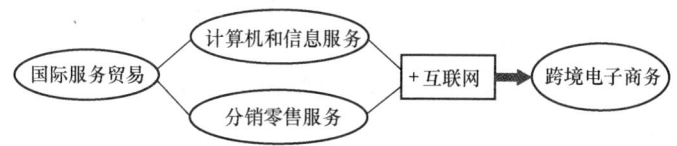

图 3-1 跨境电子商务和国际服务贸易的关系
资料来源:本章作者整理制图。

二、计算机与信息服务贸易与跨境电子商务

(一)计算机与信息服务贸易的含义

计算机与信息服务业(Computer Service Industry)是为满足使用计算机或信息处理的有关需要而提供软件和服务的行业。计算机与信息服务业与计算机制造业区别开来,归属于服务业中的信息服务。

计算机与信息服务业是一种不消耗自然资源、无公害、附加价值高、知识密集的新型行业,是信息产业的重要构成部分。如果按照产业大类来划分,信息服务业属于服务业。信息服务业是服务业的一部分,因而信息服务贸易理所当然是服务贸易的一个构成部分。

(二)跨境电子商务是信息技术进步引致的发展

1. 工具的创新

当前正在发生的第四次科技革命以信息革命和生物工程等为主要特征,为国际贸易创新提供了技术基础。跨境电子商务就是其主要创新成果之一,它为国际贸易提供了新的交易工具、支付工具、沟通工具和物流工具等,是当代国际贸易创新的重要组成部分。

第一,交易工具的创新。在互联网上几乎把现实的经济进行了复制,你可以在互联网上进行投资获益、制造虚拟产品、提供在线服务、网络采购和网上销售,也可以购买储存和进行电子消费。EDI 外贸无纸化,网络营销代替了电视、杂志、报纸等日常媒体,廉价的网络通道可以在任何两地之间传输大量的数据,可以提供任何形式的产品和服务,商业流程也可以进行大范围的分解,设计、生产、销售、客户服务都在进行分离和外包。

第二,付款方式的创新。除电子商务网上银行系统的网络电子付款外,近年来,由于电子商务的发展带动,第三方支付、P2P 小额借贷、众筹等互联网金融服务也蓬勃发展，带来了互联网金融的繁荣。

第三，物流方式的创新。跨境电子商务物流模式也在不断推陈出新，除常用的国际邮政小包、国际快递等形式外，目前跨境物流创新的主要模式有海外仓、边境仓、国际物流专线、保税区与自贸区物流、第三方物流和第四方物流等。

2. 成本降低

信息技术的发展使跨境电子商务能显著降低企业的交易成本，如时间成本、营销成本、渠道成本、物流成本、资金周转成本、信用成本等。

首先，降低交易成本。信息技术和网络的发展直接将交易双方联系在一起，缩短了生产厂商与最终用户之间供应链上的距离，降低了交易成本。相较于传统外贸，跨境电商通过互联网，减少了中间环节，直接对接终端需求，降低了渠道成本，也降低了外贸企业和消费者的时间成本、信用成本。

其次，降低营销成本。跨境电商具有海量商品信息库、个性化广告推送、口碑聚焦等优势，可有效降价外贸的营销成本。

再次，降低物流成本。外贸企业通过专业的跨境电子商务物流平台，能够提高物流运输效率和降低物流成本，同时有效解决物流运输中供需信息的不对称问题。

最后，降低资金周转成本。传统外贸的多级分销零售体系中，各级分销商和零售商之间往往存在复杂的账目关系，呆账和坏账比较多，影响企业资金流转速度；跨境电商使企业渠道层级简化，电子支付服务能够帮助企业直接在网上完成支付结算过程，从而降低企业资金周转成本。

此外，跨境电子商务还降低了市场准入条件，减少了企业竞争的无形壁垒，降低了中小企业和新企业进入市场的初始成本。

3. 创新经济形态

信息技术的发展不仅使跨境电子商务有效降低企业交易费用，而且正在改变世界市场的交易结构和形态。跨境电子商务是在信息技术尤其是互联网技术取得突破后发展起来的，同时不断应用新技术，将现有技术及其集成应用到一个新的环境中，属于一种商业模式的创新。由于信息技术的突破，才使跨境电商这一应用模式得以发展，即信息技术的创新导致商业模式的创新得以实现。

熊彼特按创新对象将创新分为五种不同的类型：新产品、新的生产方式、新的供应源、开辟新市场、新的企业组织方式。其中的产品创新和工艺创新受到经济学界的普遍关注，但是，不能因此而忽略创新的其他重要方面。按照熊彼特的观点，组织创新还包括企业之间的安排，比如整个产业的重组，跨境电子商务更多体现的是一种组织创新。跨境电子商务改变了传统的外贸模式，简化了贸易流程，降低了交易成本，进而提高了经济效益，无疑是一种重大的创新。通过跨境电子商务可以构建起一个 e-marketplace，集聚世界各地的信息，从而在市场无限扩大的情况下,仍然从制度上保证了国际贸易活动的效率。

三、分销服务贸易与跨境电子商务

(一)分销服务的内涵与外延

分销服务(Distribution Service)是产品从生产者向消费者转移过程中所涉及的一系列的活动①。专门从事将商品从生产者转移到消费者活动的机构和人员被称为分销商,分销服务活动大规模发展并形成产业而产业化以后,就形成了分销服务业。分销服务业对于一个国家的经济发展至关重要,是国家支柱性行业,是国际服务贸易的重要组成部分。

根据 WTO 协议,分销服务所提供的服务主要包括四个部分,即佣金代理服务、批发服务、零售服务和特许经营服务。根据 WTO 各成员方普遍认可的规定和我国相关国内法,批发服务包括向零售商、工业、商业、机构或其他专业性企业用户或其他批发商销售商品;零售是专门销售为个人或家庭消费用的商品。各部分不仅提供其主要服务,还包括了相关的附属服务,分销服务业提供的不仅仅是商品,更重要的是服务。分销服务是服务贸易的一个重要内容。

(二)跨境电子商务时代的分销和零售

分销服务是一种新的服务贸易领域,分销和零售是服务贸易的重要组成部分,各国都非常重视分销和零售业的发展。跨境电子商务是分销和零售在互联网时代的创新发展,跨境电子商务的发展又推动了分销和零售模式的创新。

1. 跨境电子商务时代分销渠道的扁平化

传统的分销渠道由生产商、批发商、代理商、零售商共同组成,渠道的每一环节都很重要。这种现象被称为"微笑曲线",制造商和中小分销商占据了"微笑曲线"的两端,批发商则沉重地坠下去了。

图 3-2 微笑曲线

资料来源:史达. 电子商务经济学与国际贸易理论和政策研究[D]. 大连:东北财经大学,2004.

---

① 郑吉昌. WTO 框架下的中国物流服务业:影响与对策[J]. 商业研究,2003(12):163.

信息技术和跨境电子商务的发展使得传统国际贸易分销渠道发生了很大变化,各生产环节的联系更加方便,通过网络,生产企业可以直接与最终用户进行联系,大大减少了流通环节,降低了中间成本。由于制造商可以跨越中间商,与国外的零售商直接签订协议,直接交易,国际贸易流通渠道明显减少,中间层次不断压缩,进而所需的业务人员与直销人员也明显减少,分销商的数量也减少了,还出现了虚拟分销部门等企业内外部的虚拟组织,流通渠道呈多元化发展。

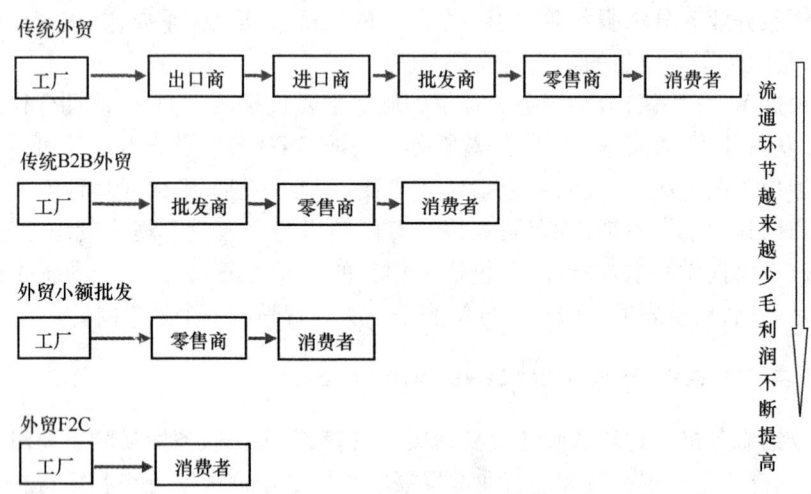

图3-3　跨境电子商务时代流通渠道的扁平化
资料来源:根据第三届品牌消费品高端论坛系列报告整理。

2. 跨境电子商务时代零售模式的创新

以云计算、物联网以及大数据为主的信息技术的发展给零售业跨境电子商务业态提供了技术支持,带来了新的机会,带动零售业商业模式的不断创新。

第一,信息技术的发展带动跨境电商零售模式的创新。新的信息技术带动了零售业跨境电子商务各种模式的创新,如与社交网络(Social Network Sits,SNS)的融合、与移动互联网的融合、与云计算的融合。最为突出的是移动模式的推出,随着交易平台和风险控制机制的完善,天猫国际、京东全球购、1号海购、亚马逊等各种形式的跨境电商都推出了手机客户端,也就是说,只要你有一部智能手机,有网络,打开相应的客户端就可以随时随地进行电子商务,不再受PC客户端和宽带网络的限制。

第二,零售业跨境电子商务营销方式更注重创新。信息技术的发展使得零售业跨境电子商务业态的营销方式更加注重创新。各跨境电商通过与 SNS、微博、微信等进行整合，创造了跨境微商的新模式，通过适时推送产品信息，经过人们之间的评价、分享、转发等多种方式传播，同时与各种 APP 整合，扩大经营规模，将经营链条延伸到互联网用户身边，满足并创造消费者需求，在最大程度上节约了常规销售中的层层耗费和广告成本。近期，洋码头、海蜜、蜜芽等众多跨境电子商务平台在其 APP 内设置新社区来开辟社交功能，希望增加客户黏性，以提高客户忠诚度。贝贝网、蜜芽、宝宝树等母婴跨境电商平台也都推出各自"社区频道"，进行 SNS 营销。

第二节　数字经济理论与跨境电子商务

一、数字经济的概念和基本特征

（一）数字经济的概念

发生在虚拟而又严谨的数字空间中，应用数字技术、交易数字产品等相关的经济活动被称为数字经济。数字经济是新经济。

数字经济是一个经济系统，在这个系统中，数字技术被广泛使用，并由此带来了整个经济环境和经济活动的根本变化。数字经济也是一个信息和商务活动都数字化的全新的社会政治和经济系统。数字经济主要研究生产、分销和销售都依赖数字技术的商品和服务。

数字经济包括两个方面，即电子商务及其赖以实施的信息技术产业。数字经济是从信息存在形式的角度来描述经济态势。美国商务部报告认为，在这场"数字革命"中，互联网是基础设施，信息技术是先导技术，信息产业是带头和支柱产业，电子商务是经济增长的发动机。由于数字经济较好地反映了信息技术数字化和网络数字化的现实，所以说，电子商务经济也是数字经济的直接表现形态。

（二）数字经济的基本特征

1. 快捷性

互联网突破了传统国家和地区界限，网络使整个世界连为一体，形成一个"地球村"。人们的信息传输、经济往来更加快捷，数字经济以接近于实时的速度收集和处理信息，大大加快了国际商务处理节奏。

2. 高渗透性

因为信息和网络技术的高渗透性功能，信息服务业迅速向第一、第二产业扩张,三大产业之间的界限日渐模糊,第一、第二和第三产业互相融合的趋势明显。

3. 自我膨胀性

数字经济的价值等于网络节点数的平方,这说明网络产生和带来的效益将随着网络用户的增加呈指数形式增长。在数字经济中,优劣势出现及达到程度会因为人们的心理反应和行为惯性不断加剧并自行强化,出现"强者更强,弱者更弱"垄断局面。

4. 边际效益递增性

其一是数字经济边际成本递减,即每增加生产一单位的产品,其生产所费成本逐步减少。如软件行业在研发阶段一次性投入研发成本,此后每生产一份软件产品,只不过是研发结果的简单拷贝,因此数字技术的虚拟性及可复制特性决定了数字经济的边际成本递减规律。

其二是数字经济具有累积增值性。数字经济中的互联网领域一直被梅特卡夫法则(Met-calfe Law)所支配,即网络的价值等于其节点数的平方。因此,网络的价值会随着与其连接结点(计算机)数目的增加而快速增值。对一个网站而言,点击率便是"结点数目"的具体体现,同时也是衡量网站价值的主要指标。

5. 外部经济性

网络的外部性是指,每个用户从使用某产品中得到的效用与用户的总数量有关。使用人数越多,每个用户得到的效用就越高。

6. 可持续性

数字经济可实现社会经济的可持续发展,有效杜绝由于传统工业生产所带来的资源过度消耗、环境污染和生态恶化等弊端。

7. 直接性

在数字经济中,网络的发展使生产者与消费者可以直接联系,减少了中间层次,导致经济组织结构更扁平化,大大降低交易成本,提高了包括宏观和微观在内的数字经济效益。

专栏3-1:数字经济三大定律[①]

数字经济的基本特征是由其三大定律来决定的,数字经济受三大定律的支配。

第一个定律是梅特卡夫法则,即网络的价值等于其节点数的平方。所以网

---

① 资料来源:根据百度百科资料整理。

络上联网的计算机越多,每台电脑的价值就越大,"增值"以指数关系不断变大。

第二个定律是摩尔定律。计算机芯片的处理能力每18个月就翻一翻,而价格以减半数下降。

第三个定律是达维多定律。进入市场的第一代产品能够自动获得50%的市场份额,所以任何企业在本产业中必须第一个淘汰自己的产品。实际上达维多定律体现的是数字网络经济中的马太效应。

(三) 数字经济的本质

数字经济的本质在于信息化。信息化是由计算机与互联网等生产工具的数字技术革命所引致的工业经济转向信息经济的一种社会经济过程。具体说来,信息化包括信息技术的产业化、传统产业的信息化、基础设施的信息化、生活方式的信息化等内容。信息产业化与产业信息化,即信息的生产和应用两大方面是其中的关键,其中信息技术在经济领域的应用主要表现在用信息技术来改造农业、工业和服务业等传统产业上。

当今,以信息技术为代表的高新技术突飞猛进,以信息化和信息产业发展水平为主要特征的综合国力竞争日趋激烈。世界各国都普遍关注信息化对经济发展和社会进步带来的深刻影响,发达国家和发展中国家都十分重视信息化,把加快推进信息化作为经济和社会发展的战略任务。数字革命创造的信息产业是一种战略性新兴产业,其本质规律就是信息化推进了人类社会的文明与进步。

二、大数据在跨境电子商务中的应用

(一) 大数据时代到来

新一代信息技术在电子商务服务中得到了快速应用,大数据技术的发展得到了世界各国的极大关注,美国政府将大数据定义为"未来的新石油",大数据已成为全球语言。但对于大数据的定义众说纷纭,没有统一的规范定义。

Forrester分析师布赖恩·埃韦尔松(Boris Evelson)撰写的《首席信息官,请用大数据扩展数字视野》报告中提出大数据的四项典型特征,即所谓的"四个V":①海量(Volume):数据巨大,从TB级别跃升到PB级别。IDC最近预测,到2020年,全球数据量将扩大50倍。②多样性(Variety):是指数据类型繁多,如图片、音频、视频、网络日志、地理位置信息等。③高速(Velocity):是指数据被创建和移动的速度快,企业创建实时数据流,快速处理分析并实时返回,满足用户实时需求。④易变性(Variability):大数据的多样性意味着大数据会呈现出多变的形式和类型。

大数据是一次颠覆性的技术变革,大数据分析已经成为各行业研究的热点,对于各企业和各行业都将产生巨大的影响。在大数据时代,数据量将呈指数级爆炸。图灵奖获得者吉姆·格雷(Jim Gray)和 IDC 公司曾预测,全球数据量每 18 个月翻一番。例如:eBay 分析平台每天处理数据量高达 100PB,超过了美国纳斯达克交易所每天的数据处理量;亚马逊每秒钟处理 72.9 笔订单。由此可见,电子商务网站的数据正是典型的大数据。

专栏 3 - 2:IDC[①]

国际数据公司(International Data Corporation, IDC)是全球著名的信息技术、电信行业和消费科技咨询、顾问和活动服务专业提供商。其在 IT 领域的市场跟踪数据已经成为行业标准。

IDC 帮助 IT 专业人士、业务主管和投资机构制定以事实为基础的技术采购决策和业务发展战略。IDC 在全球拥有超过 1 000 名分析师,他们具有全球化、区域性和本地化的专业视角,对 110 多个国家的技术发展趋势和业务营销机会进行深入分析。在 IDC 超过 48 年的发展历史中,众多企业客户借助 IDC 的战略分析达到关键业务目标的成功。

IDC 于 1982 年正式在中国设立分支机构,是最早进入中国市场的全球著名的市场研究公司。

电子商务在发展过程中,经历了三个时代:①基于用户数的时代,电商企业赚取利润的方式主要通过收取会员费、广告费等;②基于销量的时代,电商企业主要通过广告营销来促进销量增长,创造企业价值,提升品牌影响力;③基于数据的时代,电商收集、分析、整合消费者的海量数据,挖掘商业价值,进行个性化和精确化营销。在大数据时代,数据资源越来越有用,电子商务企业在开发利用大数据市场上存在着巨大的发展前景。

(二)大数据在跨境电子商务中的应用

通过将大数据技术应用于国际商务与贸易领域,极大提高了跨境电子商务的运营效率。跨境电子商务各个环节几乎都可以利用数据形式来运作,采购、营销、客户管理、财务核算、运营管理等都利用数据视图进行分析运作,提高了跨境电子商务各业务环节的效率。

---

① 资料来源:根据百度百科资料整理。

1. 大数据用于跨境电子商务外部营销

（1）利用大数据实现跨境电商企业个性化、精准化营销。通过大数据分析，跨境电子商务企业能准确地找到潜在的客户，实现精准分析和精准营销，提高商品成交率，实现利润最大化，使得企业在开拓海外市场时更加快速高效。比如 eBay、速卖通等跨境电商可根据用户以往的购买记录和浏览记录来判断该客户想要购买的商品，或者根据相似特征用户的喜好和购买记录，来推断该用户的潜在需求。通过各种因素的综合分析判断，这些电商的后台可以在短短几秒时间里将特定商品页面推送给相应的用户。

（2）通过全球大数据平台整合寻找全球消费新增长点。全球领先的互联网跨境贸易及大数据应用公司亿赞普认为，通过大数据分析，全球各大数据平台能够充当"全球经济雷达"，使跨境电子商务企业更好地了解全球消费走势，从而更敏锐地发现新市场、创造新市场和创造新的就业机会。比如，我们通过大数据分析，发现作为非洲人口大国的尼日利亚，人们正在热衷于把卷发拉直并成为潮流，这就可能为我国生产卷梳、烫发的企业创造新市场机会。

（3）利用大数据技术构建覆盖全球的营销网络。目前，信息技术的发展使得传统媒体（如电视台、报纸或杂志等）的影响力大为降低，跨境电商企业可以通过大数据技术和各种实时竞价等机制，来建立全球范围的互联网营销网络，使我们的产品到达任何有互联网覆盖的地方。向全球消费者推广，既可提高中国产品在国际的知名度、提高品牌形象，又可以提高中国产品的议价能力。

专栏 3-3：亿赞普[①]

亿赞普集团成立于 2008 年，是全球领先的互联网跨境贸易及大数据应用公司，是我国唯一在海外（89 个国家和地区）部署有大数据平台的公司，在多数据源的采集与并发处理领域处于国际领先地位。该公司是连续两年承担国家"863"大数据项目的单位，并连续两年全程服务于全国"两会"，通过全球大数据洞察两会动态，在央视新闻联播等黄金节目中连续播出"大数据看两会"。2014 年该公司独家大数据支撑央视"据说 APEC"。

亿赞普集团经过多年的不懈努力，率先构建了中国通向世界的互联网信息流通道。亿赞普集团通过与全球运营商及互联网网站合作、基于自主创新的大数据智能处理技术，正在全球互联网上部署一张横跨多个国家、多个地区、多个语言体系，覆盖面最广的电子商务平台和互联网媒体。目前，亿赞普已在欧洲、拉美、东南亚设立了三个海外运营中心，已有欧洲、拉美、亚太等地区 21 个跨国

---

① 资料来源：根据百度百科资料整理。

电信运营商和数十万网站加入亿赞普的平台,覆盖89个国家的8亿互联网用户,其中50%以上是国外的网民。

亿赞普集团主营业务覆盖跨境电子商务、大数据挖掘与分析、大数据广告营销等方面。在跨境电子商务领域,亿赞普基于大数据技术与商业模式创新,在行业首提领先于B2C的F2C模式(Factory to Consumer),为企业提供信息流、物流、资金流的端到端解决方案。基于F2C模式,亿赞普构建了面向全球的跨境电子商务平台,帮助我国企业产品以低成本、短渠道货销全球。

2. 大数据用于跨境电商内部运营

企业内部运营过程中,将企业外部海量消费者数据与企业内部海量运营数据联系起来,通过数据分析来提升运营效率,这需要企业内部有较高的信息化水平、数据采集和分析能力。

(1)大数据分析可以优化自身商务网站。公司利用大数据,根据网站上各个页面的点击和浏览情况,分析不同国家消费者的喜好,判断哪些页面对于消费者缺乏吸引力,进行相应改进,实现网站页面设计和内容优化。

(2)利用大数据技术实现商品数据化管理。大数据不仅能帮助企业进行商品需求预测,而且能够与企业产品结合,成为企业产品背后竞争力的核心支持或者直接成为产品,如提供信息服务、增强产品功能、分析用户的个性化需求、掌控信用状况等方面。

(3)大数据用于客户关系维护,提升顾客忠诚度。在跨境电子商务客户关系维护中,公司可通过借助大数据和智能化的技术,使复杂的客户关系变得轻松有效,比如进行客服团队数据化管理,利用智能化的分析模型做出更加客观的决策,以改善客户体验及提高营销有效性;通过对竞争对手和自己的对比分析,找到突破口,以巩固客户关系,提升客户价值;通过网络售后服务的数据收集,发现故障前兆,主动提供服务。

(4)实现供应链数据化管理,提升国际物流效率。公司可以通过综合全球各地需求、各国物流状况、天气、季节性变化、不同市场的售价、不同渠道的费用、各地的人力成本、甚至突发性的需求等场景,来分析设置物流模式和配送方式,最大限度地提高物流效率。

3. 大数据用于跨境电子商务全产业链

大数据决策不仅可提高跨境电商企业的全球化运作,而且对跨境电商全产业链的发展也至关重要。

(1)通过大数据技术可促进企业贸易模式创新。传统跨境电子商务普遍采用B2C模式,只能提供网页信息化,无法从根本上解决语言障碍、市场需求、市场推广以及中间商过多带来的利润被压缩的问题,因此跨境电子商务需要从

B2C 模式升级到 F2C 模式(Factory to Consumer,工厂直达用户)。F2C 模式可使跨境电商企业无须中间商,直接利用大数据网络来了解全球市场,通过数据化营销网络送达商品信息,通过 F2C 跨境电子商务平台实现商品的交易和物流到达,加快企业商品在海外的渗透和扩张。

(2)通过大数据技术升级海关 IT 系统,提升海关进出口便利化和可监管性。即通过大数据技术升级海关 IT 系统,对接电子海关系统与跨境电子商务平台。平台产生订单的同时,可将信息同步到海关系统,这样,不仅能够实现快速通关,也能实现海关对国际贸易的有效监管。海关的对接对于应对跨境电子商务的国外政策风险也很有意义,可避免因国外海关突发因素导致的风险。

(3)通过大数据技术进行第三方支付、收单系统的部署。目前国外居民在中国的跨境电子商务平台上消费,主要使用的是国外第三方支付系统,如 PayPal 等,需要缴纳较高的服务费用。如果我国的跨境支付系统对接更多的收单行,将使更多的用户得到覆盖,手续费可大幅减少。

(4)通过大数据技术以全球订单为导向来布局保税仓和出口加工区。在海外建设保税仓类似于小范围自贸区功能,企业可实现合理数量的货品保税仓储、暂缓缴税,并按照实际货品交易需求进行按单清关、缴税,降低关税预支风险,加快本地物流速度,提升境外消费体验。另外,出口加工区的合理部署可解决我国部分家电、服装等产品关税过高的问题,以出口元器件的形式到当地组装、贴牌,由于元器件关税比整件关税低很多,可有效降低关税成本。

第三节 流通经济学理论与跨境电子商务

一、流通经济学理论

流通是社会再生产的重要环节,流通经济学是中国经济学界尤其是流通理论界一直致力创建的一门应用经济学。

商品流通是连续不断的商品交换,是以货币为媒介的商品交换。每个商品的形态变化所形成的循环,同其他商品的循环不可分割地交错在一起,这全部过程就表现为商品流通。

流通应该作为流通经济学的核心概念。它反映了商品运行的实质,更能体现出流通经济学的学科特点,具有较强的解释力。这表现在:商品流通这一概念反映了商品运行的过程,而且是社会大生产中商品多次不断的运行,因此商品流通更能反映出交换在社会再生产中的中介沟通地位,错综复杂的商品循环更能反映出流通复杂性,才需要探究商品流通运行的规律,研究如何有效地处理好商品所有者之间的关系,合理分析商品流通的资源配置。这一概念,既包括了交换,又涵盖了市场,还暗含了商业出现的必然性,如此复杂的商品交换如果没有媒介商品的出现是不可想象的,可见这一概念具有高度的概括力,成为流通经济的核心概念。

2015年3月,李克强总理在政府工作报告中提出制定"互联网+"行动计划后,流通领域加快了这方面的行动步伐,大力开展与互联网的对接以及发展电子商务,互联网企业也开始不断进入流通领域,"互联网+流通"的概念被广泛使用,进而随之出现了各种各样对"互联网+流通"的理解,其中有一种观点认为"互联网+流通"就等于电子商务。2015年5月,根据国务院部署,商务部发布了《"互联网+流通"行动计划》,该计划主要包括五个方面的目标,如创建培育200个电子商务进农村综合示范县、培育150家国家级电子商务示范企业、推动建设100个电子商务海外仓、指导地方建设50个电子商务培训基地等,这些全部都是电子商务发展的指标。经营方式的创新是引发流通产业变革的主要力量,跨境电子商务的产生是流通方式创新在当代的最新成果。技术领域的每一次大变革都实现了流通行业的变革,迅速提高了流通效率,流通效率的提高反过来对社会经济又产生了巨大的促进作用,从电报、电话到轮船、铁路,数次工业革命概莫如此。跨境电子商务的发展,更具革命性地推动着传统流通行业的变化,包括交易方式、流通基本特征、流通组织、商业地位与业态、物流、信息流、流通规则等,形成跨境电子商务下的商品流通体系。

专栏3-4:互联网+流通①

2015年5月15日,商务部制定发布《"互联网+流通"行动计划》,目的是加快互联网与流通产业的深度融合,推动流通产业转型升级,创新服务民生方式,释放消费潜力。

该计划的主要任务是,在电子商务进农村、电子商务进中小城市、电子商务进社区、线上线下融合互动、跨境电子商务等领域打造安全高效、统一开放、竞争有序的流通产业升级版,实现流通方式的不断创新、流通效率的大幅提升以及流通环境的进一步完善。

计划提出将培育200个电子商务进农村综合示范县、创建60个国家级电子商务示范基地、培育150家国家级电子商务示范企业、推动建设100个电子商务海外仓、指导地方建设50个电子商务人才培训基地。

---

① 资料来源:商务部网站.商务部办公厅关于印发"互联网+流通"行动计划的通知[EB/OL].[2015-05-15]. http://dzsws.mofcom.gov.cn/article/zcfb/201505/20150500972952.shtml.

二、跨境电子商务对商品流通体系的创新意义

跨境电子商务出现后,专家学者对其创新意义进行过很多论述,主要体现在以下几个方面。

(一)跨境电子商务推动流通业的成本革命

我国流通业成本居高不下,多年来一直是社会各界关注的焦点和难以解决的顽症。网络零售大幅度降低了经营成本,跨境电子商务导致了进口商品价格的下降,这对传统零售业价格体系具有很大的破坏力。跨境电商可以通过电子商务交易与服务平台,实现多国企业之间、企业与最终消费者之间的直接交易。传统的国际贸易主要由一国的进出口商通过另一国的进出口商集中进出口大批量货物,然后通过境内流通企业经过多级分销,最后到达有进出口需求的企业或消费者,进出口环节多、时间长、成本高。跨境电子商务与传统国际贸易相比,进出口环节少、时间短、成本低、效率高。

(二)跨境电子商务促进流通资源的优化配置

互联网企业的各路资本纷纷进入流通领域,改变了长期以来流通业自我扩张、近亲繁殖的发展道路,不仅为流通业带来了新的资本,而且导致了流通资源配置的优化,阿里巴巴、京东、1号店等互联网企业进入流通领域,创新了经营理念和交易模式。

(三)跨境电子商务有助于流通领域的创新

跨境电子商务带来了流通流域的许多创新,如打造新的供应链,促使制造商和零售商由长期以来的博弈对抗关系转变为伙伴关系,更好地共同致力于为消费者服务;内外贸一体化在跨境电子商务发展中出现机遇,跨境电子商务的商家对消费者(B2C)平台使得零售业与国际贸易结合在一起。

三、跨境电子商务带来的流通变革

跨境电子商务的创新效应,带来了流通业的诸多变革。

(一)跨境电子商务创造了新的商业平台

以往的商业革命都是基于传统平台的更新,"互联网+流通"创造了一个全新的贸易平台——虚拟贸易平台。当前,在零售业,形成了网上商城、网店、虚拟超市等,而跨境电子商务的B2C平台使得消费者可以面对全世界的零售市场;在批发业,行业性批发网站已经实现了全覆盖;在国际贸易方面,形成了许

多高效率的国际贸易网站,如阿里巴巴、兰亭集势、敦煌网等。虚拟贸易平台扩大了交易的范围,提高了交易的频次,促进了国内外贸易的发展。

(二)跨境电子商务正在改变商业的空间集聚方式

网购的蓬勃发展导致实体零售商顾客流减少,出现了去中心化的趋势,一些商业中心趋于萧条,甚至被迫关闭。虚拟国际贸易平台的形成,使国际贸易交易者以及各种贸易服务机构在网上集聚,使得实体国际贸易中心的地位受到影响。国际贸易网络平台不受实体国际贸易中心体量和资源的局限,具有更加广阔的发展空间,大都市作为国际贸易中心唯一载体的模式受到挑战,有可能出现去都市化的趋势。以上去中心化、去实体化、去都市化的"三化"使得贸易从单一地理上的空间集聚转变为同时在网上的虚拟集聚,商业的空间集聚方式发生了变化。

(三)跨境电子商务导致"四流"及其相互关系发生深刻变化

一是大量的商流在网上发生。过去是以商场、商业街、批发市场为中心,"互联网+流通"出现后,是以消费者、客户为中心。互联网渗入流通使得商流发生了变化,以往是消费者向商业中心流动,网购盛行后则变为商品向千家万户流动,而零售商由"坐商"变为"行商",商流与人流分离,快递物流代替了商场客流。

二是物流业大发展和升级。跨境电子商务物流模式也在不断推陈出新,除常用的国际邮政小包、国际快递等形式外,目前跨境物流创新的主要模式有海外仓、国际物流专线、边境仓、保税区与自贸区物流、第三方物流与第四方物流等。

三是信息流对商流的先导作用加强。跨境电子商务形成了各种引导人们消费和购物的网站,目前大多数做得不错的跨境外贸电商(无论是平台类卖家,还是综合类 B2C,抑或是垂直型 B2C),它们共同的特点就是依托于互联网的"威力"(marketing power),从搜索引擎(SEO,SEM)、社交媒体 SNS、联盟 AD(广告,Advertisement)邮件到 PR(公关,Public Relations)等等。这些网站对消费者购物与消费选择具有导向作用,由于信息对称能够导致更多的选择和较低的价格,商贸服务业受此类网站信息流影响很大,信息流对商流的先导作用加强。

四是资金流与商流形成合作机制。跨境电子商务创造了新的贸易支付手段,目前,中国跨境支付市场上已经形成三股竞争力量:第一类是涉足跨境网络购物、外贸 B2B 市场的境内第三方支付企业,比如支付宝、快钱、汇付天下等;第二类是在跨境支付市场上已成熟布局的、提供全球在线收付款业务的境外支付企业,代表者为 PayPal、Square;最后一类是境内传统金融机构,凭借强大的银行网络,不仅支持跨境购物、外贸 B2B,还覆盖了境外 ATM 取款和刷卡消费等国际卡业务市场。这些新型支付手段不仅为网购提供了安全保障,推动了网购的快速发展,而且通过诱使消费者使用从而扩大了使用的范围,倒逼线下零售企业成为新型支付手段的接受者,电商企业依靠所掌握的支付手段与零售商分享利润,资金流与商流形成了合作赢利的模式。

跨境电子商务贸易过程相关的信息流、商流、物流、资金流已由传统的双边逐步向多边的方向演进,呈网状结构。跨境电子商务可以通过 A 国的交易平台、B 国的支付结算平台、C 国的物流平台,实现其他国家间的直接贸易。而传统的国际贸易主要表现为两国之间的双边贸易,即使有多边贸易,也是通过多个双边贸易实现的,呈线状结构。

(四)跨境电子商务创造了新的商业模式

互联网介入流通业导致一系列新的业态和经营模式应运而生,各种各样的虚拟超市、体验店、智能商店、代购店层出不穷。在零售业,线上到线下模式是最具代表性的模式。未来,在零售业占统治地位的将是网上网下一体化的线上到线下模式,其形式多样,商店呈现出小型化、专业化、智能化趋势。

复习思考题

1. 服务贸易的定义是什么?如何理解跨境电子商务属于国际服务贸易范畴。
2. 跨境电子商务的本质是创新经济,试举例说明我国主要跨境电子商务企业在创新上所取得的成果。
3. 试述跨境电子商务时代的分销和零售与传统分销零售所发生的变化。
4. 如何理解跨境电子商务是计算机信息服务贸易和分销服务贸易在互联网时代的创新发展。
5. 举例说明大数据在跨境电子商务中的具体应用。
6. 请阐述跨境电子商务条件下商品流通体系的发展和变化。

参考文献

[1] 蔡宏波. 国际服务贸易[M]. 北京:北京大学出版社,2012.

[2] 杨兆. 纵论国际贸易电子化关于电子商务在国际贸易行业中的理论和应用问题分析[D]. 北京:北京航空航天大学,1998.

[3] 中华人民共和国商务部. 中国电子商务报告[M]. 北京:中国商务出版

社,2014.

[4]来有为,戴建军,田杰棠.中国电子商务的发展趋势与政策创新[M].北京:中国发展出版社,2014.

[5]彭龙,张晨昊.中国电商市场发展报告[M].北京:人民邮电出版社,2015.

[6]张彦红.电商大数据[M].北京:电子工业出版社,2014.

[7]史达.电子商务经济学与国际贸易理论和政策研究[D].大连:东北财经大学,2004.

[8]徐越.网络生态视角下电子商务业态发展研究[D].长春:吉林大学,2014.

[9]彭佳.中国计算机与信息服务贸易国际竞争力及影响因素研究[D].青岛:青岛大学,2014.

[10]门晓伟.关于开放分销服务的对策思考[J].南京社会科学,2000(3).

[11]中国物资流通.物流的定义和演变[J].中国物资流通,2001(6).

[12]任兴洲,廖英敏,王微.加入WTO对中国分销服务领域的影响[J].财贸经济,2000(9).

[13]张永强.分销业面临一场革命[J].中国商贸,2002(7).

[14]世界银行全球经济展望编写组.全球经济展望[M].北京:中国财政经济出版社,2004.

[15]郎凯淳.零售商抢占中国大市场[J].商贸经济,2007(2).

[16]黄春燕.分销服务市场准入制度研究[D].成都:西南政法大学,2008.

[17]刘思晋.数字经济时代的国际税收管理问题[D].厦门:厦门大学,2014.

[18]罗峰.跨国贸易的大数据"雷达"[J].中国经济和信息化,2014(9).

[19]美国商务部.浮现中的数字经济[M].黄奇,译.北京:国家行政学院出版社,2000.

[20]夏春玉.流通、流通理论与流通经济学——关于流通经济理论(学)的研究方法与体系框架的构想[J].财贸经济,2006(6).

[21]马广奇.中国流通经济学的回顾与反思[J].华东经济管理,2005(3).

[22]石明明,张小军.转型经济中的流通与流通经济学的转型[J].商业经济与管理,2009(8).

[23]赵娴.流通经济学的立论依据与研究定位的新视角——基于空间经济学角度[J].中国流通经济,2010(1).

[24]冉净斐.从先导到创新:流通经济学研究的新进展[J].商业经济与管理,2004(2).

[25]夏春玉,丁涛.非主流经济学的兴起与流通经济学的复兴[J].北京工商大学学报,2013(1).

[26]赵星.数字经济发展现状与发展趋势分析[J].四川行政学院学报,2016(4).

[27]李骏阳.对"互联网+流通"的思考[J].中国流通经济,2015,29(09):6-10.

[28]马静."互联网+"环境下电子商务发展对商品流通渠道的影响分析[J].商业经济研究,2018(05):88-90.

第二篇

跨境电子商务环境、政策与统计

第四章 跨境电子商务环境

学习目标

通过本章的学习,了解跨境电子商务市场经济环境、法律政策环境、信息技术环境、社会人文环境,掌握信息技术在跨境电子商务中的应用,掌握跨境电子商务诚信体系建设。

第一节 跨境电子商务市场经济环境

一、中国跨境电子商务海外买家市场环境

(一)全球跨境电子商务市场发展

全球跨境电子商务发展呈现高速增长的态势。据 iiMedia Research(艾媒咨询)《2019 全球跨境电商市场与发展趋势研究报告》显示,2018 年电商销售额在全球零售总额的占比达 11.9%,预计未来将持续增长,线上购物在全球越来越普及。2018 年全球使用跨境电商购物者占网购者的比例达 51.2%,全球 B2C 跨境电商交易额达 6 750 亿美元,同比 2017 年增长 27.5%。全球互联网普及率较高,互联网使用的地区差异相对不大,但受物流条件等影响,全球各地区跨境电商发展差异较大,发达地区跨境购买率相对较高,其中,中东地区使用跨境电商进行网购的消费者占中东地区网购者的比例最高,达到 70%。西欧电子商务市场份额达到 68.22%,是欧洲最大的电子商务市场,其次是南欧,电子商务市场份额占比 11.96%,最低是中欧,仅占 5.15%,在欧洲各国中马其顿地区和葡萄牙跨境网购普及率最高。跨境电商在澳大利亚

电商市场份额占 25%，澳大利亚网购者青睐跨境购买英美产品。在拉丁美洲，巴西电商发展较成熟，阿根廷电商发展迅猛。中国跨境电商市场有序发展，2018 年交易规模达到 9 万亿元，用户规模超 1 亿，30.7% 海淘用户因海外商品质量好而选择海淘，超五成用户每月购物一次。质量越来越受到海淘用户重视，用户对高品质的跨境电商需求逐渐增加，同时高频次海淘购物为跨境电商企业带来更多发展机遇。在全球电子商务高速发展的背景下，跨境电子商务更加呈现出爆发的状态。

（二）中国跨境电商全球买家的分布与规模

纵观全球跨境电子商务市场，各地区发展并不平衡，中国跨境电商在全球市场上更是提交了一份抢眼的成绩单。特别是 2018 年以来，得益于一系列制度支持和改革创新，以及互联网基础设施的完善和全球性物流网络的构建，跨境电商正成长为推动中国外贸增长的新动能。据电子商务研究中心发布的《2018 年度中国跨境电商市场数据监测报告》显示，中国跨境电商市场交易规模达 9 万亿元，在进出口结构上，出口占比达到 78.9%，进口占比 21.1%。跨境电商交易结构中，出口依然占据主导地位，品牌出海成为近年来发展的主流趋势，表明物美价廉的 Made in China 产品尽管在传统贸易形式下遭遇了挑战，但搭上跨境电商这一新的交易快车后，迅速满足了全球消费者的需求。在出口电商中，庞大的海外市场需求及外贸企业转型升级的发展等因素都助推行业快速发展。从买家主要国家及地区分布来看，美国、法国等发达国家依然是中国出口电商主要的目的地，基础设施完善、较为成熟的网购环境和人群等因素都促使这些国家和地区的电子商务发展程度较高。2018 年中国出口跨境电商前十位的国家和地区比例分布为：美国 17.5%、法国 13.2%、俄罗斯 11.3%、英国 8.4%、巴西 5.6%、加拿大 4.5%、德国 3.7%、日本 3.4%、韩国 2.5%、印度 2.4%、其他 27.5%。

（三）全球对中国制造选择的变化

商务部在 2013 年的统计数据显示，我国跨境电商平台企业超过 5 000 家，境内通过各类平台开展跨境电子商务的企业已超过 20 万家，近年来中国跨境电商已经逐渐起步并快速发展，2018 年中国跨境电商的交易额达 9 万亿元。同时，全球市场对中国制造的选择也逐渐发生转变。对中国制造的选择不仅仅只是以低价作为合作切入点，而是对中国制造的产品质量、品牌知名度、品牌影响力、信誉程度、产品价格等多方面因素进行综合考量。全球市场对中国制造选择的转变，表示全球市场对中国制造的进一步认可，且对中国制造报以更高的期望，同时也表现出中国跨境电商未来发展的核心方向。

随着跨境贸易的综合成本不断上升,以价格优势来换取市场竞争力的时代已经逐渐过去,中国制造需要综合品牌、质量的市场竞争力,才可以在市场中持续巩固和扩大自身优势。2013年华通明略咨询公司报告显示,全球消费者对中国品牌的认可度在逐年攀升,对产品的质量、技术、工艺水平、设计水平等多方面考量成为筛选产品的重要因素。

中国制造的产品质量成为买家选购的重要判断因素。虽然中国制造在国外受到的认可度正在不断提高,并且产品好评率也在不断上升,但中国制造所发生质量危机事件仍屡见不鲜,这会导致国外买家对中国制造信心不足。且目前中国的独立国际知名品牌较少,所以中国制造需要在国外提升整体影响力。

除质量之外,国外买家对中国制造的技术水平也十分关注,不少国外高科技企业希望与中国厂商进行合作,但中国制造的科技含量和技术水平始终没有在全球范围内引起关注。提升科技含量和技术水平,会让中国制造在全球范围内不仅获得更高程度的认可,还会在全球市场中获得更多的尊重。

二、中国跨境电子商务卖家市场环境

(一)中国对外进出口贸易增速下滑形势下,跨境电子商务逆势增长

在经济全球化的驱动下,世界各国经济日益相互依赖,商品、服务、资本和技术跨境流动日益增多。受到国际经济形势低迷和国内制造企业转型的影响,2014~2016年我国进出口贸易总额下滑,2017年我国进出口总额回升至27.79万亿人民币,2018年升至30.51万亿人民币,扭转连续两年下滑趋势,为近五年来首次实现双位数增长。2017~2018年中国贸易额在全球GDP占比回升,中国外贸环境稳中向好,但由于国际局势因素,不确定性依然存在。

在我国进出口贸易下滑形势下,跨境电商贸易却呈现逆势快速增长的情况。《中国电子商务报告(2018)》显示,2018年中国电子商务交易规模继续扩大并保持高速增长态势,全年实现电子商务交易额31.63万亿元,其中跨境电商进出口商品总额1 347亿元,同比增长50%,跨境电子商务增速高达30%以上。近五年来中国跨境电商出口占外贸出口比重从2.2%上升至7.7%,且我国整体电子商务环境良好,仍持续稳步增长。近几年跨境电商市场中,B2B市场交易规模始终占总交易规模90%左右,但B2C市场也在稳步增长,待个人消费者跨境消费习惯养成后,B2C的跨境消费将会成为个人消费的亮点,市场潜力不容忽视。

同时,数据表明,中国对外进出口贸易出现五大利好因素:

一是贸易伙伴更趋多元。欧美日传统市场份额下滑,东盟等新兴市场成为新增长点,对"一带一路"相关国家出口保持增长。

二是贸易区域布局更趋协调。广东、江苏等7个省市对外贸易比重下降,中西部地区贸易活跃。

三是外贸主体结构更趋合理。具体表现为对外资企业依赖减轻,民营企业所占比重提升,成为出口的主力军。

四是进出口商品结构进一步优化。机电产品以及劳动密集型产品出口稳步增长,消费品、部分资源产品等进口增长较快。

五是对外贸易自主发展能力不断增强。一般贸易比重增加,加工贸易比重减少。

(二)中国出口地区日益均衡发展,贸易区域分布更趋协调

据相关数据统计,2018年中国外贸进出口总值地区分布中,广东省外贸规模首破7万亿元,创历史新高,占全国外贸总值23.5%,已连续33年保持全国各省市第一。其后中国外贸进出口总值地区排名依次为江苏、上海、浙江、北京、山东、福建等。

中国沿海地区拥有发达的外贸产业,聚集了一大批具有国际化服务能力和研发优质商品的企业,广东、浙江、福建等成为跨境电商出口供应商集聚的地区。其中,广东以56.99%的占比居首,浙江和福建占比均超过10%,已经率先形成规模。依托"制造"和"流通"的产业和区位优势,以深圳、东莞为代表的跨境电商出口制造产业基地和以金华(义乌)、广州为代表的跨境电商出口商贸中心得以形成。

(三)出口贸易产品结构变化,品牌附加值提升

一是我国出口商品实现了从初级产品为主向工业制成品为主、从轻纺产品为主向机电产品为主的两次转变后,高新技术产品出口的比重大幅增加。2018年,中国机电产品出口9.6万亿元,增长7.9%,占出口总额的58.8%,比上年提高0.4个百分点。高新技术产品出口4.9万亿元,增长9.3%,占出口总额的30.1%,比上年提高0.7个百分点。其中,金属加工机床、手机、汽车出口分别增长19.2%、9.8%和8.3%。高新技术产品出口实现较快增长,反映出口商品结构进一步改善,出口企业自主创新能力不断增强。同期,纺织品、服装、鞋类、箱包、玩具、家具、塑料制品等七大类劳动密集型产品合计出口3.12万亿元,占中国出口总额的19.0%。

二是一般贸易出口保持增长,成为拉动出口的主要力量。2018年,中国一般贸易进出口17.6万亿元,增长12.5%,占进出口总额的57.8%,比上年提升1.4个百

分点;中国加工贸易进出口 8.4 万亿元,增长 4.0%,占进出口总额的 27.5%。

跨境电子商务、市场采购贸易等贸易新业态已连续三年保持高速增长,成为外贸发展的新亮点。2018 年,通过海关跨境电子商务管理平台零售进出口总额达到 1 347 亿元,增长 50.0%,其中:出口 561 亿元,增长 67.0%;进口 786 亿元,增长 39.8%。在外贸转型升级基地、贸易促进平台和国际营销网络"三项建设"的带动下,一大批外贸企业从供给侧发力,加快转型升级,加大技术创新、管理创新力度,不断提升国际竞争力,具有自主品牌、自主知识产权、自主营销渠道以及高技术、高附加值、高效益的产品出口快速增长,外贸发展自主动力进一步增强。

三、中国跨境电商平台发展现状

进入 2012 年以后,中国跨境电商平台发生了重要变化。以敦煌网、速卖通为主要代表的平台型跨境电商,依然是中小企业进入跨境电商行业的主要方式。同时,自营型跨境 B2C 开始出现,如唯品国际。与此同时,平台运营商开始实现向平台服务商角色转型,实现信息流、物流和资金流第三方服务整合加入,完善平台服务。信息流一方面实现产业多平台共享,助力供应链金融,达成高效精准投放,另一方面能够实现对市场交易行情趋势的变化洞察以及市场需求判断,推动供需方平衡。物流实现在线物流,供应商能够享受更快速、更低成本和更低风险的物流体验。资金流通过与第三方金融机构合作,针对小额、短期融资需求,为中小企业供应商提供精简审核流程的小额融贷体验,并成为平台运营商的重要竞争资源。

专栏 4-1:电商金融化——信息流和金融流的融合[①]

电商金融化是电商企业在电子商务平台的长期发展中数据积累和信用记录运用的必然趋势,是商业信用对接银行信用的表现。电商以网购起家,通过数据、流量获得销售,再通过销售积累数据、流量,聚集黏性,数据的结构化和层次化明显,对信息流的反应敏锐。

电商金融化的发展目前可以分为两个阶段:第一阶段为电商完成第三方支付,对传统银行才具有的支付和信用功能的创新和替代;第二阶段,电商羽翼渐丰,开始寻求同银行的信贷合作,代表例子为京东商城的供应链金融模式。如今电商金融化发展方向出现分歧:一方是以阿里巴巴为代表的金融平台,在获取银行牌照之前,以资产证券化、信托计划等方式筹集资金;另一方是以苏宁云

---

① 资料来源:罗明雄. 大数据金融发展趋势[EB/OL]. [2014-10-31]. http://www.stock.shou.com.

商为代表的金融平台,直指民营银行牌照,希望在成立银行后,将信息流和资金流收归己用。从本质上来说,二者殊途同归,都是在掌握商品流、信息流的情况下,高效、低成本地获得资金流,从而建立自身完整生态圈,对生态圈内商户提供一条龙服务,提高商户黏性,提升竞争对手进入壁垒,期待在激烈的互联网金融竞争时代拥有一席之地。

第二节 跨境电子商务法律政策环境

一、中国跨境电子商务法律政策概览

现阶段,我国跨境电子商务法律政策环境不断完善,不仅为跨境电商市场的发展指明了方向,同时,我国跨境电商也在进一步规范的环境中快速发展。目前,国家推出系列政策,从信息、支付、清算、物流、保税等多方面支持、监督跨境电商行业,推动跨境电商行业的发展和逐渐规范。

2012年至今,中国颁布的跨境电商领域相关法律法规概况如表4-1所示。

表4-1　　　　　2012~2018年中国跨境电商相关政策(部分)

发布时间	法律法规	主要内容	发文单位
2012.3	关于利用电子商务平台开展对外贸易的若干意见	要求各级商务主管部门积极解决跨境电商中的通关、退税等政策性问题	商务部
2012.5	关于组织开展国家电子商务示范城市电子商务试点专项的通知	确定由海关总署组织有关示范城市开展跨境贸易电商服务试点工作	国家发改委
2013.2	关于开展支付机构跨境电子商务外汇支付业务试点的通知(5号文)	确定在上海、浙江、深圳、北京、重庆等地进行跨境电商外汇业务试点	国家外汇管理局
2013.7	关于促进进出口稳增长、调结构的若干意见	要求完善出口跨境电商政策,抓紧在有条件的地方先行试点	国务院办公厅
2013.8	关于实施支持跨境电子商务零售出口有关政策的意见(89号文)	提出了支持跨境电子商务零售出口的七条政策	国务院办公厅

续表

发布时间	法律法规	主要内容	发文单位
2013.11	关于支持跨境电子商务零售出口的指导意见	提出了支持跨境电子商务零售出口的六条指导意见	质检总局
2013.12	关于跨境电子商务零售出口税收政策的通知	明确了跨境电子商务零售出口的出口退税政策	国家税务总局
2014.1	关于增列海关监管方式代码"9610"的公告	增列海关监管方式代码"9610",全称"跨境贸易电子商务",简称"电子商务",适用于境内个人或电子商务企业通过电子商务交易平台实现交易,并采用"清单核放、汇总申报"模式办理通关手续的电子商务零售进出口商品	海关总署
2014.3	关于跨境贸易电子商务服务试点网购保税进口模式有关问题的通知	明确了网购保税进口模式中的商品范围、购买金额/数量、征税、企业管理等问题	海关总署
2014.5	关于支持外贸稳定增长的若干措施	要求各相关部门出台跨境电子商务贸易便利化措施	国务院办公厅
2014.6	关于支持外贸稳定增长的若干措施	支持以跨境电商为代表的新型贸易平台发展	海关总署
2014.7	关于跨境贸易电子商务进出境货物、物品有关监管事宜的公告(56号文)	明确了跨境电商进出境货物、物品的海关监管流程	海关总署
2014.7	关于增列海关监管方式代码的公告(57号文)	增列海关监管方式代码"1210",全称"保税跨境贸易电子商务"	海关总署
2015.1	支付机构跨境外汇支付业务试点指导意见(7号文)	取代之前的"5号文",将试点范围扩至全国	国家外汇管理局
2015.5	关于进一步发挥检验检疫职能作用促进跨境电子商务发展的意见	提出加快构建适应跨境电子商务发展的检验检疫工作体制机制,建立跨境电商清单管理制度,实施跨境电子商务备案管理。该意见列出了八大禁止以跨境电子商务形式入境的包裹	国家质检总局

续表

发布时间	法律法规	主要内容	发文单位
2015.6	关于促进跨境电子商务健康快速发展的指导意见	新形势下促进跨境电子商务加快发展的指导性文件,明确了跨境电子商务的主要发展目标,并提出了五个方面的支持措施:一是优化海关监管措施,二是完善检验检疫监管政策措施,三是明确规范进出口税收政策,四是完善电子商务支付结算管理,五是提供财政金融支持	国务院办公厅
2015.7	关于促进进出口稳定增长的若干意见	加快推进外贸新型商业模式发展	国务院办公厅
2016.1	关于同意在天津等12个城市设立跨境电子商务综合试验区的批复	新设一批跨境电子商务综合试验区,包括:天津、上海、重庆、合肥、郑州、广州、成都、大连、宁波、青岛、深圳、苏州,将先行试点的中国(杭州)跨境电子商务综合试验区初步探索出的相关政策体系和管理制度向更大范围推广	国务院办公厅
2016.3	关于跨境电子商务零售进口税收政策的通知	为营造公平竞争的市场环境,促进跨境电子商务零售进口健康发展,规定了跨境电子商务零售(企业对消费者,即B2C)进口税收政策有关事项。明确跨境电商零售进口商品按照货物征收关税和进口环节增值税、消费税。单次交易限值2 000元,个人年度交易限值20 000元。关税税率暂设0%;进口环节增值税、消费税取消免征税额,暂按法定应纳税额的70%征收。超过单次限值、累加后超过个人年度限值的单次交易,以及完税价格超过2 000元限值的单个不可分割商品,均按照一般贸易方式全额征税	财政部、海关总署、国家税务总局
2016.4	《关于公布跨境电子商务零售进口商品清单的公告》(2016年第40号)	清单共包括1 142个8位税号商品,主要是国内有一定消费需求,可满足相关部门监管要求,且客观上能够以快件、邮件等方式进境的生活消费品,其中包括部分食品饮料、服装鞋帽、家用电器以及部分化妆品、纸尿裤、儿童玩具、保湿杯等。清单内的商品将免于向海关提交许可证件,检验检疫监督管理按照国家相关法律法规的规定执行;直购商品免于验核通关单,网购保税商品"一线"进区时需按货物验核通关单、"二线"出区时免于验核通关单	财政部、商务部、海关总署等

续表

发布时间	法律法规	主要内容	发文单位
2016.5	《海关总署办公厅关于执行跨境电子商务零售进口新的监管要求有关事宜的通知》	海关总署下发《关于执行跨境电子商务零售进口新的监管要求有关事宜的通知》。《通知》中明确，过渡期内，在上海、杭州、宁波、郑州、广州、深圳、重庆、福州和平潭等10个试点城市，继续按照税收新政实施前的监管要求进行监管，即"一线"进区时暂不验核通关单，暂不执行"正面清单"备注中关于化妆品、婴幼儿配方奶粉、医疗器械、特殊食品（包括保健食品、特殊医学用途配方食品等）的首次进口许可证、注册或备案要求。按《通知》所述，过渡期政策的有效期至2017年5月11日	海关总署
2017.9	国务院发文宣布将跨境监管过渡期再延长一年，至2018年底	新建跨境电商试验区，监管过渡期延长一年	国务院
2017.12	商务部发文，跨境电商零售进口监管过渡期延长至2018年底，试点城市新增5个	跨境电商零售进口监管过渡期政策延长至2018年底，继续对天津、上海、杭州、宁波、郑州、广州、深圳、重庆、福州、平潭等10个试点城市（地区）进行监管。自2018年1月1日起，将过渡期政策使用的范围扩大至合肥、成都、大连、青岛、苏州等5个城市	商务部
2017.12	《关于调整部分消费品进口关税的通知》	12月1日起，我国187项进口商品的关税下调，平均税率由17.3%降至7.7%，涵盖食品、日化、服装、保健品、药品、家电、文具、日用百货等	财政部
2018.7	国务院决定在北京等22个城市新设跨境电商综合试验区	国务院决定推动跨境电商在更大范围发展，在北京、呼和浩特、沈阳、长春、哈尔滨、南京、南昌、武汉、长沙、南宁、海口、贵阳、昆明、西安、兰州、厦门、太原、无锡、威海、珠海、东莞、义乌等22个城市新设一批跨境电商综合试验区	国务院

续表

发布时间	法律法规	主要内容	发文单位
2018.8	《中华人民共和国电子商务法》获通过	《中华人民共和国电子商务法》是我国电商领域首部综合性法律。其中,该法第二十六条明确指出:"电子商务经营者从事跨境电子商务,应当遵守进出口监督管理的法律、行政法规和国家有关规定",将跨境电子商务经营者纳入本法管辖范围,也规定了受本法约束的同时,还应当遵守其他法律法规及规定	全国人大常委会
2018.9	国务院常务会议:从2018年11月1日起,降低1 585个税目工业品等商品进口关税税率	从2018年11月1日起,降低1 585个税目工业品等商品进口关税税率,主要涉及人民生产和生活所需的众多工业品,包括机电设备、零部件及原材料等,平均税率由10.5%降至7.8%,平均降幅约26%	国务院
2018.10	国务院常务会议:确定完善出口退税政策、加快退税进度的措施等	从2018年11月1日起,按照结构调整原则,参照国际通行做法,将现行货物出口退税率为15%的和部分13%的提至16%;9%的提至10%,其中部分提至13%;5%的提至6%,部分提至10%;对高耗能、高污染、资源性产品和面临去产能任务等产品出口退税率维持不变;进一步简化税制,退税率由原来的七档减为五档	国务院
2018.11	国务院常务会议:决定延续完善跨境电商零售进口政策并扩大范围	国务院常务会议决定,从2019年1月1日起,延续实施跨境电商零售进口现行监管政策,政策适用范围扩大到22个新获批的综试区城市;并新增群众需求量大的63个税目商品,将单次交易限值由目前的2 000元提高至5 000元,将年度交易限值由目前的每人每年2万元提高至2.6万元	国务院
2018.11	《关于完善跨境电子商务零售进口税收政策的通知》	自2019年1月1日起跨境电商零售进口政策将调整:将跨境电子商务零售进口商品的单次交易限值由人民币2 000元提高至5 000元,年度交易限值由人民币20 000元提高至26 000元;明确已经购买的跨境电商零售进口商品不得进入国内市场再次销售	财政部

资料来源:本章作者根据相关文件整理制表。

二、部分跨境电子商务政策细解

(一)对中小微企业的政策支持

2012年,国务院发布《关于进一步支持小型微型企业健康发展的意见》,在第五点"加大支持小型微型企业开拓市场的力度"的第十八条中提出,创新营销和商业模式,鼓励小型微型企业运用电子商务、信用销售和信用保险,大力拓展经营领域。

(二)对跨境电商企业出口的政策支持

1.《关于实施支持跨境电子商务零售出口有关政策的意见》(89号文)

2013年8月,国务院办公厅转发由商务部会同国家发改委、中国人民银行、海关总署等9个部门共同研究制定的《关于实施支持跨境电子商务零售出口有关政策意见》(89号文),对于出口跨境电商这是最具标志性意义的文件。该文件将跨境电子商务零售出口纳入海关的出口贸易统计,提出了对跨境电子商务零售出口的支持政策以及出口检验、收结汇等六项具体措施,这些措施已经在上海、杭州、宁波、重庆、郑州等5个跨境电子商务试点城市实施,并于2013年10月1日起在全国有条件的地区全面推广。这六项具体措施如下:

(1)建立电子商务出口新型海关监管模式并进行专项统计,主要用于解决目前零售出口无法办理海关监管统计的问题。

(2)建立电子商务出口检验监管模式,主要用于解决电子商务出口无法办理检验检疫的问题。

(3)支持企业正常收结汇,主要用于解决企业目前办理出口收汇存在困难的问题。

(4)鼓励银行机构和支付机构为跨境电子商务提供支付服务,主要用于解决支付服务配套环节比较薄弱的问题。

(5)实施适应电子商务出口的税收政策,主要用于解决电子商务出口企业无法办理出口退税的问题。

(6)建立电子商务出口信用体系,主要用于解决信用体系和市场秩序有待改善的问题。

2.海关总署《关于增列海关监管方式代码"9610"的公告》和《关于增列海关监管方式代码的公告》(57号文)

2012年,海关总署联合发改委启动了跨境电商服务试点;2013年,海关总署密切关注试点城市情况,并逐步扩大了试点范围;2014年,海关总署颁布了一系列政策文件,建立了"9610""1210"两种新型监管模式,并通过56号文明确了跨境电商进出境货物、物品的海关监管流程。

3.《关于同意在天津等12个城市设立跨境电子商务综合试验区的批复》

2016年1月,国务院办公厅发布《关于同意在天津等12个城市设立跨境电子商务综合试验区的批复》,决定新设一批跨境电子商务综合试验区,包括:天津、上海、重庆、合肥、郑州、广州、成都、大连、宁波、青岛、深圳、苏州等,将先行试点的中国(杭州)跨境电子商务综合试验区初步探索出的相关政策体系和管理制度,向更大范围推广。

4.《国务院关于同意在北京等22个城市设立跨境电子商务综合试验区的批复》

2018年7月24日,国务院印发《国务院关于同意在北京等22个城市设立跨境电子商务综合试验区的批复》,决定为推动跨境电子商务在更大范围发展,在北京、呼和浩特、沈阳、长春、哈尔滨、南京、南昌、武汉、长沙、南宁、海口、贵阳、昆明、西安、兰州、厦门、唐山、无锡、威海、珠海、东莞、义乌等22个城市设立跨境电子商务综合试验区,具体实施方案由城市所在地省级人民政府分别负责印发。

(三)对跨境电商支付的政策支持

1.《关于开展支付机构跨境电子商务外汇支付业务试点的通知》(5号文)

2013年3月,国家外汇管理局制定和下发了《支付机构跨境电子商务外汇支付业务试点指导意见》《支付机构跨境电子商务外汇支付业务试点管理要求》等多项文件,决定在上海、北京、重庆、浙江、深圳等地开展支付机构跨境电子商务外汇支付业务试点。获得支付业务许可证的第三方支付机构均可申请通过银行为小额电子商务(货物贸易或服务贸易)交易双方直接提供跨境电子商务所涉及的外汇资金集中收付及相关的结售汇服务。

2013年10月,包括财付通、支付宝、汇付天下、重庆易极付公司在内的17家第三方支付公司已接获国家外管局正式批复,成为首批获得跨境电子商务外汇支付业务试点资格的企业,标志着国内支付机构跨境电子商务外汇支付业务迎来实质性的进展,将有效推动外汇跨境支付一站式解决平台的发展,提升支付机构结售汇的能力与效率,推动中国电子商务企业的国际化进度。

2.《支付机构跨境外汇支付业务试点指导意见》(7号文)

2015年1月,国家外汇管理局发布《支付机构跨境外汇支付业务试点指导意见》(7号文),取代之前的"5号文",将试点范围扩至全国,在全国范围内开展支付机构跨境外汇支付业务试点。

"7号文"对开办跨境外汇支付业务试点的支付机构采取名单化管理,支付机构提交相关申请材料后,只需经外汇局分局审核后,即可在20个工作日内获得正式书面文件,并完成"贸易外汇收支企业名录"登记(仅针对货物贸易),同时抄报国家外汇管理局。与 2013 年(仅限上海、北京、重庆、浙江、深圳五个城市,全部由总局审批)相比,试点资格申请已全面放开,原有的 22 家试点机构将面临众多新增支付机构的挑战。

同时,将原有的"货物贸易单笔交易金额不得超过等值 1 万美元,服务贸易单笔交易金额不得超过等值 5 万美元"修改为单笔交易金额上限一律为 5 万美元。提高单笔交易限额对于促进跨境电商的发展有推动意义,更大程度地满足了无人飞行器等技术含量高、货品单价高的小型跨境电商结汇需求。

总之,此次出台的新版指导意见在多方面适当放宽了监管要求,对跨境电子商务发展是重大利好政策,对已获试点资格和拟申请试点资格的支付机构都是机遇和挑战。

第三节　跨境电子商务信息技术环境

一、跨境电商运用的主要信息技术

跨境电子商务是基于网络应用的各种技术在各行各业实施的全方位改造,是基于因特网的一种新的商业模式,其特征是商务活动在因特网上以数字化电子方式完成。信息技术的高速发展为跨境电商提供了茁壮成长的沃土。

(一) Internet 网络技术的运用

虽然 Internet 技术不是跨境电商的专门技术,但开展跨境电商要以 Internet 网络平台为基础,电子商务发展的好坏与 Internet 网络技术有直接关系,因此 Internet 网络技术是跨境电商相关的关键技术之一。

(二) Web 技术的运用

Web 浏览技术已经广泛地运用于 Internet,并被广大用户接受和使用。Web 服务器利用 HTTP 协议来传递 HTML 文件,Web 浏览器使用 HTTP 检索 HTML 文件。Web 浏览器从 Web 服务器上获取信息,然后以静态和交互方式呈现在用户眼前。跨境电商仍然是一种商务模式,在进行电子商务过程中,需要在商家与客户以及其他相关角色之间交换各种信息,此时就要使用 Web 浏览技术。随着跨境电商的发展,仅仅使用 HTML 表示信息已经不能满足需要,为此,XML(扩展的标记语言)和 CXML(Commerce XML)相继开始发展起来。

(三) 数据库技术的运用

在跨境电商交易过程中,涉及商家、商品、客户、物流配送等大量的信息,这些信息都需要储存在数据库中。当前数据库管理系统已发展到相当成熟的阶段,能高效、高质、安全地管理数据。该技术包括数据模型、数据库系统、数据库系统建设和数据仓库、联机分析处理和数据挖掘技术等。运用于跨境电商中的数据库技术主要完成三个方面的功能:数据的收集、存储和组织;决策支持;Web 数据库。

(四)电子支付技术的运用

电子支付是指在网上直接为所购商品付款。电子支付过程中安全问题解决得好坏直接影响到电子支付是否可以顺利进行。目前银行界普遍使用的有 SSL/TLS 和 SET 两种电子支付模式。从技术角度讲,SSL/TLS 不是支付协议而是会话层安全协议,用 SSL 协议进行电子支付是支付双方利用 SSL 协议建立一个安全会话通道,在该安全通道中传送支付信息。当数据到达商家的 Web 站点时,所有信息被解密,是否将这些信息以安全格式存储由商家负责,用户不负责信息安全。SET 是以信用卡支付为基础的网上电子支付协议。使用 SET 协议进行电子支付可以确保接收信用卡的商家和信用卡的持有者都经过认证,是可信赖的。SET 协议仅对一些敏感信息加密而对其他信息不加密。SET 协议中使用许多安全手段,如数据加密技术、数字签名技术、电子认证技术和电子信封技术等。

(五)信息安全技术的运用

由于现有计算机系统之间的网络通信大多采用 TCP/IP 协议,服务器也多为 UNIX 或 WIINDOWS 操作系统,同时 TCP/IP 和 UNIX 都是以开放性著称的,易于互联和信息共享的设计思想贯穿于系统的方方面面,在访问控制、用户验证授权、实时和事后审计等安全方面考虑较少,这就给网络使用带来极大的安全隐患。据统计,来自计算机系统内部的安全威胁高达60%。开展跨境电商离不开网络基础,但直接在这样不安全的网络基础上开展电子商务是让人无法接受的。调查表明,很多商家不开展电子商务,很多网民不在网上购物,他们最大的担心是电子商务的安全性问题,这里既包括商家与客户没有面对面的确认,也包括对机密数据失窃的担忧。为此,一方面需要有商务活动所涉及的各方均信任的第三方机构来完成商务活动各方的身份认证,另一方面也需要对数据在传输和储存等环节进行安全保护。目前普遍使用的身份认证方式是证书认证方式,具体操作过程是,首先由第三方建立起由相关部门授权的认证体系,负责对申请证书的网上用户发放有效的证书,在网上的其他机构或个人需要对该用户进行身份确认时,该用户出示其手中的证书给需要对其进行认证的一方认证,认证方也可以到签发该证书的认证中心对该证书进行认证。每一个证书与一个密钥相对应。

目前最为流行的证书格式是由 ITU-T 建议 X.509 版本 3 中所规定的,其他标准化组织也采用 X.509 作为公共密钥认证的基础。在世界范围内,人们普遍使用 ITU-T 建议 X.509 中规定的证书格式作为标准的证书格式,认证系统也可以使用 SET 协议的相关规定。除了使用认证系统对参与电子商务的各方进行身份认证外,还需要一些加密技术对参与方不希望被不相关的人知道的信息进行加密。

除了以上这些与电子商务直接相关的安全技术之外,还有一些需要考虑的安全问题,如网络安全、操作系统安全、数据安全等各个层面上的安全问题等。这些问题的解决也直接关系到用户对跨境电商的信心。

(六) 数据挖掘

数据挖掘是一种综合了各个学科技术的信息处理方法,具有多种功能,其主要功能如下:

1. 分类

按照被分析对象的属性、特征,建立不同的组类来描述事物。例如,将网上的每一篇文章按关键字分为不同的类别。

2. 聚类

识别出被分析对象的内在规则,按照这些规则把对象分成若干类。例如,对"顾客最喜欢什么样的促销方式"这样的问题,按照顾客的购买习惯进行聚类,将购物习惯相近的顾客分在一起,不同的类别表明不同的购买习惯,然后分别调查了解每一类顾客最喜欢的促销方式。

3. 关联规则

关联是某种事物发生时其他事物会发生的一种联系。例如,每天购买牛奶的人也有可能购买面包,其中买牛奶的人有多少一定要买面包、比重有多大,这可以通过关联的支持度和可信度来描述。与关联不同,序列是一种纵向的联系。

4. 预测

有效的预测需要建立预测模型。预测的目的是把握分析对象发展的规律,对未来的趋势做出预见。例如,对电子商务行业未来发展做的判断。

5. 偏差的检测

即对分析对象的少数的、极端的特例的描述,揭示其内在的原因。例如在银行 100 万笔交易中有 500 例的欺诈行为,银行为了稳健经营,就要发现这 500 例的内在因素,减小以后经营的风险。

二、信息技术在跨境电子商务中具体应用

(一)广告宣传

跨境电子商务可凭借企业的 Web 服务器和客户的浏览,在 Internet 上发布各类商业信息。客户可借助网上的检索工具迅速地找到所需商品信息,而商家可利用网上主页(Home Page)和电子邮件(E-mail)在全球范围内做广告宣传。与以往的各类广告相比,网上的广告成本最为低廉,给顾客的信息量却最为丰富。

(二)咨询洽谈

跨境电子商务可借助非实时的电子邮件(E-mail)、新闻组(News Group)和实时的讨论组(Chat)来了解市场和商品信息、洽谈交易事务,如有进一步的需求,还可用网上的白板会议(White board Conference)来交流即时的图形信息。网上的咨询和洽谈能超越人们面对面洽谈的限制、提供多种方便的异地交谈形式。

(三)网上订购

跨境电子商务可借助 Web 中的邮件交互传送实现网上的订购。网上订购通常都是在产品介绍的页面上提供十分友好的订购提示信息和订购交互格式框,当客户填完订购单后,通常系统会回复确认信息单来保证订购信息的收悉。订购信息也可采用加密的方式使客户和商家的商业信息不会泄漏。

(四)网上支付

跨境电子商务要成为一个完整的过程,网上支付是重要的环节。客户和商家之间可采用信用卡账号进行支付。在网上直接采用电子支付手段可省略交易中很多人员的开销。网上支付将需要更为可靠的信息传输安全性控制,以防止欺骗、窃听、冒用等非法行为。

(五)电子账户

网上支付必须要有电子金融来支持,即银行或信用卡公司及保险公司等金融单位要为金融服务提供网上操作的服务,电子账户管理是其基本的组成部分。

(六)服务传递

对于已付了款的客户,应将其订购的货物尽快地传递到他们的手中。而有

些货物在本地,有些货物在异地,电子邮件能在网络中进行物流的调配,而最适合在网上直接传递的货物是信息产品。

(七)意见征询

电子商务能十分方便地采用网页上的"选择""填空"等格式文件来收集用户对销售服务的反馈意见,这样使企业的市场运营能形成一个封闭的回路。客户的反馈意见不仅能提高售后服务的水平,更使企业获得改进产品、发现市场的商业机会。

第四节 跨境电子商务社会人文环境

电子商务的人文社会环境对跨境电商的发展起着重要的支撑作用。跨境电商的人文社会环境主要包括政策和法规、网络消费习惯、信用体系等三方面。政策和法规环境在本章第一节已经做过介绍,本节主要介绍网络消费习惯和信用体系。

一、跨境电商开启中国新型消费模式

2014年12月5日,中国跨境电商平台鑫网易商 CCIG MALL 正式上线。此平台是由世纪国际集团北京世纪新干线网络技术有限公司联合中国贸促会、中国银行、中国电信、银联商务共同打造的具有国别性质的跨境 B2B 商品电子交易平台。作为中欧首个跨境电商平台,鑫网易商的成立标志着中国的电商市场或迎来一轮全新的改变。

鑫网易商被称为"具有国别性质的跨境 B2B 商品电子交易平台",由于国内大部分消费者不习惯用信用卡支付,因此抑制了消费者的消费欲望。鑫网易商与银联商务、中国银行建立了合作伙伴关系,为消费者能够使用国内银行卡进行无障碍支付提供了保障。用户只需用国内支付方式下单购买,后续转运、报关过程都由网站完成,和在国内 B2C 购物体验并无太大差别。

2018年天猫"双十一"是中国新消费潜力的一次集中展示,当天消费者购买的商品总成交额达到了破纪录的2 135亿元,超过40%的中国消费者购买了国际品牌,230多个国家和地区的海外消费者共同参与。消费者对境外商品特别是欧美高端商品的需求呈井喷之势,中国人打着"飞的"赴海外采购已不是新鲜事,通过各种网络"代购"来过一把血拼瘾也是司空见惯。消费者之所以选择"海淘""代购"等渠道,是因为其价格会比传统渠道更加低廉。商务部数据显示,2018年,中国在国际进口市场中的份额提高了0.5个百分点,达到10.7%,出口市场份额提升了0.7%,达到15.8%;中国和"一带一路"沿线国家进出口

贸易总值的增长速度高于全国进出口增速 3.6 个百分点;中国的跨境电商进出口总值增长了 50%;中国国际贸易营商环境排名也提高了 32 名。

多年以来,世界贸易增长乏力,而中国的经济实力越来越强,中国人正在进入消费需求升级期,跨境电子商务通过搭建自由、开放、通用、普惠的全球贸易平台,源源不断地将中国人日益强大的消费潜力释放到全世界,助推各国贸易的增长。

专栏 4-2:移动电商主要特征①

移动电商主要有以下特征:首先,移动电商连接一切,包括人与人的连接、人与物的连接、物与物的连接、人和服务的连接。其次,从过去的渠道为王到现在的顾客为王,从过去的单渠道到多渠道再到现在的全渠道。再次,从过去的大众营销到窄众营销再到未来的精准营销。最后,移动电商是更智能化、更本地化、更社交化和更个性化。互联网是当代国际竞争不可阻挡、不可逆转的洪流,它会冲洗一切,将改变商贸流通领域所有的服务行业。

二、跨境电子商务诚信体系建设

电子商务在带给人们方便快捷、物美价廉购物体验的同时,也带来了各种各样的问题。据中国电子商务用户体验与投诉监测数据显示,2015 年网络购物投诉占全部投诉 43.74%,比例最高,生活服务 O2O 紧随其后,占据 24.05%,海淘为 7.53%。2016 年、2017 年受理的投诉案件同比增长 14.78% 和 48.02%,2018 年同比增长 38.36%,其中,国内网购投诉占全部投诉 55.19%,商家与平台纠纷占比 7.36%,跨境网购占 6.82%,网络支付占 5.55%。信用问题已成为关注的热点,诚信缺失成了跨境电子商务发展的最大瓶颈。

(一)跨境电子商务交易中信用缺失的几种表现

一是客户信息遭泄露。随着信息化的快速发展,客户信息的保密已不取决于公民个人对信息资料的重视、保管与保密程度,公民对个人信息的保密越来越被动,泄露用户隐私已经成为当下侵犯信息安全最显著的体现。在电子商城购物,包括个人银行卡、支付密码、家庭住址等信息都存储在网站运营商的服务器上。而公众所熟悉的杀毒软件重点在于保护用户端的电脑安全,对于存储在运营商服务器上的数据安全却不能发挥作用。网站服务商对个人信息的妥善

---

① 资料来源:根据 1 号店董事长于刚在 2015 中国(义乌)世界电子商务大会上的发言《2015 是移动商务的分水岭》整理。

保管并未尽职尽责,或许会在使用过程中泄露用户的个人隐私。保护用户信息安全是电商企业应尽的责任与义务,企业应该对出现问题的账户在第一时间告知用户,并承担相应责任。

二是服务承诺不兑现。中国消费者协会发布的 2015 年全国消协组织受理投诉情况分析表明,2015 年,全国消协组织受理远程购物投诉 20 083 件,占销售服务类投诉的 69.86%。在远程购物投诉中网络购物占比 95.41%,比 2014 年同期上升 3.13%。在远程购物中,消费者主要投诉的对象涉及电商平台、以微商为代表的个人网络商家和电视购物等方面。消费者投诉主要集中在商品质量与描述不符、以次充好、退货换货难、团购规则或服务随意变更、订单无故取消或增加、发货速度慢、售后服务不及时且无法保障、无发票等一系列问题。

三是虚拟电商搞欺骗。网购是一种新鲜事物,进入快速发展阶段是近几年的事情,相关管理滞后,监管不成熟,甚至出现真空。网购网站的注册管理较为宽松,市场准入门槛低,网站经营资质良莠不齐,很多消费者因此受骗。

(二)完善跨境电商信用体系的建议

一是健全电子商务信用的法律法规。法律法规是电子商务开展的根本保障,要强化有关电子商务的信用法制建设,营造一个公开、公平、公正的法律环境和诚实守信的交易氛围。以现有的法律为框架,结合电子商务的特点,立法规范电子商务交易行为,明确参与电子商务各方的法律责任,遏制交易商和服务商的不良行为和不法行为,确保诚信经营。对于泄露、窃取个人信息隐私的行为,不但要求实施该行为的人承担民事责任,对于违法事实严重的,还要追究参与者的刑事责任。

二是加强信用体系建设的政策支持。信用是电子商务的灵魂,社会信用体系的完善是实现电子商务和谐发展的保证。工信部在《电子商务"十二五"发展规划》中指出,要探索建立网上和网下交易活动的合同履约信用记录,因此应采取一系列有效措施建立健全社会信用体系。可以由信用收集与管理的相关部门(如中国人民银行、公安部等)筹建电子商务信用信息委员会,全方位把握和构建电子商务信用体系,并加强与电子商务纠纷投诉和调解机构的联动;也可以扶持鼓励符合条件的第三方机构按照独立、客观、公正的原则,对电子商务交易平台与经营主体开展信用评价和认证服务。

三是提高电子商务参与者的诚信意识。现阶段要大力宣传诚信的重要性,让社会提高对信用的重视程度,培养全社会的诚信意识,培养人们的信用消费习惯,维护消费者的合法权益,营造良好的社会诚信环境。信用消费概念不局限于贷款消费,还包括人们在消费过程中的互相信任和采用先进的电子信用支付手段,如信用卡、支付宝等。对信誉良好的企业给予优惠政策,对失信企业和个人要进行重点监管,建立不良信用记录报告制度,并以适当的形式向社会公布。

四是推进网络金融的创新与制度建设。随着电子商务的深入,网络金融业应该与时俱进,起到保驾护航作用。应制定和完善网络金融业的发展战略规划,重组管理架构和流程;对现行金融电子化系统进行更新和改造,重新设计金融机构的管理架构与流程;积极推进金融信息技术标准体系和应用。

复习思考题

1. 从海外买家和卖家的角度分析当前中国跨境电商面临的市场经济环境。
2. 谈谈你对完善跨境电子商务法律制度环境重要性的认识。
3. 信息技术的发展在跨境电子商务中的具体应用有哪些?
4. 制约跨境电子商务发展人文社会因素有哪些?
5. 谈谈目前跨境电子商务交易中存在哪些信用问题,并试为跨境电商信用体系建设提供政策建议。

参考文献

[1]来有为,戴建军,田杰棠.中国电子商务的发展趋势与政策创新[M].北京:中国发展出版社,2014.

[2]李鹏博.揭秘跨境电商[M].北京:电子工业出版社,2015.

[3]翁晋阳,等.再战跨境电商[M].北京:人民邮电出版社,2015.

[4]肖旭.跨境电商实务[M].北京:中国人民大学出版社,2015.

[5]雨果网.《2013-2014年中国跨境电商产业研究报告》No.2:2013中国跨境电商政策解析[EB/OL].[2014-11-12].http://www.cifnews.com.

[6]雨果网.《2013-2014年中国跨境电商产业研究报告》No.3:2013中国跨境电商经济环境及平台发展现状[EB/OL].[2014-11-12].http://www.cifnews.com.

[7]艾瑞咨询.2014年中国跨境电商行业研究报告[EB/OL].[2014-12-16].http://www.iresearch.cn.

[8]李佳婷,樊重俊,王宇莎."互联网+"时代下的跨境电商发展[J].电子商务,2016(10).

[9]艾媒新零售产业研究中心.2018~2019中国跨境电商市场研究报告[R].广州:艾媒新零售产业研究中心,2018.

[10]艾媒新零售产业研究中心.2019全球跨境电商市场与发展趋势研究报告[R].广州:艾媒新零售产业研究中心,2019.

第五章 跨境电子商务法规与政策

学习目标

通过本章的学习,了解我国电子商务发展相关的政策思路,掌握跨境电子商务相关的监管法规,包括促进跨境电子商务发展相关政策法规、跨境电子商务监管相关政策法规、跨境电子商务支付结算相关政策法规等。

第一节 跨境电子商务政策法规发展概况

一、国际电子商务立法评析

自 2005 年《国际合同使用电子通信公约》获得联合国大会通过以来,各国电子商务立法进入了一个快速发展的阶段。这一时期的电子商务立法具有以下特点。

(一)广泛吸收先进经验,立法起点高

近期从事电子商务立法的国家,大胆吸收了国际范围的成熟经验和有益做法,使电子商务立法站在一个较高的起点上,具有明显的后发优势。例如,卡塔尔 2010 年《电子商务和交易法》对电子交易的形式要求,就充分借鉴了联合国《电子商务示范法》第 13 条的规定;关于数据电文发送错误,则参照了联合国《国际合同使用电子通信公约》第 14 条的规定。

(二)规则详备合理,体现了时代性

近年来各国电子商务立法的内容,不仅包括了电子商务法中的电子合同、

电子签名等传统内容,而且根据电子商务的发展特性,将一些热点问题如电子政务、隐私权、消费者保护等也纳入进来。此外,很多国家的电子商务立法中规定了消费者保护的内容。如阿曼 2008 年《电子交易法》对电脑系统中的个人资料提供隐私保护,将保护电子系统和数据的责任由管理这些电子系统的机构以及发行有效电子签名的授权机构承担。卡塔尔《电子商务和交易法》对网络消费者权益的保护进行了详细的规定:在未经事先同意的情况下向他人发送垃圾邮件为违法行为;消费者以电子通信方式缔结合同有权在合同缔结之日起 3 天内撤销或终止合同;服务提供商交付或其他履行延迟超过 30 天时消费者可以终止合同,并有权取回货款。

(三)强调为电子商务创造良好的法制环境

完备的电子商务法律环境是参与国际经济竞争的必然要求,也是各国电子商务健康快速发展的有力保障。美国、欧盟等发达国家和地区正是因为抢先从立法层面完善电子商务发展环境,推动了国内电子商务的持续繁荣。因此,近年来,各国电子商务立法紧紧围绕电子商务基础设施建设,提供有利于电子商务发展的法制环境,以此树立民众对电子商务交易的信心,使商业活动得以顺利进行。因此,各国电子商务立法重点在于消除电子商务发展的阻碍,为电子商务的广泛运用提供法律确定性,促进电子政务的开展,促进电子交易的发展,满足消费者的需求。

(四)大多采用综合性立法模式

2006 年以来已经有 30 个国家从事电子商务立法,采取综合性立法模式的国家有 25 个,占绝大多数。综合性立法具有综合性、全局性的特点,制定一部统领电子商务领域的框架性法律能保持法律体制的连贯性和统一性。如果说在电子商务的发展初期,由于许多法律障碍未能充分显露,过早的制定综合性立法难以充分把握电子商务的实质,法律的实际效力会受到减损。就目前而言,电子商务发展已经进入一个相对成熟的阶段,各种电子商务的法律问题在国际和国内都已经受到人们的关注,并已经有了法律解决方案,制定电子商务综合性立法的最好时机已经到来。近几年从事立法的国家正是发现了这一点,在全面考查电子商务法基本问题的基础上,借鉴国际国外的经验做法,较好地完成了电子商务综合性立法的任务。①

二、中国跨境电子商务相关政策法规

近年来,我国跨境电子商务呈现蓬勃发展态势,已成为国际贸易的新方式

---

① 李一岚. 我国电子商务法律构建之研究[D]. 北京:中国社会科学院研究生院,2014:12 – 18.

和新手段,对于扩大海外营销渠道、提升我国品牌竞争力、实现我国外贸转型升级有重要而深远的意义。我国相继出台了众多促进跨境电子商务发展的相关政策法规,过去十年,国家陆续出台了几十项电商发展政策,从 2004~2007 年政策起步期的规范行业为主,到 2008~2012 年政策发展期的支持和引导电商为主,再到 2013 年至今的政策爆发期,我国跨境电商迎来了高速发展的好时机。

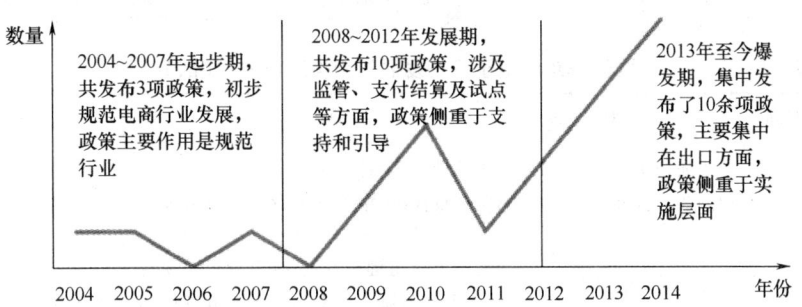

图 5-1　2004~2014 年电商发展政策数量

资料来源:腾泰翼运营大数据中心. 2015 年中国跨境电商行业研究分析[EB/OL]. [2015-05-01]. http://course.baidu.com/view/2392b45fccbff121dd3683aa.html.

2013 年 8 月 29 日,国务院办公厅发布了商务部等九个部委联合制定的《关于实施支持跨境电子商务零售出口有关政策的意见》(89 号文),从海关监管模式、出口检验、收付汇、跨境支付和税收等方面提出了总体方针和政策。此后,为落实"89 号文"的相关精神,包括税务总局、质检总局、海关总署、外管局等多个部委亦相继出台了相应的政策和规定来规范和促进跨境电商的发展,从而初步搭建起了我国跨境电商的法规和制度体系。

从政策数量上看,近两年来发布的支持电商行业发展的政策越来越多,说明国家对于电商行业越来越重视,预计未来几年商务部、中国人民银行、国家市场监督管理总局、外汇管理局、海关总署、国税局等机构将继续出台更多利好政策鼓励电商发展。①

本章从促进跨境电子商务发展的相关政策法规、跨境电子商务监管政策法规和跨境电子商务支付相关政策法规三个方面,对目前已出台的跨境电商的法规、政策和制度进行梳理和解读。

---

① 腾泰翼运营大数据中心. 2015 年中国跨境电商行业研究分析[EB/OL]. [2015-05-01]. http://course.baidu.com/view/2392b45fccbff121dd3683aa.html.

第二节　促进跨境电子商务发展的政策法规

一、我国促进跨境电子商务发展的相关政策法规

为促进跨境电子商务发展,我国相继出台了多项促进跨境电子商务发展的相关政策法规,见表5-1。

表5-1　　我国促进跨境电子商务发展的相关政策法规(部分)

发布时间	法律法规	主要内容	发文单位
2005.1	关于加快电子商务发展的若干意见	属于综合大法,建议出台完善电子商务贸易链条及有利于市场参与者发展的法规	国务院办公厅
2007.12	商务部关于促进电子商务规范发展的意见	推动网上交易健康发展,规范网上交易行为,帮助和鼓励网上交易各参与方开展网上交易,警惕和防范交易风险	商务部
2009.11	商务部关于加快流通领域电子商务发展的意见	扶持传统流通企业应用电子商务开拓网上市场,培育一批管理运营规范、市场前景广阔的专业网络购物企业和网上批发交易企业	商务部
2012.3	关于利用电子商务平台开展对外贸易的若干意见	明确要为电子商务平台开展对外贸易提供政策支持,鼓励电子商务平台通过自建或合作方式,努力提供优质高效的支付、物流、报关、金融、保险等配套服务,实现"一站式"贸易	商务部
2012.5	关于组织开展国家电子商务示范城市电子商务试点专项的通知	围绕促进电子商务健康快速发展的目标,依托国家电子商务示范城市,组织开展电子商务试点工作	国家发改委
2013.4	关于进一步促进电子商务健康快速发展有关工作的通知	进一步促进电子商务健康快速发展,继续加快完善支持电子商务创新发展的法规政策环境	国家发改委办公厅、财政部办公厅等13部门
2013.7	关于促进进出口稳增长、调结构的若干意见	积极研究以跨境电商方式出口货物(B2B/B2C等方式)所遇到的海关监管、退税、检验、外汇收支、统计等问题,完善相关政策,抓紧在有条件的地方先行试点,推动跨境电商的发展	国务院办公厅

续表

发布时间	法律法规	主要内容	发文单位
2013.8	国务院办公厅转发商务部等部门《关于实施支持跨境电子商务零售出口有关政策的意见》的通知（89号文）	针对现行管理体制、政策、法规及现有环境条件已无法满足跨境电商市场需求的背景,《意见》提出了六项具体措施，主要集中在海关、检验检疫、税务和收付汇等方面	国务院办公厅
2013.11	关于支持跨境电子商务零售出口的指导意见	提出了支持跨境电子商务零售出口的六条指导意见	质检总局
2014.5	关于支持外贸稳定增长的若干意见	激发市场活力、提振外贸企业信心、促进进出口平稳增长的16条举措，并明确提出进一步加强进口，出台跨境电商贸易便利化措施	国务院办公厅
2014.6	关于支持外贸稳定增长的若干措施	支持以跨境电商为代表的新型贸易平台发展	海关总署
2014.10	关于开展电子商务与物流快递协同发展试点有关问题的通知	决定在天津、石家庄、杭州、福州、贵阳5个城市开展电子商务与物流快递协同发展试点。财政部将划拨专项资金，帮助5个试点城市推进电商快递协同发展工作。明确了5个试点城市的重点任务，即统筹规划基础设施建设，推行运营车辆规范化，解决末端配送难题，加强从业人员基本技能培训，鼓励电商企业与物流快递企业合作	财政部、商务部、国家邮政局
2014.11	关于加强进口的若干意见	总结试点经验，按照公平竞争原则，加快出台支持跨境电商发展的指导意见	国务院办公厅
2015.3	关于同意设立中国（杭州）跨境电子商务综合试验区的批复	全国唯一的跨境电商综合试验区正式落户杭州，着力在跨境电子商务交易、支付、物流、通关、退税、结汇等各环节先行先试，逐步形成一套适应和引领全球跨境电子商务发展的管理制度和规则，为推动我国跨境电子商务的发展提供可复制、可推广的经验	国务院办公厅

续表

发布时间	法律法规	主要内容	发文单位
2015.4	2015年电子商务工作要点	提出全面推进以互联网为核心的信息技术在商品流通和对外贸易领域的应用,推动跨境电子商务健康发展	国务院办公厅
2015.5	关于大力发展电子商务加快培育经济新动力	明确了如何推进跨境电商加速发展,包括加强电子商务国际合作,积极发起或参与多双边或区域关于电子商务规则的谈判和交流合作,力争国际电子商务规则制定的主动权和跨境电子商务发展的话语权	国务院办公厅
2015.5	关于加快培育外贸竞争新优势的若干意见	当前国际环境和国内发展条件都发生重大变化的背景下,指导今后一段时期我国外贸的纲领性文件,并对跨境电商做出重要部署	国务院办公厅
2015.5	"互联网+流通"行动计划	协同推进跨境电商"单一窗口"综合服务体系建设,加强知识产权和消费者权益保护,加快电子商务海外营销渠道建设,参与和主导电子商务国际规则制定	商务部
2015.6	关于促进跨境电子商务健康快速发展的指导意见	新形势下促进跨境电子商务加快发展的指导性文件,明确了跨境电子商务的主要发展目标,并提出了五个方面的支持措施:一是优化海关监管措施,二是完善检验检疫监管政策措施,三是明确规范进出口税收政策,四是完善电子商务支付结算管理,五是提供财政金融支持	国务院办公厅
2015.7	关于促进进出口稳定增长的若干意见	加快推进外贸新型商业模式发展	国务院办公厅
2016.1	关于同意在天津等12个城市设立跨境电子商务综合试验区的批复	新设一批跨境电子商务综合试验区,包括:天津、上海、重庆、合肥、郑州、广州、成都、大连、宁波、青岛、深圳、苏州,将先行试点的中国(杭州)跨境电子商务综合试验区初步探索出的相关政策体系和管理制度,向更大范围推广	国务院办公厅

续表

发布时间	法律法规	主要内容	发文单位
2017.12	《关于调整部分消费品进口关税的通知》	12月1日起,我国187项进口商品的关税下调,平均税率由17.3%降至7.7%,涵盖食品、日化、服装、保健品、药品、家电、文具、日用百货等	财政部
2018.7	《关于扩大进口促进对外贸易平衡发展的意见》	《意见》指出,要贯彻落实党中央、国务院关于推进互利共赢开放战略的决策部署,更好发挥进口对满足人民群众消费升级需求、加快体制机制创新、推动经济结构升级、提高国际竞争力等方面的积极作用,在稳定出口的同时进一步扩大进口,促进对外贸易平衡发展,推动经济高质量发展,维护自由贸易	商务部等20部委
2018.7	《国务院决定在北京等22个城市新设跨境电商综合试验区》	国务院决定推动跨境电商在更大范围发展,在北京、呼和浩特、沈阳、长春、哈尔滨、南京、南昌、武汉、长沙、南宁、海口、贵阳、昆明、西安、兰州、厦门、唐山、无锡、威海、珠海、东莞、义乌等22个城市新设一批跨境电商综合试验区	国务院
2018.9	国务院常务会议:从2018年11月1日起,降低1 585个税目工业品等商品进口关税税率	从2018年11月1日起,降低1585个税目工业品等商品进口关税税率,主要涉及人民生产和生活所需的众多工业品,包括机电设备、零部件及原材料等,平均税率由10.5%降至7.8%,平均降幅约26%	国务院
2018.9	《关于跨境电子商务综合试验区零售出口货物税收政策的通知》	对综试区电子商务出口企业出口未取得有效进货凭证的货物,同时符合相关条件的,试行增值税、消费税免税政策;电子商务出口企业在综试区注册,并在注册地跨境电子商务线上综合服务平台登记出口日期、货物名称、计量单位、数量、单价、金额	财政部、税务总局、商务部、海关总署

续表

发布时间	法律法规	主要内容	发文单位
2018.10	国务院常务会议:确定完善出口退税政策、加快退税进度的措施等	从2018年11月1日起,按照结构调整原则,参照国际通行做法,将现行货物出口退税率为15%的和部分13%的提至16%;9%的提至10%,其中部分提至13%;5%的提至6%,部分提至10%;对高耗能、高污染、资源性产品和面临去产能任务等产品出口退税率维持不变;进一步简化税制,退税率由原来的七档减为五档	国务院
2018.10	《优化口岸营商环境、促进跨境贸易便利化工作方案》	围绕"减单证、优流程、提时效、降成本"等明确了20条具体措施:在"减单证"方面,按照"能取消的就取消、能合并的就合并、能退出口岸验核的就退出口岸验核"要求,进出口环节验核的监管证件在当年11月1日前由86种减至48种,除安全保密需要等特殊情况外,2020年底前,监管证件全部实现网上申报、网上办理	国务院

资料来源:根据相关政府部门网站整理。

二、加快我国电子商务发展的若干政策

(一)《关于加快电子商务发展的若干意见》

2005年1月8日,我国第一个专门指导电子商务发展的政策性文件——《关于加快电子商务发展的若干意见》(以下简称《若干意见》)由国务院办公厅颁布,内容分为8部分,共计25条。这一文件的颁布在我国电子商务发展史上具有重要意义,是继《电子签名法》出台后,我国在构建电子商务政策法律环境方面的又一重大举措。该《若干意见》着重谈了如何处理五个方面矛盾的关系,那就是:发展电子商务中政府与企业关系、作用的矛盾;环境建设与推广应用的矛盾;发展虚拟经济与发展实体经济的矛盾;突出重点与协调均衡的矛盾;鼓励发展与加强管理的矛盾。这五个方面的矛盾非常准确地概括了我国发展电子商务存在的核心问题。[①]

---

① 白丽.中国特色的电子商务——解读《国务院办公厅关于加快电子商务发展的若干意见》[J].电子商务,2005(3):7-9.

(二)《关于促进电子商务规范发展的意见》

2007年12月13日商务部发布《关于促进电子商务规范发展的意见》,宗旨是推动网上交易健康发展,规范网上交易行为,帮助和鼓励网上交易各参与方开展网上交易,警惕和防范交易风险。该意见主要包括以下内容:

第一,充分认识促进电子商务规范发展的重要意义。

第二,规范电子商务信息传播行为,优化网络交易环境,规范电子商务信息发布内容。

第三,规范电子商务交易行为,促进网络市场和谐有序,规范用户注册和会员发展行为,规范各类网上促销行为,规范电子签约行为,规范网上拍卖经营行为,规范电子商务售后服务行为。

第四,规范电子支付行为,保障资金流动安全,规范交易方之间的电子支付行为,规范第三方电子支付服务行为,防范电子支付金融风险。

第五,规范电子商务商品配送行为,健全物流支撑体系,规范商品配送行为,提高商品配送能力。

第六,促进电子商务规范发展的保障措施,面向社会公众加强宣传引导,推动电子商务法律和政策体系建设。

第七,加强组织领导,建立健全组织机构和工作机制,发挥骨干企业的示范引导作用,推进中小电子商务企业规范发展,重视和发挥中介组织作用,加强电子商务人才培养。[①]

2009年11月30日,商务部为进一步加快流通领域电子商务发展提出以下意见:要充分认识加快流通领域电子商务发展的重要意义。加快流通领域电子商务发展的主要目标是,以市场为导向,以企业为主体,以信息化带动流通现代化为主要手段,加快流通领域电子商务应用推广进程。[②]

(三)《关于促进电子商务应用的实施意见》

2013年10月31日,商务部印发《关于促进电子商务应用的实施意见》。该《意见》分工作目标和原则、重点任务、保障措施三部分。重点任务是:①引导网络零售健康快速发展;②加强农村和农产品电子商务应用体系建设;③支持城市社区电子商务应用体系建设;④推动跨境电子商务创新应用;⑤加强中西部地区电子商务应用;⑥鼓励中小企业电子商务应用;⑦鼓励特色领域和大宗商品现货市场电子交易;⑧加强电子商务物流配送

---

① 商务部.关于促进电子商务规范发展的意见[EB/OL].[2007-12-17]. http://www.gov.cn/ztzl/2007-12/17/content_836630.htm.

② 井道龙.加快流通领域电子商务发展的重要意义[J].蚌埠党校学报,2013(3):43-44.

基础设施建设;⑨扶持电子商务支撑及衍生服务发展;⑩促进电子商务示范工作深入开展。

(四)《关于实施支持跨境电子商务零售出口有关政策的意见》(89号文)

2013年8月,国务院办公厅转发由商务部会同国家发改委、中国人民银行、海关总署等9个部门共同研究制定的《关于实施支持跨境电子商务零售出口有关政策意见》(89号文),这是对于出口跨境电商最具标志性意义的文件。该文件将跨境电子商务零售出口纳入海关的出口贸易统计,提出了对跨境电子商务零售出口的支持政策以及出口检验、收结汇等六项具体措施,详见本书第四章中的相关内容。

(五)《关于支持跨境电子商务零售出口的指导意见》

2013年11月,质检总局发布《关于支持跨境电子商务零售出口的指导意见》,提出了支持跨境电子商务零售出口的六条指导意见:①积极推动跨境电子商务零售出口;②建立电子商务出口企业及其产品备案管理制度;③建立电子商务出口产品全申报制度;④创新电子商务出口产品监管模式;⑤加强跨境电子商务检验检疫信息化建设;⑥加强沟通联系和宣传引导。

(六)《关于大力发展电子商务加快培育经济新动力的意见》

2015年5月4日,国务院印发《关于大力发展电子商务加快培育经济新动力的意见》,部署进一步促进电子商务创新发展。

该《意见》明确了三点原则:一是积极推动,主动作为,支持发展;二是逐步规范;三是加强引导。

该《意见》提出了七方面的政策措施:①营造宽松发展环境,降低准入门槛,合理降税减负,加大金融服务支持,维护公平竞争。②促进就业创业,鼓励电子商务领域就业创业,加强人才培养培训,保障从业人员劳动权益。③推动转型升级,创新服务民生方式,推动传统商贸流通企业发展电子商务,积极发展农村电子商务,创新工业生产组织方式,推广金融服务新工具,规范网络化金融服务新产品。④完善物流基础设施,支持物流配送终端及智慧物流平台建设,规范物流配送车辆管理,合理布局物流仓储设施。⑤提升对外开放水平,加强电子商务国际合作,提升跨境电子商务通关效率,推动电子商务"走出去"。⑥构筑安全保障防线,保障电子商务网络安全,确保电子商务交易安全,预防和打击电子商务领域违法犯罪。⑦健全支撑体系,健全法规标准体系,加强信用体系建设,强化科技与教育支撑,协调推动区域电子商务发展。①

(七)《关于促进跨境电子商务健康快速发展的指导意见》

2015年6月,国务院办公厅印发《关于促进跨境电子商务健康快速发展的指导意见》。这是新形势下,促进跨境电子商务加快发展的指导性文件。

该《意见》体现了"在发展中规范,在规范中发展"的总体原则,明确了跨境电子商务的主要发展目标,既普遍支持国内企业利用电子商务开展对外贸易,又突出重点,鼓励有实力的企业做大做强。特别是提出要培育一批公共平台、外贸综合服务企业和自建平台,并鼓励国内企业与境外电子商务企业强强联合。

该《意见》提出了五个方面的支持措施:一是优化海关监管措施,进一步完善跨境电子商务进出境货物、物品管理模式,优化跨境电子商务海关进出口通关作业流程。二是完善检验检疫监管政策措施,对跨境电子商务进出口商品实施集中申报、查验和放行,对跨境电子商务经营主体及商品实施备案管理制度。三是明确规范进出口税收政策,继续落实现行跨境电子商务零售出口税收政策,按照有利于拉动国内消费、公平竞争、促进发展和加强进口税收管理的原则,制订跨境电子商务零售进口税收政策。四是完善电子商务支付结算管理,稳妥推进支付机构跨境外汇支付业务试点,鼓励境内银行、支付机构依法合规开展跨境电子支付业务。五是提供财政金融支持,对跨境电子商务企业"走出去"重点项目给予必要资金支持,为跨境电子商务提供适合的信用保险服务,向跨境电子商务外贸综合服务企业提供有效的融资、保险支持。

该《意见》强调,国务院有关部门要制定和完善配套措施,做好指导、服务,加强部门间沟通协作和相关政策衔接,适时扩大跨境电子商务综合试点。各级地方政府要结合实际情况制订完善工作方案,履行服务、督导和监管责任,加大对重点企业的支持力度。

(八)《关于同意在天津等12个城市设立跨境电子商务综合试验区的批复》

2016年1月,国务院办公厅发布《关于同意在天津等12个城市设立跨境电子商务综合试验区的批复》,决定新设一批跨境电子商务综合试验区,包括天津、上海、重庆、合肥、郑州、广州、成都、大连、宁波、青岛、深圳、苏州等,将先行试点的中国(杭州)跨境电子商务综合试验区初步探索出的相关政策体系和管理制度,向更大范围推广。

---

① 新华网. 国务院印发《关于大力发展电子商务加快培育经济新动力的意见》[EB/OL]. [2015 - 05 - 07]. http://news.xinhuanet.com/fortune/2015 - 05/07/c_1115213506.htm.

(九)《国务院关于同意在北京等22个城市设立跨境电子商务综合试验区的批复》

2018年7月24日,国务院印发《国务院关于同意在北京等22个城市设立跨境电子商务综合试验区的批复》,决定为推动跨境电子商务在更大范围发展,在北京市、呼和浩特市、沈阳市、长春市、哈尔滨市、南京市、南昌市、武汉市、长沙市、南宁市、海口市、贵阳市、昆明市、西安市、兰州市、厦门市、唐山市、无锡市、威海市、珠海市、东莞市、义乌市等22个城市设立跨境电子商务综合试验区,具体实施方案由城市所在地省级人民政府分别负责印发。

第三节 跨境电子商务监管政策法规

一、跨境电子商务监管相关政策法规

随着跨境电子商务的快速发展,有关法律法规和政策的缺失和不匹配已日益成为困扰行业发展的重大问题,主要体现在用以规范传统贸易方式的法律法规已无法满足跨境电商的需要,尤其是在海关、检验检疫、税务和收付汇等方面。"89号文"之后,税务总局、质检总局、海关总署、外管局等多个部委相继出台了相应的政策和规定来规范和促进跨境电商的发展。

表5-2 我国跨境电子商务监管相关政策法规(部分)

发布时间	法律法规	主要内容	发文单位
2004.8	电子签名法	针对经营者使用可靠的电子签名与提供电子认证服务	全国人大
2010.5	网络商品交易及有关服务行为管理暂行办法	针对网络商品经营者和网络服务经营者在中华人民共和国境内从事网络商品交易及有关服务行为	国家工商行政管理总局
2010.6	关于促进网络购物健康发展的指导意见	完善服务管理体制,健全法律与标准体系,改善交易环境,培育市场主体,拓宽网络购物领域,规范交易行为	商务部
2011.4	第三方电子商务交易平台服务规范	规范第三方电子商务交易平台的经营活动,保护企业和消费者合法权益,营造公平、诚信的交易环境,保障交易安全,促进电子商务的快速发展	商务部

续表

发布时间	法律法规	主要内容	发文单位
2012.6	网络商品交易及服务监管条例	以《网络商品交易及有关服务行为管理暂行办法》为基础,涵盖了电子商务市场诸多细分领域,涉及交易监管层、广大网络消费者、网络经营者、服务提供者、交易平台等市场主体	国家工商行政管理总局
2013.12	关于跨境电子商务零售出口税收政策的通知	明确了跨境电子商务零售出口的有关税收优惠政策	国家税务总局
2014.1	关于增列海关监管方式代码"9610"的公告	增列海关监管方式代码"9610",全称"跨境贸易电子商务",简称"电子商务",适用于境内个人或电子商务企业通过电子商务交易平台实现交易,并采用"清单核放、汇总申报"模式办理通关手续的电子商务零售进出口商品	海关总署
2014.2	网络交易管理办法	办法要求网络商品经营者销售产品,消费者有权自收到商品之日起七日内退货,且无须说明理由	国家工商行政管理总局
2014.3	关于跨境贸易电子商务服务试点网购保税进口模式有关问题的通知	明确试点网购商品"个人自用、合理数量"原则,以及试点商品范围、个人购买金额和数量等关键问题	海关总署
2014.7	关于跨境贸易电子商务进出境货物、物品有关监管事宜的公告(56号文)	明确了跨境电商进出境货物、物品的海关监管流程	海关总署
2014.7	关于增列海关监管方式代码的公告(57号文)	增列海关监管方式代码"1210",全称"保税跨境贸易电子商务"	海关总署
2014.11	网络商品和服务集中促销活动管理暂行规定	网络集中促销组织者应当对网络集中促销经营者的经营主体身份进行审查和核实,并对网络集中促销经营者的促销活动进行监督。网络集中促销组织者应当在网站显著位置事先公示促销活动的期限、方式和规则等信息,且不得强制设定最低成交量或最低成交额、最低价或最高价、搭售或捆绑销售等条件,不得为或协助网络集中促销经营者虚构交易、成交量或虚假用户评价	国家工商行政管理总局

续表

发布时间	法律法规	主要内容	发文单位
2014.12	网络零售第三方平台交易规则制定程序规定（试行）	网络零售第三方平台经营者应当按照利益相关方的要求，在收到申请之日起七日内以合理方式对交易规则做出说明；在制定或修改的交易规则，应当在网站主页面醒目位置公开征求意见，并应采取合理措施确保交易规则的利益相关方及时、充分知晓并表达意见，通过合理方式公开收到的意见及答复处理意见，征求意见的时间不得少于七日	商务部
2015.3	关于深化检验检疫监管模式改革、支持自贸试验区发展的意见	提出跨境电商检验检疫相关监管措施，支持跨境电子商务发展	国家质检总局
2015.5	关于进一步发挥检验检疫职能作用促进跨境电子商务发展的意见	构建符合跨境电子商务发展的检验检疫工作体制机制，建立跨境电商清单管理制度，实施跨境电子商务备案管理。该意见列出了八大禁止以跨境电子商务形式入境的包裹	国家质检总局
2015.5	关于调整跨境贸易电子商务监管海关作业时间和通关时限要求有关事宜的通知	海关对跨境贸易电子商务监管实行"全年（365天）无休日、货到海关监管场所24小时内办结海关手续"的作业时间和通关时限要求	海关总署
2016.3	《关于跨境电子商务零售进口税收政策的通知》（财关税〔2016〕18号）	明确跨境电商零售进口商品按照货物征收关税和进口环节增值税、消费税；单次交易限值2 000元，个人年度交易限值20 000元。关税税率暂设0%，进口环节增值税、消费税取消免征税额，暂按法定应纳税额的70%征收；超过单次限值、累加后超过个人年度限值的单次交易，以及完税价格超过2 000元限值的单个不可分割商品，均按照一般贸易方式全额征税	财政部、海关总署、国家税务总局
2016.4	《关于公布跨境电子商务零售进口商品清单的公告》（2016年第40号）	清单共包括1 142个8位税号商品，主要是国内有一定消费需求，可满足相关部门监管要求，且客观上能够以快件、邮件等方式进境的生活消费品，其中包括部分食品饮料、服装鞋帽、家用电器以及部分化妆品、纸尿裤、儿童玩具、保湿杯等；清单内的商品将免于向海关提交许可证件，检验检疫监督管理按照国家相关法律法规的规定执行；直购商品免于验核通关单，网购保税商品"一线"进区时需按货物验核通关单、"二线"出区时免于验核通关单	财政部、商务部、海关总署等

续表

发布时间	法律法规	主要内容	发文单位
2016.5	《海关总署办公厅关于执行跨境电子商务零售进口新的监管要求有关事宜的通知》	《通知》中明确,过渡期内,在上海、杭州、宁波、郑州、广州、深圳、重庆、福州和平潭等10个试点城市,继续按照税收新政实施前的监管要求进行监管,即"一线"进区时暂不验核通关单,暂不执行"正面清单"备注中关于化妆品、婴幼儿配方奶粉、医疗器械、特殊食品(包括保健食品、特殊医学用途配方食品等)的首次进口许可证、注册或备案要求;按《通知》所述,过渡期政策的有效期至2017年5月11日	海关总署
2016.11	关于延长跨境电商零售进口监管过渡期的谈话	过渡期延长至2017年底	商务部
2016.12	海关总署2016年第75号公告	增列海关监管方式代码"1239",全称"保税跨境贸易电子商务A",简称"保税电商A";适用于境内电子商务企业通过海关特殊监管区域或保税物流中心(B型)一线进境的跨境电子商务零售进口商品;10个城市开展跨境电子商务零售进口业务暂不适用"1239"监管方式	海关总署
2017.3	跨境电商零售进口过渡期后监管安排讲话	商务部就跨境电商零售进口过渡期后监管总体安排发表讲话,将跨境电商零售进口商品暂定为"个人物品",缓解了自2016年"4·8新政"后,跨境行业对通关单的忧虑	商务部
2017.9	国务院发文宣布将跨境监管过渡期再延长一年,至2018年底	新建跨境电商试验区,监管过渡期延长一年	国务院
2017.12	跨境电商零售进口监管过渡期延长至2018年底,试点城市新增5个	跨境电商零售进口监管过渡期政策将延长至2018年底,继续对天津、上海、杭州、宁波、郑州、广州、深圳、重庆、福州、平潭等10个试点城市(地区)进行监管;自2018年1月1日起,将过渡期政策使用的范围扩大至合肥、成都、大连、青岛、苏州等5个城市	商务部
2018.8	《中华人民共和国电子商务法》获通过	《中华人民共和国电子商务法》是我国电商领域首部综合性法律,其中,《电商法》新增第二十六条"电子商务经营者从事跨境电子商务,应当遵守进出口监督管理的法律、行政法规和国家有关规定",将跨境电子商务经营者纳入本法管辖范围,也规定了受本法约束的同时还应当遵守其他法律法规及规定	全国人大常委会

续表

发布时间	法律法规	主要内容	发文单位
2018.11	《关于启用进出境邮递物品信息化管理系统有关事宜的公告》	为进一步严密进出境邮件监管,提高邮件通关效率,海关总署决定自2018年11月30日起在全国海关推广使用进出境邮递物品信息化管理系统,海关总署与中国邮政集团公司实现进出境邮件全国联网传输数据;邮政企业办理邮件总包的进境、出境、转关手续,应当向海关传输总包路单等相关电子数据等	海关总署
2018.11	延续完善跨境电商零售进口政策并扩大范围	国务院常务会议决定,从2019年1月1日起,延续实施跨境电商零售进口现行监管政策,政策适用范围扩大到22个新获批的综试区城市,并新增群众需求量大的63个税目商品,将单次交易限值由目前的2 000元提高至5 000元,将年度交易限值由目前的每人每年2万元提高至每人每年2.6万元	国务院
2018.11	《跨境电子商务零售进口商品清单(2018年版)》	为促进跨境电子商务零售进口的健康发展,财政部、发展改革委等十三部门公布《跨境电子商务零售进口商品清单(2018年版)》,自2019年1月1日起实施	财政部
2018.11	《关于完善跨境电子商务零售进口监管有关工作的通知》	商务部、财政部等十几个部委联合发布了三份进口跨境电商政策文件,进一步完善我国跨境电商零售进口监管工作,调整跨境电商零售进口税收政策,提高享受税收优惠政策的商品限额上限,扩大清单范围,并于2019年1月1日起执行	商务部、财政部等六部委
2018.11	《关于完善跨境电子商务零售进口税收政策的通知》	自2019年1月1日起跨境电商零售进口政策将调整:将跨境电子商务零售进口商品的单次交易限值由人民币2 000元提高至5 000元,年度交易限值由人民币20 000元提高至26 000元;明确已经购买的跨境电商零售进口商品不得进入国内市场再次销售	财政部

续表

发布时间	法律法规	主要内容	发文单位
2018.12	《关于跨境电商零售进出口商品有关监管事宜》	跨境电子商务企业、消费者（订购人）通过跨境电子商务交易平台实现零售进出口商品交易，并根据海关要求传输相关交易电子数据的，按照本公告接受海关监管	海关总署

资料来源：根据相关政府部门网站整理。

二、《电子签名法》

2004年8月28日《电子签名法》在十届全国人大常委会第十一次会议上表决通过，业界人士纷纷认为：这是我国首部真正意义上的信息化法律正式诞生的标志。

美国犹他州于1995年制定了世界第一部电子签名法，联合国国际贸易法委员会在1996年推出了《电子签名示范法》，日本政府在2005年5月颁布了《电子签名及认证业务的法律（电子签名法）》等，这些法律法规解决的最基本也是最重要的核心问题即电子签名。

为顺应时代发展，我国于2005年4月1日正式颁布实施《电子签名法》。该法的颁布实施，对我国电子商务的发展产生了重大的影响，成为我国电子商务发展史上的里程碑。首先，解决了网上支付环节的很多问题，比如身份确认等，提高了电子商务的效率。其次，有效地促进了交易数据及个人信息的安全，极大地减少了数据被窃取、篡改等风险。第三，逐步建立起了网络诚信机制，具有法律效力的电子签名真正开始对交易各方产生强制约束力，使人们更加放心地进行网上交易。

（一）电子签名的概念、特点、效力问题

1. 电子签名的概念

凡是能够识别当事人身份并表明当事人对合同项下权利义务予以认同的电子技术手段，均可称为电子签名。此类技术手段包括：电子化签名、技术以及数字签名。

2. 电子签名的特点

（1）电子签名具有依赖性。传统手写签名仅需一张纸、一支笔轻轻松松就能完成整个确认程序，而电子签名的实现需要软件和硬件设施的双重配合，缺一不可。

（2）电子签名具有不易感知性。

(3)电子签名具有多样性。

(4)电子签名具有较高的安全性。

3.电子签名的效力问题

电子签名的效力问题也是《电子签名法》需要解决的最基础、最核心的问题。根据我国《电子签名法》的规定,要想使电子签名具有与纸质手写签名等同的效力,必须能被认定为"可靠的电子签名"。无论何种形式的电子签名(并不局限于某一种或几种特殊签名),只要通过综合分析比较,能被认定为"可靠的电子签名",就可以产生相应的法律效力。按照《电子签名法》第13条规定,法定的"可靠的电子签名"需满足以下条件:①客观上讲,签订数据电文时所用电子签名属于电子签名人专有,不能跟其他人共用;②从支配状态上来看,在用电子签名签署数据电文时必须仅由电子签名人控制;③从签署后的状态来看,签署后对电子签名、数据电文内容和形式的任何改动都能够被发现。

(二)我国《电子签名法》及其优缺点分析

1.《电子签名法》的进步性体现

我国《电子签名法》的进步之处在于:第一,弥补了我国电子商务立法方面的空白;第二,实现了电子签名部分的独立立法;第三,电子签名的法律效力坚持了折中式立法模式;第四,该立法增强了数据电文的证据力。

2.《电子签名法》的缺陷和不足

尽管《电子签名法》具有里程碑式的意义,但该法仍需进一步完善,体现在:①电子签名的适用范围过于局限。《电子签名法》将电子签名的适用范围仅限定在民商事领域。②数据电文接收的时间及地点仍待明确。③认证服务问题众多。④我国《电子签名法》的法律留白:一方面,电子签名的证据效力未做规定。2013年1月1日起正式实施的新的刑事诉讼法在证据领域的变化之一就是将"电子数据"列为法定的证据类型,电子商务中的数据电文和电子签名都可以归于此类作为法定证据使用。但是,根据《电子签名法》第7条和第8条规定,电子签名法中所指的证据效力仅仅针对涉及交易内容的数据电文,而不包括电子签名。另一方面,电子签名纠纷管辖权规定的缺失。[1]

三、《网络交易管理办法》

2010年5月31日国家工商行政管理总局公布《网络商品交易及有关服务行为管理暂行办法》(以下简称《暂行办法》),2010年7月1日起施行。这是我国第一部促进和规范网络商品交易及有关服务行为的行政规章。它的公布施

---

[1] 魏红匣.浅议《电子签名法》[D].北京:中国社会科学院研究生院,2013:10-19.

行,为促进网络经济发展、规范网络商品交易市场秩序、保护消费者和经营者的合法权益提供了有力的法律支撑和保障,标志着网络商品交易及有关服务行为初步纳入了法制化轨道。

我国于2014年3月15日起施行《网络交易管理办法》(以下简称《2014办法》),同时废止2010年5月31日发布的《网络商品交易及有关服务行为管理暂行办法》。

(一)《暂行办法》指导思想和原则

网络商品交易监管是工商部门的一项全新职能。面对新形势、新任务,国家工商总局站在战略全局的高度,提出了制定《暂行办法》的指导思想和原则,即"坚持两个促进和两个维护"。"两个促进"是指促进网络商品交易及有关服务行为的发展、促进网络商品交易及有关服务行为的健康发展。"两个维护"是指维护消费者的合法权益、维护经营者的合法权益。

(二)《暂行办法》的突出亮点

《暂行办法》最突出的亮点可以用一句话概括:按照"两个促进、两个维护"的指导原则,突破了困扰网络商品和服务交易健康发展的三个难题:①从事网络商品和服务交易的自然人市场准入登记管理问题;②网络商品和服务交易主体真实身份识别问题;③网络商品交易违法行为管辖问题。①

(三)《暂行办法》贯彻执行中的主要问题

随着时间推移和网络交易行为的快速发展,《暂行办法》的调整范围已经不能满足形势发展的要求,表现在:网络市场经营主体真实身份识别制度贯彻执行不平衡;网络市场准入管理制度缺乏可操作性;网络商品交易违法行为管辖不能适应监管工作要求,网络交易平台权利义务责任配置不平衡;监管机构和队伍建设不能满足监管工作需求,网络监管技术手段不能满足监管工作需求;适应网络消费特点的消费维权制度需要健全、完善;网络市场信用监管需要加大建设创新规范力度,行业自律需要加大建设推进步伐;内外协调配合监管机制尚未建立健全,符合网络交易平台市场特点的监管规范缺失。② 针对上述问题,2014年3月,我国施行《网络交易管理办法》,原《暂行办法》废止。

---

① 国家工商总局市场司网规处.牢牢把握"两促进、两维护"推动网络商品交易健康有序发展——《网络商品交易及有关服务行为管理暂行办法》解读[J].中国工商管理研究,2011(2):42-45.

② 国家工商总局市场司.《网络商品交易及有关服务行为管理暂行办法》贯彻执行情况评估报告[J].中国工商管理研究,2013(2):64-72.

(四)《2014 办法》解读

《2014 办法》是对原《暂行办法》的升级和替代,具有以下六个突出亮点:

第一,管辖范围更广。为适应网络市场规范发展的需要,新办法的内容包含了对网络交易主体、客体和行为三方面的规范,涵盖了通过互联网(含移动互联网)销售商品或提供服务的全部经营活动,包括为网络商品交易提供第三方交易平台、宣传推广、信用评价、支付结算、物流、快递、网络接入、服务器托管、虚拟空间租用、网站网页设计制作等各类营利性服务。

第二,消费者权益保护措施更细。2014 年 3 月 15 日,由全国人大修订的新版《消费者权益保护法》(简称"新消法")正式实施。依据新消法规定,《2014 办法》细化了对消费者合法权益的各项保护措施,主要体现在网购售后服务、个人信息保护、格式合同管理等方面。

第三,市场准入规定更明确。《2014 办法》对网络市场主体准入的规定与《暂行办法》中基本保持一致,略做修改,使其更为清晰明确。

第四,第三方交易平台的责任更大。《2014 办法》第二章第二节"第三方交易平台经营者的特别规定"中对第三方交易平台经营者应当履行的责任义务新增了五项内容。

第五,监管力度更大。

第六,工商机关管辖权划分更合理,明确了对违法行为的管辖。[①]

四、跨境电子商务监管重要法规

(一)《关于实施支持跨境电子商务零售出口有关政策的意见》

在该意见中,商务部等八部委对于跨境电子商务零售出口提出了确定电子商务出口经营主体、建立电子商务出口新型海关监管模式并进行专项统计、建立电子商务出口检验监管模式、支持电子商务出口企业正常收结汇、鼓励银行机构和支付机构为跨境电子商务提供支付服务、实施适应电子商务出口的税收政策、建立电子商务出口信用体系等一系列政策。

(二)《关于跨境电子商务零售出口税收政策的通知》

该通知发布了跨境电子商务零售出口税收政策。电子商务出口企业出口货物,符合特定条件的,适用增值税、消费税退(免)税政策。电子商务出口货物

---

① 百度文库. 网络交易管理办法解读[EB/OL]. [2015-05-07]. http://wenku.baidu.com/view/400e6e68ed630b1c58eeb52e.html?from=search.

适用退(免)税、免税政策的,由电子商务出口企业按现行规定办理退(免)税、免税申报。

(三)《关于外贸综合服务企业出口货物退(免)税有关问题的公告》

国家税务总局经商财政部、商务部同意,发布出口货物的退(免)税事项。外贸综合服务企业以自营方式出口国内生产企业与境外单位或个人签约的出口货物,在规定情形下,可由外贸综合服务企业按自营出口的规定申报退(免)税。

(四)《支付机构跨境电子商务外汇支付业务试点指导意见》

国家外汇管理局综合司发布了这一指导意见。该意见明确了试点业务申请、试点业务管理、支付机构外汇备付金账户管理、风险管理、监督检查等问题。

(五)海关总署《关于增列海关监管方式代码"9610"的公告》和《关于增列海关监管方式代码的公告》(57号文)[①]

2012年,海关总署联合发改委启动了跨境电商服务试点;2013年,海关总署密切关注试点城市情况,并逐步扩大了试点范围;2014年,海关总署颁布了一系列政策文件,建立了"9610"和"1210"两种新型监管模式,并通过"56号文"明确了跨境电商进出境货物、物品的海关监管流程。

专栏5-1:跨境电商海关代码"9610"和"1210"新型监管模式

一、海关总署公告2014年第12号

为促进跨境贸易电子商务零售进出口业务发展,方便企业通关,规范海关管理,实现贸易统计,决定增列海关监管方式代码,现将有关事项公告如下:

1. 增列海关监管方式代码"9610",全称"跨境贸易电子商务",简称"电子商务",适用于境内个人或电子商务企业通过电子商务交易平台实现交易,并采用"清单核放、汇总申报"模式办理通关手续的电子商务零售进出口商品(通过海关特殊监管区域或保税监管场所一线的电子商务零售进出口商品除外)。

2. 以"9610"海关监管方式开展电子商务零售进出口业务的电子商务企业、监管场所经营企业、支付企业和物流企业应当按照规定向海关备案,并通过电子商务通关服务平台实时向电子商务通关管理平台传送交易、支付、仓储和

---

① 圣勇.跨境电子商务政策概述与操作模式[J].商业文化,2015(7):186-187.

物流等数据。

二、海关总署公告2014年第57号

为促进跨境贸易电子商务进出口业务发展，方便企业通关，规范海关管理，实施海关统计，决定增列海关监管方式代码，现将有关事项公告如下：

1. 增列海关监管方式代码"1210"，全称"保税跨境贸易电子商务"，简称"保税电商"。适用于境内个人或电子商务企业在经海关认可的电子商务平台实现跨境交易，并通过海关特殊监管区域或保税监管场所进出的电子商务零售进出境商品[海关特殊监管区域、保税监管场所与境内区外（场所外）之间通过电子商务平台交易的零售进出口商品不适用该监管方式]。

"1210"监管方式用于进口时仅限经批准开展跨境贸易电子商务进口试点的海关特殊监管区域和保税物流中心（B型）。

2. 以"1210"海关监管方式开展跨境贸易电子商务零售进出口业务的电子商务企业、海关特殊监管区域或保税监管场所内跨境贸易电子商务经营企业、支付企业和物流企业应当按照规定向海关备案，并通过电子商务平台实时传送交易、支付、仓储和物流等数据。

（六）《关于跨境贸易电子商务进出境货物、物品有关监管事宜的公告》（56号文）

公告明确了跨境电商进出境货物、物品的海关监管流程。公告明确规定了通过与海关联网的电子商务平台进行跨境交易的进出境货物、物品范围，以及数据传输、企业备案、申报方式、监管要求等事项。

公告中"电子商务企业或个人通过经海关认可并且与海关联网的电子商务交易平台实现跨境交易进出境货物、物品的，按照本公告接受海关监管"的规定，明确了公告的适用范围，即同时满足以下三个条件的纳入公告调整范围：①主体上主要包括境内通过互联网进行跨境交易的消费者、开展跨境贸易电子商务业务的境内企业、为交易提供服务的跨境贸易电子商务第三方平台；②渠道上仅指通过已与海关联网的电子商务平台进行的交易；③性质上应为跨境交易。对于未在上述条件范围内的进出境货物、物品，海关仍按照原有方式（比如一般贸易、邮件、快件等）办理通关手续。

电子商务企业或个人、支付企业、物流企业应在电子商务进出境货物、物品申报前，分别向海关提交订单、支付、物流等信息。电子商务企业在以《货物清单》方式办理申报手续时，应按照一般进出口货物有关规定办理征免税手续，并提交相关许可证件；在汇总形成《进出口货物报关单》向海关申报时，无须再次办理相关征免税手续及提交许可证件。个人进出境物品，应由本人或其代理人如实填制《物品清单》,逐票办理物品通关手续。个人在以《物品清单》方式办理申报手续时,按照进出境个人邮递物品有关规定办理征免税手续,属于进出境管制的物品,需提交相关部门的批准文件。

专栏5-2:海关总署56号文的新规促使海外代购行业进入有法可依的规范经营阶段

2014年8月1日,海关总署2014年第56号《关于跨境贸易电子商务进出境货物、物品有关监管事宜的公告》正式实施。此次规范不仅涉及诸如"天猫国际""京东"等电商企业,也涉及个人的代购行为,之前带有部分私人代购甚至朋友帮忙性质的海外代购将被列入监管范畴,很多网上专营海外代购的"海淘"商户也将受到影响。

据专业人士分析,如今流行于朋友圈的海外代购多是通过邮寄、随身携带等方式按照"自用物品"形式入境的,仅需缴纳小额行邮税。长期以来,对于海外代购行为是按照进出境个人邮递物品有关规定来处理,并没有特别有针对性的法律法规来定义和约束。但实际上,通过这种途径入境的相当一部分物品都作为商品被二次销售。一些人将其进口的应税"货物"拆分成多票、伪报为个人"物品",通过邮递、快件渠道进境,已经超出了"合理、自用"的范围,实质是利用个人物品免税额优惠,偷逃关税,牟取暴利,实际操作中却很难清晰地界定过关物品是否属于"合理、自用"的范围。实际监管难题让海外代购业成为灰色地带,商品质量和安全问题随之而来。由于取证难,消费者权益难以得到保障。

今后在监管之下,此类方式入境的物品累积到一定数量后需经海关报关,缴纳相应税款,否则就涉嫌走私,人人皆可举报。另外,"56号文"还提出经营人需将电子仓储管理系统与海关联网对接,并提供海关认可的10位海关商品编码及物品8位税号。这意味着,海外代购中极易出现的假货、水货将无处遁形,跨境电商将更加规范。

一位业内人士称,执行现在的海关政策,逼迫商家在寄送货物时必须通过真正的清关、缴税流程,只要一过关就可以用申报编号在海关网站上查到货物的基本信息,这就限制了商家造假。从长远来看,此举对消费者是极为有利的。

(七)《关于进一步发挥检验检疫职能作用促进跨境电子商务发展的意见》

海关总署89号文提出对电子商务出口企业及其产品实行检验检疫备案或准入管理,利用第三方检验鉴定机构进行产品质量安全的合格评定。实行全申报制度,以检疫监管为主,一般工业制成品不再实行法检。实施集中申报、集中办理相关检验检疫手续的便利措施。为进一步落实89号文的要求,推动跨境电商产品检验检疫的便利化,国家质检总局于2015年5月14日发布《关于进一步发挥检验检疫职能作用促进跨境电子商务发展的意见》,提出加快构建跨境电子商务发展的检验检疫工作体制机制,建立跨境电商清单管理制度,实施跨境电子商务备案管理。该意见列出了八大禁止以跨境电子商务形式入境的包裹。此外,该意见提出了构建跨境电商风险监控体系和质量追溯体系。同时,进一步明确对跨境电子商务商品实行全申报管理,对出境跨境电子商务商品实行集中申报、集中办理放行手续,不断完善质量安全监督抽查机制,加大第三方检验鉴定结果采信力度。

(八)《关于跨境电子商务零售进口税收政策的通知》(财关税〔2016〕18号)

2016年3月24日,财政部、海关总署、国家税务总局联合发布《关于跨境电子商务零售进口税收政策的通知》,为营造公平竞争的市场环境,促进跨境电子商务零售进口健康发展,经国务院批准,将跨境电子商务零售(企业对消费者,即B2C)进口税收政策有关事项通知如下:

第一,明确跨境电商零售进口商品按照货物征收关税和进口环节增值税、消费税。

第二,跨境电商零售进口税收政策适用于:①能实现"三单"比对的商品;②由快递、邮政企业提供"三单"信息并承诺承担相应法律责任的商品。

第三,单次交易限值2 000元,个人年度交易限值20 000元。关税税率暂设0%;进口环节增值税、消费税取消免征税额,暂按法定应纳税额的70%征收。

第四,超过单次限值、累加后超过个人年度限值的单次交易,以及完税价格超过2 000元限值的单个不可分割商品,均按照一般贸易方式全额征税。

第五,海关放行后30日内退货的可申请退税,并相应调整个人年度交易总额。

第六,购买人(订购人)的身份信息应进行认证;未进行认证的,购买人(订购人)身份信息应与付款人一致。

第七,本通知自2016年4月8日起执行。

(九)《关于公布跨境电子商务零售进口商品清单的公告》(2016年第40号)

2016年4月6日,经国务院批准,财政部、海关总署、国家税务总局印发《关于跨境电子商务零售进口税收政策的通知》(财关税〔2016〕18号),公布《跨境电子商务零售进口商品清单》,以落实跨境电子商务零售进口税收政策。

清单共包括1 142个8位税号商品,主要是国内有一定消费需求,可满足相关部门监管要求,且客观上能够以快件、邮件等方式进境的生活消费品,其中包括部分食品饮料、服装鞋帽、家用电器以及部分化妆品、纸尿裤、儿童玩具、保湿杯等。

清单内的商品将免于向海关提交许可证件,检验检疫监督管理按照国家相关法律法规的规定执行;直购商品免于验核通关单,网购保税商品"一线"进区时需按货物验核通关单、"二线"出区时免于验核通关单。

清单将适时进行调整。

(十)《海关总署办公厅关于执行跨境电子商务零售进口新的监管要求有关事宜的通知》

2016年5月24日,海关总署正式下发《关于执行跨境电子商务零售进口新的监管要求有关事宜的通知》。《通知》中明确,过渡期内,在上海、杭州、宁波、郑州、广州、深圳、重庆、福州和平潭等10个试点城市,继续按照税收新政实施前的监管要求进行监管,即"一线"进区时暂不验核通关单,暂不执行"正面清单"备注中关于化妆品、婴幼儿配方奶粉、医疗器械、特殊食品(包括保健食品、特殊医学用途配方食品等)的首次进口许可证、注册或备案要求。

关于网购保税模式新的监管要求:过渡期内,在试点城市(上海、杭州、宁波、郑州、广州、深圳、重庆、天津、福州、平潭)继续按税收新政策实施前的监管要求进行监管,即网购保税商品"一线"进入海关特殊监管区域或保税物流中心(B型)时暂不验核通关单,暂不执行《跨境电子商务零售进口商品清单》(以下简称《清单》)备注中关于化妆品、婴幼儿配方奶粉、医疗器械、特殊食品(包括保健食品、特殊医学用途配方食品等)的首次进口许可证、注册或备案要求。

关于直购模式新的监管要求:过渡期内,暂不执行《清单》备注中关于化妆品、婴幼儿配方奶粉、医疗器械、特殊食品(包括保健食品、特殊医学用途配方食品等)的首次进口许可证、注册或备案要求。

其他事项:①监管方案规定新的监管过渡期为1年,截止期为2017年5月11日(含11日);②为落实网购保税模式新的监管要求,总署将统一对相关系统和程序进行修改,修改工作完成前,请各试点城市暂以手工操作方式实施。

2016年11月商务部关于延长跨境电商零售进口监管过渡期的谈话决定将过渡期延长至2017年底。

2017年9月国务院发文宣布将跨境监管过渡期再延长一年,至2018年底。

2017年12月商务部发文,自2018年1月1日起,将过渡期政策使用的范围扩大至合肥、成都、大连、青岛、苏州等5个城市。

(十一)海关总署2016年第75号公告

2016年12月,增列海关监管方式代码"1239",全称"保税跨境贸易电子商务A",简称"保税电商A",适用于境内电子商务企业通过海关特殊监管区域或保税物流中心(B型)一线进境的跨境电子商务零售进口商品。10个新设试点城市开展跨境电子商务零售进口业务暂不适用"1239"监管方式。

(十二)《中华人民共和国电子商务法》通过

《电子商务法》是我国电商领域首部综合性法律。其中,《电子商务法》第二十六条"电子商务经营者从事跨境电子商务,应当遵守进出口监督管理的法律、行政法规和国家有关规定",将跨境电子商务经营者纳入本法管辖范围,也规定了受本法约束的同时,还应当遵守其他法律法规及规定。《中华人民共和国电子商务法》涉及跨境电子商务的主要有以下几条。

1.《电子商务法》规范的主体

《电子商务法》第二条规定,本法适用中华人民共和国境内的电子商务活动,电子商务活动是指通过互联网等信息网络销售商品或者提供服务的经营活动。同时,明晰了电子商务经营者的主体分为三大类:电子商务平台经营者、平台内经营者和自建网站、其他网络的经营者。我国境内的电子商务经营者(个人或电商企业)帮助消费者从境外采购商品等跨境电子商务活动,同样适用《电子商务法》,即我国消费者通过境内电子商务经营者从境外购买商品等电子商务活动的,可以按照我国涉外民事法律关系适用法律、法规,也可适用本法关于消费者保护的相关规定。这也符合当代消费者通过"代购"或者自行在海淘网站从境外购买商品的实际情况。

2.跨境电商的主体资质及许可

《电子商务法》明确电子商务经营者应当办理市场主体登记,依法需要取得相关行政许可的,应当依法取得行政许可。据此,跨境电子商务经营主体应当办理市场主体登记,实行备案登记管理,依法取得许可证,不过这需要结合具体跨境业务模式来看待。比如,跨境商品有多个仓储地的应当实行"一址多证",实施生产许可"一企一证",实行地域性、区域内管辖,这也有利于对跨境电商业务的监管。

3.跨境电商消费者权益保护

《电子商务法》中,明确要求电子商务经营主体应当履行消费者权益保护,依法承担产品和服务质量责任,跨境电商主体亦在本法约束范围内。

在跨境电商通关过程中,电商企业应当在跨境电商通过服务平台上提供报关单、支付企业提供支付清单、物流企业提供物流运单,三单数据确认无误后才可放行进境。"海淘""代购"身份主体虽被认可,但进境通关难度极高,涉及检验检疫、许可证、进口配额,报关数量有限,这对于小型电商而言,无疑增加成本和负担。为了规避海关的监管,很多海淘客选择从灰色渠道入关进境,或者人肉代购,这也导致很多委托灰色海淘客或人肉代购购买的商品,一旦发生质量问题,消费者难以倒追境外商品主体责任。直邮商品和保税区商品,一旦商品出现问题需要退换货或追责的,需要区别对待。消费者从境外电子商务平台直邮购买的商品出现问题(比如境外电子商务平台亚马逊),很难要求退换货或追责;如果通过网易、天猫等平台购买境外直邮商品,网易、天猫作为电子商务平台经营者,理应保护消费者合法权益,承担产品和服务质量责任。

另外,《电子商务法》也提及国家推动建立国际和地区间的跨境争议解决机制,完善跨境电商消费者权益纠纷解决机制,依法维护跨境电子商务消费者的合法权益。2018年8月1日,最高院《关于为海南全面深化改革开放提供司法服务和保障的意见》也明确提出,跨境电子商务平台经营者使用格式条款与消费者订立仲裁协议,未采取合理方式提醒消费者注意,消费者请求确认仲裁协议无效的,人民法院应予支持。从司法实践层面,对于跨境电商贸易纠纷,也将在日后逐步完善纠纷解决机制。

4.跨境电商食品安全标准

自《食品安全法》修订实施以来,国家对于食品监管更加严格,无论是直邮模式进口或者保税模式进口商品均属于进口食品,均应当受其约束和管辖。

传统跨境电商,境外企业在中国境内设立了食品的进口商、代理商,可以依法建立诸如进口和销售记录制度,进行商品入境检验检疫,对进口预包装食品、食品添加剂加贴中文标签,有说明书的提供中文说明书,提供相关资质材料,以处理商品不符合食品标准安全和质量问题;也可以按照中国境内法律法规及时进行下架或整改,比如加贴中文标签、预包装食品符合国家标准7718的规定、包装按照相关规定标示日食用量等。

但是,直邮商品或者代购商品或者保税商品,在无法提供前述资质材料的情况下,按照法律规定确实属于不符合食品安全标准的商品。没有加贴中文标签或中文说明书的,消费者可以依据《食品安全法》主张退一赔十,而《消费者权益保护法》第四十四条规定:"消费者通过网络交易平台购买商品或者接受服务,其合法权益受到损害的,可以向销售者或者服务者要求赔偿。网络交易平台提供者不能提供销售者或者服务者的真实名称、地址和有效联系方式的,消费者也可以向网络交易平台提供者要求赔偿",又规定"网络交易平台提供者明知或者应知销售者或者服务者利用其平台侵害消费者合法权益,未采取必要措施的,依法与该销售者或者服务者承担连带责任"。

同样的，在《电子商务法》第三十八条也有类似规定。这意味着，直邮模式或保税模式下，电子商务平台方需要严格审核海外商家的经营资质及品牌资质，在无法提供海外商家资质，不能提供商家名称、地址和有效联系方式的情况下，要承担连带责任。同时，为了保障消费者知情权等，平台方也应当向消费者披露海外商家的真实信息，并不能够以商家在境外无法核实披露等不合理理由主张免责。

5. 跨境电商数据共享

《电子商务法》第六十九条规定："鼓励电子商务数据开发应用，保障电子商务数据依法自由流动"，同时又规定，"国家采取措施推动建立公共数据共享机制，促进电子商务经营者依法利用公共数据"。这一项规定，意味着国家鼓励电子商务数据商业化，鼓励电子商务数据流转、共享，打破各个主管部门之间的数据"孤岛"问题，开放公共数据进入商业领域及各个部门数据共享。

同时，这也表明，数据间的共享、流转，能在很大程度上推进和实现跨境电商备案、申报、审查等有效监管，提高进境通关速度，更加适应互联网模式下跨境电商快节奏的速度，也将决定着电商发展的梯度进阶形态。

6. 跨境电商模式下的犯罪形态

随着移动互联网、网络购物、跨境电商等的快速发展，国内消费者购买境外服务或产品，到境外或通过境外网站交钱参与活动，其合法权益无法得到国家法律全面保护，这也滋生了一些非法组织，比如传销组织，打着所谓"微商""电商""消费投资""旅游互助"等名义，以高投资、高回报率作为诱饵，看似推销产品和服务，实则从事"拉人头、发展下线"的传销活动。特别是一些境外传销组织，向境内消费者推销境外产品和服务，再通过境外网站，用外币或虚拟货币进行结算，或者怂恿消费者直接到境外交钱加入，以此来逃避中国境内法律法规和执法部门的约束和监管。这种境内境外操作的犯罪形态及犯罪行为更加隐蔽，有些非法组织甚至以表面合法的、受国家政策支持的新兴互联网企业"形象"开展活动，呈现虚假的、欣欣向荣繁荣之景，并许以高额回报蒙蔽消费者，导致众多消费者上当受骗。这也需要加强对利用跨境电商进而犯罪的模式进行深入研究分析。

在《电子商务法》中，关于跨境电商尚有诸多内容和环节仅属于原则性规定，需要尽快依据其他法律法规或出台具体实施细则的方式进行明确和细化。

（十三）《关于完善跨境电子商务零售进口税收政策的通知》

2018年11月29日，财政部、海关总署、税务总局发布《关于完善跨境电子商务零售进口税收政策的通知》，为促进跨境电子商务零售进口行业的健康发展，营造公平竞争的市场环境，完善跨境电子商务零售进口税收政策，自2019

年1月1日起跨境电商零售进口政策做如下调整。

将跨境电子商务零售进口商品的单次交易限值由人民币2 000元提高至5 000元,年度交易限值由人民币20 000元提高至26 000元。

完税价格超过5 000元单次交易限值但低于26 000元年度交易限值,且订单下仅一件商品时,可以自跨境电商零售渠道进口,按照货物税率全额征收关税和进口环节增值税、消费税,交易额计入年度交易总额,但年度交易总额超过年度交易限值的,应按一般贸易管理。

已经购买的电商进口商品属于消费者个人使用的最终商品,不得进入国内市场再次销售;原则上不允许网购保税进口商品在海关特殊监管区域外开展"网购保税+线下自提"模式。

第四节　跨境电子商务支付结算政策法规

一、近些年出台的支付结算法规政策

近年来我国出台的有关跨境电子商务支付结算政策法规如表5-3所示。

表5-3　　我国跨境电子商务支付结算政策法规(部分)

发布时间	法律法规	主要内容	发文单位
2009.7	跨境贸易人民币结算试点管理办法	对跨境贸易人民币结算试点的业务范围、运作方式、试点企业的选择、清算渠道的选择问题做了具体规定	中国人民银行
2010.6	非金融机构支付服务管理办法	针对从事支付业务的非金融机构,目的是促进支付市场健康发展,规范非金融机构支付服务行为,规范支付风险,保护当事人的合法权益	中国人民银行
2010.9	跨境贸易人民币结算试点管理办法实施细则	规定境外参加银行开立人民币同业往来账户,境内代理银行应当与境外参加银行签订代理协议,约定双方的权利义务、账户开立条件、账户变更撤销的处理手续、信息报送授权等内容	中国人民银行
2011.11	支付机构客户备付金存管暂行办法	规范支付机构客户备付金的管理,保障当事人的合法权益,促进支付行业健康发展	中国人民银行

续表

发布时间	法律法规	主要内容	发文单位
2012.1	支付机构互联网支付业务管理办法	规范和促进互联网支付业务发展,防范支付风险,保护当事人合法权益	中国人民银行
2013.2	关于开展支付机构跨境电子商务外汇支付业务试点的通知(5号文)	便利机构、个人通过互联网进行电子商务交易,规范支付机构跨境互联网支付业务发展,防范互联网渠道跨境流动风险,确定在上海、浙江、深圳、北京、重庆等地进行跨境电商外汇业务试点	国家外汇管理局
2014.4	关于加强商业银行与第三方支付机构合作业务管理的通知	从保护客户资金安全和信息安全出发,对有针对性的问题细化了规范,涉及客户身份认证、信息安全、交易限额、交易通知、赔付责任、第三方支付机构资质和行为、银行的相关风险管控等	中国银监会、中国人民银行
2014.5	关于组织开展移动电子商务金融科技服务创新试点工作的通知	要求各地推动移动金融安全可信公共服务平台建设,开展国家电子商务示范城市移动电子商务金融科技服务创新试点工作。要求针对移动电子商务支付存在的安全隐患、身份认证标准不一、移动金融服务难以互联互通等问题,加快移动金融可信服务管理设施建设	国家发改委、中国人民银行
2015.1	支付机构跨境外汇支付业务试点指导意见(7号文)	取代之前的"5号文",将试点范围扩至全国,在全国范围内开展支付机构跨境外汇支付业务试点	国家外汇管理局
2018.11	《关于实时获取跨境电子商务平台企业支付相关原始数据有关事宜的公告》	参与跨境电子商务零售进口业务的跨境电商平台企业应当向海关开放支付相关原始数据,供海关核验,上述开放数据包括订单号、商品名称、交易金额、币制、收款人相关信息、商品展示链接地址、支付交易流水号、验核机构、交易成功时间以及海关认为必要的其他数据	海关总署

资料来源:根据相关政府部门网站整理。

二、跨境贸易人民币结算管理办法

跨境人民币业务,是指以人民币开展的或用人民币结算的各类跨境业务。

按国际收支平衡表分类,可分为经常项目、资本与金融项目。按人民币跨境业务分类,可分为跨境结算、跨境账户服务、跨境融资、跨境担保、跨境投资等。狭义来看,跨境人民币业务是人民币走出国界并回流境内的职能过程;广义来看,是这一过程中人民币与国际主要货币进行交易、投资、再循环的总称。

(一)跨境贸易人民币结算基本法律框架

2009年4月8日,国务院常务会议正式决定,在上海和广东省的广州、深圳、珠海、东莞四城市开展跨境贸易人民币结算试点。这一决定意味着人民币国际化有了实质性的进展,迈出了关键的第一步。同年7月1日,由中国人民银行、商务部、财政部、税务总局、海关总署、银监会共同制定的《跨境贸易人民币结算试点管理办法》公布实施,此举正式拉开了人民币国际化的帷幕。

自2009年7月开展跨境贸易人民币结算试点工作以来,人民币结算业务发展状况较好,受到了试点企业的普遍欢迎,为满足企业对跨境贸易人民币结算的实际需求,经国务院批准,六部委2010年6月17日联合下发了《关于扩大跨境贸易人民币结算试点有关问题的通知》。至此,跨境贸易人民币结算的境外地域由中国香港澳门地区、东盟地区扩展到所有国家和地区,国内试点地区扩大至20个省(市、自治区)。2011年8月23日,人民银行等六部委联合发布《关于扩大跨境贸易人民币结算地区的通知》,明确跨境贸易人民币结算境内地域扩大至全国,这对进一步发挥人民币结算对贸易和投资便利化的促进作用具有重要意义。

为有效提升跨境人民币结算效率、便利银行业金融机构和企业使用人民币进行跨境结算,2013年7月,中国人民银行下发《关于简化跨境人民币业务流程和完善有关政策的通知》。2014年2月,中国人民银行上海总部下发《关于支持中国(上海)自由贸易试验区扩大人民币跨境使用的通知》。

(二)跨境人民币结算业务的监管框架

从监管职责分配来说,在目前的跨境人民币结算机制中,商业银行承担着交易真实性审核和多项外汇政策的代位监管职责,中国人民银行和国家外汇管理局等机构重点进行跨境信息监测分析和事后管理。此外,根据《跨境贸易人民币结算试点管理办法》第26条的相关规定,可以看出,跨境人民币的监管机构包括中国人民银行、商务部、国家外汇管理局等7个部门。其中,中国人民银行和国家外汇管理局主要负责跨境人民币结算业务的监管,涉及其他涉外管理部门职责内的监管事宜由相应部门负责,中国人民银行负责协调与配合。

从监管方式来说,对跨境人民币结算业务的监管包括现场检查和非现场检查。其中,非现场检查主要是对商业银行和企业报送的人民币跨境收付信息与国际收支申报数据的统计、分析和监测,以事后监管为主。此外,2013年7月下发的《关于简化跨境人民币业务流程和完善有关政策的通知》,也要求中国人民银行下属各分支机构,充分利用人民币跨境收付信息管理系统,做好信息监测分析,定期对银行和企业跨境人民币业务开展情况依法进行非现场检查监督和现场检查,防范风险。

(三) 跨境人民币结算业务法律规制的整体问题

一是缺乏全面权威的基本立法规制体系。跨境人民币结算业务具有涉外性,更需要明确、稳定、权威的法律制度规范。我国与跨境人民币结算业务相关的立法规制普遍效力级别较低,多为意见、通知、管理办法和暂行办法等部门规章,权威性不足,立法层级不高,缺乏基本立法规制,没有形成全面权威的法律体系。

二是相关政策法规离散,不利于遵照执行。我国与跨境人民币结算业务相关的政策法规的颁布,所涉部门多,包括中国人民银行、国家外汇管理局、商务部等多个部门,时间跨度大,同一内容涉及多个管理办法、通知和补充规定。例如,外商直接投资跨境人民币结算业务的法律规范就涉及中国人民银行、外汇管理局、商务部多个监管机构的《关于明确跨境人民币业务相关问题的通知》《关于外商投资管理工作有关问题的通知》《外商直接投资人民币结算业务管理办法》《关于明确外商直接投资人民币结算业务操作细则的通知》《关于规范跨境人民币资本项目业务操作有关问题的通知》《关于境外投资者投资境内金融机构人民币结算有关事项的通知》《关于跨境人民币直接投资有关问题的公告》等多个法律文件。法律法规遵行的成本较大,需要不断跨领域、跨部门持续跟进,以免遗漏或违反某项政策规范,影响业务开办的合规性和合法性。

(四) 跨境人民币结算业务法律规制的局部问题

1. 人民币银行结算账户管理制度存在不足

第一,有关人民币银行结算账户的政策制度繁多而零散,缺乏整体性,部分制度不相互衔接。

第二,部分制度规范过时或有疏漏,缺乏可操作的细则。

第三,违规处罚制度设计不足,普遍缺乏对结算银行违规操作和企业(个人)违法结算行为的具体处罚制度。[①]

2. 跨境人民币结算业务监管制度存在的问题

第一,跨境人民币资金流动管理制度欠缺,缺乏统一的监管口径,难以形成

---

① 左艳君. 商业银行跨境人民币结算业务法律规制研究[D]. 厦门:厦门大学,2014:23-38.

对跨境资金的有效监管。

第二，监管机构信息共享机制不足，相关业务信息不能集中共享，各部门采集的信息和数据不能相互比对或匹配，造成重复审批、业务信息多头重复报送等监管问题，整个监管缺乏统一性和一贯性，影响结算效率和监管效能。

三、第三方互联网支付法规与政策

第三方支付平台，是"由已经和国内外各大银行签约，并具备一定实力和信誉保障的第三方独立机构提供的交易支持平台"，是"具有信誉保障，采用与相应各银行签约的方式提供与银行支付结算系统接口和通道服务，能实现资金转移和网上支付结算服务的机构"，指独立于电子商务商户和银行，为商户和消费者(在交易过程中，消费者可能是其他商户)提供支付服务的机构。《非金融机构支付服务管理办法》使用的是非金融机构支付这一概念，第三方支付平台作为支付中介，为交易双方提供支付服务，经营范围包括网络支付、预付卡的发行与受理、银行卡收单和中国人民银行确定的其他支付服务。①

(一) 我国第三方支付法律监管体系的合理性与局限性

《非金融机构支付服务管理办法》要求第三方支付公司必须取得中国人民银行颁发的支付业务许可证，才能成为合法的支付公司，并且，只能在被许可的业务范围内经营，如果计划推出创新型支付业务、不能明确判定属于哪一种许可业务范围的，则需单独向中国人民银行提交材料，取得同意。我国对第三方支付公司的设立设定了严格条件，因循了商业银行监管的思路。对第三方支付公司设定这样的准入门槛，能够在一定程度上将不符合条件的经营者排除在外，防范市场风险，保护消费者利益，较为合理。

第三方支付法律监管体系的局限性主要有几个方面：①第三方支付法律体系尚不健全。②第三方支付公司的法律定位模糊不清。③第三方支付法律法规的执行力度不足。④从长远来看，银行与第三方支付之间仍是合作大于竞争，一方面是因为银行的核心盈利现阶段来自利差收入，另一方面也是由于第三方支付在整个支付市场中所占份额很难对银行构成实质的威胁。②

(二) 第三方支付行业的金融法规

2011年11月4日，央行发布了向社会公开征求意见的《支付机构客户备付金存管暂行办法》，指出：为规范支付机构客户备付金的管理，保障当事人的合

---

① 马永保. 第三方互联网支付经济法规制研究[D]. 合肥：安徽大学，2014：9-25.
② 邢楠. 论我国第三方支付法律监管体系的构建[D]. 上海：华东政法大学，2013：15-30.

法权益,促进支付行业健康发展,根据《中华人民共和国中国人民银行法》《非金融机构支付服务管理办法》等法律规章,中国人民银行起草了《支付机构客户备付金存管暂行办法》。该办法的主要内容如下:

1. 对备付金存管银行问题做出明确要求

将备付金合作银行的存款账户划分为收付账户和汇缴账户。这种分别管理的方式,能够在一定程度上防止与自有资金混同、擅自挪用客户备付金的情况。

2. 首次明确第三方支付平台备付金利息归属的问题

该办法第三十五条规定"支付机构可将计提风险准备金后的备付金银行账户利息余额划转至其自有资金账户",这是监管部门首次明确备付金的利息归支付机构支配。学界之前一直讨论的备付金利息归属问题在该征求意见稿中终有定论,但利息归支付机构支配这种方式是否合理还有待商榷。

3. 建立风险准备金专用存款账户

该办法第三十四条规定,支付机构应当在备付金主存管行开立风险准备金专用存款账户,专户存放支付机构按规定计提的风险准备金。该银行账户名称应当注明支付机构名称和"风险准备金"。支付机构计提的风险准备金不得低于其备付金银行账户利息所得的10%。该条款提出建立风险准备金专用存款账户,这是一种进步。

4. 支付机构可以采取多种方式存放客户备付金

该意见第十九条认为"支付机构可以以活期存款、单位定期存款、单位通知存款、协定存款或经中国人民银行批准的其他形式,在备付金银行存放客户备付金,并开立相应的备付金银行账户""支付机构以活期存款之外的其他形式存放客户备付金的,应当确保其以活期存款形式存放的客户备付金足够满足日常支付业务需要,且其在备付金合作银行以活期存款之外的其他形式存放的客户备付金的期限不得超过3个月"。[①]

四、跨境电子商务支付相关重要法规

(一)《关于开展支付机构跨境电子商务外汇支付业务试点的通知》(5号文)

2013年3月,国家外汇管理局制定和下发了《支付机构跨境电子商务外汇支付业务试点指导意见》《支付机构跨境电子商务外汇支付业务试点管理要求》

---

① 万李霞,旷洁玉. 第三方支付平台备付金法律监管问题研究———以《支付机构客户备付金存管暂行办法(征求意见稿)》为视角[J]. 商场现代化,2012(20):202 – 203.

等多项文件,决定在上海、北京、重庆、浙江、深圳等地开展支付机构跨境电子商务外汇支付业务试点。获得支付业务许可证的第三方支付机构均可申请通过银行为小额电子商务(货物贸易或服务贸易)交易双方直接提供跨境电子商务支付所涉及的外汇资金集中收付及相关的结售汇服务。

2013年10月,包括财付通、支付宝、汇付天下、重庆易极付公司在内的17家第三方支付公司接获国家外管局正式批复,成为首批获得跨境电子商务外汇支付业务试点资格的企业。外汇管理局同时规定,试点支付机构为客户集中办理收付汇(foreign currency payments and receipts)和结售汇(foreign exchange trading)业务,货物贸易单笔交易金额不得超过等值1万美元,留学教育、航空机票和酒店项下单笔交易金额不得超过等值5万美元。17家获得资格的公司获得业务资格有所侧重,分别涉及跨境电子商务外汇支付业务、货物贸易、留学教育、航空机票以及酒店住宿等。

(二)《支付机构跨境外汇支付业务试点指导意见》(7号文)

支付机构办理电子商务外汇资金或人民币资金跨境支付业务,应分别向国家外汇管理局和中国人民银行申请并按照支付机构有关管理政策执行,国家要逐步完善跨境电子支付、清算、结算服务体系,切实加强对银行机构和支付机构跨境支付业务的监管力度。为了进一步推动跨境电商支付的改革,国家外汇总局于2015年1月20日发布了《支付机构跨境外汇支付业务试点指导意见》,在全国范围内开展支付机构跨境外汇支付业务试点。该指导意见规定支付机构办理"贸易外汇收支企业名录"登记后可在试点范围内开办跨境外汇支付业务,同时将跨境支付的单笔交易限额由1万美元提高至5万美元。该指导意见允许支付机构集中办理收付和结售汇业务,事后完成交易信息逐笔还原,从而更加提高支付机构的办理效率,以满足跨境电子商务巨量的支付需求。

复习思考题

1. 简述我国为促进跨境电子商务发展而出台的主要政策法规。
2. 试述《电子签名法》的优缺点。
3. 试述我国第三方支付法律监管体系的局限性。
4. 谈谈我国有关跨境电子商务海关监管、检验检疫、税务和收付汇的主要规定。
5. 简述跨境人民币结算存在的主要问题和跨境人民币结算业务的监管框架。

参考文献

[1]腾泰翼运营大数据中心.2015年中国跨境电商行业研究分析[EB/OL].[2015-05-01].http://course.baidu.com/view/2392b45fccbff121dd3683aa.html.

[2]魏红匣.浅议《电子签名法》[D].北京:中国社会科学院研究生院,2013.

[3]阿里巴巴(中国)网络技术有限公司.挡不住的跨境电商时代[M].北京:中国海关出版社,2015.

[4]白丽.中国特色的电子商务——解读《国务院办公厅关于加快电子商务发展的若干意见》[J].电子商务,2005(3).

[5]井道龙.加快流通领域电子商务发展的重要意义[J].蚌埠党校学报,2013(3).

[6]新华网.国务院印发《关于大力发展电子商务加快培育经济新动力的意见》[EB/OL].[2015-05-07].http://news.xinhuanet.com/fortune/2015-05/07/c_1115213506.htm.

[7]左艳君.商业银行跨境人民币结算业务法律规制研究[D].厦门:厦门大学,2014.

[8]国家工商总局市场司网规处.牢牢把握"两促进、两维护"推动网络商品交易健康有序发展——《网络商品交易及有关服务行为管理暂行办法》解读[J].中国工商管理研究,2011(2).

[9]国家工商总局市场司.《网络商品交易及有关服务行为管理暂行办法》贯彻执行情况评估报告[J].中国工商管理研究,2013(2).

[10]百度文库.网络交易管理办法解读[EB/OL].[2015-05-07].http://wenku.baidu.com/view/400e6e68ed630b1c58eeb52e.html?from=search.

[11]马永保.第三方互联网支付经济法规制研究[D].合肥:安徽大学,2014.

[12]邢楠.论我国第三方支付法律监管体系的构建[D].上海:华东政法大学,2013.

[13]万李霞,旷洁玉.第三方支付平台备付金法律监管问题研究———以《支付机构客户备付金存管暂行办法(征求意见稿)》为视角[J].商场现代化,2012(20).

[14]孙圣勇.跨境电子商务政策概述与操作模式[J].商业文化,2015(7).

[15]商务部.商务部关于促进电子商务应用的实施意见[J].武汉商务,

2013(8).

[16]李一岚.我国电子商务法律构建之研究[D].北京:中国社会科学院研究生院,2014.

[17]侯陆军.关于我国跨境电子商务法律规范体系的梳理和解读.[EB/OL].[2015-05-18].http://blog.sina.com.cn/s/blog_6e4307d80102vjm7.html.

[18]商务部.关于促进电子商务规范发展的意见[EB/OL].[2007-12-17].http://www.gov.cn/ztzl/2007-12/17/content_836630.html.

[19]郑远民,李俊平.电子商务法发展趋势研究[M].北京:知识产权出版社,2012.

[20]电子商务研究中心.《电商法》之于跨境电商规定十大解读[EB/OL].[2018-09-08].http://dy.163.com/v2/article/detail/DR4QC7DJ0514BOS2.html.

第六章 跨境电子商务统计

学习目标

通过本章的学习,掌握统计学的一般含义,了解跨境电子商务数据搜集和数据分析的方法、跨境电子商务的统计数据分类、统计中常用的基本概念,以及如何利用统计方法对跨境电商数据进行科学的分析和预测并制定发展战略。

第一节 跨境电子商务统计概述

统计是处理数据的一门科学,具体地说,统计学是收集、处理、分析、解释数据并从数据中得到结论的科学。

跨境电子商务涉及诸多问题,如:昨天最热门的搜索商品是什么?如何根据用户浏览过的网页来增加在线交易?对于跨境电商来说,他一个月大约可以卖出多少产品?定价应该在什么范围内?市面上还有多少商家在卖同样的产品?他的市场占有率大概是多少?跨境电商平台如何根据退货率、买家评论等把可能存在的问题检测出来,充当"品质管理"的角色?这些问题的解决都离不开统计学,需要运用统计分析方法对收集的数据进行分析。未来,跨境电商的发展空间也可以通过数据分析加以预测,如图6-1。

随着国家对跨境电子商务的政策支持,跨境电商在各方面迎来利好,产业得到迅速发展,交易规模也越来越大。这个结论并不是凭空想象的,而是经过调查研究之后得出的结论,当中就需要运用到统计分析理论。据统计,2015年中国跨境电商市场交易额约为5.4万亿元,2018年中国跨境电商市场交易规模达9万亿元,其中出口业务占比达到了78.9%,美国成为中国出口电商的主要目的国,占中国整体出口电商份额的17.5%,法国占13.2%,其他新兴市场俄罗斯、巴西也迅速发展和壮大。跨境电子商务交易平台也快速被人们所认知，国内以阿里巴巴速卖通、敦煌网、兰亭集势等为代表，国际主要以亚马逊、eBay等为代表。

图6-1　全球电子商务占比情况

资料来源：中华人民共和国商务部网站。

一、统计分析理论

统计分析是整个统计工作流程的最终产品。统计分析是以统计数据及其相关资料为依据，运用科学的分析方法，对客观存在的经济社会现象，从定性与定量的结合上进行分析研究，以揭示其规律性。运用统计学原理，并结合计算机、数学等学科，挖掘出有用的信息，以下是几种常用的算法和模型。

（一）抽样技术

面对大量跨境电商数据，虽然大数据处理技术兴起使得对所有数据进行分析在技术上是可行的，但抽样和统计分析仍是重要的决策支持工具。可使用的抽样方式很多，可以分成两类：概率抽样和非概率抽样。其中，概率抽样也称随机抽样，是指遵循随机原则进行的抽样，总体中每个单位都有一定的机会被选入样本。要注意的是，这里的随机并不等同于随便，两者是有本质区别的，就在于是否按照给定的入样概率，通过一定的随机化程序抽取样本。概率抽样主要包括简单随机抽样、分层抽样、整群抽样等。非概率抽样是相对于概率抽样而言的,指抽取样本时不是按照随机原则,而是根据研究目的对数据的要求,采用某种方式从总体中抽取部分样本。常用的非概率抽样方式有方便抽样、判断抽样、自愿抽样等。

(二) 对比分析法

即通过纵向对比、横向对比、历史对比、国内外地区对比等,以挖掘同质实物之间的联系性,对研究现象的结果加以比较鉴别。例如图6-2,通过对比全球与中国贸易总额分析跨境电商的格局。

图6-2 跨境电商格局

资料来源:中华人民共和国商务部网站。

(三) 多元统计方法

采用多元统计分析方法,通过对多个随机变量观测数据的分析,来研究变量之间的相互关系以及揭示这些变量内在的变化规律。多元统计方法主要包括因子分析、聚类分析、主成分分析等。

(四) 统计预测方法

统计预测方法如回归分析、时间序列分析等。其中,回归分析研究的是两个或两个以上变量之间关系,包括线性回归和非线性回归。时间序列分析则是运用动态数列原理,分析所研究现象在不同时期或不同时点上量的变化。时间序列数据用于描述现象随时间发展变化的特征,如跨境电商交易规模随时间变化是否存在规律、是否能够预测出未来交易规模,这些问题均能通过时间序列分析得出结论。

二、跨境电子商务的主要统计指标

为搭建统计这一基础性工程,一方面要掌握全部数据,有了样本才能抽样,这是统计的重要前提;另一方面要统一指标体系,建立相关统计的公共标尺。跨境电子商务统计涉及的统计指标很多,其中有些是经常需要用到的,有必要进行介绍。

(一)反映跨境电商服务规模的主要指标

1. 电子商务交易额

电子商务交易额指在报告期内,通过互联网实现的商品及服务的交易额,支付方式既可以是线上电子支付,也可以是线下支付。

2. 网络订单总数

网络订单总数指报告期内,网络平台接到的订单总量,包括通过物流快递配送的订单总数与通过移动网络的订单总数。

(二)反映服务效益的主要指标

1. 营业收入

营业收入指报告期内,企业经营主要业务和其他业务所确认的收入总额,包括"主营业务收入"和"其他业务收入"。

2. 主营业务收入

主营业务收入指报告期内,企业确认的销售商品、提供劳务等主营业务的收入。

3. 营业利润

营业利润指报告期内,企业从事生产经营活动所取得的利润。

(三)反映各地区电子商务发展水平的主要指标

1. 分地区平台商家数

分地区平台商家数指报告期内,不同地区在电子商务平台上注册的商户数量。

2. 分地区卖家交易额

分地区卖家交易额指报告期内,不同地区的卖家商户在平台上实现的交易总额,包含平台自营部分交易额。若平台为自营平台,交易额即为平台自身交易额。

3. 境外交易额

境外交易额指报告期内,平台上实现的面向境外的电子商务交易总额,含跨境出口和跨境采购。

第二节 跨境电子商务数据

一、数据类型

变量是说明现象某种特征的概念,统计数据就是统计变量的某些取值。数据可以分成以下几种类型。

(一) 分类数据

分类数据是只能归于某一类别的非数字型数据,它是对事物进行分类的结果。如按照"跨境电商贸易模式"进行分类,有"出口"或"进口"两类;"跨境电商企业销售的产品品类"则有"服装服饰""3C电子""计算机及配件""珠宝"等。为了方便统计,对于分类数据可以用数字代码来表示各个类别,比如,用0表示"出口",用1表示"进口"。

(二) 顺序数据

顺序数据是只能归于某一有序类别的非数字型数据。顺序数据虽然也是类别,但它们是有序的。如跨境产品按照"产品等级"进行整理,可以是"一等品""二等品""三等品""次品"等。同样的,顺序数据也可用数字代码来表示。

(三) 数值型数据

数值型数据是按照数字尺度测量的观察值。如"跨境电商进出口额""跨境电商企业规模""市场份额""用户规模"等都是数值型变量,这些变量可以取不同的数值。例如,截至2014年年底,中国跨境电子商务试点进出口额已突破30亿元,在此,"30亿"就是一个数值型数据。

二、跨境电子商务数据的搜集

统计数据主要来自两条渠道:一是间接来源的数据,即数据是由别人搜集的,使用者只是找到它们并加以使用。另一个是自己直接获得的第一手数据。

就跨境电子商务数据而言,我国商务部电子商务司统计监测处会定期提供数据情报,推动电子商务服务体系建设,建立电子商务统计和评价体系。为及时了解各地电子商务发展情况,重点加强对平台企业的统计监测,电子商务平台企业需应用"全国电子商务信息管理分析系统"定期填报交易和经营情况数据,在此基础上再逐步扩大统计监测企业的范围。企业填报的数据主要包括:反映平台服务规模的交易额、订单数;反映电子商务贡献度的物流、支付、从业人员情况及平台企业纳税额;反映平台服务效益的平台企业营业收入、利润;反映各地电子商务发展水平的各地交易额或供应商、采购商数量;反映商品流通情况的主要商品或服务的交易额。交易额、订单数、物流、支付、从业人员情况等五个指标按季度填报,参加统计监测的企业于每季度下一月的 15 日前自行登录系统填报;其他指标数据每年填报一次,与典型电子商务服务业调查统计工作同步进行。

相对而言,二手数据的搜集比较容易,采集数据的成本较低,并且能够很快获得。根据商务部电子商务司公布的关于 2015 年上半年电子商务交易数据,2015 年上半年,我国电子商务交易额为 7.14 万亿元,同比增长 25%。其中,B2B 交易额为 5.49 万亿元,同比增长 21%;网络零售交易额为 1.65 万亿元,同比增长 39.1%,其中 B2C、C2C 交易额分别为 0.82 万亿元和 0.83 万亿元。网络零售交易额及增长率情况如图 6-3 所示。

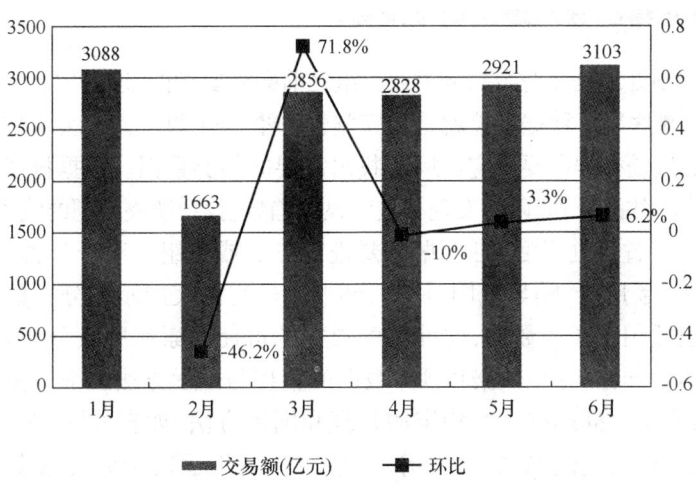

图 6-3 2015 年 1~6 月网络零售交易额及增长率

资料来源:商务部电子商务和信息化司。

专栏 6-1：《电子商务统计指标体系第 1 部分：总体》（征求意见稿）[①]

为了规范电子商务统计口径，适时建立起我国的电子商务国家统计体系，全面把握电子商务发展的现状和规律，掌握我国电子商务发展情况、问题及趋势，开展电子商务国际交流与合作，根据《中华人民共和国标准化法》及相关法律法规，商务部电子商务和信息化司 2013 年 11 月 29 日起草了《电子商务统计指标体系 第 1 部分：总体》（征求意见稿），向社会公开征求意见。

征求意见稿对电子商务、电子商务服务企业和应用企业等进行了定义，把统计调查对象确定为电子商务服务企业和电子商务应用企业，确定了合理、协调、可操作的基本原则，从企业数量、订单总数、从业人数等 24 个一级指标来统计电子商务企业的发展状况。

征求意见稿表示，电子商务国家统计体系的建设将有助于全面把握我国电子商务发展的现状和规律，掌握我国电子商务发展情况、问题及趋势，开展电子商务的国际交流与合作。

三、数据整理及分析

（一）数据的预处理及图表展示

数据的预处理是在对数据分类或分组之前必须要做的处理，内容包括数据的审核、筛选、排序等。数据审核就是从完整性和准确性两个方面去审核是否有错误。数据筛选是根据所要研究的问题找出需要的某类数据。数据排序是指按照一定顺序将数据排列，以便发现一些明显的趋势，找到解决问题的线索。

数据在经过预处理后，可根据需要进行分类或分组。对于分类数据，可用频数分布表、条形图、帕累托图、饼图、环形图进行图表展示。分类数据的图表展示方法也适用于顺序数据，此外顺序数据还可使用累积频数分布表、累积分布图等展示。同样，分类数据和顺序数据的整理与图示方法也都适用于数值型数据，但数值型数据还有一些特定的整理和图示方法，如直方图、茎叶图、箱线图、线图、散点图、气泡图、雷达图等，这些方法并不适用于分类数据和顺序数据。图 6-4 总结了数据的类型和图示方法。

（二）主成分分析

在类似跨境电子商务在线信誉评价这种多指标综合评价或分析的过程中，

[①] 资料来源：商务部电子商务和信息化司。

往往会遇到这样的矛盾:一是指标多,带来计算和分析上的不便;二是多指标之间的相关性,造成指标提供的整体信息发生重叠,不易得出简明的规律。为了解决这方面的问题,这里介绍主成分分析方法。

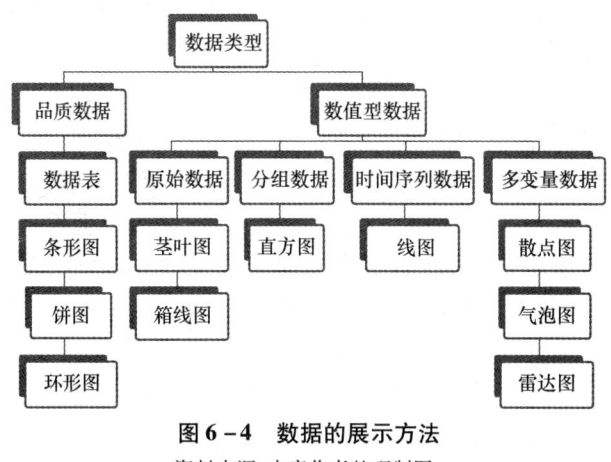

图 6-4 数据的展示方法
资料来源:本章作者整理制图。

1. 主成分分析基本思想

在对某一事物进行实证研究中,为了更全面、准确地反映出事物的特征及其发展规律,人们往往要考虑与其发生关系的多个指标,这些指标在多元统计中也称为变量。这样就产生了如下问题:一方面人们为了避免遗漏重要的信息而考虑尽可能多的指标,另一方面随着考虑指标的增多增加了问题的复杂性,同时由于各指标均是对同一事物的反映,不可避免地造成信息的大量重叠,这种信息的重叠有时甚至会抹杀事物的真正特征与内在规律。基于上述问题,人们就希望在定量研究中涉及的变量较少而得到的信息量又较多。主成分分析正是研究如何通过原来变量的少数几个线性组合来解释原来变量绝大多数信息的一种多元统计方法。

主成分分析是利用降维的思想,在损失很少信息的前提下把多个指标转化为几个综合指标的多元统计方法。通常把转化生成的综合指标称之为主成分,其中每个主成分都是原始变量的线性组合,且各个主成分之间互不相关,这就使得主成分比原始变量具有某些更优越的性能。这样,在研究复杂问题时就可以只考虑少数几个主成分而不至于损失太多信息,从而更容易抓住主要矛盾,揭示事物内部变量之间的规律性,同时使问题得到简化,提高分析效率。

既然研究某一问题涉及的众多变量之间有一定的相关性,就必然存在起支配作用的共同因素。根据这一点,通过对原始变量相关矩阵或协方差矩阵内部结构关系的研究,利用原始变量的线性组合形成几个综合指标(主成分),在保留原始变量主要信息的前提下起到降维与简化问题的作用,使得在研究复杂问题时更容易抓住主要矛盾。一般地说,利用主成分分析得到的主成分与原始变量之间有如下基本关系:①每一个主成分都是各原始变量的线性组合;②主成分的数目大大少于原始变量的数目;③主成分保留了原始变量绝大多数信息;④各主成分之间互不相关。

通过主成分分析,可以从事物错综复杂的关系中找出一些主要成分,从而能有效利用大量统计数据进行定量分析,揭示变量之间的内在关系,得到对事物特征及其发展规律的一些深层次的启发,把研究工作引向深入。我国跨境电子商务企业应该在财务分析中广泛引入这种方法,使得企业管理者和在线投资者能够对跨境电子商务环境下在线企业的经营现状和财务状况做出正确而客观的评价,以判断企业发展变化的状况,从而为在线交易决策提供信息支持。

2. 主成分分析基本步骤(结合 SPSS 软件操作)

某跨境电商企业要了解北京等 16 个省份的生活水平情况,搜集了有关食品、衣着、燃料、住房、交通和通讯、娱乐教育文化这六个方面的支出。利用主成分分析方法综合评价北京等 16 个省份的日人均生活水平。原始数据录入 SPSS,见表 6-1[①]。

表 6-1　　　　16 个省份日人均生活水平情况　　　　　　(单位:元)

	地区	食品	衣着	燃料	住房	交通和通讯	娱乐教育文化
1	北京	190.33	43.77	9.73	60.54	49.01	9.04
2	天津	135.20	36.40	10.47	44.16	36.49	3.94
3	河北	95.21	22.83	9.30	22.14	22.81	2.80
4	山西	104.78	25.11	6.40	9.89	18.17	3.25
5	内蒙古	128.41	27.63	8.94	12.58	23.99	2.27
6	辽宁	145.68	3283	17.79	27.29	39.09	3.47
7	吉林	159.37	33.38	18.37	11.81	25.29	5.22
8	黑龙江	116.22	29.57	13.24	13.76	21.75	6.04
9	上海	221.11	38.64	12.53	115.65	50.82	5.89
10	江苏	114.98	29.12	11.67	42.60	27.30	5.74
11	浙江	169.92	32.75	12.72	47.12	34.35	5.00
12	安徽	135.11	23.09	15.62	23.54	18.20	6.39
13	福建	144.92	21.26	16.96	19.52	21.75	6.37
14	江西	140.54	21.50	17.64	19.19	15.97	4.94
15	山东	115.84	30.26	12.20	33.60	33.77	3.85
16	河南	101.18	23.26	8.46	20.20	20.50	4.30

① 注意事项:录入时关键注意设置好数据的类型(数值、字符串等)以及小数点后保留数字的个数即可。

（1）打开 SPSS 的"分析"→"降维"→"因子分析"，打开"因子分析"对话框（如下图）。

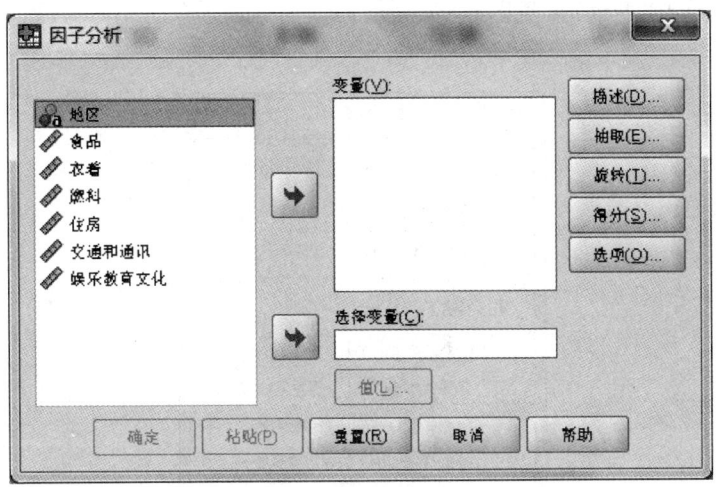

图 6-5

（2）把六个变量"食品、衣着、燃料、住房、交通和通信、娱乐教育文化"输入到右边的待分析变量框。

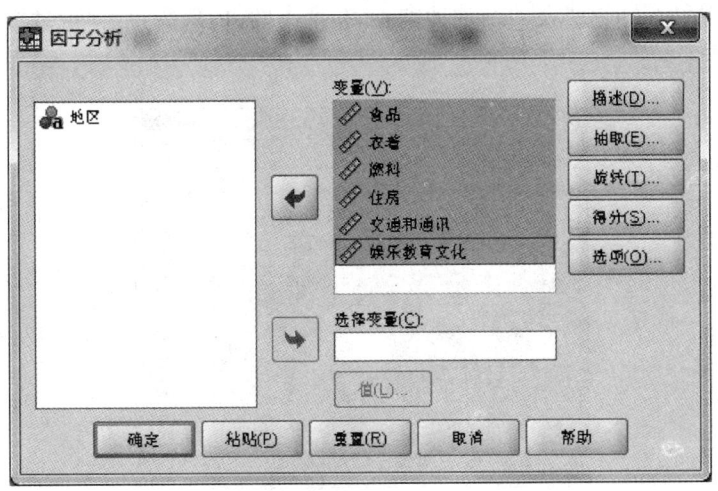

图 6-6

(3)设置分析的统计量。打开最右上角的"描述"对话框,选中"统计量"里面的"原始分析结果"和"相关矩阵"里面的"系数"(选中原始分析结果,SPSS自动把原始数据标准差标准化,但不显示出来;选中系数,会显示相关系数矩阵),然后点击"继续"。见图6-7。

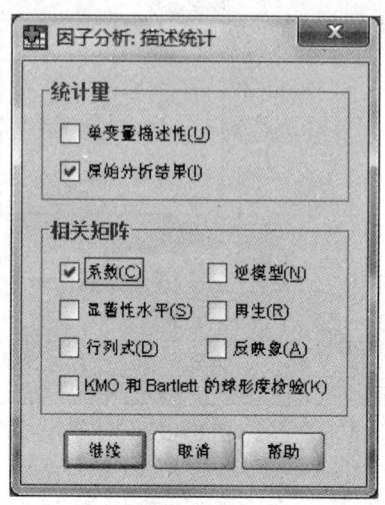

图6-7

打开"因子分析"对话框中第二个"抽取"对话框:"方法"里选取"主成分";"分析""输出""抽取"这三项都按图6-8选中即可,然后点击"继续"。

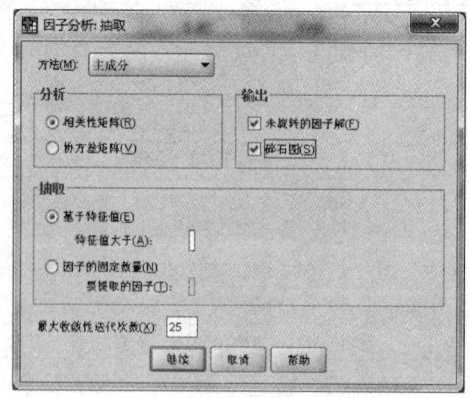

图6-8

第三个的"旋转"对话框里,选取默认的也是第一个选项"无",见图6-9。

第四个"得分"对话框中,选中"保存为变量"的"回归",以及"显示因子得分系数矩阵"。见图6-10。

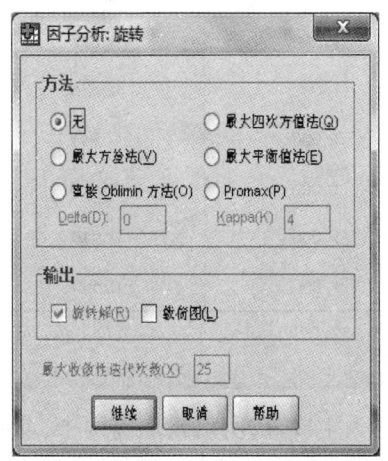

图 6-9

图 6-10

第五个"选项"对话框默认即可。这时点击"确定",进行主成分分析。

(4) 分析结果的解读,此处按照SPSS输出结果的先后顺序逐个介绍的相关系数矩阵是6个变量两两之间相关系数大小的方阵,见表6-2。

表 6-2　　　　　　　　　　相关矩阵

		食品	衣着	燃料	住房	交通和通讯	娱乐教育文化
相关	食品	1.000	0.692	0.319	0.760	0.738	0.556
	衣着	0.692	1.000	-0.081	0.664	0.902	0.389
	燃料	0.319	-0.081	1.000	-0.088	-0.061	0.267
	住房	0.760	0.664	-0.088	1.000	0.831	0.388
	交通和通信	0.738	0.902	-0.061	0.831	1.000	0.326
	娱乐教育文化	0.556	0.389	0.267	0.388	0.326	1.000

共同度。这里给出了这次主成分分析从原始变量中提取的信息,可以看出交通和通讯最多,而娱乐教育文化损失率最大。

表6-3 公因子方差

	初始	提取
食品	1.000	0.878
衣着	1.000	0.825
燃料	1.000	0.841
住房	1.000	0.810
交通和通讯	1.000	0.919
娱乐教育文化	1.000	0.584

提取方法:主要分分析。

总方差的解释[①]。系统默认方差大于1的为主成分,所以只取前两个,前两个主成分累加占到总方差的80.949%。第1主成分的方差是3.569,第2主成分的方差是1.288,见表6-4。

表6-4 解释的总方差

成分	初始特征值			提取平方和载入		
	合计	方差的%	累计%	合计	方差的%	累计%
1	3.569	59.489	59.489	3.569	59.489	59.489
2	1.288	21.460	80.949	1.288	21.460	80.949
3	0.600	10.001	90.950			
4	0.358	5.967	96.917			
5	0.142	2.369	99.289			
6	0.043	0.713	100.000			

提取方法:主成分分析。

---

① 主成分取多少个比较合适,这是一个很实际的问题,通常以所取使得累积贡献率达到80%以上为宜。选取主成分还可根据特征值的变化来确定,在实际应用中有些研究工作者习惯于保留特征值大于1的那些主成分,见图6-11的碎石图。

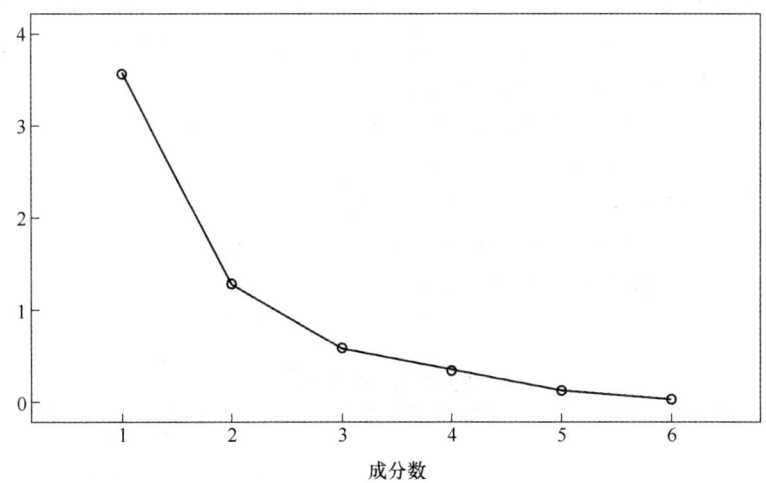

图6-11 碎石图

主成分载荷矩阵,见表6-5。

表6-5 成分矩阵[a]

	成分	
	1	2
交通和通讯	0.925	-0.252
食品	0.902	0.255
衣着	0.880	-0.224
住房	0.879	-0.195
娱乐教育文化	0.588	0.488
燃料	0.093	0.912

提取方法:主成分分析。

a. 已提取了2个成分。

这个主成分载荷矩阵并不是主成分的特征向量,也就是说并不是主成分1和主成分2的系数。主成分系数的求法是:各主成分载荷向量除以各主成分特征值的算术平方根。那么第1主成分的各个系数是向量(0.925,0.902,

0.880,0.878,0.588,0.093)除以$\sqrt{3.569}$后得到,即(0.490,0.478,0.466,0.465,0.311,0.049)(这才是主成分1的特征向量,满足条件:系数的平方和等于1)。将之分别乘以6个原始变量标准化之后的变量即为第1主成分的函数表达式,同理可得到第2主成分的函数表达式。

$$\text{主成分}1 = 0.490 \times Z_{交} + 0.478 \times Z_{食} + 0.466 \times Z_{衣} + 0.465 \times Z_{住} + 0.311 \times Z_{娱} + 0.049 \times Z_{燃}$$

$$\text{主成分}2 = -0.222 \times Z_{交} + 0.225 \times Z_{食} - 0.197 \times Z_{衣} - 0.172 \times Z_{住} + 0.430 \times Z_{娱} + 0.804 \times Z_{燃}$$

主成分得分系数矩阵,见表6-6。

表6-6　　　　　　　　　成分得分系数矩阵

	成分	
	1	2
食品	0.253	0.198
衣着	0.247	-0.174
燃料	0.026	0.709
住房	0.246	-1.51
交通和通讯	0.259	-0.196
娱乐教育文化	0.165	0.379

提取方法:主成分分析。
构成得分。

该矩阵是主成分载荷矩阵除以各自的方差得来的,实际上是因子分析中各个因子的系数,在主成分分析中可以不考虑它。

因子得分。在图6-10的对话框中,我们选中"保存为变量"的"回归"以及"显示因子得分系数矩阵"。SPSS的输出结果和原始数据一起显示在数据窗口里面,见图6-12。

特别提醒:后两列的数据是北京等16个地区的因子1和因子2的得分,不是主成分1和主成分2的得分。主成分的得分是相应的因子得分乘以相应的方差的算术平方根,见图6-13。

$$\text{主成分}1\text{得分} = \text{因子}1\text{得分} \times \sqrt{3.569}$$

$$\text{主成分}2\text{得分} = \text{因子}2\text{得分} \times \sqrt{1.288}$$

综合得分及排序:

每个地区的综合得分Y是按照下列公式计算的:

$$Y = \frac{3.569}{3.569 + 1.288} \times 主成分1得分 + \frac{1.288}{3.569 + 1.288} \times 主成分2得分$$

	地区	食品	衣着	燃料	住房	交通和通讯	娱乐教育文化	因子1	因子2
1	北京	190.33	43.77	9.73	60.54	49.01	9.04	2.048...	-0.23000
2	天津	135.20	36.40	10.47	44.16	36.49	3.94	0.41770	-1.03726
3	河北	95.21	22.83	9.30	22.14	22.81	2.80	-1.04105	-1.01665
4	山西	104.78	25.11	6.40	9.89	18.17	3.25	-1.08592	-1.31811
5	内蒙古	128.41	27.63	8.94	12.58	23.99	2.27	-0.72763	-1.10311
6	辽宁	145.68	32.83	17.79	27.29	39.09	3.47	0.27394	0.45564
7	吉林	159.37	33.38	18.37	11.81	25.29	5.22	0.09590	1.36217
8	黑龙江	116.22	29.57	13.24	13.76	21.75	6.04	-0.39250	0.47022
9	上海	221.11	38.64	12.53	115.65	50.82	5.89	2.35556	-0.43287
10	江苏	114.98	29.12	11.67	42.60	27.30	5.74	-0.05776	-0.15636
11	浙江	169.92	32.75	12.72	47.12	34.35	5.00	0.63556	-0.05010
12	安徽	135.11	23.09	15.62	23.54	18.20	6.39	-0.43753	1.29213
13	福建	144.92	21.26	16.96	19.52	21.75	6.37	-0.37728	1.60691
14	江西	140.54	21.50	17.64	19.19	15.97	4.94	-0.67711	1.49141
15	山东	115.84	30.26	12.20	33.60	33.77	3.85	-0.11679	-0.56963
16	河南	101.18	23.26	8.46	20.20	20.50	4.30	-0.91393	-0.76438

图 6 – 12

	地区	因子1	因子2	主成分1	主成分2
1	北京	2.04883	-0.23000	3.87	-0.26
2	天津	0.41770	-1.03726	0.79	-1.18
3	河北	-1.04105	-1.01665	-1.97	-1.15
4	山西	-1.08592	-1.31811	-2.05	-1.50
5	内蒙古	-0.72763	-1.10311	-1.37	-1.25
6	辽宁	0.27394	0.45564	0.52	0.52
7	吉林	0.09590	1.36217	0.18	1.55
8	黑龙江	-0.39250	0.47022	-0.74	0.53
9	上海	2.35556	-0.43287	4.45	-0.49
10	江苏	-0.05776	-0.15636	-0.11	-0.18
11	浙江	0.63556	-0.05010	1.20	-0.06
12	安徽	-0.43753	1.29213	-0.83	1.47
13	福建	-0.37728	1.60691	-0.71	1.82
14	江西	-0.67711	1.49141	-1.28	1.69
15	山东	-0.11679	-0.56963	-0.22	-0.65
16	河南	-0.91393	-0.76438	-1.73	-0.87

图 6 – 13

按照综合得分 Y 的大小进行 16 个地区的排序,结果如下:

	地区	因子1	因子2	主成分1	主成分2	Y
1	上海	2.35556	-0.43287	4.45	-0.49	3.14
2	北京	2.04883	-0.23000	3.87	-0.26	2.77
3	浙江	0.63556	-0.05010	1.20	-0.06	0.87
4	吉林	0.09590	1.36217	0.18	1.55	0.54
5	辽宁	0.27394	0.45564	0.52	0.52	0.52
6	天津	0.41770	-1.03726	0.79	-1.18	0.27
7	福建	-0.37728	1.60691	-0.71	1.82	-0.04
8	江苏	-0.05776	-0.15636	-0.11	-0.18	-0.13
9	安徽	-0.43753	1.29213	-0.83	1.47	-0.22
10	山东	-0.11679	-0.56963	-0.22	-0.65	-0.33
11	黑龙江	-0.39250	0.47022	-0.74	0.53	-0.40
12	江西	-0.67711	1.49141	-1.28	1.69	-0.49
13	内蒙古	-0.72763	-1.10311	-1.37	-1.25	-1.34
14	河南	-0.91393	-0.76438	-1.73	-0.87	-1.50
15	河北	-1.04105	-1.01665	-1.97	-1.15	-1.75
16	山西	-1.08592	-1.31811	-2.05	-1.50	-1.90

图 6-14

在图 6-14 的综合得分中,有许多省份的得分是负数,但并不是该省份的生活水平就为负。这里的正负仅表示该省份与平均水平的位置关系,平均水平算作零点,这是我们在整个过程中将数据标准化的结果。

从图 6-14 可看到,上海的日人均生活水平最好,是第一名;北京的日人均生活水平为第二名……山西的日人均生活水平最差。

第三节 统计分析应用案例:中国跨境电子商务战略

近年来中国电子商务行业一直是资本市场投资热点领域,2010 年 1 月 1 日至 2014 年 9 月 30 日期间,电商行业共发生 567 笔投融资;2015 年仅前 3 季度,电子商务领域就发生了 273 起投融资事件,金额达到 45 亿美元以上。跨境电商由于目前行业的良好走势,更是受到资本市场的追捧,多家跨境电商如阿里巴巴、敦煌网、兰亭集势、大龙网等先后获得金额不等的投资。2015 年,跨境电商的主题在资本市场呈现爆发式增长,如:洋码头获 1 亿美元 B 轮融资,街蜜、小红书等相继完成数百万与数千万的美元融资,百度领投蜜芽 1.5 亿美元 D 轮融资等。

随着经济形势及资本市场融资的发展,中国跨境电商交易呈现新的特征:交易产品向多品类延伸、交易对象向多区域拓展,并且跨境电商 B2C 这种业务模式逐渐受到企业重视。B2C 作为全球贸易的主流,未来仍然会是中国企业开拓海外市场的重要模式。与此同时,跨境电商 B2C 类企业与境外本土购物网站的竞争也不可避免。

进口电商至今没有一家垄断性的企业出现,这个领域相对处于"蓝海"。跨境电子商务市场无疑是巨大的,有数据显示,2012 年,国内用户的海淘消费规模同比增长 117%,远高于国内网购 64.7% 的增长速度;2013 年海外代购市场的交易规模超过 700 亿元,2014 年的市场规模突破 1 000 亿。截至 2018 年 12 月底,我国经常进行跨境网购的用户达 8 850 万人,同比增长 34%。一般随着用户基数日趋庞大,增长率将会逐渐降低然后趋于缓和,可随着进口跨境电商平台逐渐出现,跨境网购用户也逐年增加,同时由于进口税收政策的规范以及部分进口商品关税的降低,我国进口跨境电商市场规模增速迅猛,呈爆发式增长。

多年来,由于国外商品渠道渗透不够,授权不完善,导致假冒伪劣产品兴盛一时。国外物美价廉的小商品由于成本的原因很难自己去铺渠道,更多的是依靠原始的代购推广品牌。2015 年中国 83.2% 的跨境电商交易额由出口电商贡献,而 2010 ~ 2015 年,进口电商在跨境电商中所占的比例从 7.3% 上升至 16.8%。据《2018 年度中国进口跨境电商发展报告》显示,2018 年包括 B2B、B2C、C2C 和 O2O 等模式在内的中国进口跨境电商交易规模达 19 000 亿元,同比增长 26.7%。随着移动互联网的普及与全球消费观念的转变,用户对高品质进口商品的需求将进一步增加,发展空间和潜力都很大。因此,企业要想长远稳定发展,必须要掌握战略规划方面的知识。

一、战略规划

(一) 战略规划的需求

战略是跨境电子商务企业为了参与竞争而制定出的内容广泛的规则和方案,包括跨境电子商务企业的目标以及为实现这些目标所实施的计划和政策。战略意味着寻求创新,以求显著改变现状和塑造未来。

发展战略是一个跨境电子商务企业的长远发展方向。制定发展战略一方面需要及时了解和把握整个宏观经济的状况及发展变化趋势,了解市场变化;另一方面还要对企业进行合理的市场定位,把握企业自身的优势和劣势。所有这些都离不开统计,需要统计提供可靠的数据,利用统计方法对数据进行科学的分析和预测。

战略规划是行动的指导思想。思想一定要有实践意义,否则思想就是空想。战略规划的有效性包括两个方面：一方面是战略是否正确，另一方面是战略是否适合管理过程。战略风险主要来自错误的战略导向，对某些供应商、购买方等的过分信任与依赖，不恰当的公司文化，信息的缺乏等，其结果可能导致某些产品积压或某些产品供应不足。

一个有效的战略一般具有以下特点：

第一，目标明确。战略规划的目标首先应该是明确的，其内容应该使人得到鼓舞。目标要先进，并且可以通过努力实现。

第二，可执行性。好的战略应该是通俗的、明确的和可执行的，它应当是各级领导的向导，使各级领导能确切地了解并执行。

第三，组织人事落实。一个好的战略计划必须有好的人员执行才能实现，所以，战略计划要求一级级落实，直到个人。个人化的战略计划明确了每一个人的责任，可以充分调动每一个人的积极性。

第四，灵活性。一个组织的目标可能在一定时期是固定的，但它的活动范围和组织计划的形式却无时无刻不在变化。因此，现在制定的战略计划只是一个暂时的文件，应当进行周期性的校核和评审，灵活性强是战略计划适应变革的必要条件。

（二）战略规划的内容

战略规划是分层次的，具有不同级别，而且规划期也有长有短。但是，不管何种类型的战略规划，都应包括以下三个方面的内容。

1. 方向和目标

虽然战略规划制定者在设立方向和目标时有自己的价值观和抱负，但是他不得不考虑到外部环境与企业优势，因此通常最后确定的目标是客观的，绝不仅是个人愿望的体现。

2. 约束和政策

要找到一些政策与约束作为战略计划执行过程中的指明灯。它们所考虑的机会是现在还没出现的，所考虑的资源是现在正在寻找的。

3. 计划与指标

计划与指标是近期的任务，计划的责任在于进行机会和资源的匹配。由于是短期，有时可以做出最优的计划，能够达到最好的指标。

战略是理想和现实的平衡结果，在战略规划内容的制定过程中，处处体现了平衡与折中，不仅限于现实，而且要考虑到未来。

战略规划的过程就是一个资源与机遇的匹配过程、一个为企业发展指明方向的过程。企业引入跨境电子商务是一项企业层面的战略行为，需要进行战略规划。跨境电子商务战略规划就是明确跨境电子商务战略目标、对跨境电子商务所需资源和其带来的机遇进行匹配的过程,是跨境电子商务应用实施的行动纲领。

二、SWOT 分析

SWOT 分析是一个众所周知的工具,20 世纪 80 年代初由美国旧金山大学的管理学教授韦里克提出,分析企业优势(strengths)、劣势(weaknesses)、机会(opportunities)和威胁(threats)。通过 SWOT 分析,整合内外部各种统计数据,帮助企业把资源和行动聚集在自己的强项和有最多机会的地方,并让企业的战略变得更加明朗。

优劣势分析主要着眼于企业自身的实力及其与竞争对手的比较,而机会和威胁分析将注意力放在外部环境的变化及对企业的可能影响上。在分析时,应把所有的内部因素(优劣势)集中在一起,然后用外部力量来对这些因素进行评估。

SWOT 分析步骤具体包括以下几个方面:①确认当前战略是什么;②确认企业外部环境的变化;③根据企业资源组合情况,确认企业的关键能力和关键限制;④按照通用矩阵打分评价,把识别出的优势分成两组——与行业中潜在的机会有关还是与潜在的威胁有关,用同样的方法把所有劣势分成两组;⑤用 SWOT 分析表,将刚才的优势和劣势按照机会和威胁分别填入表格;⑥战略分析。

三、敦煌网 SWOT 分析案例

敦煌网 2004 年正式上线,是中国国内首个实现在线交易的跨境电商 B2B 平台,以中小额外贸批发业务为主,致力于帮助中国中小企业通过跨境电子商务平台走向全球市场,开辟一条全新的国际贸易通道,让在线交易不断变得更加简单、更加安全、更加高效。敦煌网自上线以来,实现了小额外贸、网货中心、全球支付系统 DHpay、跨境电商移动平台等多项业务、服务、模式的首创和创新,在不断满足用户需求和完善线上外贸业务的同时,也让敦煌网成为跨境电商市场中的创新者和领先者。

目前,敦煌网已经具备 120 多万家国内供应商、2 500 万种商品、遍布全球 224 个国家和地区的 550 万买家的规模。在十余年发展过程中,敦煌网实现了在物流、资金流和信息流三大环节的平台整合,是商务部重点推荐的中国对外贸易第三方电子商务平台之一,工信部电子商务机构管理认证中心已经将其列为示范推广单位。敦煌网采取佣金制,免注册费,只在买卖双方交易成功后收取费用,其主要模式为在线交易跨境 B2B 平台。

（一）优势（S）

1. 专注中小额 B2B 在线交易模式

在跨境交易中，中小额 B2B 模式将更有助于全球市场标准化及开拓推进，更易受到制造业中转型跨境电商的关注。

2. 最早切入跨境电商在线交易模式

敦煌网 2004 年切入跨境电商交易模式，长达 10 年的市场经验、服务经验的累积成为平台体验的最好基石。

3. 首创网货中心模式

敦煌网网货中心模式通过"帮、扶、带"的方式，推动企业实现转型，是建立线上线下打通的全球渠道的一个创举。

4. 敦煌网开创了"为成功付费"的在线交易模式

敦煌网突破性地采取佣金制，免注册费，只在买卖双方交易成功后收取费用。该模式降低进入门槛，适应市场需求。

（二）劣势（W）

1. 新兴市场开拓属于初级阶段

敦煌网在北美、欧洲和澳洲等发达经济体的市场占有率高，但是在俄罗斯、东南亚等新兴市场开拓尚为初级阶段。

2. 传统工业型企业产品进驻平台处于初步尝试阶段

（三）机会（O）

（1）政策环境鼓励。国家多部门通过扶持政策对跨境电商平台进行鼓励，在退税、清关上将进一步提升竞争力。

（2）全球对中国货品的刚性需求，整体跨境电商市场繁荣。

（3）全程免费平台建设。敦煌网推出全程免费平台，实现跨境电商平台"三流"中信息流的免费性，有助于降低跨境电商从业门槛，吸引更多中小卖家聚拢。

（4）互联网金融建设。通过平台大量商家的贸易信息，能够为互联网小额融贷业务提供更有力的支撑。

（5）平台建设越来越复杂，市场进出壁垒较高。

（6）全球移动互联网的强劲增长趋势。

（四）威胁（T）

1. 移动端建设

目前在移动端网购渗透率加快增长的情况下，敦煌网的移动端访问量占比为42%,该占比将有望进一步提升,增强其竞争力。

2. 品牌商城建设

中国制造面对海外形象转型上升为国家战略,敦煌网在建立品牌商城后,需要从海外营销、客户服务等多方面进行市场教育、培养工作。

3. 出口电商市场竞争激烈

四、中国华侨经济文化合作实验区发展跨境电商的SWOT分析

(一)案例背景

中国华侨经济文化合作实验区(以下简称"华侨实验区")位于广东省汕头市出海口两岸,于2014年9月15日经国务院正式批复设立,规划面积480平方公里,规划2030年基本建成。实验区功能定位为"一个平台"(面向海外华侨华人的聚集发展创新平台)、"两个基地"(华侨文化交流、对外传播基地)、"三个中心"(跨境金融服务、国际采购商贸物流、旅游休闲中心)和"九大产业"(跨境金融、商务会展、资源能源交易、文化创意、旅游休闲、教育培训、医疗服务、信息、海洋)。国家将在政策创新、项目安排、机制创新等方面给予支持,中国自贸区优惠政策和前海、横琴、南沙的政策措施可在试验区复制推广,享受海西经济区相关政策。华侨实验区是国内唯一针对海外华侨华人的试验区,是国家实施"一带一路"倡议的一个全新平台,给因侨而立的汕头带来了重大发展机遇。通过建设华侨实验区,可以充分发挥汕头侨乡优势,充分利用跨境电子商务作为数字经济发展的新业态,实施弯道超车,推动汕头经济转型升级,带动粤东地区飞跃发展。

(二)SWOT分析

1. 优势(S)

(1)侨乡优势。汕头是著名侨乡,潮汕籍海外侨胞超过1 000万,遍布40多个国家和地区,其中80%聚集在海上丝绸之路沿线。这些海外侨胞关注家乡发展,积极投身汕头建设,汕头市实际吸收的外商投资中,超过八成来自侨资。

(2)区位优势。华侨实验区所在地汕头市是粤东地区中心城市、环珠三角和海峡西岸经济带的重要结点城市。汕头濒临西太平洋国际黄金航道,市区距香港187海里、距高雄180海里,拥有亚太地缘门户的独特优势。在2015年3月出台的"一带一路"顶层设计中,汕头被列入15个重点布局的关键节点港口。

(3)产业优势。汕头有8大传统优势产业,17个各具特色的产业集群,24个省技术创新专业镇,拥有"中国玩具礼品城""中国工艺毛衫名城""中国针织内衣名镇""粤东音像城""中国家居服装名镇""中国针织名镇"等区域性品牌。

(4)信息化优势。汕头信息化基础良好,是"中国城市信息化50强""国家

电子商务示范城市""国家信息消费试点城市",拥有国内规模最大的海底光缆登陆站,是"金砖国家光缆"的中国接入点。

(5)政策叠加优势。国家规划将华侨实验区打造成为"21世纪海上丝绸之路"的重要门户,自贸区优惠政策和前海、横琴、南沙的政策措施可在试验区复制推广,享受海西经济区相关政策。汕头具有发展的试验权和特区立法权,同时还享受广东省"粤东西北振兴发展战略"的一系列扶持政策和措施。

2. 劣势(W)

(1)经济发展缓慢。20世纪90年代后期以来,汕头经济增长缓慢。2014年,汕头市GDP在全省21个地级市中位居第14位,部分指标增速低于全国和全省平均水平,经济发展水平与珠三角地区和其他经济特区城市的差距不断扩大。

(2)软硬件条件落后。硬件条件方面,汕头是全国唯一没有机场的经济特区,厦深铁路高铁站离中心城区较远,万吨级以上泊位仅有16个,是厦门的1/4。在软环境方面,汕头到目前为止并没有用好部分特区立法权。

(3)人才短缺。经济发展缓慢、工资福利水平低、发展空间有限、企业管理环境差导致汕头市近几年人才流失严重。

3. 机会(O)

(1)政策红利。2012年以来国家利好政策密集出台,为跨境电商打造良好的发展环境。

(2)"一带一路"倡议。跨境电子商务被称为最适合"一带一路"的商贸模式,它可以连接"一带一路"国家,促进国家间的分工合作,实现资源共享和市场开放。

(3)上升为国家和省级发展战略。华侨实验区的设立把汕头发展提升到了国家战略层面,2013年广东省政府把加快粤东西北地区发展上升为全省战略。这些都为汕头发展提供了机遇和支撑。

(4)消费升级。随着海外品牌逐渐被国人认知,加之90后新生代进入市场,人们的消费观念和消费方式得到提升。未来10年国内中产阶级将达5亿人,对品质优良、体验良好、价格合理的跨境产品需求巨大。

4. 威胁(T)

(1)竞争激烈。自2012年12月以来,已经有上海、重庆、广州等多个城市获批成为跨境电商服务进口试点,在一般进口、保税进口业务模式上先行先试,抢占发展先机。2015年被称为我国跨境电商元年,传统企业积极转型跨境电商,海内外电商巨头也纷纷布局中国市场,使得跨境电商竞争更加激烈。

(2)支撑体系不完善。对于实验区而言,发展跨境电商的支撑体系尚未完备,体现在:建立一套完善成熟的政策体系还有待时日;跨境电商物流配套基础设施也不完善;海关通关仍不顺畅;支付、信用体系、监管等还存在诸多漏洞;

各国的文化和商业环境有很大差异等。

(三) 结合 SWOT 的发展战略分析

表 6-7　　　　　　　　　华侨实验区发展战略分析

外部环境 \ 内部环境		S(优势) 侨乡优势、区位优势、产业优势、信息化优势、政策叠加优势	W(劣势) 经济发展缓慢、软硬件条件落后、人才短缺
O (机会)	政策红利、"一带一路"倡议、国家和省级发展战略、消费升级	S/O 战略(完善政策体系): 完善通、检、税、汇等关键企业扶持政策	W/O 战略(基础设施建设): 跨境信息平台建设、海陆空物流网络体系建设、支付信用体系、其他基础设施
T (威胁)	竞争激烈、支撑体系不完善	S/T 战略(谋求合作共赢): 引入侨商侨资、打造跨境电商全产业生态链	W/T 战略(提升竞争力): 促进产业集群、加大科技投入、打造区域品牌

资料来源:许慧珍.中国华侨经济文化合作实验区发展跨境电商的 SWOT 分析及对策措施[J]. 对外经贸,2016(3).

复习思考题

1. 什么是二手数据?使用二手数据时应该注意些什么?

2. 为评价跨境电子商务行业售后服务的质量,随机抽取了由 50 个跨境电商用户构成的一个样本。服务质量等级分别表示为:A. 好;B. 较好;C. 一般;D. 较差;E. 差。调查结果如下:

B	D	A	E	E
D	A	E	D	D
A	E	D	D	A
B	C	A	A	C
C	C	C	C	B
A	D	B	D	D
D	B	C	A	E
E	C	D	B	A
C	D	E	B	A
E	D	D	A	D

要求：

(1)指出上面的数据属于什么类型。

(2)用 EXCEL 制作一张频数分布表。

(3)绘制一张条形图,反映评价等级的分布。

(4)绘制评价等级的帕累托图。

3. 随机抽取 25 个跨境电商用户,得到他们的年龄数据(单位:周岁)如下：

19	25	17	20	35
20	18	21	33	26
23	40	31	24	34
30	21	40	26	25
25	30	24	15	21

要求：

(1)计算众数、中位数。

(2)计算四分位数。

(3)计算平均数和标准差。

4. SWOT 分析模型中 S、W、O、T 分别代表什么？

5. 选择一个熟悉的跨境电子商务企业,对其进行 SWOT 分析。

参考文献

[1]贾俊平. 统计学(第六版)[M]. 北京:中国人民大学出版社,2015.

[2]王济平. SPSS 简明操作教程:以案例分析为导向[M]. 武汉:湖北科学技术出版社,2012.

[3]王苏斌,郑海涛,邵谦谦. SPSS 统计分析[M]. 北京:机械工业出版社,2003.

[4]苗森. 电子商务概论[M] 北京:北京大学出版社,2012.

[5]于兆吉. 电子商务在线信誉评价理论与方法[M]. 北京:北京师范大学出版社,2012.

[6]杨坚争. 基于因子分析的跨境电子商务评价指标体系研究[J]. 财贸经济,2014(9).

[7]叶华. 浅谈中国外贸跨境电子商务的发展[J]. 湖北经济学院学报(人文社会科学版),2013(11).

[8]何晓群. 多元统计分析[M]. 北京:中国人民大学出版社,2012.

[9]李宏博.商业银行大数据时代的SWOT分析及战略探讨[J].时代金融,2013(18).

[10]许慧珍.中国华侨经济文化合作实验区发展跨境电商的SWOT分析及对策措施[J].对外经贸,2016(3).

[11]电子商务研究中心.2018年度中国进口跨境电商发展报告[R].北京:电子商务研究中心,2018.

第三篇

跨境电子商务实务

第三篇

第二日十周年紀念

第七章 跨境电子商务平台

学习目标

通过本章的学习,了解跨境电子商务的交易平台及支付平台,理解跨境电子商务交易平台存在的风险,掌握第三方跨境支付的概念和分类,掌握以支付宝为例的第三方跨境支付平台的主要功能。

第一节 跨境贸易电子商务平台

跨境贸易电子商务平台是跨境网上交易的媒介,是不同地区或国家的卖家和买家进行跨境交易的主要通道和途径。近年来中国跨境电商已经逐渐起步并快速发展。仅 2013 年,我国跨境电商平台企业就超过 5 000 家,境内通过各类平台开展跨境电子商务的企业超过 20 万家,2015 年中国跨境电商的交易额约 5.4 万亿元,2018 年中国跨境电商交易额达 9 万亿元。

跨境贸易电子商务平台是用于进行跨境贸易电子商务货物、物品进出境交易与服务的门户网站的集合。2014 年海关总署第 56 号文《关于跨境贸易电子商务进出境货物、物品有关监管事宜的公告》明确了三类跨境交易电子商务平台:①电子商务通关服务平台,是指由电子口岸搭建,实现企业、海关以及相关管理部门之间数据交换与信息共享的平台。②电子商务通关管理平台,是指由中国海关搭建,实现对跨境贸易电子商务交易、仓储、物流和通关环节电子监管执法的平台。③电子商务交易平台,是指跨境贸易电子商务进出境货物、物品实现交易、支付、配送并经海关认可且与海关联网的平台。

一、跨境贸易电子商务通关服务平台

跨境贸易电子商务通关服务平台系统是由中国电子口岸数据中心开发的，其功能结构如图7-1所示，通过"清单核放、汇总申报"，对接电商企业、支付企业和物流企业，方便电子商务企业等单位向海关报送通过电子商务模式成交的进出境物品的通关数据，实现海关与企业数据的互联互通，实现海关对跨境电子商务进出口商品的有效监管，对促进我国跨境贸易电子商务的健康发展、统一各直属海关对跨境贸易电子商务出口商品的监管模式、完善海关统计具有重要的意义。该系统于2014年6月正式上线运行，当时仅实现了出口业务的申报功能。

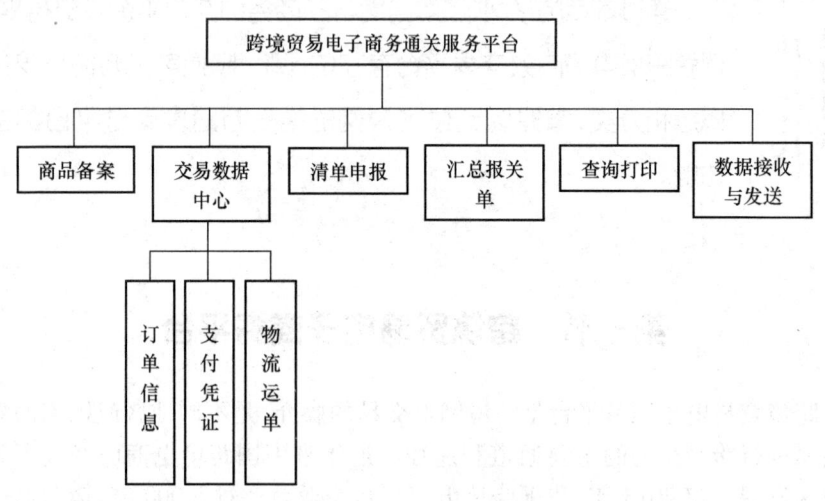

图7-1 跨境贸易电子商务通关服务平台系统功能结构
资料来源：中国电子口岸 China E-port 首页截图。

跨境贸易电子商务通关服务平台系统数据流图如图7-2。系统用户在企管系统中完成企业备案操作，海关审批通过后，电商企业/电商平台系统首先要在跨境贸易电子商务通关服务平台上向海关申报商品备案，并获得批准。实际销售发生时，电商企业/电商平台要向海关申报消费者的订单信息，第三方支付企业向海关发送消费者的支付信息，负责物流的邮递、快件企业申报相关物品的运单信息。之后，电商企业/电商平台申报清单数据，定期向海关申报汇总申请单，生成报关单，在报关申报系统中向海关申报报关数据，以完成后续的出口结汇、退税等操作。

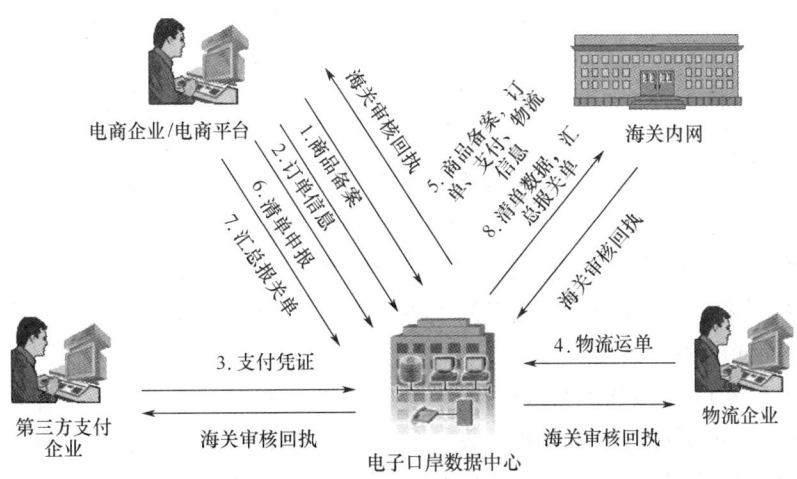

图7-2 跨境贸易电子商务通关服务平台系统数据流
资料来源：中国电子口岸 China E-port 首页截图。

跨境贸易电子商务通关服务平台以"依托地方电子口岸，优化通关监管模式，提高通关管理和服务水平，实现外贸电子商务企业与口岸管理相关部门的业务协同与数据共享"为手段来解决跨境贸易电子商务预售商品快速通关、结汇、退税问题。各地口岸的跨境贸易电子商务通关平台建设逐渐推开。

2014年7月1日，全国首个统一版海关总署跨境贸易电子商务通关服务平台试点在广东东莞启动。这一平台的建设起源于海关总署2014年发布的9610监管代码，启动于海关金关工程二期应用软件项目，由海关总署主导，东方物通承建实施。黄埔海关在东莞地区试点跨境电商企业大龙网带领跨境支付企业钱宝科技、跨境物流企业燕文物流通过测试。其后，杭州的"跨境一步达"、厦门的"鹭贸通"等获海关总署认定为跨境贸易电子商务通关服务平台。

2014年12月，大连市跨境贸易电子商务通关服务平台在大连天天通跨境电商服务中心正式启用，大连也由此成为全国第七个具备跨境电子商务出口规范通关条件的城市。

2015年4月8日，中俄跨境电商通关服务平台在绥芬河市正式开通，平台的成功开通，在全国首次实现对俄跨境电商出口货物通关、跨境支付、结汇退税，是对中俄跨境电商服务平台的全面升级，解决了外贸订单碎片化，小包裹、小订单急剧增多，政策空缺无监管的问题。

2015年4月30日，河南跨境贸易电子商务通关服务平台在郑州机场开始实单测试运行，首批海外货品办理了跨境贸易电子商务服务试点"一般模式"通关。该通关服务平台由河南省政府口岸办牵头，联合郑州海关、河南检验检疫局、河南省机场集团公司、河南电子口岸公司共同建设。"一次申报，一次查验，一次放行"，这一平台启用后，对于国内外跨境电子商务贸易企业来说，多了一个快速连接世界各地与河南的物流通道。河南的普通消费者通过网络选中海外物品后，能在最短时间内空运到郑州机场并快速入关，航空货运代理商会第一时间把这些物品快速送到河南消费者手中，整个交易过程一般只用3至5天就能完成。相比过去的保税区"备货模式"通关，跨境贸易电子商务服务试点的"一般模式"通关更符合跨境贸易电子商务的通关业务需求，它利用航空运输集货条件，提升了国际物流时效，降低了物流成本，并拥有更丰富的商品种类选择以及更简便的通关手续。

2015年11月由深圳市政府出资，委托深圳市南方电子口岸公司开发建设的深圳市跨境贸易电子商务通关服务平台正式上线运营，该平台包括报文处理和数据传输、数据预处理服务等子系统，具有企业（商品）备案、业务申报等功能；在业务模式上，支持特殊区域出口、电商包裹出口等多种业务模式；在服务对象上，支持电商、物流（快件）等各类经营主体和个人消费者；覆盖区域包括深圳地区的海、陆、空口岸及保税监管场所等，将跨境电商企业的交易、支付、物流信息数据与深圳海关、深圳检验检疫局、深圳外汇局等政府监管系统实时对接，做到提前审核、提前监管、真实有效、信息共享，推动跨境电商规模化、阳光化、便利化，为实现跨境电商"单一窗口"管理提供了技术保障。

跨境电子商务"单一窗口"旨在通过"一口受理"和"一站式服务"的理念来简化通关程序，提高通关效率。这是促进贸易便利化，改善口岸营商环境，适应复杂多变国际贸易格局的一项重要的制度性安排。中国政府2014年开始相继出台一系列的政策文件，要求依托国家和地方两级电子口岸公共平台，推进国际贸易"单一窗口"建设。各地根据这一要求积极推进，在一些外向型经济发达、外贸特色业务丰富的地区，还形成了"国家层面的国际贸易'单一窗口'标准版+地方层面的国际贸易'单一窗口'地方特色版"的双版本格局。其中，标准版已于2017年底之前覆盖全国31个省区市（港澳台除外），基本实现通关事务"一网通办"的目标。据全国海关科技大会信息，截至2018年底，国际贸易"单一窗口"标准版实现了与25个部委的系统对接和共享，累计注册用户已达220多万家，日申报业务量500余万票。国际贸易"单一窗口"已建设12项基本服务功能、开发应用系统60个，对外提供服务495项，覆盖全国所有口岸和特殊监管区、自贸试验区、跨境电商综试区。

根据《国务院关于印发落实"三互"推进大通关建设改革方案的通知》（国发〔2014〕68号）的文件要求，将电子口岸建设成为共同的口岸管理共享平台，简化和统一单证格式与数据标准，实现申报人通过"单一窗口"向相关部门一次性申报,口岸管理相关部门通过电子口岸平台共享信息数据、实施职能管理,执法结果通过"单一窗口"反馈至申报人。此后,国务院口岸工作部际联席会议办公室印发了《国家口岸管理办公室关于国际贸易"单一窗口"建设的框架意见》(署岸函〔2016〕498号),文件提出了总体布局和建设目标:各地原则上以省区市为单位,依托本地电子口岸建设一个省域"单一窗口",并实现省域"单一窗口"之间的互联互通。到2020年底前,实现"单一窗口"功能由口岸通关执法环节向前置和后续环节拓展,覆盖国际贸易链条各主要环节,实现与"一带一路"沿线主要国家"单一窗口"互联互通,成为中国全面参与塑造国际经济治理新格局的重要贸易基础设施。电子口岸平台是国际贸易"单一窗口"发展的初级阶段,而后者是前者在功能和内涵上的扩展与延伸,既是前者的升级,也是建设的重要目标。依托电子口岸,在国际贸易单一窗口基础上,建设跨境电子商务"单一窗口",实现跨境电子商务一点接入、一次递交、统一反馈,推动跨境电子商务关检合作"一次申报、一次查验、一次放行",落实口岸部门"三互",实现口岸各部门信息共享。跨境电子商务"单一窗口"应在现有跨境电商"六体系两平台"基础上,继续完善具有地方特色的跨境电商功能服务,根据跨境电商综试区的重点发展项目,通过国际贸易"单一窗口"平台打造"数字丝绸之路"信息枢纽工程,以跨境电商为平台,打造智能物流,提升跨境电商产业发展能级。

二、跨境贸易电子商务通关管理平台

为支持跨境电商这一新型业态的健康、有序发展,海关总署改革通关监管模式,从2012年开始在上海、重庆、杭州、宁波、郑州、广州等地开展试点,通过试点建立了新型跨境贸易电子商务监管模式,增设了跨境电商监管方式代码。为满足全国推广需要,海关总署研发了统一版本的跨境电商通关管理系统,规范通关监管。作为监管执法平台,该系统依托电子口岸平台,将实现跨境贸易电子商务的全流程作业管理功能以及跨部门的数据互联、基础数据的存储、交换、安全、备份和应用支撑等,完成相关信息化系统的建设,满足监管单位对跨境贸易电子商务业务的监管需求,实现与电商、物流、支付企业的高效对接,通过"清单核放、汇总申报"的方式,实现便捷通关和有效监管,便利电商企业办理出口退税、结汇手续,提高通关效率,减低企业成本。

2014年7月,全国海关跨境电子商务出口统一版系统上线,其零售出口统一版通关管理系统率先在东莞启用。

2014年9月24日,广州海关在广州白云机场正式启用跨境贸易电子商务直购进口通关管理系统,与唯品会等电商企业签订合作备忘录。"直购进口"系统启动后,消费者在唯品会购物网站上购买商品,商品即通过国际物流运输至国内,进入海关监管环节,正常情况下可由系统在短短数秒钟内自动完成征税放行等通关手续,并由物流企业进行派送。在"直购进口"模式下,符合条件的电子商务平台与海关联网,境内消费者跨境网购后,电子订单、支付凭证、电子运单等由企业实时传输给海关,商品通过海关跨境电子商务专门监管场所入境,按照个人邮递物品征税。对于高风险的订单,海关关员会调出商家、支付、物流三家的信息进行比对,审核一致即可放行。与普通快件平均5%的抽查率相比,"直购进口"模式下的商品由于信息齐全透明,因此抽查率将不到1%甚至更低,通关速度大为提高。

目前跨境电商进口业务试点有两种模式:"直购进口"与"网购保税进口"。"直购进口"是先下单后发货,中国境内消费者通过与海关联网的跨境电商平台下订单,企业将电子订单、支付凭证、电子运单等实时传输给海关,随后在海外将商品打包,通过国际物流配送到海关跨境电子商务监管场所清关。"网购保税进口"模式则是"先备货后接单",国外商品整批抵达中国境内海关特殊监管区域和保税物流中心(B型)——保税区、保税港区、综合保税区、保税物流中心(B型)等,商家根据消费者下单情况,商品从保税区域直接清关发出。

2015年3月江门海关完成跨境贸易电子商务通关管理平台在管理网的部署工作。该平台将替代电子口岸专网的试运行环境,并使用最新的数据交换系统实现海关和电子口岸的数据交换,性能更好、运行更稳定、环境更安全。

为简化出口申报及海关查验手续,杭州海关自主研发了"跨境贸易电子商务通关管理平台",对跨境商品实现全程信息化的通关监管与验放。通过该平台,2015年实现了杭州下城园区内海关与电商企业、物流企业、监管场所等的信息互联互通,再加上高速分拣流水线设备,可以同时完成精确秤重、数据对碰和X光对比,通关速度大大提高。改造完善的通关管理平台,具有日均20万单的处理能力,系统性能和运行稳定性大大提升。利用该通关管理平台,杭州海关在金华、义乌等地已开展了跨境电商"一般出口"监管业务。2015年11月11日,仅杭州跨境贸易电子商务产业园下沙园区一地,杭州海关接受跨境电子商务进口申报105.65万单,货值1.47亿元,同比分别增长8.3倍和6.6倍。

2016年3月,随着天津东疆海关关员轻按鼠标,首批原产日本的花王纸尿裤等商品在天津东疆保税港区顺利通关,成为天津市保税跨境贸易电子商务进口"第一单"。天津跨境贸易电子商务通关管理平台已有多家仓储、电商、物流企业在海关注册备案,平台已经对接的企业有天津保宏、华润万家、圆达通、易极付、天保宏信、百世汇通、三佳购物等多家企业。正在进行对接的企业有京东、网易考拉等。同时还引进多家跨境综合服务企业,为电商提供通关、物流等一站式服务。

2016年4月8日,全国海关跨境贸易电子商务进口统一版系统在由海关总署部署下在广州海关上线,海关总署发布第26号文《关于跨境电子商务零售进出口商品有关监管事宜的公告》,要求优化创新通关管理流程,统一数据接入标准和安全认证规范;建立风险分析与监控措施,实现监管前推后移,加大稽查稽私力度。个人实名核实将依托公安、银行、移动运营商及海关情报系统联网;风险管理体系会基于大数据分析等新技术手段。

2017年3月10日,厦门海关正式启用"跨境电商进口统一版"系统,首批95票、价值3.2万余元跨境电商直购进口商品顺利通关。

2017年9月25日,广州海关版跨境电商零售出口通关管理系统9610模式首票实货测试成功。至11月21日,累计通关清票数破百万。

2018年4月3日,广州海关版跨境零售出口通关管理系统1210模式测试成功,广州海关实现跨境电商直购、保税进出口4种通关模式的全覆盖。6月26日,单日通关清单票数突破27万票。

2018年7月4日,海关总署跨境电子商务出口统一版系统在广州海关上线。7月5日,海关总署跨境电子商务出口统一版系统首票9610模式提单顺利通关。截至7月18日,该系统已审核验放9126份电子清单,主要商品为服装、手机配件、箱包和鞋子。

近年来,海关总署陆续发布有关关于实时获取跨境电子商务平台企业相关原始数据接入有关事宜的公告,进行海关跨境电商统一版信息化系统平台企业数据对接。2018年,海关部署发布跨境统一版系统企业对接报文标准,自2019年1月1日起,海关实时获取跨境电子商务平台企业支付相关原始数据,企业对于其向海关所申报及传输的电子数据承担法律责任,电子单证数据使用数字签名技术,并对所提数据承担法律责任。

可见,跨境贸易电子商务通关管理系统仍在不断发展完善之中。

三、跨境贸易电子商务交易平台

跨境电子商务交易平台指的是不同关境的交易主体,通过电子商务来达成交易、进行结算的平台。其前身就是我们所熟知的"海淘""代购"。例如,美国购物网是国内最早的跨境电子商务平台之一,是专业的美国正品代购网站,提供美国最新最全的折扣信息,有专业的客服团队及完善的物流体系,其诸多热卖商品已进驻河南郑州物流保税区。更为知名的跨境电子商务交易平台,国内以阿里巴巴速卖通、敦煌网、兰亭集势等为代表,国际主要以亚马逊、eBay等为代表,严格符合2014年海关总署第56号文定义的典型的跨境贸易电子商务交易平台则有唯品会等。

"印尼中国商品网""丹麦中国商品网"等精细化国家级跨境电子商务网站纷纷上线,抢滩跨境电子商务这块大蛋糕。2016年7月,广西东兴市百岸网电子商务有限公司研究开发的中越跨境电子商务交易平台成功运营,当月成交订单670笔,总交易金额90 420元人民币。该平台由中国银行和越南西贡商业银行开展跨境支付合作,可通过银联在线、通联支付、和平支付和跨境支付四种方式进行支付,也可通过网上银行支付,利用MasterCard、VISA等清算功能进行实时资金清算,免除了汇率风险,首次实现了中越两国企业和个人直接使用本国货币支付跨境电子商务交易,将有力推动中越两国跨境电子商务快速发展,加快我国人民币国际化进程,并为今后我国与周边国家特别是东盟国家使用本国货币支付跨境电子商务交易提供了一个有效参考或者直接复制的模式。

四、跨境电商公共服务平台与综合服务平台

值得一提的是,除了2014年海关总署第56号文中规范的三类跨境贸易电子商务平台外,还存在两类跨境电子商务服务平台,即跨境电商公共服务平台与跨境电商综合服务平台。这两类平台与跨境贸易电子商务通关服务平台之间的比较见表7-1。

表7-1 三大跨境服务电商平台对比

平台	跨境电商通关服务平台	跨境电商公共服务平台	跨境电商综合服务平台
服务对象	传统中小型企业、跨境进出口电商企业	传统中小型外贸企业、跨境进出口电商企业	传统中小型外贸企业、中小型跨境电商企业、跨境电商平台卖家。
监管部门	海关总署、地方海关	国检局、国税局、外管局、外经贸委、商委、经信委等政府职能部门	国检局、国税局、外管局、外经贸委、商委、经信委等政府职能部门
建设意义	应对当前外贸订单碎片化趋势明显,小包裹、小订单急剧增多,通过企业数据与海关数据进行匹配,从而达到监管统计目的	除沟通政府职能部门外,一些地方平台还能直接对接海关的通关服务平台,是政府职能部门面向外贸企业开设的一扇服务窗口	是企业层面建设的平台,以"为中小型外贸企业和个人卖家提供一站式服务"为基础,衍生出了一个新兴的代理服务行业

续表

平台	跨境电商通关服务平台	跨境电商公共服务平台	跨境电商综合服务平台
注意事项	货物通关采用"三单对比"的方式进行监管,"三单"指电商企业提供的报关单、支付企业提供的支付清单、物流企业提供的物流运单。"三单"数据确认无误后即可放行	普遍采用"三单对比"的方式进行监管,"三单"手续齐全并监管认可,才可享受正常的结汇退税。公共服务平台均由各地政府自行建设,服务内容有所差异,界面操作也不同,需留意所在地区的系统,确保正确上传数据	综合服务平台一般由企业投资建设,注意选择具有品牌公信力的大型跨境电商企业建设的平台。这些平台的功能更齐全,解决问题的能力更强,最重要的是服务更有保障,可以避免不必要的风险

资料来源:百度文库(http://wenku.baidu.com/view/6ccb66940b4e767f5bcfceoc.html)。

(一)跨境电商公共服务平台

近期以来,全国掀起了一股跨境电商热潮,各地政府积极响应,地方性鼓励政策层出不穷,这些政策多以鼓励、统计、监管为目的。以前商品进出口涉及的政府监管部门较多,容易造成各政府部门之间数据不匹配情况出现,尤其是跨境电商零散包裹和小订单的增多让该现象日益加剧。各地政府亟须一个平台能对接各个政府部门的监管统计系统,确保数据统一,跨境电商公共服务平台孕育而生。

从目前出现的各地公共服务平台来看,与通关服务平台存在相同的问题,就是服务对象主要集中在小包裹的进出口领域,使用价值不大。其真正的服务对象同样应该针对进出口规模较大的跨境电商小订单业务,才能展现其价值。

(二)跨境电商综合服务平台

随着国家对跨境电商监管政策的日渐明朗,各地海关和政府逐渐收紧监管缺口,一些传统中小型外贸企业和跨境电商平台个人卖家面对新出现的监管政策逐渐产生了不适应和紧迫感。这部分外贸单位具有一个共同特点,长期使用邮路运输,在税务上不征不退,对于阳光化的跨境链条不够熟悉,在面临跨境电商监管时代的到来显得无所适从。而一些大型跨境电商企业在对接政府、海关等部门,处理跨境电商长链条环节上出现的问题具有丰富经验,于是孕育出了一批由大型跨境电商企业建设的跨境电商综合服务平台,为这部分中小企业和个人卖家提供代理服务。业内知名的综合服务平台有阿里巴巴建设的一达通、大龙网建设的海通易达等。

跨境电商通关服务平台、公共服务平台、综合服务平台是从三个不同层面出发建设的平台,其中通关服务平台对应的是海关、公共服务平台对应的是政府、综合服务平台对应的是企业。三种平台之间相互联系(见图7-3),形成信息数据之间的统一交换和层层传递。就目前行业发展趋势看,无论是跨境企业或是个人卖家,都需要对这些平台进行了解,也许未来会成为跨境电商新监管时代的生存制胜法宝。

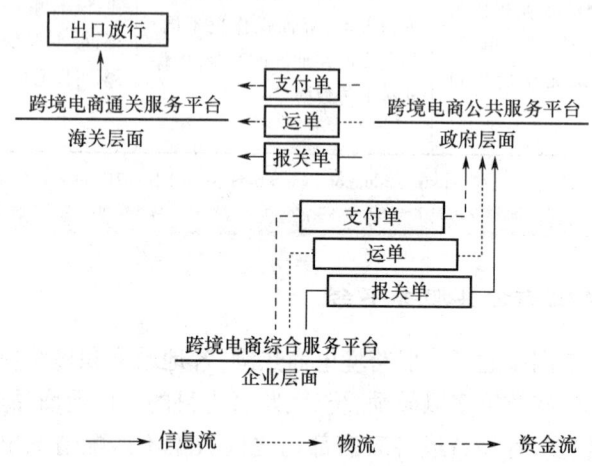

图7-3 跨境电商服务平台关系

资料来源:新浪洛世奇的博客《跨境电商通关服务平台分解》。

专栏7-1:深圳一达通①

深圳一达通企业服务有限公司成立于2001年,为中国第一家面向中小企业外贸综合服务平台,通过互联网一站式为中小企业和个人提供金融、通关、物流、退税、外汇等所有外贸交易所需的进出口环节服务,改变传统外贸经营模式,集约分散的外贸交易服务资源,为广大中小企业和个人减轻外贸经营压力、降低外贸交易成本、解决贸易融资难题。

2010年11月加入阿里巴巴后,该公司形成了从"外贸资讯"到"外贸交易"的中小企业外贸综合服务平台,为广大中小企业和个人从事对外贸易提供了更为全面的外贸服务,是典型的中小企业外贸综合服务平台。

---

① 资料来源:搜狗百科(http://baike.sogou.com/v69329288.htm?fromTitle=%E4%B8%80%E8%BE%BE%E9%80%9A)。

第二节　跨境电子商务交易平台

一、常见的跨境贸易电子商务交易平台

（一）敦煌网

敦煌网成立于2004年，是国内首个与地方政府（义乌）合作为中小企业提供网上在线交易的第三方跨境电商B2B交易平台。该平台根据自身交易平台的数据为敦煌网商户提供无须实物抵押、无须第三方担保的网络融资服务，在行业内率先推出APP应用，不仅解决跨境电商交易中的沟通和时差问题，还打通订单交易的整个购物流程，将传统的外贸电子商务信息平台升级为真正的在线交易平台，提供在线交易及其相关外贸服务，开创了"成功付费"的在线交易佣金模式，即"交易佣金+服务费"。交易佣金模式交易方式为：敦煌网提供免费注册，免费上传产品，只有在买卖双方交易成功后按交易额收取佣金，敦煌网对不同的类目设定了不同的佣金比例，并且实行了"阶梯佣金"的方法，根据单据订单的金额不同，收取不同的平台佣金率。服务费模式交易方式为：为卖家提供营销工具，包括定价广告、竞价广告、展示计划等，同时针对商家提供店铺装修优化、集约化物流、金融、代运营等服务，根据服务类型的不同收取一定费用。

（二）兰亭集势

兰亭集势成立于2007年，是最大的外贸B2C网站之一。在成立之初，兰亭集势以销售定制婚纱礼服为主，之后扩张品类，其主要的目标市场是欧洲、北美洲等，兰亭集势销售产品的品类已涵盖服装、玩具、饰品、电子产品等14大类。兰亭集势主要的运营模式是将中国本土商品售卖到海外个人消费者手中，依靠产品采购和销售产品中间的差价来获取利润。

（三）大龙网

大龙网作为目前中国最大的跨境电商O2O平台之一，成立于2009年，目前在全球拥有的10余家分公司分布于美国、加拿大、日本、澳大利亚等地，主要销售的产品是电子类、服装类以及园艺类。大龙网在全球拥有1 000多家本地销售渠道、20多个海外仓、50多家物流合作商以及70多种支付方式。目前大龙网采用的是跨境O2O模式，其盈利模式包括自营部分和平台部分，自营部分主要依靠销售产品的进销差价盈利，平台部分主要依靠收取服务费盈利。

(四) eBay

eBay 在线交易平台成立于 1995 年,是全球领先的线上购物网站,利用其强大的平台优势和旗下全球市场占有第一的支付工具 PayPal 为全球商家提供网上零售服务。目前 eBay 拥有 1.45 亿活跃用户,遍布全球 100 多个国家。借助强大平台优势、安全便捷的支付解决方案,eBay 成为中国电商零售出口产业的主力军,推动着跨境电商产业的发展。其盈利模式一项为刊登费,即商家在 eBay 上刊登物品所收取的费用,另一项是成交费用,即当商家交易成功时,收取一定比例的成交费和佣金。

(五) 亚马逊

亚马逊成立于 1995 年,以优质的仓储物流系统和售后服务体系闻名于世,是一家财富 500 强公司。除了自营业务外,亚马逊对第三方卖家开放,在全球 13 个国家拥有电子商务网站。根据卖家选择服务的不同,亚马逊采用不同的收费模式。卖家在亚马逊全球网站开店,亚马逊将收取平台月费和交易佣金,无交易则不收佣金。选择亚马逊物流的卖家加收仓储和物流费用;自主配送的卖家所选配送服务必须符合亚马逊对服务质量的相关要求。2004 年亚马逊通过收购卓越网正式进入中国市场,开启了"全球开店"项目,为第三方卖家提供出口电商服务。

(六) 全球速卖通

全球速卖通是阿里巴巴旗下面向全球市场打造的在线交易平台,被广大卖家称为国际版"淘宝"。其平台交易手续费率低,与其他竞争对手相比有明显的优势。依托丰富的淘宝商品资源,平台的淘代购功能可方便卖家将淘宝商品一键卖向全球,为卖家提供一站式商品翻译、上架、物流等服务。速卖通于 2010 年 4 月上线,凭借阿里巴巴国家站的知名度,再加上各大洲相关联盟站点、谷歌线上推广等渠道,速卖通源源不断地引入了优质流量。经过几年的迅猛发展,目前已经覆盖 230 多个国家和地区的海外买家,让中小企业能够以快速出口、小批量的方式进行跨国交易。2015 年速卖通开始陆续对一些商品类目征收技术服务费和年费。2016 年速卖通开始提高平台入驻要求,对全类目征收相应技术服务费和年费,并制定相应的年费返还制度。卖家成功完成交易,需要缴纳一定的佣金,同时速卖通提供增值服务,如直通车、装修模板等,根据服务的不同收取一定的费用。

(七) 唯品会

广州唯品会信息科技有限公司成立于 2008 年 8 月,总部设在广州,旗下网站于同年 12 月 8 日上线。唯品会是一家专门做特卖的网站,主营业务为互联网在线销售品牌折扣商品,在中国开创了"名牌折扣 + 限时抢购 + 正品保障"的创新电商模式,并持续深化为"精选品牌 + 深度折扣 + 限时抢购"的正品特卖模式。每天早上 10 点和晚上 8 点准时上线 200 多个正品品牌特卖,以低至 1 折的折扣实行 3 天限时抢购,为消费者带来"网上逛街"的愉悦购物体验和超高性价比的购物惊喜。2014 年 9 月,唯品会的"全球特卖"频道亮相网站首页,同时开通首个正规海外快件进口的"全球特卖"业务。经过几年的发展,唯品国际通过"产地直采自营,正品免邮包税"的策略,通过在全球 11 个国家和地区设立买手团队建立的选品优势、规模采购的价格优势,以及全球 12 大海外仓和国内 11 大保税仓的快速配送优势,平台订单实现 100 倍以上的快速增长。2016 年 4 月跨境新税制及正面清单颁布后,"唯品国际"主要从两个方面来优化消费者的体验:首先是全球直采的买手制,与海外品牌直接合作、通过集约化的采购规模降低商品成本;另外通过海外仓、保税仓、国内五大仓储基地以及自有物流配送体系,为消费者节省物流配送成本,从而做到免税包邮。在越来越规范的跨境业务市场中,唯品会正规、大规模、物流健全的跨境电商竞争优势逐渐凸显。

(八)Wish

Wish 成立于 2011 年,2013 年进入外贸电子商务领域,仅仅用了 3 年时间就成为北美最大的移动购物平台,与其他跨境电商不同的是,Wish 主战场在移动 APP 终端。Wish 能够根据用户喜好,通过精确的算法推荐技术,将商品信息推送到感兴趣用户的手机上,利用移动平台的特点,与 PC 端展开差异化竞争,卖家不用以牺牲产品价格来取胜。Wish 商家入驻,注册方式简便,审核时间快,门槛低,吸引了大量商家进入,成单率高,利润率远高于传统电商平台。在收费方面,目前主要是对每笔成功交易订单收取 15% 的服务费。

二、跨境贸易电子商务交易平台差异性分析

虽然特定电商平台所采用的运营模式可能是多样化的,但通常仍会有比较强的模式定位倾向性。表 7 - 2 是依据特定平台不同的分类标准分类的基本情况。

表 7 - 2　　　　　　　跨境电商商业模式分类及代表企业

分类标准	商业模式	代表企业
产业终端用户类型	B2B 平台	敦煌网、中国制造、阿里巴巴国际站、环球资源网
	B2C 平台	唯品会、DX、速卖通、兰亭集势、大龙网、米兰网

续表

分类标准	商业模式	代表企业
服务类型	信息服务平台	中国制造网、阿里巴巴国际站、环球资源网
	在线交易平台	大龙网、敦煌网、炽昂科技、DX、速卖通、唯品会
平台运营方	第三方开放平台	阿里巴巴国际站、敦煌网、速卖通、环球资源网
	自营型平台	唯品会、米兰网、大龙网、炽昂科技、兰亭集势

以下就常见的跨境电商综合服务平台进行商业模式的对比分析,以考察跨境贸易电子商务交易平台差异性。

表7-3是常见的跨境电商综合服务平台对比。

表7-3　　　　　常见的跨境电商综合服务平台对比

平台名称	成立时间	平台运营	商业模式
敦煌网	2004	第三方跨境电商平台	交易佣金+服务费
兰亭集势	2007	第三方跨境电商平台	商品经销差价
大龙网	2009	第三方跨境电商平台	商品经销差价+服务费
eBay	1995	第三方跨境电商平台	刊登费+交易佣金
亚马逊	1995	第三方跨境电商平台	平台月费+交易佣金
全球速卖通	2010	第三方跨境电商平台	交易佣金+服务费
唯品会	2008	自营跨境电商平台	商品经销差价
Wish	2011	第三方跨境电商平台	交易佣金

以兰亭集势、敦煌网及大龙网三大平台为例,兰亭集势主要的运营模式是向海外个人消费者销售中国本土的商品,以采购及销售产品的中间差价来获取盈利。在收入模式方面,兰亭集势的收入仍以自营的商品进销差价为主。类似B2C这类的跨境电商市场正在逐渐发展,且在中国整体跨境电商市场交易规模中的占比不断升高,在未来,C类跨境电商市场将会迎来大规模增长。敦煌网主要的盈利模式有两种:佣金收入和服务费模式。作为平台,敦煌网提供一个在线交易平台,买卖双方可在该平台上交易,交易成功之后,买家将缴纳一定比例的交易佣金。另外,由于跨境电商国际化,买卖双方对交易中涉及的服务有较高的要求,基于此特点,敦煌网采取收取服务费获利的模式,即向企业提供集约化物流、金融、代运营等服务,并收取一定的服务

费。大龙网作为目前中国最大的跨境电商 O2O 平台之一,其盈利模式包括自营部分和平台部分,自营部分主要依靠销售产品的进销差价盈利,平台部分主要依靠收取服务费盈利。

三、跨境电子商务交易平台发展趋势

在经济全球化以及电子商务快速发展的大趋势下,全球市场跨境网购需求空间巨大,其交易平台也将向移动化、垂直化、本地化、高端化发展。

(一)移动化

据中国电子商务研究中心监测数据显示,2014 年移动电子商务市场交易额就已占网络交易总额的 1/4 左右,2017 年网络零售市场交易额达 65 500 亿元,移动端交易额达 46 370 亿元,占比 70.8%,众多跨境电商将发力移动端。从欧美市场来看,移动消费需求巨大,消费者随时随地享受卖家带来的更大的市场机会,而且移动端的交易具有更强的冲动性,因此转化率比传统 PC 端更高,利润也更高。

(二)垂直化

对于每一个跨境电商交易平台来说,都有自己的行业优势和忠实的用户群或在某个国家或地区具有重要影响力,因此,对特定的产品和用户群来说,对目标市场进行深耕细作是十分重要的策略,也就是在国家或商品品类上垂直细分,将"用户为中心"的精细化管理优势发展到极致,是这类交易平台的特色。目前的交易平台以母婴、美妆、服饰类目最为普遍,例如英国最大的服装 B2C 网络零售商之一的 ASOS(As Seen on Screen)。

(三)本地化

随着物流配套的持续升级尤其是海外仓模式的兴起,国内众多电商企业都在密集布局海外购物市场,将大宗货物直接备货在境外,消费者享受本地化的物流和退换货服务。未来跨境电商交易将加强本地化服务质量,提升本地化服务能力,本地化服务竞争将成为未来跨境电商的关键点。

(四)高端化

全球市场对中国制造的选择逐渐发生转变,不仅看重价低,对产品的质量、品牌知名度、品牌影响力、信誉程度等多方面因素综合考量。这种转变一方面表示全球市场对中国制造的进一步认可,且对中国制造报以更高的期望,同时,也表现出中国跨境电商交易平台未来发展的核心方向。

第三节 跨境支付平台

一、跨境支付的概念[①]和分类

跨境支付(Cross – border Payment)是指通过一定的结算工具和支付系统对于因贸易或投资发生的资金实现两个或两个以上国家或地区之间的转移行为。

跨境支付场景主要分布在跨境网络消费、跨境转账汇款和境外线下消费。其中:跨境转账汇款途径主要包括第三方支付平台、商业银行和专业汇款公司三种;境外线下消费途径主要有信用卡刷卡、借记卡刷卡、外币现金和人民币现金等;跨境网络消费途径较多,有第三方支付平台、网银线上支付、信用卡在线支付、电子汇款、移动手机支付和固定电话支付等。

跨境电商发展的巨大空间以及潜在的获利空间不断推动第三方支付企业推出优质的服务,以及在跨境支付中具备更好的资金管理能力。跨境支付是跨境电商中不可或缺的环节,是占领境内境外消费市场的重要条件。跨境支付企业在资金周转上的安全性和及时性最终带给境内外买卖双方的是一种信誉感和依赖感,它将从技术层面推动跨境电商的发展。

二、第三方跨境支付的概念和分类

第三方跨境支付平台是指具有一定信誉和实力,且独立于商户和银行为境内外的消费者提供有限服务的支付机构。第三方支付的跨境业务可分为以下三个层次[②]:

(一)购汇支付——境内持卡人的境外网站支付

支付宝很早就开始了跨境支付第一层次的境外业务的探索。2007年12月,支付宝公司就与总部位于纽约市的咨询顾问公司 Philliou Selwanes Partners(PSP)达成合作协议。PSP 将成为支付宝的合作代理机构,在北美商家中推广这项中国支付服务,从而使支付宝的业务日渐全球化。自2007年8月支付宝在中国香港地区正式推出境外业务以来,支付宝境外签约商户已经覆盖中国香港、新加坡、美国、澳大利亚等多个国家和地区。

就在支付宝等公司走出去的同时,全球性支付工具 PayPal 也在积极地走进来。2010年3月,PayPal 宣布和中国银联合作开展国际支付业务,以便中国的

[①] 叶华文,旷彦昌. 第三方跨境支付存在的问题及对策研究[J]. E – business Journal,2014(9).
[②] 来自互联网金融观察员曹敏灵网页文章《详解第三方跨境支付》。

银联用户进行境外网站的购物结算,这样中国消费者就能从境外商户购物并向其支付款项。2011 年底,PayPal 向中国人民银行递交了支付牌照申请。2015 年 6 月,PayPal 宣布和建设银行推出建设银行 PayPal 专属海购平台。PayPal 平台连接了全球超过 15 000 家银行,这个全球覆盖面是很难被超越的。

(二)收汇支付——境外持卡人的境内网站支付

在第二层次境外人士的境内支付上,几家业内的大公司也已经开始行动:支付宝在港澳台与 VISA 和万事达卡合作;财付通通过 AsiaPay 和 PayPal 等境外渠道合作来提供境外交易服务;中国银联也与 PayPal 开展了合作。境内第三方支付企业还有快钱、汇付天下等。

2010 年 4 月 21 日,支付宝宣布与万事达卡国际组织达成合作,正式开通香港、澳门、台湾三地的万事达卡支付业务,港澳台用户使用三地发行的带有"MasterCard"标志的信用卡就可以直接通过支付宝付款,在淘宝网上进行购物。

(三)境外持卡人的境外网站支付

国内第三方支付机构的跨境支付业务主要集中在前两个层次,第三个层次的"境外持卡人的境外网站支付"业务则鲜有企业涉及。

从支付规模来看,95% 的跨境支付市场由 PayPal 垄断。

下表是按企业类型划分的国内外跨境支付企业经营模式。

表 7-4　　国内外跨境支付企业经营模式(按企业类型划分)

企业类型	企业名称	服务/产品	服务类别	服务对象	支付卡/币种	结算币种	覆盖地区
境内第三方支付企业	支付宝	海外购	跨境购物	支付宝会员	人民币	外币	中国港澳台、日本、英国、美国、意大利、澳大利亚
		外卡支付	跨境购物	境外持卡人	MasterCard、VISA 国际信用卡	人民币	港澳台
	快钱	国际收汇	跨境购物、外贸 B2B	需拓展国际业务的外商企业	VISA、MasterCard、American Express、JCB 等主流国际信用卡,PayPal 国际账户	人民币	全球超过 190 个国家和地区

续表

企业类型	企业名称	服务/产品	服务类别	服务对象	支付卡/币种	结算币种	覆盖地区
境内传统金融机构	银联	互联网认证支付服务	跨境购物、外贸B2B	银联卡持有人	人民币/银联卡	外币	中国香港、日本、美国等
		境外ATM取款和刷卡消费	国际卡业务	银联卡持有人	人民币/银联卡(开通境外受理业务)	人民币	亚太、欧美、非洲、澳洲等
境外支付企业	PayPal	无境购、外贸一站通	跨境购物、国际卡业务、国际贸易	eBay买卖家、PayPal合作银行卡业务	全球超过15 000家银行卡、信用卡、PayPal账户	商品所在地区货币	全球超过190个国家和地区

资料来源：支付宝、银联、快钱和PayPal企业官网，最终以企业公布为准。

三、第三方跨境支付平台——以支付宝为例①

(一) 跨境购物线上结算

支付宝为跨境支付提供了通过支付宝"人民币收款,向境外商家结算外币"的支付解决方案,中国最庞大,最活跃的在线购物群体可以在与支付宝合作的境外商家网站上直接购买外币标价的商品,全球的网上商家则可以通过与支付宝合作,突破跨境支付的瓶颈。

与国内的支付模式不同,支付宝境外支付采用及时到账模式,不提供第三方担保服务,买家在境外网站使用人民币购物付款后,款项由支付宝即时从买家账户中划出,完成购汇并最终将款项清算到境外商户的账户。

2007年8月,支付宝正式推出跨境支付业务,向境内买家和境外卖家提供一站式的资金结算解决方案,此业务支持包括英镑、美元、日元、加拿大元、澳大利亚元、欧元在内的20种货币。截至目前,支付宝共签约境外商户600多家。

---

① 彭惠新. 支付宝:让跨境支付延伸到更多国家——阿里小微金融服务集团国际事业部总监梁明俊访谈[J]. 中国信用卡,2014(10).

2012年5月，支付宝联合中银信用卡（国际）有限公司，在香港、澳门地区推出快捷支付服务，由于无须事先办理任何手续，跨境快捷支付的成功率可以达到96%以上，极大地提升了跨境支付的用户体验。同年8月，支付宝和万事达卡子公司国际支付服务供应商Data Cash集团达成合作协议，共同提供国际解决方案，该解决方案可以大大节省中国电子商务跨境交易中所产生的翻译和整合成本，消费者可以通过支付宝平台轻松实现跨境购物。

（二）跨境购物线下"当面付"

为满足巨大的跨境支付需求，支付宝在线上跨境支付业务取得快速发展的同时，也努力进行各种创新尝试。2014年1月，支付宝进军海外O2O市场，将条码支付扩展到香港的店铺。目前，香港336家OK便利店，90家卓悦门店及19家佐丹奴核心商区门店全部支持支付宝的"当面付"条码付款。内地的游客在香港的上述店内购物结账时，可以直接打开手机上的支付宝钱包"当面付"条码付款功能，收银员通过扫码枪扫描手机上的条码即可完成支付，结算金额会以当天的外汇牌价折算成人民币，直接从支付宝账户中进行扣除。

2014年6月，支付宝与美国支付处理公司Stripe建立了合作关系，让支付宝用户可以购买到Stripe商户提供的商品，进一步扩大了支付宝用户的"海淘"范围。

（三）海外退税服务

支付宝与环球蓝联合作推出简单高效的海外退税服务。消费者使用支付宝海外退税服务，只需在印有"Alipay"选项标识的退税单上，填好绑定支付宝手机号、护照号和中文名拼音等必要信息，在离境前把退税单交给海关检查盖章，并投递到机场指定的信箱，最快10个工作日，退税金会自动兑换成人民币，打入消费者的支付宝账户。

目前，法国、英国、德国、意大利和韩国的环球蓝联的退税合作商户已支持支付宝海外退税服务，其中包括英国著名的哈罗德百货商场（Harrods）、德国卡迪威百货商场（KaDeWe）、意大利文艺复兴百货商场（La Rinascente）等高档百货商场，并覆盖了上述五国的基本所有主流商户。

（四）国际航旅、留学缴费跨境支付

支付宝联合各类合作伙伴推出了国际航旅酒店预订、留学缴费等服务。在国际航旅方面，支付宝为用户提供机票、酒店等境外旅游产品的人民币购买服务。支付宝目前支持新加坡、阿联酋、港龙、大韩、全日空等30家国际航空公司官网机票购买，以及Agoda、Hotel Club、亚洲假日等国际商旅平台的机票、酒店

预订。

在留学缴费方面,支付宝与国外留学缴费机构合作,开通了支付宝缴纳留学费用的服务。目前,全球支持这一服务的海外大学包括麻省理工学院、康奈尔大学、杜伦大学、利兹大学、曼彻斯特大学等300多所学校。

四、我国网上跨境支付交易存在的风险[①]

(一)国际结算和虚拟账户资金沉淀风险

第三方支付的主要特点是通过第三方来弥补交易双方信用缺失问题,买方先把资金支付给第三方机构,在第三方得到买方确认授权付款或到一定时间默认付款后再支付给卖方。与此同时,第三方支付企业一般都会规定相应的结算周期,支付资金不可避免地会在第三方企业做一定时间的停留而成为沉淀资金,从而导致一系列的资金风险。跨境支付交易中,由于物流环节多、时间长、国际结算账户的结算周期加长,资金沉淀风险更为突出。如果支付服务商的服务领域扩大到一定程度,交易客户和沉淀资金达到一定规模,就很有可能引起系统性支付风险。

(二)资金非法流入和洗钱风险

电子商务及网上支付大多通过电话、计算机网络进行,银行和客户、买方和卖方之间很少或者根本无法见面,这给了解客户带来了很大的难度,也成为信用风险和洗钱风险的易发、高发领域。

(三)网上跨境支付交易外汇管理存在问题

1. 第三方支付企业的定位和外汇监管问题

一方面,第三方支付企业在跨境的外汇收支管理中,承担着与外汇指定银行类似的职责,既是外汇管理政策的执行者又是交易行为的监督者;另一方面,它主要为收付款人提供货币资金支付清算服务,属于支付清算组织的一种,不属于金融机构。如何界定这类机构并对其所经办的跨境外汇收支业务进行管理,需要在外汇管理法规和外汇管理制度框架层面予以规定。

2. 市场准入问题

网上跨境支付的特点是能够突破时空限制,将业务辐射到世界的每个角落,世界各地的企业和个人都是潜在的客户。经济金融信息和资金链日益集中在支付平台,一旦缺乏足够的资金实力或出现违规经营、系统故障、信息泄露的

---

① 王大贤,邱继岗. 网上跨境支付外汇管理问题研究[J]. 南方金融,2009(8).

情况,便会引起客户外汇资金及业务风险,因此对网上跨境支付的市场准入进行规范尤其重要。从外汇管理部门看,对第三方支付企业也有必要参照商业银行办理结售汇业务的准入标准建立规范的跨境支付业务的准入机制,从支付组织的外汇业务经营资格、业务范围、外汇政策监督等方面建立准入标准,防止不具备条件的支付组织办理跨境支付及相应的结售汇代理业务。

3. 交易真实性审核问题

相比于一般的进出口贸易,网上跨境交易的真实性更加难以把握,这主要是因为一方面经常项下跨境交易的电子化以及部分交易产品具有虚拟特性,另一方面由第三方支付平台代理交易方办理购汇、结汇业务,银行对境内外交易双方的情况并不了解,无法直接进行相关审核。这种跨境交易真实性审核难题,为资本项目混入经常项目办理网上跨境收支提供了途径,也为非法资金流出流入提供了可能。

4. 国际收支申报问题

按照国际收支主体申报的原则,网上跨境交易应由境内企业或个人办理对外收付款申报。但由于第三方支付中介的存在,境内外交易双方并不直接提供银行账户以及其他相关信息,而且由于交易资金流需要由第三方支付中介支付清算,完成整个交易至少需要7~10天时间,因此,由境内企业或个人办理涉外收入支出申报事实上难以实施,申报时间也与资金实际跨境收支时间不符。

5. 第三方支付企业的市场资质问题

中国人民银行将提供网上支付服务的第三方支付企业定性为独立的服务中介机构,是为收付款人提供货币资金转移和清算服务的公司制非金融企业法人。同时,中国人民银行将第三方支付企业纳入监督管理体系,要求其制定支付清算业务办法,建立健全风险管理和内部控制制度,并以发放牌照的形式提高这一行业的准入门槛。但直至今日,《支付清算组织管理办法》尚未出台,第三方支付平台提供网上交易和支付结算的资质问题有待进一步明确和解决。

第四节 跨境电子商务综合型服务平台

一、跨境电商综合服务平台的概念

随着国家对跨境电商监管政策的日渐明朗,各地海关和政府逐渐收紧监管缺口,一些传统中小型外贸企业和跨境电商平台个人卖家面对新出现的监管政策逐渐产生了不适应和紧迫感,而一些大型跨境电商企业在对接政府、海关等部门,处理跨境电商长链条环节上出现的问题具有丰富经验,于是孕育出了一批由大型跨境电商企业建设的跨境电商综合服务平台,为这部分中小企业和个人卖家提供代理服务。

跨境电商综合服务平台,其"综合"的含义囊括了金融、通关、物流、退税、外汇等代理服务。跨境贸易的链条很长,涉及的操作环节众多,对于传统中小外贸企业和个人卖家来说难以吃透且工作量极其繁重。综合服务平台的出现可以一站式解决这部分人遇到的外贸问题,是真正服务于基层的平台。

跨境电商综合服务平台是企业层面建设的平台,以"为中小型外贸企业和个人卖家提供一站式服务"为基础,衍生出了一个新兴的代理服务行业。在降低外贸门槛、处理外贸问题、降低外贸风险等方面提供便利和解决方案。目前该平台适用于小包裹、小订单等多种业态,随着跨境电商行业发展,这个平台也将随之拓展出更深层次、更专业的服务,发展潜力极大。

二、跨境电商三大服务平台对比

跨境电商三大服务平台包括跨境电商通关服务平台、跨境电商公共服务平台和跨境电商综合服务平台。

跨境电商通关服务平台顾名思义是为外贸企业进出口通关提供便利服务的系统平台。海关总署建设全国统一版的通关服务平台,意在统一报关流程。该平台所上传的数据可直接对接海关总署内部系统,节省报关时间,提升通关效率。跨境电商通关服务平台是海关总署在应对当前外贸订单碎片化趋势明显,小包裹、小订单急剧增多,政策空缺无监管实施的对策之一。通过企业数据与海关数据进行匹配,从而达到监管统计目的。

跨境电商公共服务平台中"公共服务"的含义具有双向性,一方面为各地政府的职能部门之间搭建公共信息平台,另一方面是服务于大众,主要是指外贸企业。阳光化的外贸环节众多,涉及国检(检验检疫)、国税(纳税退税)、外管局(支付结汇)、商委或外经贸委(企业备案、数据统计)等政府职能部门及银行结汇等,传统外贸企业需一一对接。跨境电商行业因其碎片化订单的特殊性,如每笔订单都重复与职能部门对接,将成为极其繁重的工作。另外,政府职能部门之间也需要一个公共区域共享企业上传的数据,并进行数据采集、交换对比、监管等工作。于是由政府投资兴建的公共服务平台成为解决这些问题的根本手段。

三、跨境电商综合服务平台介绍——以海外通为例

(一)海外通服务介绍

海外通是威时沛运全新的跨境电商综合服务项目,旨在为跨境电商提供更

加快速、便捷、低成本、高质量、高规范的综合服务。威时沛运始创于1995年，始终活跃于国际物流领域，是广州第一家跨境电商试点企业，目前业务涵盖了海外服务、国际空海陆运输、国内外通关、仓储增值服务、跨境电商综合物流解决方案、定制化物流解决方案、供应链分销、外贸综合服务等领域，是一家提供跨境贸易全链条综合服务并在业内享有盛誉的企业集团。

海外通其主体服务有进口 B2B2C 服务，主要为跨境电商平台提供从国外运输、国内保税区备货、保税仓储、在订单产生时直接从保税仓通关、分拣包装并发货的一体化服务。进口 B2B2C 服务按照"整批进、分散出"的形式进行："整批进"就是整批进口货物通过海外通综合服务平台向海关备案并申报进入海关保税区；"分散出"就是跨境电商将个人网购后产生的订单传送至海外通服务平台，平台立即向海关申报，实现自动化电子清关，清关成功后将根据订单分批运出保税仓并安排派送。

海外通的服务构成有：海外收货、海关清仓、国际运输、备货报关、保税仓储、分拣包装、进境电子通关、海内派送。

(二) 海外通服务流程

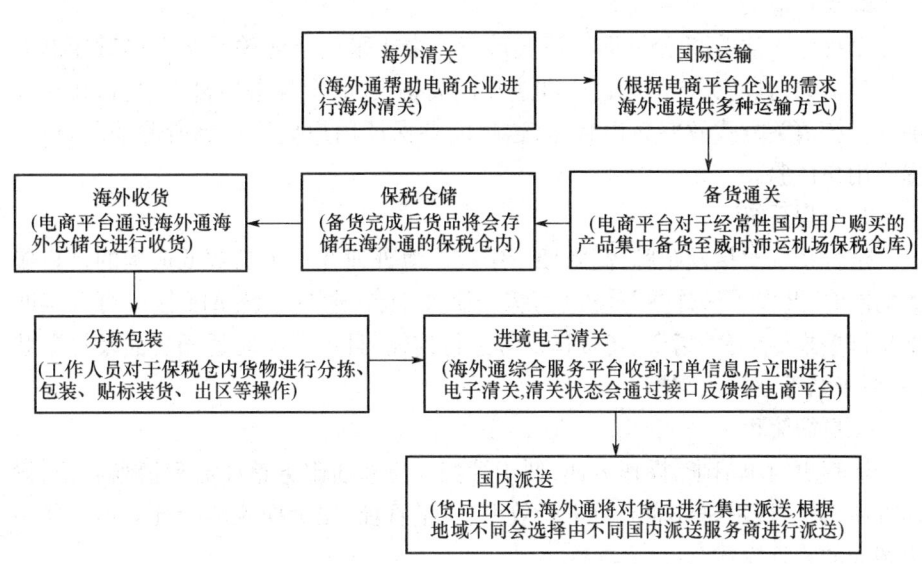

图 7-4 海外通服务流程

资料来源：WTD 海外通（http://www.wtdex.com/serve.html）。

专栏 7-2：跨境电商物流

物流是跨境电商目前存在的最大问题。跨境电商物流一直存在种种弊端，这些弊端包括配送时间长、包裹无法全程追踪、不支持退换货，甚至会出现清关障碍、破损甚至丢包的情况，而消费者希望有完全的透明度和问责制。目前解决跨境电商物流问题：一是建海外仓，跨境电商出口企业通过在公司主要目标国建设海外仓来缓解物流配送时间长的问题；二是建边境仓，在主要业务目标国相邻近的城市，如对俄贸易就在哈尔滨建仓储。这两种方式都可以解决或缓解跨境电商物流配送的问题。对于跨境进口电商来说，可以像亚马逊一样，通过把商品先放置在自贸区，这样消费者下单后，商品就从自贸区发出，有效缩短配送时间。

（三）海外通的优势

1. 更加快捷

当日清关、当日发货。相比传统用户购物后直接从海外发货经过漫长的等待才能收到货品，海外通服务能够在用户下单后当日进行清关并于当日集中发货，效率提高数倍，极大地提升用户体验及口碑。

2. 更快清关

全程电子清关，5 分钟即可清关放行。由于采用与海关系统直接对接的方式处理清关，且清关产品均已先期进行商品备案，故全程采用自动放行，相比以前的传统清关方式效率高出数倍，这也能够保证用户更快得到所购物品，极大提高用户体验。

3. 全程系统

全程系统对接及跟踪，高效便于掌控。海外通在提供高效低成本的进口服务的同时，开发了海外通跨境电商综合服务平台，通过系统 API 接口可以实时地将订单指令、清关指令、备货指令等进行传输，且可以实时返回货品及订单状态，便于结算、对接、掌控。

4. 更简流程

流程更简单清晰，操作方便，便于管控。海外通服务整体流程清晰简便，操作方便，且全程由海外通人员进行效率、质量管控，完全摆脱了传统全程需要亲力亲为的管理模式。

5. 规范安全

全程在海关新政策支持下运行，规范安全。以往跨境商品购物更多采用的是快递、包裹等方式进行，效率较低且限于报关方式，单一海关数量总体有限，且有相当比例采用冲关等非法方式入境，有法律风险且无法保证货品的有效通关时间,将整体风险转嫁于用户,不利发展。

6. 更低成本

更低运费、更低操作费、更低清关费、更低派送费、更低税费。相比以往通过一般贸易进口的方式,省却了关税及增值税,只交免税额外的行邮税,通过海外通空运等运输方式亦可省却大部分运费,同时操作费及清关费均为最低。

复习思考题

1. 请选择两个跨境电子商务交易平台比较其异同。
2. 第三方跨境支付存在哪些风险?
3. 试对三大跨境电商服务平台进行对比分析。
4. 跨境电商综合服务平台如何实现自动化清关?

参考文献

[1] 周少晨. 第三方跨境支付:发展态势、风险与监管[J]. 中国信用卡,2010(16).

[2] 郭景荣. 第三方支付机构跨境支付业务监管探讨[J]. 金融科技时代,2014(06).

[3] 宋连. 第三方支付跨境电子商务外汇管理问题研究[J]. 中国信用卡,2014(07).

[4] 陈曲,林铠燊. 第三方支付企业跨境发展探讨——以支付宝为例[J]. 特区经济,2013(09).

[5] 王杏平. 跨境电子商务与跨境第三方支付管理探究[J]. 南方金融,2013(12).

[6] 杨松,郭金良. 跨境电子支付服务风险监管法律问题研究[J]. 法治研究,2013(02).

[7] 彭惠新. 支付宝:让跨境支付延伸到更多国家——阿里小微金融服务集团国际事业部总监梁明俊访谈[J]. 中国信用卡,2014(10).

[8] 黄远. 跨境支付破冰,本土第三方支付企业暗战 PayPal[N]. 第一财经日报,2013-10-15.

[9] 李志豹. 国内第三方支付发力跨境业务[J]. 电子商务,2012(01).

[10] 王璀一. 邮政联手 PayPal 试水跨境电商——新服务承诺"当天寄当天发"[N]. 现代物流报,2013-12-19.

[11] 叶华文,旷彦昌. 第三方跨境支付存在的问题及对策研究[J]. E-

business Journal,2014(9).

[12]胡雷芳. 跨境电子商务平台竞争力比较分析[J]. 电子商务,2016(2).

[13]王宇能. 垂直跨境电商平台经营研究——以 ASOS 为例[J]. 广东技术师范学院学报(社会科学),2016(9).

[14]王卫东,孙华伟. 国际贸易"单一窗口"地方特色版的定位与优化发展研究——以中国(浙江)国际贸易"单一窗口"实践为例[J/OL]. 海关与经贸研究:1-15[2019-12-17]. http://kns.cnki.net/kcms/detail/31.2093.F.20190709.0837.002.html.

第八章 跨境电子商务网络营销

学习目标

通过本章的学习,掌握跨境电子商务网络营销的基本策略,包括产品策略、定价策略、渠道策略,掌握新兴电子商务技术在跨境电子商务网络营销中的应用,掌握跨境移动电子商务的概念、特征及运营模式。

网络营销(On-line Marketing 或 E-Marketing)就是以互联网络为基础,利用数字化的信息和网络媒体的交互性来辅助营销目标实现的一种新型的市场营销方式。威柏认为网络营销最直观的认识就是以客户为中心,以网络为导向,为实现企业目的而进行的一系列企业活动。跨境电商是不同国别或地区间的交易双方,通过互联网及其相关信息平台实现交易,都会用到网络营销。

第一节 跨境电子商务网络营销策略

网络营销策略(Internet Marketing Strategy)是指企业在现代网络营销观念下,为实现其经营目标,对一定时期内网络营销发展的总体设想和规划。

一、产品策略

(一)产品的基本概述

产品是指能够通过交换满足消费者或用户某种需求和欲望的任何有形产品和无形产品的总和。有形产品包括产品实体及其品质、特色、式样、品牌和包装等,无形产品是给买主带来附加利益的心理满足感和信任感的服务、保证、形象和声誉等。具体来说,整体产品包括核心产品、基本产品、附加产品、期望产品以及潜在产品五个层次。

(二) 产品策略主要内容

产品策略是企业为了在激烈的市场竞争中获得优势,在生产、销售产品时所运用的一系列措施和手段,包括产品组合策略、产品差异化策略、网络新产品开发策略、网络品牌策略以及产品的生命周期运用策略等。

1. 产品组合策略

产品组合具体是指生产经营的全部产品线、产品项目的组合,即产品组合的宽度、深度、长度和关联度。企业进行产品组合的基本方法是产品组合的4个维度,即增减产品线的宽度、长度、深度或产品线的关联度。而要使得企业产品组合达到最佳状态,即各种产品项目之间质的组合和量的比例既能适应市场需要,又能使企业盈利最大,需采用一定的评价方法进行选择。从市场营销的角度出发,按产品销售增长率、利润率、市场占有率等几个主要指标进行分析,对消费品和产业用品营销活动均有较高的应用价值。

专栏 8-1:大龙网 DinoDirect——多组合挽回客户[①]

在用户注册订阅邮件的初始,为用户提供新用户优惠及购物流程指导,作为欢迎新用户的入门礼,在跨境电商邮件营销中得到了普遍且很好的应用。跨境 B2C 电商一般在用户成功订阅邮件后,会发送确认订阅邮件、欢迎邮件等类型的邮件,从用户体验的角度,给新加入的用户提供网站购物操作指南及向导。在确认邮件中,适当巧妙加入热门产品、Coupon 等促销元素,引导用户转化等。

但是这种好的开始往往并没有得到延续,当客户许久不曾活跃在你的邮件列表中,大部分的跨境电商没有采取后续行动。通过邮件和 SEO、广告等渠道辛苦吸引过来的客户,就这样悄悄地流失了。大龙网是为数不多的采用"多组合策略挽回客户"的跨境电商企业:①60 天、120 天……当你许久不曾打开点击邮件,大龙网都会给你发送一封亲切而深情的呼唤你回归的邮件,当然邮件中额外折扣必不可少。②除此之外,他们还考虑到了可能由于阅读设备及方式的变化造成了你的离开,所以邮件中同时还提供 Newsletter、APP、Facebook 等覆盖主流用户群体的多个渠道来挽回用户。③如果以上的努力还是令你不满意,那么 Customer Service Center 是最后的法宝,能够直到让你满意为止,这反映了大

---

① 资料来源:艾瑞网. 网络营销:兰亭集势、大龙网、Everbuying:跨境电商巨头邮件营销盘点[EB/OL]. 2014-10-24.

龙网在客户服务上的重视程度,试想,"客户服务中心"将给客户带来什么感觉——我们不仅随时关注你的需求,更关心与关注你。如图8-1所示。

图 8-1

2. 产品差异化策略

产品差异化策略是指企业以某种方式改变基本相同的产品,如技术的更新、功能的改变、美化包装和加强服务等。企业控制市场的程度取决于它们使自己的产品差异化的成功程度。在现代营销观念中,服务已成为产品的一个重要组成部分。企业可通过训练有素的职员为消费者提供优质服务、缩短结账过程等,满足消费者的合理的差异需求。产品差异化不仅迫使外部进入者耗费巨资去征服现有客户的忠实性而由此造成某种障碍,而且又在同一市场上使本企业与其他企业区别开来,以产品差异为基础争夺市场竞争的有利地位。因此,产品差异化对于企业的营销活动具有重要意义。

3. 新产品开发策略

新产品开发是指从研究选择适应市场需要的产品开始到产品设计、工艺制造设计,直到投入正常生产的一系列决策过程。在网络整合营销理论中,强调营销的产品策略要转为以顾客为中心,顾客提出需求,企业辅助顾客来设计和开发产品满足顾客个性化需求,因此有人将这种策略称为"生产—消费的连接"(英语单词 Prosumption,它是 Production 和 Consumption 的合成)。

在传统市场营销中,产品满足的主要是顾客一般性需求,因此产品相应分成核心利益或服务、有形产品和延伸产品三个层次,分别满足顾客不同层次需要。核心利益或服务是满足顾客购买产品真正的需要,营销的目标是揭示隐藏在产品中的各种需要,并出售利益,核心产品是产品整体的中心;核心产品必须通过一定载体表现出来,这个层次就是有形产品,它包括质量水平、特色、式样、品牌和包装;为更好销售产品和提供服务,产品设计时还应该提供附加服务和附加利益,如售后服务、送货、保证、安装等,满足顾客需求,并从中获取一定竞争优势。传统产品中的三个层次在网络营销产品中仍然起着重要作用,但产品的设计和开发的主体地位已从企业转向顾客,企业在设计和开发产品时必须满足顾客的个性化需求,因此网络营销产品在原产品层次上还要附加两个层次——顾客期望产品层次和潜在产品层次,以满足顾客的个性化需求特征。

网络营销新产品研制与过去新产品研制与试销不一样,顾客可以全程参加概念形成后的产品研制和开发工作。顾客参与新产品研制与开发不再是简单的被动接受测试和表达感受,而是主动参与和协助产品的研制开发工作。与此同时,与企业关联的供应商和经销商也可以直接参与新产品的研制与开发,因为网络时代企业之间的关系主流是合作,只有通过合作才可能增强企业竞争能力,才能在激烈的市场竞争中站稳脚跟。通过互联网,企业可以与供应商、经销商和顾客进行双向沟通和交流,可以最大限度提高新产品研制与开发速度。如美国的波音公司为加快新产品777的研制与开发,通过其内部的网络CAD系统将所有的零件供应商联系在一起,波音在设计777飞机系统时,它们的零件商就可以按照规格协助设计和开发相应配套的零件,结果波音777飞机研制时间缩短了两年多时间,在航空市场中占有有利的竞争地位。

值得关注的是,许多产品并不能直接提供给顾客使用,它需要许多企业共同配合才有可能满足顾客的最终需要,这就更需要在新产品开发同时加强与产品为纽带的协力企业的合作。如计算机的硬件和软件需要许多公司配合才能满足市场需要,为提高新产品研究开发速度,提供CPU的Intel公司在研究新产品同时就将其技术指标向协力企业公开,以使其能配套开发新产品;提供操作系统的微软公司,也是在开发新操作系统同时就将操作系统的标准和规范公开,在产品上市前先与硬件制造商合作测试操作系统稳定性,以及配合硬件制造商的硬件设计和制造,使得电脑上市时能保持同步。这些相互协作和支持都可以很容易通过互联网实现,而且费用非常低廉。

4. 产品品牌策略

产品的品牌是用于识别某个销售商和企业的产品或服务,并与竞争对手的产品或服务区别开来的商业名称及其标志,而商标是一个法律概念,是经过政府有关部门注册获得使用权而受法律保护的一个品牌或品牌的一部分。对于不同产品线或同一产品线下的不同产品品牌的选择,有以下四种策略:

(1)个别品牌策略,即企业在不同的产品线上使用不同的品牌。

(2)单一品牌策略,企业所有的产品采用同一品牌。

(3)同类统一品牌策略,即对同一产品线的产品采用同一品牌,不同的产品线则品牌不同。

(4)企业名称与个别品牌并行策略,在不同的产品上使用不同的品牌,但每一品牌之前冠以企业的名称。

与传统市场类似,网上品牌对网上市场也有着非常大的影响力。值得注意的是,网上品牌与传统品牌有着很大不同,传统优势品牌不一定是网上优势品牌,网上优势品牌的创立需要重新进行规划和投资。

5. 产品生命周期运用策略

产品从投入市场到最终退出市场的全过程称为产品的生命周期,该过程一般经历产品的投入期、成长期、成熟期和衰退期四个阶段。在产品生命周期的不同阶段,产品的市场占有率、销售额、利润额是不一样的。投入期,产品销售量增长较慢,利润额多为负数,这时,网络营销要多方寻找机会,注意社会重大活动和能造成广泛影响的事件,适时推出产品以引起社会的轰动效应。当销售量迅速增长,利润由负变正并迅速上升时,产品进入了成长期,网络营销这一阶段所遇到的问题是会引来竞争者。企业要保持住自己在市场上的优势,必须尽快提高产品质量,突出产品特色,多方面满足消费者的需求。经过快速增长,销售量逐渐趋于稳定,利润增长处于停滞,说明产品成熟期来临,网络营销应重点宣传厂牌商标,但更应当注意保持市场占有率。在成熟期的后一阶段,产品销售量缓慢下降,利润开始下滑。当销售量加速递减,利润也较快下降时,产品便步入了衰退期,此时要毫不犹豫地撤退,果断地将产品处理掉,迅速实现产品更新换代。

二、产品定价策略

(一)影响定价的因素

1. 自身因素

首先是利润目标,即在企业所能掌握的市场信息和需求预测的基础上,按照已达到的成本水平,适当定价,以追求所能得到的最大利润。其次企业要考虑市场份额，有些企业的定价目标是大幅度增加销售量，以提高市场占有率。

2. 市场环境因素

经济学原理告诉我们，如果其他因素保持不变，消费者对某一商品需求量的变化与这一商品价格变化的方向相反，即如果商品的价格下跌，需求量就上升，而商品的价格上涨时，需求量就相应下降。

3. 社会经济因素和政府政策

企业在进行定价决策时，必须考虑竞争者的营销战略。竞争者的营销战略包括竞争者提供的产品及服务、价格策略及其变动、促销手段等诸多内容，无论哪一项发生变化都会对企业的定价策略产生影响。国家政策对产品定价的影响也表现在许多方面。例如国家的价格政策、金融政策、税收政策、产业政策等都会直接影响企业产品的定价。

（二）定价的基本策略

在经济学中，确定价格一般是通过边际分析法。从微观经济学来看，该方法阐述了企业从利润最大化的目标出发，根据 MR = MC 的原理给产品定价的方法。在这种方法中，通过厂商成本和产量、消费者效用和收入的约束，得出厂商获得利润最大化的定价策略。

1. 拍卖竞价策略

网上拍卖是发展较快的领域，经济学认为市场要形成最合理价格，拍卖竞价是最合理方式。网上拍卖由消费者通过互联网轮流公开竞价，在规定时间内价高者赢得。目前国外比较有名的拍卖站点是 eBay，拍卖竞价者只需在网上登记即可，拍卖方将拍卖品的相关信息提交给 eBay 公司，经公司审查合格后即可上网拍卖。

根据供需关系，网上拍卖竞价方式有：

（1）竞价拍卖。最大量的是 C2C 的交易，包括二手货、收藏品，也可是普通商品以拍卖方式进行出售。如 HP 公司将公司的一些库存积压产品放到网上拍卖。

（2）竞价拍买。这是竞价拍卖的反向过程，消费者提出一个价格范围求购某一商品，由商家出价，出价可以是公开的或隐蔽的，消费者将与出价最低或最接近的商家成交。

（3）集体议价。在互联网出现以前，这种方式在国外主要是多个零售商结合起来，向批发商（或生产商）以数量换价格的方式。互联网出现后，使得普通的消费者能使用这种方式购买商品。集合竞价模式，是一种由消费者集体议价的交易方式，提出这一模式的是美国著名的 Priceline 公司。在国内，雅宝将这一模式引入自己的网站，曾经 500 多个网民在雅宝上联合起来集体竞价。如

《没完没了》电影票价原价30元,竞价后5元购得。

对于企业来讲,采用网上拍卖竞价的产品,比较合适的是库存积压产品,也可以是新产品,通过拍卖展示起到促销效果。许多公司将产品以低廉价格在网上拍卖,以吸引消费者的关注,如Compaq公司将其推出的新电脑产品通过网易网站进行拍卖,结果拍卖价格比公司预定价格要高。

2. 定制生产定价策略

按照顾客需求进行定制生产是网络时代满足顾客个性化需求的基本形式。定制定价策略是在企业能实行定制生产的基础上,利用网络技术和辅助设计软件,帮助消费者选择配置或者自行设计能满足自己需求的个性化产品,同时承担自己愿意付出的价格成本。例如,在Dell公司的定制定购主页中,用户可以了解本型号产品的基本配置和基本功能,如果用户对配置不满意、想增加功能或者提高产品性能,比如想将硬盘从6.4GB扩充到13.6GB的容量,订货时只需要勾选图中右下角的方框,然后在页面上方的框内显示出当前配置的电脑价格。通过这些对电脑配件的选择,消费者自己根据实际需要和所能承担价格,配置出自己最满意的产品,使消费者能够一次性买到自己中意产品。在配置或自行设计的同时,消费者也相应地选择了自己认为的合适价格产品,因此对产品价格有比较透明的认识,增加企业在消费者面前的信用。

3. 使用定价策略

传统交易关系中,产品买卖是完全产权式的,顾客购买产品后即拥有对产品的完全产权。但随着经济发展、人民生活水平提高,人们对产品需求越来越多,而且产品的使用周期也越来越短,许多产品购买后使用几次就不再使用,非常浪费,因此制约许多顾客对这些产品的需求。为改变这种情况,网上采用类似租赁的按使用次数定价方式。

所谓使用定价,就是顾客通过互联网注册后可以直接使用某公司产品,顾客只需要根据使用次数进行付费,而不需要将产品完全购买。这一方面减少了企业为完全出售产品进行不必要的大量生产和包装浪费,同时还可以吸引过去那些有顾虑的顾客使用产品,扩大市场份额。顾客每次只是根据使用次数付款,节省了购买产品、安装产品、处置产品的麻烦,还可以节省不必要的开销。如微软公司曾计划将其产品Office2000放置到网站,用户通过互联网注册使用,按使用次数付钱。

采用按使用次数定价,产品一般要适合通过互联网传输,可以实现远程调用。目前,比较适合的产品有软件、音乐、电影等产品。对于软件,如我国的用友软件公司推出网络财务软件,用户在网上注册后在网上直接处理账务,而无须购买软件和担心软件的升级、维护等非常麻烦的维护事务;对于音乐产品,也可以通过网上下载使用专用软件点播;对于电影产品,可以通过现在的视频点播系统 VOD 来实现远程点播,无须购买影带。另外,采用按次数定价对互联网的带宽提出很高要求,因为许多信息都要通过互联网进行传输,如互联网带宽不够影响数据传输,势必会影响顾客租赁使用和观看。

4. 折扣定价策略

折扣定价是指对基本价格做出一定的让步,直接或间接降低价格,以争取顾客,扩大销量。其中,直接折扣的形式有数量折扣、现金折扣、功能折扣、季节折扣,间接折扣的形式有回扣和津贴。这类价格策略主要用在一些网上商店,它通过对购买来的产品按照市面上流行价格进行折扣定价。如 Amazon 的图书价格一般都要进行折扣,而且折扣价格达到 3~5 折。

5. 免费价格策略

免费价格策略是市场营销中常用的营销策略,主要用于促销和推广产品。这种策略一般是短期和临时性的。在网络营销中,免费价格不仅仅是一种促销策略,它还是一种非常有效的产品和服务定价策略。免费价格策略是将企业的产品和服务以零价格形式提供给顾客使用,满足顾客的需求。免费价格形式有以下几类形式:

(1)完全免费策略。即产品或服务从购买、使用和售后服务所有环节都实行免费服务,例如免费电子邮箱。现代社会的人们在日常生活中最常用的电子手段之一就是电子邮箱,网络消费者几乎每天都要查看邮箱,收发邮件,这样就免不了要登录到邮箱供应商的网站,也就自然会顺便浏览网站的相关内容,导致网站的浏览率和点击率大大提高。

(2)限制性免费策略。即客户必须达到供应商的某种条件,才能获得所谓的免费产品或服务。只要客户在网上进行某些操作,例如投票、填调查表等,就可以获得免费的产品或服务。

(3)部分免费策略。即对不同的客户群,采取不同的价格策略,有些群体免费,有些则不然,目的在于为客户提供个性化的服务,根据客户的需求不同,提出不同的价格策略。例如,有的邮件服务网站面向一般用户提供免费邮箱服务,若想要获得更多的服务,则需要购买。

专栏 8-2:Everbuying——意味无穷的全球免运费(Worldwide Free Shipping)策略[1]

主营电子和时尚产品的外贸 B2C 电商 Everbuying 已在美国建立海外仓。

---

[1] 资料来源:艾瑞网.网络营销:兰亭集、大龙网、Everbuying:跨境电商巨头邮件营销盘点[EB/OL].2014-10-24.

为提高消费者对网站的忠诚度和信任度,还推出了"30天退款,90天免费保修"的服务保障计划。其邮件营销也中规中矩,和其他跨境电商并无多大区别。但其采取的全球免运费(Worldwide Free Shipping)策略值得广大跨境电商思考和探索。

物流环节是跨境电商在快速发展过程中的最大软肋之一。和普通电商不同,跨境电商物流成本非常高,一些商品价格甚至比运费低。而物流配送方式无论邮寄快递、聚集后规模化运输还是海外建仓,都牵涉到物流成本和回报率的问题,所以,对于是否免运费一些跨境电商市场营销人员往往难以决策,这时候我们应该怎么办呢?

根据2014年6月由哈里斯互动(Harris Interactive)发起的一项针对美国网购用户的研究报告显示:66%的受访者在网购中对运输花费至少有一次不能容忍,意外地高于"实物与网上展示不符"(38%)。根据性别划分,超过70%的女性网民认为,运费常常使她们恼怒,相比之下,只有60%的男性受调查者这样认为。从年龄阶段来说,60%的18~36岁的受访者表示,运输费用令人恼怒,68%的37~49岁的受访者和69%的50~68岁的受访者同样讨厌运输费用。总之,年长者和女性对运输费用最为不满,且最不愿意为货物当天和隔夜送达花更多的钱,在网上购物时,70%的美国人不会为了立即得到货物而支付费用。

另外,根据UPS comScore 和 the e-tailing group 2014年3月发起的一项投票显示,运输成本在在线购物车遗弃中发挥了至关重要的作用。大约60%的美国买家放弃了购物车中的商品是因为运输成本使得购买总额超过预期。类似比例的受访者事实上也添加商品到购物车以看看其带运输成本的订单,然后与其他网站进行比价,50%的受访者因为订单总额不够无法获得免费送货资格而抛弃了购物车。

Webpower 中国区跨境电商邮件营销小组的专家们建议:跨境电商的主要目标客户都来自海外,那么洞悉海外市场客户对于"运费"的态度,以及运费与下单和最终购买之间的逻辑关联是非常重要的环节,而据推测Everbuying的Worldwide Free Shipping策略在其邮件营销销售中应该发挥了重要作用。作为跨境电商,熟悉各国消费者对于运费的态度,然后以此制定运营的物流方式和规划包含运费因素在内的营销策略,将为跨境电商营销、邮件营销带来新的视角。

三、产品渠道策略

营销渠道策略是整个营销系统的重要组成部分,它对降低企业成本和提高企业竞争力具有重要意义,是规划中的重中之重。图8-2是网络分销渠道的比较。

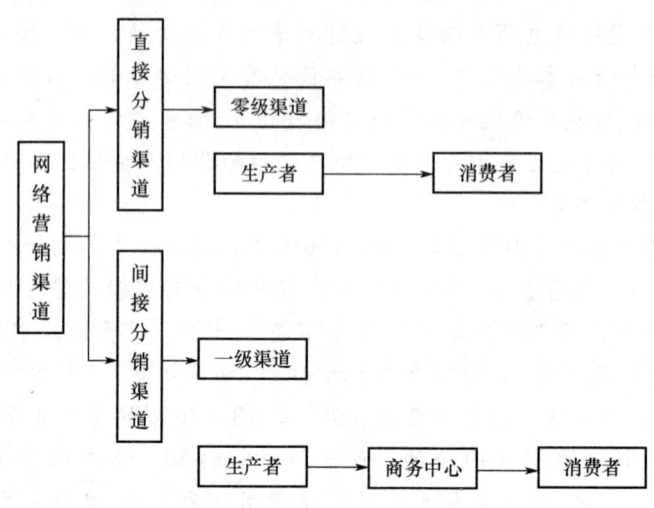

图8-2 网络分销渠道比较

资料来源:郦瞻. 网络营销[M]. 北京:清华大学出版社,2014.

(一)产品销售渠道按分销方式划分

1. 直接渠道

直接渠道指生产者直接把商品出售给最终消费者的分销渠道。直接渠道减少了中间环节,节约了流通费用,而且产销直接见面,生产者能够及时地了解消费者的市场需求变化,有利于企业及时调整产品结构,做出相应的决策。直接渠道的具体销售形式有接受用户订货,设店销售,上门推销,利用通信、电子手段销售等。

直销渠道的优点包括:企业可以迅速及时地获得信息的反馈,从中了解国际市场的动态,据以制定适宜的营销策略;直接参与国际市场竞争,建立和开拓自己的销售网络,为树立企业形象、提高企业声誉不断积累经验,为进一步扩大国际市场奠定了基础。

2. 间接渠道

间接渠道指生产者通过流通领域的中间环节把商品销售给消费者的渠道,其基本模式为:生产者—中间商—消费者。间接渠道是社会分工的结果,中间商的介入分担了生产者的经营风险,借助于中间环节,可增加商品销售的覆盖面,有利于扩大商品市场占有率,但中间环节太多会增加商品的经营成本。

间接渠道的优点包括:企业可以利用国内其他组织机构在国外的分销渠道和营销经验,迅速将产品推向国外市场,取得良好的时间效益;减少了企业所承担的外汇风险及各种出口信贷的风险,对资金的使用有一定的安全性;企业不必设置从事进出口业务的专门机构或专门人员,可以节省人力、物力和财力,集中精力搞好生产。

(二)产品销售渠道按拓展方向划分

1. 长渠道与短渠道的营销渠道

长渠道是指生产者经过两道或两道以上的中间环节,把产品销售给消费者。长渠道的优点是渠道长、分布密、触角多,能有效地覆盖市场,从而扩大产品销售,有利于商品远购远销,在全社会范围内调剂余缺、沟通供求。其缺点是:由于环节多,销售费用增加,不利于生产者及时获得市场情报,迅速占领市场。短渠道是指产品在从生产者向消费者转移过程中,只经过一道环节的分销渠道。短渠道有利于加速商品流通,缩短产品的生产周期,增加产品竞争力,减少商品损耗,有利于开展售后服务,便于生产者和中间商建立直接、密切的合作关系,维护生产者信誉。

2. 宽渠道与窄渠道的营销渠道

营销渠道的"宽度"取决于渠道的每一个层次中使用同种类型中间商数目的多少。宽渠道能够增加销售网点,提高产品的覆盖面,提高市场占有率,通过多数中间商大范围地将产品转移到消费者手中。另外,宽渠道有利于生产者选择效率高的中间商而淘汰效率低的中间商,提高销售效率。窄渠道是指生产者在特定市场上只选用一个中间商为自己推销产品的分销渠道,通常叫作独家销售。一般来说,生产资料和少部分专业性较强或较贵重的消费品适合于窄渠道销售。窄渠道能促使生产者与中间商通力合作,排斥竞争产品进入同一渠道。但如果生产者对某一中间商依赖性太强,在发生意外情况时,容易失去已经占领的市场。

各大跨境电商都在进行分销渠道探索。唯品会的唯享客第一期开放了5 000名注册用户,通过分享搭配获得佣金。京东和拍拍的微店主要服务第三方商家,鼓励商家开微店,建立自己的微信公众号,利用社交方式提高商家销售额。聚美的微店一直处在内测中,但是微店功能目前嵌在聚美购物APP"我的"里面。

第二节 跨境电子商务网络营销技术应用

一、搜索引擎技术的应用

搜索引擎营销,英文 Search Engine Marketing,我们通常简称为 SEM。搜索引擎以一定的策略在互联网中搜集、发现信息,对信息进行理解、提取、组织和处理,并为用户提供检索服务,从而起到信息导航的目的。搜索引擎营销的基本思想是让用户发现信息,并通过搜索引擎搜索点击进入网站或网页进一步了解他所需要的信息。目前国内用户使用的搜索引擎主要有两类:英文引擎和中文引擎。常用的英文搜索引擎包括 Google、Yahoo、MSN 等,常用的中文搜索引擎主要有百度、一搜、中搜、搜狗、网易等。搜索引擎营销的模式一般分为下述几种。

(一)搜索引擎竞价排名

搜索引擎竞价排名关键有两点:一是按竞价排名,二是按效果付费。竞价排名是指同类企业按出价高低决定排名顺序;按效果付费是指企业按照用户点击的次数付费,企业也可以根据点击情况判断自己产品的受关注程度。

(二)搜索引擎优化

搜索引擎优化(Search Engine Optimization,SEO)是指企业通过了解各类搜索引擎如何抓取互联网页面、如何进行索引,以及如何确定其对某一特定关键词的搜索结果排名等,来对企业网页进行优化,从而提高网页在搜索引擎的排名位次,达到提高网站访问量、最终实现营销目标的搜索引擎营销模式。不同的搜索引擎对页面的抓取和索引、排序的规则都不一样。

(三)搜索引擎付费广告

搜索引擎服务商可以根据网络广告的点击量,按照事先约定的单价向厂商收取一定的费用。这种服务对商家来说,好处是可以方便地修改广告关键词信息,广告的价格变得更加便宜,可以很快地建立自己的广告并且非常方便管理。

专栏8-3：如何做好搜索引擎营销①

图8-3是搜索引擎推广的漏斗,最上面是展现量,最低端是订单量。营销的目的就是要订单量,但是,实现这个目的需要做好每一个中间环节,它们是点击量、访问量、咨询量。做不好网络营销的大部分原因往往就在于这三个环节。

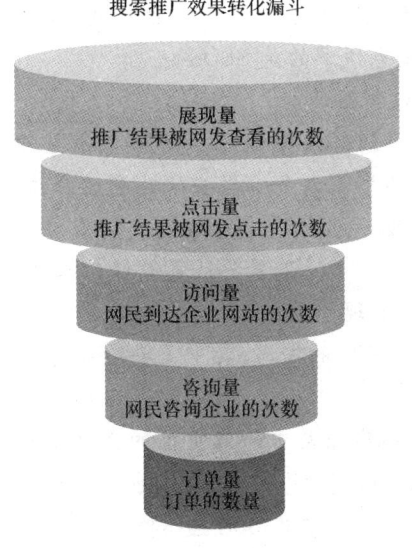

图8-3 搜索引擎推广效果漏斗

那点击量少、访问量少、咨询量少的原因是什么呢?点击量少就是因为展现量太少,说白了就是目标客户找不到你的推广信息。访问量少就是因为你的点击量太少,没多少人进入你的网站访问量怎么能高呢?咨询量少的原因:一是访问量太少,造成没有多少目标客户进入你的网站,二是你的网站有问题,引不起客户咨询的兴趣。订单量少的原因就是咨询量太少,其次是你的销售沟通有问题,再次就是你的产品、价格、服务满足不了客户的需求。解决各个环节的

---

① 资料来源:站长之家. 实战经验分享:如何做好搜索引擎营销[EB/OL]. [2013-08-12]. http://www.Chinaz.com/manage/2013/0813/312929.html.

关键策略在于企业自身，而不是网络。网络的职能就是把客户带到门口，但是，能不能掴腰包靠的是企业自身。

只要我们知道了这些造成问题的根本原因，困难也就迎刃而解了。也就是说，只要做好这几个环节一定是有不少订单的，具体操作方法是：

1. 解决展现量的策略

展现量也就是被用户看到的次数，也就是曝光率。做好这个重要环节的办法就是有大量的关键词可以出现在搜索引擎前列，具体做法我们在第二个环节里面详解。

2. 解决点击量和访问量的策略

首先要确定推广方法。搜索引擎营销推广的方法有两种模式：一是SEO，二是点击付费。这里重点讲解的是SEO。

怎么才能做好SEO呢？

目前，百度不断的升级算法使做好SEO确实有些难度。但是，我们只要掌握一个原则就足够了，不用花太多心思去研究它的算法。什么原则呢？一要考虑用户，二是要考虑百度。站在用户的角度我们需要提供高质量的内容，站在百度的角度就是不要作弊。其实，只要认真做好内容再用一些SEO的技巧就可以获得良好的搜索引擎表现。

所以我们必须掌握SEO的技巧，其中重要的就是要明白影响网站排名的核心指标。

（1）标题。标题是所有因素中的最重要的因素之一，搜索引擎判断某个网页的内容，标题是关键。所以，标题中一定要包含关键词。

（2）描述。描述就是对网页内容的总结概括。

（3）内容。内容必须和标题吻合，内容最好是原创的、高质量的。

（4）关键词密度与位置。关键词出现的位置以及密度都会影响排名。

（5）外部链接。外部链接目前的占比有所下降，但是，依然是很重要的指标。

（6）站内链接。站内链接是搜索引擎综合判断网站主题的关键。

（7）服务器。只要没有被惩罚过，网速流畅、稳定即可。

（8）网站结构。只要是树状或者扁平结构就可以。

（9）用户行为。这里涉及很多方面，比如跳出率、停留时长、分享等，谷歌对此项已经看得比较重。

（10）其他细节。如H标签使用、ALT属性使用、网页的大小、代码是否简洁规范等。

（11）域名权威。这点主要是域名的年龄和被链接网站的质量以及数量。

只要明白了以上核心要素，做好SEO的关键技巧就掌握了。但是，我们还须拓展思路，思路才是最重要的。传统的 SEO 做法就是做个网站，事实上并非如此，还有很多可以借助的平台，即借助第三方平台做 SEO。通过优化在第三方平台上发布的信息，在搜索引擎上有良好的排名将给我们带来大量流量。可以借助的平台如：①BTB 平台；②博客；③论坛；④百度相关平台；⑤问答平台；⑥分类信息；⑦微博。

这些都是做 SEO 的很好的第三方平台，它们有高的权重，搜索引擎都很信任它们。只要我们收费得当，通过这些平台就可以源源不断地带来客户。关键词排名操作方法都是遵循 SEO 的，比如标题中必须出现关键词，内容中必须出现关键词，关键词加上 H 标签，图片加上 ALT 属性等。

3. 解决咨询量的策略

（1）定位产品/价格。做网销你要学会调查市场特别是竞争对手的行为，他们是怎么做的？他们的主打产品是什么？价格是多少？有什么做得好的地方等。同时，想做好网络营销产品，价格定位也是必须要做的功课：你的产品有什么独特优势、卖点，主要是用来解决什么问题的？对客户有什么价值，最大的价值是什么？这些你必须非常明白。否则，无论你卖什么产品进入价格战是不可避免的。提炼好了就用图文并茂的方式展示在客户面前。

其次就是产品价格。比如：你的同行都是卖 10 块钱，你才卖 5 元，为什么？你必须解释原因，如果你卖的是 100 元，为什么你也必须解释。否则，客户都会怀疑的。对于这两点我的建议是选择公司最有优势的产品作为重点。

（2）策划营销性质的内容。为什么说是营销性质的呢？因为只有营销型的内容才更有说服力。比如：介绍一个产品传统的做法就是一大堆文字数字，这样的介绍方式就像教科书一样，没有任何说服力。

如果介绍内容中有许多拍摄的图片，并且图片都处理得非常吸引人，产品的每个细节都有图片说明并附带广告性质的文字介绍：能给客户带来什么价值、这个产品的原材料是什么、生产车间是什么样的、获得了什么样的证书，然后，企业给客户承诺如果买了我这个产品有质量问题免费退换等内容，那么，这种方式是不是更有吸引力呢？

淘宝网上凡是那些销量很高的宝贝描述一定是营销型的，销量不怎么样的基本都是老套的介绍方式。大家可以马上去淘宝搜索一个产品，找个销量好的与不好的做个对比看看。

（3）便捷的沟通工具。如果客户产生了咨询的欲望，但是找不到你的联系方式或者没有网络沟通工具，很有可能他就关闭网页去看另一家了。

（4）客户案例/客户评价等。客户是否主动咨询，关键原因还是对你的产品产生了信任或者兴趣，如果你做不到这点很难有好的咨询量。因此，过往合作过的客户案例以及客户的评价就是最好的证明，客户对第三方的评价很看重。

你若有网购的经历你就会知道其中的奥秘。

（5）企业介绍。在合适的位置简明扼要地介绍公司是很有必要的，没有哪个人连你的公司基本情况都不了解就和你合作。

（6）相关证书。给客户展示证书的目的是不断增加信任的筹码，让客户产生信任。因为证书是第三方权威机构颁发的，容易产生信任感。

（7）有杀伤力的成交主张。这点非常重要。什么是成交主张，关键点就在于：先给钱再做事，还是先做事再给钱，或者先做好一部分事情再给钱，做不好你对客户有什么承诺。这点的黄金法则就是：我们必须百分百地站在客户的角度来思考。如果客户感觉到自己承担风险越小，他购买心理的防线就越低。比如某公司网络营销外包的成交主张是：预付3成定金，然后每个月支付，每个月给客户发送项目执行报告与效果报告。如果你觉得不好可以随时终止合同，但是，我完成的一切资源全部转交给客户所有。

主张就是从客观上降低客户的购买风险，让客户的风险最小。对于一个真正负责任的企业来说，为客户降低购买风险是它的责任。

4. 解决成交的策略

网络的主要职能是把客人带来，成交靠企业本身。比如：本身一个客户购买意向很高，但是由于销售人员销售素质不高，结果把客户赶跑了。还有客户询价就是不购买等类似的问题，基本都是销售人员销售素质造成的。要解决这些问题，最好的办法就是从销售人员、产品、价格、售后服务等企业自身上找到问题并改善。

（1）提升自身销售素质。有些产品可以在线成交，要注重网络销售素质，因为弄不好客户就不买了。对于需要下线谈判才能成交的，主要是解答客户的问题，然后恰当地约个时间面谈即可，不要在网上花费太多时间，网络沟通一不小心就会出问题，其次，建议你主动打电话过去，主动沟通的效果要比网络沟通好很多。

最有效快速的提升技巧就是多与客户沟通：如果开始没有那么多客户供我们练习，可以找同事相互练习；其次，就是阅读一些销售方面的书籍；再次，对产品必须非常熟悉，最好是产品专家。

（2）提供优质的售后保障。售后保障是每个人购买前都很重视的因素，没有人愿意买一个连售后服务都没有的产品，除非这个产品确实不存在售后服务。那么，什么样的售后服务才是最有杀伤力的呢？这要根据不同情况分类制定，比如免费退换货、服务期内提供什么样的服务等。关键点是：搞清楚客户在购买之后最担心什么问题？只要就这个问题给客户一个承诺并且让他相信就够了。

（3）提供便捷的购买流程。实际生活中谁也不愿意花太多时间在购买上，比如漫长的运输等待、复杂的手续等。

（4）设计一个强大有力的成交主张。对于这点我们有必要再重复一次，因为就算客户很满意你的产品或服务，但是你的购买主张客户不喜欢，那也无法成交。处理这点我们不仅要百分百地站在客户的角度思考，而且要考虑自身。比如某个价值15 800元的总裁培训课程，我们的成交主张是：你先免费听一堂课，如果你觉得适合你就付款参加培训，有听不懂的可以免费下期再听，还可以直接咨询我们个性为你解答，你回去执行的过程中遇到了什么问题也可以咨询我们免费辅导；但是，如果觉得不适合你，请告诉我们你想要什么样的内容、你想解决什么问题，当我们下期的培训课程是你想要的时候，有专人通知你并且可以享受正常价格的8折。

原则就是给客户一个不得不买的理由，遵循的法则——我们必须百分百地站在客户的角度思考。

二、E-mail营销技术的应用

20世纪90年代，随着电子邮件应用的飞速发展，企业开始萌生借此开展营销信息传播的设想。E-mail群发技术的产生，将这种信息传播方式推向了极致。邮件营销是在用户事先许可的前提下，通过电子邮件的方式向目标用户传递有价值信息的一种网络营销手段。邮件营销是利用电子邮件与受众客户进行商业交流的一种网络营销手段，同时也广泛应用于网络营销领域。"一带一路""亚投行""中国制造2025""互联网＋"等重大国家战略的实施，将中国制造、中国装备等传统制造型企业带向了全球，然而新兴的中小企业缺乏在海外驻点的经济或人力资源，必须通过更加高效、简单、便捷的方式，撬动海外市场，开发国外客户，因此，邮件营销将成为广大中小企业必不可少的重要工具。

（一）E-mail营销的优势

企业可以通过收集客户的需求信息，然后筛选出发送对象，并且通过E-mail将产品和服务方面的信息直接发送到对此感兴趣并愿意接受的顾客手里，向用户发送定制化邮件，介绍企业的产品和服务。

与其他营销方式相比，E-mail营销活动能够获得更好的市场反馈，在个性化E-mail营销中，E-mail营销可以做到以顾客为中心，最大限度地实现客户满意度。由于群体的需求不同，企业可根据消费者各自的需要发送信息。

E-mail营销能够实时地追踪分析其效果。它能测试企业不同的类表来源、受众选择、提议、方法创新、及时性、产品吸引力等,并产生一系列的分析结果反馈给企业。

(二) E-mail营销主要功能

1. 品牌形象

企业品牌形象的价值是通过长期与用户联系的过程中逐步积累起来的,规范的、专业的E-mail营销对于品牌形象有明显的促进作用。

2. 产品推广和销售

产品和服务推广是E-mail营销最主要的目的之一,正是因为E-mail营销的出色效果,使得E-mail营销成为最主要的产品推广手段之一。

3. 顾客关系

与搜索引擎等其他网络营销手段相比,E-mail首先是一种互动的交流工具,然后才是其营销功能。这种特殊功能使得E-mail营销在顾客关系方面比其他网络营销手段更有价值。

4. 顾客服务

电子邮件不仅是顾客沟通的工具,在电子商务和其他信息化水平比较高的领域也是一种高效的顾客服务手段,通过内部会员通信等方式提供顾客服务,可以在节约大量顾客服务成本的同时提高顾客服务质量。

5. 市场调研

利用电子邮件开展在线调查是网络市场调研中的常用方法之一,它具有问卷投放和回收周期短、成本低廉等优点。

如今,跨境电商正告别以往野蛮增长状态,进入竞争日趋激烈的黄金发展期,跨境电商在邮件营销上只有更加精细化的管理才能获得相对竞争优势。如何保证邮件发送数量和质量;如何打造适合海外个体用户习惯的个性化邮件模版;如何合理搭配商品促销、用户关怀、售后服务等邮件产品线;以及如何创意有吸引力的邮件内容及设计来拉动客户持续访问网站,维护客户关系,提高客户忠诚度和重复购买率;等等,是中国跨境电商制胜海外市场的关键。

三、博客营销的应用

博客作为一种营销信息工具,发挥的是网络营销信息传递的作用,因此,其网络营销价值主要体现在企业市场营销人员可以用更加自主、灵活、有效和低投入的方式发布企业的信息,直接实现企业信息发布的目的,降低营销费用和实现自主发布信息等。

（一）博客营销的特点

第一，博客营销信息量大，信息发布快。在信息发布方面，博客与其他工具有一定相似的地方，发挥着传递网络营销信息的作用，而且传播速度快，信息量大，保存时间长。

第二，博客营销的内容题材和发布方式更为灵活。博客的内容题材和形式多样，容易受到欢迎。专业的博客网站用户数量大，有价值的文章通常更容易迅速获得大量用户的关注。

第三，博客营销具有更大的自主性，并且无须直接费用。

第四，博客营销可信度高。博客文章比一般的论坛信息发布所具有的最大优势在于，博客的个性化、草根性与知识性让博客更多的是一个个人想法和意见发布的平台，更关注内在。

第五，博客营销的目标针对性强。博客往往以个人思想和观念为基础，每个博客都有其特定的内容属性和特定的价值取向，因为年龄、性别、职业、受教育程度等原因，其读者往往是与这一内容或价值观相关的特定人群。因此，博客营销具有目标市场细分程度非常高、针对性强的特点。

（二）博客营销的方法

1. 在博客网站上做广告

在博客世界，标准的、口号式的广告，就仿佛是鸡尾酒会上的大声叫唤。广告的设计要把博客考虑进去，要让博客成为广告对话的一部分。

2. 发表专业文章

作为主角，博客上的专业文章一定要有一个知识点，用来和公众沟通，并树立权威感。

3. 打造博客团队

通过公关公司发布博客日记，来影响主流媒体的报道。

4. 监测博客网站

通过监测博客网站，及时发觉当前谈论最多的公司问题或时下民众最关注的话题，为潜在的公关危机做好准备。

四、微信营销的应用

微信是腾讯公司于2011年1月21日推出的一款通过网络快速发送语音短信、视频、图片和文字，支持多人群聊的手机聊天软件。用户通过微信可以与好友进行形式更加丰富的联系，微信软件本身完全免费，使用任何功能都不会收取费用。使用微信时产生的上网流量费由网络运营商收取。

（一）微信的特点

1. 微信的大众性

微信作为一种新型的大众文化产品，它带动了人们对新事物的好奇心理，同时也给人归属感。微信正在打造一个"全民社交圈"，其点对点的传播方式以及基于位置服务（LBS）涵盖面，让用户更好地将个人熟悉的强关系逐渐扩展到陌生人群的弱关系中。同时，微信还是一种大众流行，本身成为一种时尚生活态度的标志。微信的虚拟形象及价值代表年轻、活力和潮流。微信不再只是一个聊天工具，同时也代表着一种自由的生活方式。

2. 用户群体

微信由腾讯公司推出，该公司旗下另一个软件 QQ 是目前国内使用人数最多的软件。QQ 发展时间长，用户数量大，涵盖的年龄层次广泛，在使用微信时，可以同时使用 QQ，使得原来的 QQ 用户也愿意使用微信，为微信提供了庞大的潜在使用人群。

3. 功能多样性

作为时下最热门的社会信息交流平台，微信不仅具有基本的聊天功能，还具有实时对讲机的功能，这使得微信与以前的聊天工具区别开来。经过一段时间的发展以及软件版本的不断更新，研发团队已为微信增加了更多个性化的功能。微信公众平台于 2012 年 8 月 23 日正式上线。在公众平台上，企业和个人都可以建立微信公众账号，可以群发文字、图片、语音、视频、图文消息五个类别的内容。

（二）微信公众平台

微信公众平台于 2012 年 8 月 23 日正式上线。2013 年，微信公众平台新增自定义 LBS 数据，用户提交当前所在位置，可以找到最近的商家店铺。2013 年 8 月 5 日，微信升级到 5.0 版，公共账号被分成订阅号和服务号。

（三）微信营销

手机作为移动通信的必要工具，其时效性和自由性都是其他载体不能比拟的。微信营销以移动智能手机为载体，具有了其他很多媒介不能企及的特点。微信营销具有以下特点：及时传播特性、爆发式传播特性、病毒式传播特性、传播内容多元化、传播渠道多样化、传播者个体化、定位精准化。

2015 年 9 月老牌医药代理企业金活医药推出一个跨境购物平台"友品集"，定位为买手达人分享晒单的社交平台，立足于金活医药在前海设立的跨境电商平台和全国医药物流中心。据了解，金活医药集团成立于 20 世纪 90 年代,并于2010年11月25日在香港主板成功上市,公司主要从事国内外名牌药品及保健品的代理和分销,目前其代理的60种药品和保健品分别来自日本、美国、加拿大、中国香港、中国台湾、泰国及中国大陆等,产品包括京都念慈庵蜜炼川贝枇杷膏、喇叭牌正露丸、人字牌救心丸、曼秀雷敦等。其目前的运营主要集中在微信端,主营类目集中在母婴、保健、日用品方面,也有部分美妆产品。

(四)微信营销主要模式

商业企业在基于微信平台实施营销行为的过程中,结合传统营销理论思维,综合利用互联网进行创新,逐渐形成四类营销模式策略,分别为内容营销、互动营销、病毒营销以及整合营销。

第一,内容营销。在传统营销理论框架中,克莱·舍基提出的"湿营销"从概念上概括了商家和消费者在交易活动中应该具备的黏性和吸引力,从平台信息推广的角度看,决定这种黏性和吸引力的即是营销的信息内容。微信平台的内容营销改变了消费者"先产生消费需求,再产生消费行为"的一般供求关系,通过主动对潜在消费者进行内容营销刺激,企业从订单需求的被动接受者变为订单需求的主动创造者。

第二,互动营销。微信营销在注重互动性方面达到了马斯洛需求层次理论的"社交需求"与"尊重需求"高度,微信用户不只是企业产品营销信息的被动接受方,通过企业公众账号的基本功能选项和微信平台基于大数据分析的精准广告推送,用户对于产品的评价以及接受程度可以得到企业和微信平台管理者的迅速反馈,进而通过变革单向信息通道为双向信息通道而提升用户体验。此外,双向信息通道配合信息公开机制也为微信营销创造了独特的用户群监督机制,消费者对于企业产品营销信息及产品质量的反馈可以同时被企业和其他消费者获知,进而在买卖双方中形成双向公平的交易过程。

第三,病毒营销。病毒营销是营销学理论中较为形象化的理论之一,以病毒的复制和扩散类比信息的横向和纵向传播。一般来说,微信用户形成的社交圈具有网格化和垂直化的双重特性,信息流在微信用户群之间可以实现由点到线、由线到面、由面到立体的快速渗透,精心设计的产品营销信息即为"病毒",潜在消费者即为"易感染人群",企业作为"病毒"的投放者,对"易感染人群"进行积极的主动情绪管理,精心设计"病毒",要求"病毒"达到有趣、震撼、煽情、新鲜等标准,充分研究"易感染人群"心理,使得"病毒"投放的广度和扩散速率达到最优,以实现最大程度挖掘潜在购买力的目的。

第四,整合营销。美国营销学家唐·舒尔茨早在20世纪90年代就提出了整合营销的概念。整合营销需要做到"5R",即"关联(relevance)、可接受

(receptivity)、反应(responsive)、认可(recognition)、关系(relationship)",而企业基于微信平台的营销则充分做到了这一点。首先,对于微信运营平台来说,其不仅借鉴了国内外已经较为成熟的B2C以及C2C电子商务营销模式,还在众多B2C平台尚未发展成熟的O2O领域吸引商户,自身也获得较为可观的现金流量。其次,对于企业来说,基于微信平台的营销整合了产品或服务内容、功能、价格、交易通道、消费者回馈、售后服务以及品牌推广等多项资源,相比线下整合营销资源节约了大量成本。

专栏8-4：病毒营销策略[①]

病毒营销是一种常用的网络营销方法,又称病毒式营销、基因行销或核爆式行销。企业提供有价值的信息引发人们的关注,在用户之间进行口碑传播,信息不断复制快速增值,形成一个病毒式的传播过程。在互联网尤其是基于人际传播的社交网络上,信息复制与传播成本极低,由一到多传播速度极快,可迅速达到提升品牌知名度、推广品牌等营销目的。病毒式营销依靠用户自发的口碑宣传,达到一种快速的滚雪球式的传播效果。

病毒营销(Viral Marketing)最早由贾维逊(Steve Jurvetson)和德雷伯(Tim Draper)在1997年发表的《病毒营销》中提出,他们在研究了Hotmail电子邮箱的成功案例之后,首次提出病毒营销这个术语,将其描述为一种具有强大力量的市场营销工具。病毒营销刺激着消费者主动把营销信息扩散出去,并持续刺激着信息的不断曝光,增大它的影响,使之呈几何级数增长。

病毒营销不仅可起到有效的营销目的,更可以推广品牌,塑造品牌和企业形象,是一种强有效的品牌营销方式。互联网时代下的病毒营销结合新媒体,主要具有以下特点：

1. 有价值的病原体,激发用户参与热情。病毒营销的一大特点就是要让用户主动地接收信息,并且转换身份变成传播者进行自主传播,信息通过用户的口碑宣传如同病毒一般扩散,才能达到良好的传播效果。这就要求企业提供用户感兴趣的信息,创造有价值的病原体,选准恰当的时间发布,最大程度激发用户的兴趣和热情。如两个月内在Youtube上创下近3亿次点击量和220万次"Like"的韩国神曲《江南Style》,就是以富有节奏感的音乐和恶搞有趣内容红遍全球。

2. 针对"易感人群",进行有效传播。有了病原体之后,还需"易感人群"。病毒往往在某些抵抗力较弱的人群中爆发,"易感人群"更容易接受信息,更乐

---

① 资料来源:根据网络营销能力秀网站整理(http://www.wm23.cn/a602333508a/452768.html)。

于分享,提供反馈。找准"易感人群"后,在他们的影响下,病毒源会更大范围地传播,营销会更有效。

3. 基于社交网络,核爆式的传播过程。病毒营销的传播渠道是大众传播和人际传播相结合,企业发布有价值的信息源,创造良好的病毒源,在大众媒体上进行传播,引爆话题制造舆论,引发人们关注。同时在社交媒体平台上,通过人际传播,每一个用户都是传播者,传播者与传播者之间往往相识,黏性极强。一个病毒源在人际传播网络中如同病毒般得到裂变式的传播,而且网络传播的特点就是成本极低,渠道便利,速度快,在极短的时间就会引爆传播。

4. 受众参与度高,自发性强。在病毒传播过程中,每一个受众都可成为信息发布者,聪明的营销者懂得将受众变为己方的信息传播者。在受众早就疲于被动接受广告的传播环境下,更渴望"有所为",主动发声,掌握传播权。在企业发布病毒源时,若能精准针对目标受众,发布他们需要的或感兴趣的信息,就可最大限度地获得受众的参与,影响力会更大,营销效果会更好。

在以上策略指导下,跨境电商微信营销所采取的模式有:

1. 以"附近人"功能作为基础进行构建并选择的营销模式

企业应有本企业的微信号,同时对其进行合理的设置,将企业的相关信息作为个性签名或头像,这就如同是免费广告一样,让用户利用对附近的人进行搜索,找到附近的企业,通过对其个性签名和头像进行观察,识别其是否是用户要寻找的企业。该种营销模式比较适合在能进行连锁经营的零售或是餐饮企业中应用,但因其使用范围的局限性,因此较为适用本地区的宣传和营销活动。

2. 以"漂流瓶"功能作为基础的营销模式

该种营销模式具有较为广泛的传播范围,适合对品牌进行大范围的宣传和推广,主要适合规模较大的品牌企业。由于漂流瓶无法进行精准定位,同时对直接分享也不支持,因此对于精准营销和口碑营销不适用。

3. 利用"扫一扫"功能所实施的营销模式

首先要对此模式中的信息传递进行确定,利用二维码,企业可以把网站网址信息、微信名片信息以及优惠和图片宣传信息等传递给消费者,与传统的电视、报纸以及实体店所做的宣传板等相比,网络通过多种方式把二维码传送给消费者,利用扫一扫功能,消费者提取相关内容,进而对企业的动态有所了解。该种营销模式可以使大部分消费者的需求得到满足,因此适合应用在和消费者日常生活具有密切联系的薄利多销的企业。因为扫一扫功能对直接分享功能不支持,因此对口碑营销不适合。利用对二维码进行扫描,消费者可以从中得到折扣信息,进而吸引较多的消费群体,进而使销量扩大。

4. 以微信的分享功能和开放平台作为基础的营销模式

该模式比较适用于具有手机应用的企业,企业能够在其工作的过程中成为微信用户,把手机应用里的内容直接分享给好友或是朋友圈,而微信好友在对链接进行点击之后能够直接进入到信息下载界面,同时利用手机快速地在朋友圈中进行访问和分享。通过这种服务使消费者认可软件产品和服务,并分享给微信好友或朋友圈。

五、APP营销技术的应用

(一)APP营销的定义

APP营销是英文"Application Program"的简称,即第三方应用程序。随着智能手机和平板电脑的广泛使用,APP被越来越多的人所知悉。

(二)APP营销的营销模式

不同的应用类别需要不同的模式,APP营销模式主要有植入广告、用户参与和购物网站移植三种。

1. 广告植入模式

采用衡量两个维度,选择APP植入;迎合用户喜好,创新植入形式;利用应用平台,优化广告投入。

2. 用户参与模式

多重定向,挖掘用户需求;定制APP,注重用户体验;互动反馈,增加用户黏性。

3. 网站移植模式

贴心先行,提供人性服务;投其所好,调动参与热情;形式创新,整合移动技术。

专栏8-5:蜜芽"妈米"平台[①]

由于iPhone智能手机的流行,现在的APP多指智能手机的第三方应用程序。目前比较著名的APP商店有Apple的iTunes商店里面的App Store,Android的Google Play Store,还有Blackberry用户的BlackBerry App World。

2015年7月,蜜芽孵化的妈妈分销平台"妈米计划"正式启动。据妈米方

---

① 资料来源:根据站长资讯网站整理。

面介绍,其将完全从蜜芽独立出来运作,注册人数已经超过10万,虽然此前妈米个人卖家版APP一直采用邀请码注册制,其注册人数已经超过10万。平台上线第一天多款商品卖断货,其中一款来自美国的牙咬胶球,1 000件备货一小时内全部售罄。

蜜芽公关负责人表示,妈米是蜜芽2016战略年的重中之重,妈米和蜜芽在平台上做了独立切割,妈米卖的商品从包装上没有蜜芽的任何字眼,除了希望蜜芽不扰乱妈米的销售生态,同时妈米也将成为独当一面的C2C平台。

六、O2O营销技术的应用

(一)O2O营销定义

O2O(Online to Offline)是一种新颖的电子商务模式,是利用目前较流行的网络和移动设备吸引消费者到本地进行消费的方式,主要通过发挥电子商务的巨大影响和效力,把目标对准大多数线下消费者,让线下消费者通过网络或移动设备进行产品或服务的购买,然后再到实体店消费和体验线上所购的产品和服务。

(二)O2O模式的分类

根据O2O应用的平台模式分为团购、微信、优惠券、二维码、线上线下同步等几种。O2O模式有三个特点:首先,它要求一定有实体店存在,消费者最终要到实体店里进行消费;其次,它需要通过互联网推送消息,即通过O2O网站发布打折、优惠等信息;最后,它需要在线支付的支持,消费者先在网站上进行在线支付,然后到实体店提取产品或享受服务。O2O模式将线下商务的机会与互联网结合在一起,让互联网成为线下交易的前台,这样线下服务就可以通过线上来揽客,而消费者可以通过线上来筛选服务,还有成交可以通过在线来结算。最重要的是推广效果可查,每笔交易可跟踪。

根据盈利模式的不同,O2O可以分为三种不同的类型,即广场模式、代理模式和商城模式。

1. 广场模式

在广场模式下,网站为消费者提供产品或服务的发现、导购、搜索和评论等信息服务。它通过向商家收取广告费获得收益,消费者有问题需找线下的商家。这种模式的典型网站有大众点评网、赶集网等。

2. 代理模式

在代理模式下,网站通过在线上发放优惠券、提供实体店消费预订服务等,把互联网上的浏览者引导到线下去消费。网站通过收取佣金分成来获得收益,消费者有问题找线下商家。使用这种模式的典型网站有拉手网、美团网、酒店达人、布丁优惠券等。

3. 商场模式

商城模式则是指由电子商务网站整合行业资源做渠道,用户可以直接在网站购买产品或服务。企业向网站收取佣金分成,消费者有问题找线上商城。这种模式的典型案例有到家美食会、易到用车等。

专栏 8-6：不买流量打价格战 看鲜 life 营销另类玩法[①]

现在,很多海外品牌都通过跨境电商进入中国市场,但目前很多平台主流的推产品办法不外乎是砸钱买流量和让利打价格战等。这种办法,相当于直接告诉买家,我们是谁,到我们这里买货,是一个"快"的方式。

但鲜 life 采取的却是另外的路线,鲜 life 希望去理解用户想要什么产品,通过互动的方式把产品推给他们,而不是一下子做到众人皆知,是一个"慢"的方式。按照自己的理念,鲜 life 也采取了跟主流不一样的推产品"路子"。

1. 定群再按需推产品。不同的媒体和营销渠道都有自己特定的受众群体,不同的受众所能接受产品的属性是不一样的。据此,鲜 life 采取了先定群再按需推产品的办法。鲜 life 在营销渠道和微博明星互动都有定群的特性。因为鲜 Life 本身选品的范围较少,所以会根据这些媒体所覆盖的用户群体推广相应的产品,并根据所导向的用户的细分领域不断更迭 SKU 以满足用户的需求。

2. O2O 把消费者引到线上。O2O 模式解决了一个非常大的问题,就是消除用户对产品的不信任。对于消费者而言,鲜 life 中有很多很新鲜并在此前并未接触过的品牌,如果消费者在线上看到这些产品,可能并不敢买。但如果在线下设置 O2O 展示区域,让这些消费者能看到实物样品,那么他们对这个产品会更有信心,从而放心地去下单。

3. 利用微商模式进行传播。微商模式是鲜 life 的一个秘密武器,这个模式已经占据了鲜 life 针对个人消费者端 70% 的销量。在鲜 life 的 APP 内有一个买手店的功能,鲜 life 会有限量地给平台内的用户发放邀请码,获得这些邀请码的卖家可以直接开设鲜 life 的买手店,获取鲜 life 15 000 个 SKU 的货源,在自己的朋友圈内销售鲜 life 的产品。鲜 life 之所以采取微商的模式,主要是跟鲜 life 的

[①] 资料来源:亿邦动力网. 不买流量打价格战看鲜 life 营销另类玩法[EB/OL]. [2015-10-24]. http://www.ebrun.com/20151021/152686.html.

营销理念相关,鲜 life 希望让理解自己理念的消费者把自己的产品传播给朋友,因为朋友圈的属性是相似的,从而获取更精准的用户。

第三节　跨境移动电子商务

一、跨境移动电子商务的定义

随着移动互联网的大风刮起,电子商务的模式也正发生着巨大变化,即开始由 PC 电商升级到移动电商,相应的支付也开始由 PC 支付宝等升级到移动支付宝、微信银行卡支付等移动支付模式。同时,电子商务的地域也正在发生巨大变化,开始由面向境内的电子商务往跨境贸易电子商务拓展。当电子商务的模式正在由 PC 电商模式升级到移动电商模式、电子商务的交易地域正在由境内拓展到跨境,那么,这两大电子商务发展趋势融合在一起,便会产生一种新型的电子商务模式,即"跨境贸易移动电子商务",也可以称为"跨境贸易移动电商""跨境移动电子商务""跨境移动电商""移动跨境电商"等。

移动电子商务(M – Electronic Commerce)是近几年随着无线移动通信技术发展而新兴起来的新型商务模式,它利用无线通信技术和移动互联网进行数据传递,通过智能手机、PAD 和笔记本电脑等移动设备与企业电子商务平台网连接来完成商务交易过程。

二、移动电子商务运营模式及特征

(一)传统电脑平台电子商务运营模式

传统的电子商务运营模式以 B2C、B2B 和 C2C 为典型模式,以 B2C 网上商场模式为例,其运营模式如图 8 – 4 所示。

(二)移动电子商务运营模式

移动电子商务的运营模式由移动电子商务交易参与者不同而产生不同的运营模式,具体有内容提供商运营模式、移动运营商主导模式、服务提供商运营模式、WAP 移动门户网关运营模式等。下面以内容提供商移动电子商务为例说明其具体运营模式,如图 8 – 5 所示。

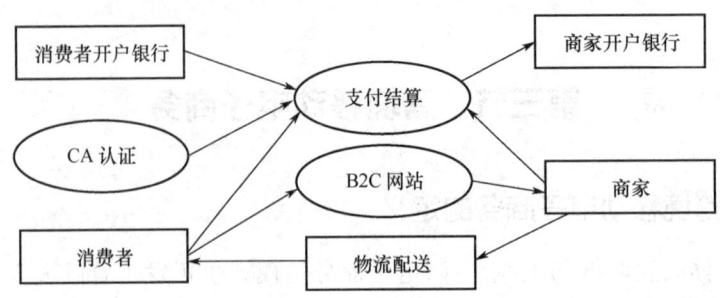

图 8-4 B2C 网上商场运营模式

资料来源：苗成栋，于帅．电子商务概论[M]．北京：北京大学出版社，2009．

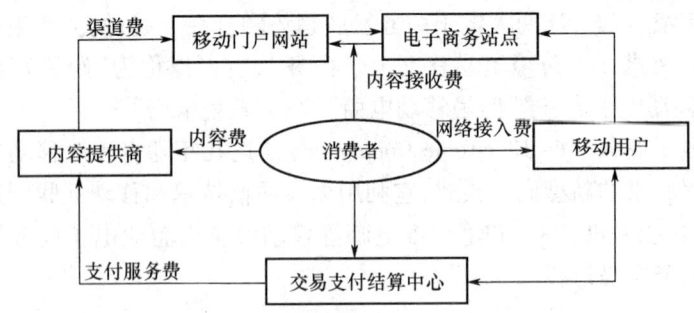

图 8-5 移动电子商务运营模式示意

资料来源：王忠元．移动电子商务[M]．北京：机械工业出版社，2015．

（三）移动电子商务运营模式的特征

移动电子商务运营模式区别于传统电脑平台电子商务运营模式的特征有：

1. 突破传统电脑平台时间和空间限制

移动电子商务突破传统电脑平台时间和空间限制，极大地提高了电子商务销售规模。移动电子商务由于用户是通过移动终端设备浏览和选购商品，这样就打破传统电子商务用户只能坐在电脑前固定时间购物的时空限制，用户能够在旅游、乘车等任意时间任意地点通过移动设备实现网络购物，这样就扩展移动商务客户的交易时间，从而极大地拓展电子商务销售渠道，推高了传统电子商务的交易规模。

2. 交易更加方便、快捷,提高交易效率

由于用户使用的是移动终端商务设备,移动电子商务的交易更加方便、快捷,能够极大提高电子商务交易效率。移动电子商务由于用户通过移动终端设备浏览和选购商品,而不是只能坐在电脑面前完成交易,这样就使电子商务从传统单一固定电脑平台端变为随时随地能方便用户购物的移动贴身服务,从而能极大地提高电子商务的交易效率。

3. 条码扫描功能更为简单,比价功能更为方便

移动电子商务由于使用移动终端设备使条码扫描功能更为简单,比价功能更为方便。移动电子商务用户只要通过扫描在传统超市中正在关注的商品条形码,就可以通过移动设备搜索该产品商场和超市商品报价,只要通过简单对比就可以发现各商家的报价谁更为便宜,用户就可以通过移动终端设备下订单购买。所以,移动电子商务通过扫描商品条形码而实现商品的比价功能更方便实用。

4. 采用移动通信技术和无线应用协议

区别于传统电脑平台电子商务,移动电子商务的最主要特征就是采用无线移动通信技术、应用无线通信协议来实现交易双方的数据信息准确交换,使用户利用移动终端设备实现网络购物成为可能。

5. 用户迅猛增加,发展潜力极大

随着移动终端设备的大量普及应用,移动电子商务用户会迅猛增加,发展潜力极大。据国家统计局统计公报,截至 2018 年 12 月底,中国电话用户总数达到 17.48 亿户,其中移动电话用户 15.66 亿户,移动电话用户数已远超人口总数,仍高速增长。移动电话普及率上升至 112.2 部/百人。全年移动互联网用户接入流量 711 亿 GB,比上年增长 189.1%。这表明我国移动电子商务用户增量明显,发展潜力巨大。

(四)移动电子商务运营模式与传统电子商务运营模式的对比分析

移动电子商务模式下,人们既不用面对面看着现场货物进行现货买卖交易,也不用通过传统电脑平台查阅电脑平台商品交易,只需要通过移动终端设备浏览企业电子商务平台的商品图片信息选购商品、下单订购、选用指定物流公司配送传递、通过网上银行结算完成交易过程。移动电子商务虽然发展前景看好,但与传统电子商务模式相比,其运营模式既有竞争优势,又会面临诸多挑战和问题。

1. 移动电子商务运营模式的竞争优势

(1)突破传统电脑平台时间和空间限制。

(2)通过商品条形码扫描实现比价功能将更为方便实用。

(3)潜在客户群庞大,发展前景广阔。由于我国的移动终端用户每年都成倍地增长,已经远远超过电脑上网用户,所以我国移动电子商务潜在客户群更为庞大,发展潜力极大。

(4)终端更新费用比电脑平台低,终端更新换代更快。移动电子商务是通过移动商务终端完成交易,移动电子商务终端的好坏直接影响电子商务的效率。与传统的电脑平台更新相比,移动电子商务终端更新费用更低,所以,移动电子商务终端更新换代速度会越来越快,为移动电子商务大量发展奠定硬件基础。

2. 移动电子商务运营模式面临的问题

(1)移动电子商务网络不稳定,连接不畅,服务内容不够丰富。我国的移动无线网络由于发展时间短,经常会出现网络不稳定和连接不畅的问题,严重影响移动电子商务交易正常进行和消费者信心。另外,移动电子商务的服务内容作为对传统平台电子商务的扩展和功能提升,在商品展示和浏览服务上应该比传统电脑平台更加方便顺畅,而我国目前移动电子商务服务受到移动商务网络还不够稳定等原因的限制,有时浏览服务会出现拥堵等现象。

(2)移动电子商务软件平台更新难度加大。移动终端设备屏幕格式多样化和操作系统版本不统一,造成移动电子商务软件平台更新难度加大。由于不同的移动终端设备屏幕格式和操作系统版本功能不一,这就给移动运营商搭建移动电子商务网站和商家更新移动电子商务软件带来相当大的难度。

(3)安全问题更加突出。传统电脑平台电子商务用户经常会遇到网站假冒、投诉无门和信息泄露等安全问题,移动电子商务由于采用的是无线通信技术,用户更易暴露在移动终端窃取和假冒、无线网数据的篡改和窃听、移动终端设备安全缺陷等诸多安全隐患之下,所以,移动电子商务的安全问题会比传统电脑平台商务更加严峻。

(4)没有国家标准和管理机构,市场监管机制缺乏。移动电子商务是我国近几年随着移动通信的推广应用而刚刚兴起的一个新兴产业,目前还没有建立统一的国家标准和管理机构,而且市场监管机制也基本上是空白。虽然2010中国移动互联网大会和国家工商总局出台了《网络商品交易及有关服务行为管理暂行办法》,但是移动电子商务方面的法律、法规还是空白,所以,移动电子商务市场监管也是我国移动电子商务发展面临的一大挑战。

三、跨境移动电子商务应用发展趋势

(一)3A 成为应用的基本特性

3A 是指 Anytime、Anywhere、Anyservice。Anytime 是指不受时间限制,在任

何时间都可以使用业务,无论是白天还是黑夜,只要有移动网络就可以使用。Anywhere 是指不受空间限制,在任何地点都可以使用业务。Anyservice 指任何应用。移动电子商务的业务有别于传统电子商务的最大特点就是用户的移动性,这不但促使移动电子商务的应用要满足用户在任何时间、任何地点使用任何业务的需求,同时还要满足商户在任何时间、任何地点发布任何商品的需求。因此,3A 特性将成为未来移动电子商务中应用的最基本特性。

(二)基于 LBS 的应用大放异彩

国外移动电子商务的运营者 Foursquare 和 Shopkick 利用用户独有的移动特性,引入 LBS 技术,依据用户的位置(地点)信息推出了针对性的电子商务业务。当用户向系统登记其位置(地点)时,不但可以获得积分,还可以根据用户累计的积分及用户所在的位置得到业务系统推送的各类优惠券、折扣编码、代金券。LBS 技术的引入,使用户的搜索成本大为降低,不仅为用户带来了更低的商品折扣,也使用户真切地体验到了移动电子商务带来的优惠,提升了用户体验;LBS 也使商户更快锁定目标人群,进行针对性营销;对于移动电子商务运营商,LBS 技术不仅带来了广告收入,还可以向商家提供流量分析工具而盈利。可以预见,随着移动电子商务业务的不断发展,LBS 将得到更广泛的应用,为产业链中的各参与方带来意想不到的商机。

专栏 8-7:LBS——基于位置服务[①]

基于位置的服务,是指通过电信移动运营商的无线电通信网络或外部定位方式,获取移动终端用户的位置信息,在 GIS 平台的支持下,为用户提供相应服务的一种增值业务。它包括两层含义:首先是确定移动设备或用户所在的地理位置;其次是提供与位置相关的各类信息服务。它意指与定位相关的各类服务系统,简称"定位服务",另外一种叫法为 MPS(Mobile Position Services),也称为"移动定位服务"系统。所以说 LBS 就是要借助互联网或无线网络,在固定用户或移动用户之间完成定位和服务两大功能。

(三)多途径识别技术的广泛采用

目前,二维码及图像识别技术在移动电子商务市场的各种应用中都有使用,因为这些识别技术的引入,使用户利用移动网络对商品信息进行快速搜索

---

① 资料来源:百度百科(http://www.baike.com/wiki/LBS)。

成为可能。Big In Japan 公司推出的 ShopSavvy 软件实现了通过条形码扫描搜索功能，Google 公司的 Googles 及国内淘宝的淘淘搜也推出了反向图像识别应用，这都使用户不费吹灰之力就可以了解到哪里可买到他所需要的最价廉物美的商品。Priceline、携程则将二维码各种识别技术与其提供的商旅服务应用（机票和酒店）结合，不但使市场价格透明化，还使得无纸化在移动电子商务中成为现实。二维码及反向图像识别技术在移动电子商务市场中的广泛应用，为用户及商户都省去了大量的时间，大大拉近了商户与最终用户的距离，减少了交易中间环节。随着二维码、RFID 及图像识别技术的不断进步，用户可以通过图片、二维码乃至 RFID 多种途径进行搜索、验证及身份识别，这也促使越来越多的移动电子商务应用将其运用至自身的各个环节，改善用户体验。未来的移动电子商务业务中，必将有更多、更先进的识别技术出现并在业务中得到最大程度的使用。

（四）快捷安全的移动支付

在移动电子商务中，支付环节是任何业务都不可忽视的重要环节。在移动电子商务中，由于二维码、RFID 及空中圈存技术的引入，使支付流程简化。用户通过一张手机 UIM 卡既可以实现通信服务又可以实现其他支付业务（银行卡公交卡）的功能，并且能够通过移动网络提供的特有手段（UTK、OTA 功能）来随时使用应用提供的功能。目前，用户仅通过一张手机 UIM 卡，可以方便、快捷、安全地完成支付，还可以随时随地查询公交卡的余额，给公交卡充值。电信运营商与金融机构合作推出的"天翼长城卡"，更是使得通信功能和金融功能合在一张手机 UIM 卡上，实现了无缝支付。在未来的移动电子商务应用中，用户仅凭移动终端既可快捷安全地完成小额支付，也可以实现像银行卡一样的大额转账及消费。为用户及商户提供快捷、安全、方便的移动支付将成为未来移动电子商务应用不可或缺的特征。

（五）创新决定应用的成败

应用在移动电子商务发展中将会扮演越来越重要的角色。无论是电信运营商还是应用提供商，若想不断地吸引用户而独领风骚，必须不断地进行创新，提供特色应用吸引用户。创新有时不一定是革命性的，仅一点点改变就可能影响整个应用。前文提到的 Foursquare 和 Shopkick 都将 LBS 技术与自身业务结合推出了有针对性的业务，但 Shopkick 做得更好，吸引了更多的用户。Shopkick 仅比 Foursquare 多做了两点：一是将 Foursquare 的用户人工登记改为自动登记；二是在 GPS 定位和 WiFi 定位的基础上又增加了超声波定位，使室内定位成为可能。仅这两点微小的创新，Shopkick 用户可以在一种互动的环境下感受购物或消费体验,就使得 Shopkick 后来居上超过了 Foursquare。创新不一定是技术层面的,业务模式也会影响到整个行业。创新不需要全流程的改进,某一环节的创新也足以影响应用的成败。团购就属于传统电子商务也可以提供的一种应用,但移动电子商务中的团购特点在于:无论用户采用何种模式(PC、移动终端等)订购,用户获取消费凭证的方式大部分是通过移动终端,最简单的是利用短信方式的消费密码,高端的是利用二维码技术的验证码。在最后的验证环节,团购业务利用了移动用户独有的特点,使整个流程更快捷方便,大大提升了用户体验,极大地推动了业务发展。在未来的移动电子商务市场上,谁把握了应用谁就是最终的主导者,应用创新将会无处不在,创新不仅停留在技术层面,还会渗透至商业模式、用户体验及整个产业链的方方面面。

复习思考题

1. 产品策略包括哪些?你认为哪种最重要,请具体说明?
2. 举例说明心理定价策略有哪些?
3. 简要说明 E-mail 营销方式及其优势。
4. 简述微信的特点及微信营销技术应用的模式。
5. 简述移动电子商务的运营模式。
6. 简析移动电子商务未来的发展趋势。

参考文献

[1] 古宝华,李创. 网络营销[M]. 北京:北京大学出版社,2008.

[2] 李琪,李洪心,章剑林. 网络贸易理论与实务[M]. 北京:清华大学出版社,2010.

[3] 乔辉,曹雨. 网络营销[M]. 北京:机械工业出版社,2015.

[4] 郝戊. 网络营销[M]. 北京:机械工业出版社,2015.

[5] 李琳. 网络营销[M]. 北京:电子工业出版社,2015.

[6] 武亮,王跃进. 一本书搞懂跨境电商[M]. 北京:化学工业出版社,2016.

[7] 阿里巴巴(中国)网络技术有限公司. 挡不住的跨境电商时代[M]. 北京:中国海关出版社,2015.

[8] 翁晋阳,Mark,管鹏,文丹枫. 再战跨境电商[M]. 北京:人民邮电出版社,2015.

[9] 刘玉军. 我国移动电子商务运营模式分析与发展对策研究[J]. 情报科学,2014(4).

[10]周宁,张凌露.外贸电商定位——网商成功之道[M].北京:电子工业出版社,2014.

[11]王连,王明宇,刘淑贞.中国跨境电子商务的现状分析及建议[J].电子商务,2013(09).

[12]官建文,唐胜宏,等.中国移动互联网发展报告(2015)[M].北京:社会科学文献出版社,2015.

[13]李庆艳.移动电子商务发展趋势探讨[J].电信科学,2011(6).

[14]王忠元.移动电子商务[M].北京:机械工业出版社,2015.

[15]周安宁,戈雪梅,王健.跨境电子商务网络营销[M].中国商务出版社,2015.

[16]李燕信.解读网络营销的新平台:微博和微信[J].河南科技,2016(6).

[17]陈致中,金璐瑶.跨境电商平台的病毒营销策略分析[J].现代管理科学,2016(9).

[18]陈蕾.企业微信营销的模式与策略研究[J].商业经济研究,2016(18).

[19]申加强.电子商务背景下企业微信营销模式探究[J].企业改革与管理,2016(9).

第九章 跨境电子商务客户关系管理

学习目标

通过本章的学习,了解跨境电子商务客户关系管理,理解跨境电子商务的客户关系管理与传统的电子商务客户关系管理的不同,掌握数据挖掘的概念及其在跨境电子商务客户关系管理中的应用。

第一节 客户关系管理概述

一、客户关系管理产生背景

从 1999 年开始,客户关系管理(Customer Relation Management)得到了诸多媒体和企业的关注。由于企业经营策略和电子商务发展的需要,国内外很多软件商(如 Oracle、开思等)推出了以客户关系管理命名的软件系统,也有一些企业开始实施以客户关系管理命名的信息系统。总起来讲,客户关系管理的兴起与下述三个方面的因素有难以割舍的关系。

(一)需求的拉动

从 20 世纪 80 年代开始,我国很多企业在信息化方面做了大量工作,收到了很好的经济效益,然而也有很多企业,销售、营销和服务部门的信息化程度越来越不能适应业务发展的需要,越来越多的企业要求提高销售、营销和服务部门日常业务的自动化和科学化,这是客户关系管理应运而生的需求基础。

(二)技术的推动

办公自动化程度、员工计算机应用能力、企业信息化水平、企业管理水平的提高都有利于客户关系管理的实现。很难想象,一个管理水平低下、员工意识落后、信息化水平很低的企业从技术上实现客户关系管理。现在,信息化、网络化的理念在我国很多企业已经深入人心,很多企业有了相当的信息化基础。电子商务正改变着企业做生意的方式,通过 Internet,企业可开展营销活动,向客户销售产品,提供售后服务,以很低的成本收集客户信息。客户信息是客户关系管理的基础,数据仓库、商业智能、知识发现等技术的发展,使得收集、整理、加工和利用客户信息的质量大大提高。在这方面有一个经典的案例,一个大型仓储式超市对顾客购买清单信息的分析表明,刮胡刀和尿布经常同时出现在顾客的购买清单上,原来,很多男士在为自己购买刮胡刀的时候,还要为自己的孩子购买尿布,而在这个超市的货架上,这两种商品离得很远,因此,这个超市重新分布货架,使得购买刮胡刀的男人很容易地看到尿布。

(三)管理理念的更新

在互联网时代,仅凭传统的管理思想已经不够了。互联网带来的不仅是一种手段,它触发了企业组织架构、工作流程的重组以及整个社会管理思想的变革。在引入客户关系管理的理念和技术时,不可避免地要对企业原来的管理方式进行改变,变革、创新的思想将有利于企业员工接受变革,业务流程重组则提供了具体的思路和方法。当前,一些先进企业的重点正在经历着从以产品为中心向以客户为中心的转移。有人提出了客户联盟的概念,也就是与客户建立共同获胜的关系,达到"双赢"(Win–Win)的结果,而不是千方百计地从客户身上谋取自身的利益。

专栏 9-1:客户联盟[①]

客户联盟是指营销渠道中的企业与客户为了实现共同目标而建立起的一种长期协作关系。

如通用电气公司的医疗机械部门一直密切关注已售出的 CT 扫描仪的运作情况,根据客户对机器性能需求的变化推出升级软件。在国内,海尔适时推出的"定制冰箱"服务,客户根据自己的需要来设计想要的冰箱,企业则根据客户的设计要求来制造个性化的冰箱,如果消费者看中了"金王子"的外观、"大王

---

① 资料来源:根据百度百科和百度知道相关资料整理。

子"的容积、"欧洲型"的内置、"美国型"的线条，设计人员只需要对其进行科学的搭配，实施流程化管理，就可以完成个性化的定制。

二、客户关系管理的含义

最早提出客户关系管理概念的高德纳公司（Gartner Group Inc）将客户关系管理定义为：为企业提供全方位的客户视角，赋予企业更完善的客户交流能力和最大化的客户收益率所采取的方法。客户关系管理的目的在于建立一个系统，使企业在客户服务、市场竞争、销售及售后支持等方面形成彼此协调的全新的关系，其最终目标是吸引新客户、保留老客户以及将已有客户转为忠实客户，增加市场份额。

对客户关系管理的理解，可以从不同角度、不同层次来理解。

首先，客户关系管理是一种管理理念。其核心思想是将企业的客户作为最重要的企业资源，通过完善的客户服务和深入的客户分析来满足客户的需求，保证实现客户的终生价值。在引入客户关系管理理念和技术时，不可避免地要对企业原来的烦琐管理进行改变，创新的思想将有利于企业员工接受变革，业务流程重组则提供了具体的思路和方法。互联网触发了企业组织架构、工作流程的重组以及整个社会管理思想的变革。所以，客户关系管理首先是对传统管理理念的一种更新。

其次，客户关系管理是一种新型的管理机制。它实施于企业的市场营销、销售、服务与技术支持等与客户相关的领域，通过向企业的销售人员、客户服务人员提供全面、个性化的客户资料，强化企业对客户的跟踪服务和信息分析的能力，使得企业与客户能够协同建立和维护"一对一"的关系，从而有利于企业提供更快捷和周到的客户服务，提高客户满意度，吸引和保持更多的客户，从而增加营业额。另外，实施客户关系管理，企业通过信息共享和优化内部流程能够有效地降低企业的经营成本。

再次，客户关系管理也是一种管理技术。客户关系管理是将市场营销的科学管理理念通过信息技术的手段集成在软件上面，并得以在全球大规模地普及和应用。它将商业模式和数据挖掘、数据仓库、一对一营销、销售自动化以及其他信息技术紧密结合在一起，为企业的销售、客户服务和决策支持等领域提供了一个业务自动化的解决方案。

综上，客户关系管理有三层含义：体现为现代经营管理理念；是创新的企业管理模式和运营机制；是企业管理中信息技术、软硬件系统集成的管理方法和应用解决方案的总和。客户关系管理是指通过管理客户信息资源，提供客户贸易的产品和服务，与客户建立起长期、稳定、相互信任、互惠互利的密切关系的动态过程和经营策略。

客户关系管理注重的是与客户的交流,企业的经营以客户为中心,而不是传统的以产品或以市场为中心。为方便与客户的沟通,客户关系管理可以为客户提供多种交流的渠道。它具有以下特点:①能集中企业内部原来分散的各种客户数据,从而形成正确、完整、统一的客户信息为各部门所共享;②客户能得到来自企业任何一个部门的一致的信息;③由于企业内部的信息处理是高度集成的,客户可选择多种方式(如电子邮件、电话、传真等)与企业联系并都能得到满意的答复;④由于客户与公司交往的各种信息都能在数据库中得到体现,因此能最大限度地满足客户个性化的需求;⑤公司可以充分利用客户关系管理系统,准确判断客户的需求特性,以便有针对性地开展客户服务,提高客户忠诚度。

专栏 9-2:Gartner Group[①]

Gartner(高德纳,又译顾能公司)是全球最具权威的 IT 研究与顾问咨询公司,成立于 1979 年,总部设在美国康涅狄克州斯坦福。其研究范围覆盖全部 IT 产业,就 IT 的研究、发展、评估、应用、市场等领域,为客户提供客观、公正的论证报告及市场调研报告,协助客户进行市场分析、技术选择、项目论证、投资决策。为决策者在投资风险和管理、营销策略、发展方向等重大问题上提供重要咨询建议,帮助决策者做出正确抉择。

在全球的 IT 产业中,Gartner 公司以其公认的权威性和拥有包括供应商、生产厂商、系统集成商、咨询公司、银行、金融机构、能源交通、政府部门及其他领域超过 11 000 客户机构而独占鳌头,其中公司客户几乎囊括了绝大部分世界级大公司。

三、电子商务环境下的客户关系管理

电子商务环境下,企业的客户关系管理也发生了相应的变化,产生了电子客户关系管理,即 e 客户关系管理。

(一)概念

电子客户关系管理(e 客户关系管理)是指企业借助网络环境下信息获取和交流的便利,充分利用数据库和数据挖掘等先进的智能化信息处理技术,把大量客户资料加工成信息和知识,用来辅助企业经营决策,以提高客户满意度

---

① 资料来源:根据百度百科相关资料本章作者整理。

和企业竞争的一种过程或系统解决方案。

e客户关系管理的产生和发展归功于网络技术的快速发展和普及。企业关注与客户的及时交互,而Internet及电子商务提供了最好的途径,企业可以充分利用基于Internet的销售和售后服务渠道,进行实时的、个性化的营销。互联网把客户和合作伙伴的关系管理提高到一个新阶段。

随着Internet的迅猛发展,企业正开始越来越多地将目光转向一些自助服务渠道,如Web、电子邮件以及聊天室。无论是营销、销售或是服务,均可通过电子沟通的方式管理与客户交互的每一个细节。因此企业正在寻求那些能使客户的网上体验更具个性化的技术与工具。

专栏9-3:E-CRM[①]

E-CRM(Electronic Customer Relationship Management)即电子化客户关系管理。E-CRM是将Web方式整合到这个企业的CRM战略中,其目标是将与销售、CSS和营销创新有关的渠道统一起来,来达到客户关系无缝化,客户满意度、忠诚度和收入的最大化。E-CRM是CRM和电子商务的组成部分,它包括了基于Web的客户渠道,诸如电子销售、电子服务、电子营销和电子零售。

(二)e客户关系管理的驱动因素

在全球激烈竞争的市场环境下,客户对"产品与服务的种类、获得的时间、地点以及方式"具有了完全支配的权利。随着竞争压力的不断加剧,企业必须以"互联网的速度"听到客户的心声并做出及时的回应,才能保持好与客户原来的关系。

在这样的背景下,我们可以看到e客户关系管理主要的驱动因素包括:

(1)通过网络提升客户体验。

(2)实施自助系统用以提升服务质量,从而能在增加客户满意度和客户忠诚度的同时又能降低营销成本、销售成本以及客户服务成本。

(3)协作型服务质量管理数据库建设要求整合各个渠道客户交互的每一个细节,其中包括电子化渠道或其他的一些传统渠道,将这些整合的信息汇总到一个集中的数据库,产生一个完整的客户观察数据库。

---

① 资料来源:根据百度百科和百度知道相关资料整理。

(三) e 客户关系管理的三种应用程序结构

e 客户关系管理设计中不可避免地要考虑网络应用程序的结构问题，企业在如何最佳地满足 e 客户关系管理所有用户的程序要求上往往大费周折。随着网络技术的发展，新一代的网络应用程序结构在为用户分配应用程序上完全可以不再让企业费心去考虑，现在的情况下，e 客户关系管理系统可以采用三种应用程序结构：

1. 程序外挂型（网上型）

应用程序连接到网上主页，适用于在已有 C/S 结构上实现 e 客户关系管理系统。

2. 浏览器增强型

这是指利用内置于浏览器的技术（如动态 HTML）来实现更多的程序功能。

3. 网络内置型（网络增强型）

它是指需要借助操作系统和虚拟机的功能，以及动态 HTML、ActiveX、Java 等技术来满足应用程序的要求。

企业只能在系统应用程序内置还是外挂之间做出平衡的选择。优秀的 e 客户关系管理系统的设计是围绕最终用户展开的，因此在备选方案的过程中，企业是选择由内到外还是由外到内开展 e 客户关系管理集成需要慎重考虑。由内到外的 e 客户关系管理集成的解决方案是在传统的企业内部系统中加上了标准的浏览器界面，向客户提供网络交互渠道，这种系统更适用于公司内部的流程作业；由外到内的 e 客户关系管理集成是指一方面对客户管理工作开展"任务替代"，另一方面关注使客户交互的工作流程自动化和简易化。

专栏 9-4：移动 CRM[①]

移动电子商务的发展绝不会是从电脑向手机客户端的简单转移，而将会是以消费者使用习惯为轴心的产业模式重组。在移动电商时代，移动端用户忠诚度的培养将成为重要的盈利点，其构建终于破解客户端同质化这一难题。随着 4G 移动网络的部署，CRM 已经进入了移动时代。移动 CRM 系统就是一个集 4G 移动技术、智能移动终端、VPN、身份认证、地理信息系统（GIS）、Webservice、商业智能等技术于一体的移动客户关系管理产品。移动 CRM 将原有 CRM 系统上的客户资源管理、销售管理、客户服务管理、日常事务管理

---

① 资料来源：根据百度百科和百度知道相关资料本章作者整理。

等功能迁移到手机,它既可以像一般的CRM产品一样,在公司的局域网里进行操作,也可以在员工外出时,通过手机进行操作。移动CRM主要实现了随时随地掌握公司内部信息的手机版管理软件功能,客户只需下载手机版软件,然后安装在手机上就可以直接使用了,同时客户用电脑申请的组织名和账户名就能直接使用该系统,这样客户即使经常出差,仍可以随时查看信息,而且也可以通过手机给公司内部人员下达工作指示,同时也可以使用平台所提供的所有功能。

第二节　跨境电子商务客户关系管理

从国内外正在使用的客户关系管理系统情况来看,客户关系管理实施的实际情况并不理想,人们描述的客户关系管理应用的美好前景——客户可以随时随地通过电话、传真、网络等方式进行查询,要求服务;企业可以在任何时间、任何地点及时响应客户的需求,并且积极主动地提供客户服务并没有实现。

由于国与国之间的贸易较为复杂,在跨境电子商务环境下,客户关系管理的应用和实施就更加困难,受到很多因素和问题的困扰而导致实施效果不佳,具体原因有很多,总的来说主要有三个方面:技术因素、人的因素和过程管理的因素。

一、跨境电子商务客户关系管理的关键技术要求

(一)信息的全面性、及时性、共享性

实施跨境电子商务的客户关系管理,首先要解决的是全面、及时地收集分散在各个国家的客户资料以及各部门、分公司的资料,建立集中的信息数据仓库,实现数据的共享。片面、滞后的客户数据会使企业无法提供有针对性的个性化服务,从而失去与客户建立良好关系的基础。因此,良好的客户关系管理系统必须注重使客户信息得到全面、及时地收集、传递和充分地共享,使每一次与客户的接触和互动都能从对客户的全面了解开始,并且当客户改变与企业互动的途径和渠道时,不会因为信息上的缺陷而失败。

企业可运用大数据技术,通过设计页面浏览数量、用户访问数量和平均停留时间等指标,进行网站分析,重点关注会员客户的活跃率、服务及时率及客户满意度情况,跟踪客户访问及购买行为分析,把握需求规律,逐步提升平台的客户黏合度,构建有序的商业生态环境。

(二)业务流程的优化调整和整合

要实现业务流程的自动化,跨境电子商务的客户关系管理需要通过对企业

特定的业务流程(市场营销、销售、服务)进行分析,研究企业现有的营销、销售、服务等业务流程,发现问题并找出改进的方法,重新设计出一套规范的有助于提高客户满意度、工作质量、效率的工作程序。在规范的工作流程基础上,跨境电子商务的客户关系管理才能对营销、销售、服务活动进行自动化的过程管理。不同的企业由于其行业、产品、市场、客户、管理基础等方面的不同,其业务流程也就不同,这都需要企业和客户关系管理系统软件供应商、咨询公司仔细分析业务流程,设计出合理的、具有可行性的、符合企业实际情况的业务流程和与之匹配的软件系统。

在流程管理上,企业要突出平台思维:按照细分后的客户群体组建会员中心;以需求管理、计划管理、价格管理为重点建设交易中心;按照不同行业的商品发布、上架、下架及价格制定等重点实施商品管理,建立商品中心;以订单触发、订单执行到收发货过账的订单流管理为核心建设订单中心;以财务管理为核心建设支付中心;以供应商、客户评价、订单评价为中心建设评价中心;提供仓储物流组织的物流中心;以退换货、咨询投诉及退款为主的服务中心。这些管理单元扁平化设置,减少管理层级,内部分工协作,共同为客户服务。

客户购买商品、寻求售后服务时常常不断与呼叫中心、市场营销、销售、客户服务部门打交道,这就需要将这些部门的业务流程进行整合,使客户与企业之间实现连续、统一、高效的互动,这对提高客户满意度有极大帮助。

(三)真正基于Internet平台

网络化是不可阻挡的发展趋势,客户会越来越依赖网络进行快速的查询、购买、交流、学习,网络销售、网络服务、网络营销很快会成为客户对企业的基本要求。另一方面,企业雇员也可方便地利用网络查询资料、获得技术支持和业务培训。因此,跨境电子商务客户关系管理的各项业务要真正做到基于Internet平台,才能保证客户关系管理的方便性和时效性。

依托互联网开展营销活动,企业就要强化互联网的"体验思维"。企业要建设界面友好的互动社区,通过APP、微信、微博、社交圈等平台,发布信息、回复帖子、推出软性文章、开展社交圈管理等,跟踪客户采购业务运行情况,建立在线互动体系,实施动态商机管理。

(四)与ERP、SCM功能的集成

这是跨境电子商务客户关系管理系统实施过程中的难点,也是关键点。ERP(企业资源计划)是对企业内部资金流、信息流与物流进行的一体化管理,而SCM(供应链管理)主要是控制和协调物流在企业内部和上下游企业之间的业务流程和活动。在以客户为中心的管理模式下,要求以客户的需求、偏好拉

动企业的生产和原材料的供应。只有将跨境电子商务客户关系管理与ERP集成,才能利用企业前台客户关系管理系统获取的客户信息和各种分析数据用于指导产品的设计、生产,才能使企业及时把握商机,生产出符合市场需求的产品。客户关系管理系统与ERP、SCM的集成还提高了生产制造系统、物料供应系统对市场变化的响应速度和质量,降低企业经营风险。客户关系管理系统的集成也解决了订单承诺(货物规格、数量、交付时间等)和履行的可靠性问题。客户关系管理定义的客户包括供应链的下游企业,因此客户关系管理也是供应链成员关系管理的重点。客户关系管理系统与ERP、SCM的集成才真正解决了企业供应链中的上下游供应链的管理,将客户、经销商、供应商、企业生产部门、销售部门全部整合到一起,实现企业对客户个性化需求的快速支持。

专栏9-5:ERP、SCM[①]

　　企业资源计划即ERP(Enterprise Resource Planning),是美国高德纳公司于1990年提出的一种供应链的管理思想。企业资源计划是指建立在信息技术基础上,以系统化的管理思想,为企业决策层及员工提供决策运行手段的管理平台。ERP系统支持离散型、流程型等混合制造环境,应用范围从制造业扩展到了零售业、服务业、银行业、电信业、政府机关和学校等事业部门,通过融合数据库技术、图形用户界面、第四代查询语言、客户服务器结构、计算机辅助开发工具、可移植的开放系统等对企业资源进行了有效的集成。

　　SCM,即供应链管理(Supply Chain Management,SCM),是一种集成的管理思想和方法,它执行供应链中从供应商到最终用户的物流的计划和控制等职能,主要通过信息手段,对供应的各个环节中的各种物料、资金、信息等资源进行计划、调度、调配、控制与利用,形成用户、零售商、分销商、制造商、采购供应商的全部供应过程的功能整体。供应链是企业赖以生存的商业循环系统。

二、跨境电子商务客户关系管理对企业员工的要求

　　许多跨境电子商务公司的客户关系管理系统效果欠佳,其中一个重要原因是忽视了人的因素,认为只要安装和使用了客户管理软件就能实现软件供应商承诺的美好前景。事实上,任何技术的应用中最关键的因素是人,技术只是对人的行为的促进和帮助。如果实际使用技术的人对技术不关心、不重视,那么技术再好也只能被闲置。在客户关系管理实施中,人的因素同样至关重要,主

---

① 资料来源:根据百度百科相关资料整理。

要集中在以下几点。

(一) 客户为中心的管理理念

客户关系管理系统不仅是一种软件技术,更是以客户为中心的管理理念和管理方法。在实施客户关系管理系统之前,企业就应向员工反复灌输以客户为中心的管理理念,尤其是一些特别注重产品质量和服务水平的客户,要努力建立为客户服务的企业文化,使从公司管理层到普通员工都了解到客户是"企业最具有商业价值的资产",与客户之间的接触都是了解客户的过程,也是客户体验企业的机会,任何一次接触既可能产生机会,也可能失去客户。客户为中心的管理理念的培养,除了通过培训、宣传,还需要相应的奖惩机制,来引导、促进"为客户服务"的员工行为。

(二) 与业务流程变革相配套的激励机制

客户关系管理系统是对过程而非结果的自动化管理,它涉及业务流程的优化、调整、整合。客户关系管理系统与 ERP、SCM 的集成,更涉及大范围的业务流程变革。任何业务流程的变革和组织机构的调整,可能带来利益的冲突、工作量增加、空闲时间减少、权利被减弱等,这都需要新的激励机制或者新的薪酬机制,来保证新业务流程的贯彻执行。新的激励机制或者新的薪酬机制应起到减少抵触、鼓舞士气、增加员工坚持新业务流程信心的作用,使他们顺利度过客户关系管理实施之初的适应期。

(三) 业务骨干的全程参与和企业最高管理层的全力支持

客户关系管理的实施不但需要客户关系管理软件供应商的技术人员,还需要市场营销、销售、服务、技术、生产、采购、运输财务等部门的业务骨干参与。因为他们最熟悉企业的实际状况,可以准确指出现有业务流程中存在哪些不足,知道哪些设想的改进措施不符合企业的实际情况而不能采用。同时,他们还能对各业务最需要改进的部分排列先后顺序,供企业配置客户管理系统软件时,根据财力有针对性地进行配置。通过相关部门成员的参与,企业在正式实施客户关系管理之前就能获得必要的资源支持,并推动相关部门的合作,帮助他们接受客户关系管理。客户关系管理实施过程中可即时将每一阶段的信息传递给有关部门,强调实施客户关系管理带来的好处,这样能最大限度地减少各方面的阻力,增加成功的机会。高层管理者对客户关系管理项目实施的支持、理解与承诺是项目成功的关键因素之一。缺乏管理者支持与承诺会对项目实施带来很大的负面影响,甚至可以使项目在启动时就已经举步维艰。要得到管理者的支持与承诺,首先要求管理者必须对项目有相当的参与程度,进而能够对项目实施有一定理解。客户关系管理系统实施所影响到的部门的高层领导应成为项目的发起人或发起的参与者,客户关系管理系统的实现目标、业务范围等信息应当经由他们传递给相关部门和人员。

(四)员工培训

员工培训是客户关系管理系统成功实施的必要条件,除了各种技能、业务培训,还应进行为客户服务的价值观的培训,并向员工详细介绍新的企业文化、以客户为中心的公司愿景、新的技术、他们在客户关系管理系统中充当的角色以及系统对他们的要求。甚至在考虑实施客户关系管理系统之前,企业应就这些信息与员工进行一次沟通和交流,征求他们的意见和看法,解除他们的抵触、焦虑情绪。

三、跨境电子商务客户关系管理的过程管理

客户关系管理系统的功能是软件供应商所需要努力的,但是有些企业即使使用了功能强大的客户关系管理软件也没有得到很好的效果,主要原因是对实施过程管理的忽视。购买前期通过谨慎的选择、激烈的竞标,但购买后没有认真实施或是认为没有必要花费人力物力实施,使得客户关系管理软件没有经过多长时间就束之高阁。因此,科学地管理实施过程,是客户关系管理成功的关键。

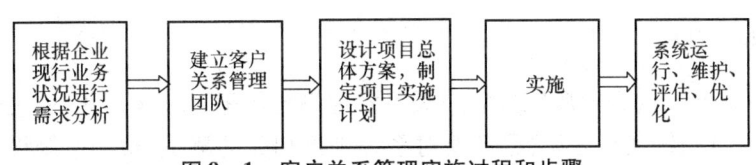

图9-1 客户关系管理实施过程和步骤

资料来源:许平,佘小鹏,黄莹莹. 电子商务概论[M]. 长春:东北师范大学出版社,2012. 本章作者制图。

(一)根据企业现行业务状况进行需求分析

实施的目标不是越高越好,实施的范围也不是越大越好,应根据企业的实际情况,分析企业目前存在的主要问题,使企业明确自己的实际需求,如软件应具有哪些功能、这些功能应解决哪些问题、目前暂时不需要哪些功能。在此基础上,企业才能明确客户关系管理实施的目标,才能有针对性地选择适当的软件供应商和软件产品。

(二)建立客户关系管理团队

建立高质量的项目实施团队是项目实施成功的关键因素之一。项目团队应由企业最高层管理者领导,成员则由客户关系管理涉及的各部门经理和业务骨干组成。团队应全程参与客户关系管理的实施,加强与软件技术人员的沟通,积极提供各种专业意见,推动项目实施高效有序地完成。

(三)设计项目总体方案和制定项目实施计划

根据企业实际需求,按照确定的实施目标,设计出详细的项目总体方案。并在此基础上编制详细的实施计划和步骤,对实施过程进行分阶段管理,对各个阶段的实施内容、衡量标准(时间、质量、费用)进行详细规划,以确保项目的成功实施。在这个环节中,项目的投入产出效益分析和风险的预测防范是企业过去实施客户关系管理时经常遗漏的步骤,也是这些企业实施客户关系管理失败的主要原因之一。加强项目的成本费用管理,对项目的投资回报率进行分析,判断项目经济上的合理性,这些财务角度的分析是项目成功实施必不可少的环节。这有助于企业根据自己的资金实力选择实施的目标和范围,保证资金用于解决企业最急迫的问题,避免项目费用的无限膨胀,保证企业以有限的预算获取最大的效益。项目实施将面对各种各样的风险,在实施之前应对风险进行充分的分析预测,并考虑适当的风险防范措施,以降低项目实施的风险。

(四)实施

在这个阶段,企业应完成客户关系管理系统的配置和客户化,满足各种业务需求。在系统实现之后,还需要对系统进行相关的测试,检测系统设置是否确实无误,改进后的业务处理流程是否合理、流畅,与其他信息系统是否实现了有效整合等。只有在所有测试结果正确无误后,系统才可投入运行。同时,应对企业员工进行培训,企业的员工应能够熟悉系统安装过程和所安装系统的各个方面。

(五)系统运行、维护、评估、优化

系统运行的实际环境与测试环境总存在一定的差异,因此,系统在投入运行后,还需经过一段时间的试运行。在试运行阶段,软件供应商应提供相应的系统维护和技术支持工作,及时、有效地解决系统运行中出现的各种问题。在正式运行后,企业应会同软件供应商对系统性能、投资效益等进行评估,总结项目实施过程的经验教训,并分析系统目前仍存在的问题,提出改进、优化的措

施,促进系统不断完善。

第三节 跨境电子商务和数据挖掘

一、数据挖掘技术

(一)数据挖掘的含义

数据挖掘(Data Mining,DM)从20世纪90年代以来发展迅速的一门多学科综合产物,因此至今还没有一个完整统一的定义。人们提出了多种数据挖掘的定义,例如,SAS研究所(1997):"在大量相关数据基础之上进行数据探索和建立相关模型的先进方法"。Bhavani(1999):"使用模式识别技术、统计和数学技术,在大量的数据中发现有意义的新关系、模式和趋势的过程"。Handetal(2000):"数据挖掘就是在大型数据库中寻找有意义、有价值信息的过程"。我们这里定义为:数据挖掘指从大量的、不完全的、无序有噪声的、模糊的、随机的数据中,提取隐含在其中、人们事先不知道但又具备潜在价值的信息和知识的过程与技术。这些信息可以为企业决策做支持,可以带来利益,或者为科学研究寻找突破口。图9-2形象地说明了数据挖掘技术的含义。

图9-2 数据挖掘

资料来源:根据相关资料由本章作者制图。

(二)数据挖掘的作用

数据挖掘综合了各个学科技术,有很多作用,当前的主要作用如下。

1. 分类

按照分析对象的属性、特征,建立不同的组类来描述事物。例如,银行部门根据以前的数据将客户分成了不同的类别,现在就可以根据这些来区分新申请贷款的客户,以采取相应的贷款方案。

2. 聚类

即识别出内在的规则,按照这些规则把对象分成若干类。例如,将申请人分为高度风险申请者、中度风险申请者和低度风险申请者。

3. 关联规则和序列模式的发现

关联是某种事物发生时其他事物会发生的这样一种联系。例如,每天购买啤酒的人也有可能购买香烟,比重有多大,通过关联的支持度和可信度来描述。与关联不同,序列是一种纵向的联系。例如,今天银行调整利率,明天股市的变化。

4. 预测

即把握分析对象发生的规律,对未来的趋势做出预见。例如,对未来经济发展的判断。

5. 偏差的检测

对分析对象少数的、极端的特例的描述,从而揭示内在的原因。例如,在银行的 100 万笔交易中有 500 例的欺诈行为,银行为了稳健经营,就要发现这 500 笔的内在因素,降低以后经营的风险。

(三)数据挖掘的方法及工具

作为一门处理数据的新兴技术,数据挖掘有许多新特征。首先,数据挖掘面对的是海量的数据,这也是数据挖掘产生的原因;其次,数据可能是不完全的、有噪声的、随机的,有复杂的数据结构,维数大;最后,数据挖掘是许多学科的交叉,运用了统计学、计算机、数学等学科的技术。数据挖掘算法通常分为两类:一类建立在统计模型的基础上,如分类、聚类、关联规则等;另一类是人工智能模型,如神经网络、自然法则等。以下是常见和应用最广泛的算法和模型。

1. 传统统计方法

(1)抽样技术,我们面对的是大量的数据,对所有的数据进行分析是不可能的也是没有必要的,要在理论的指导下进行合理的抽样。

(2)多元统计分析,如因子分析、聚类分析等。

(3)统计预测方法,如回归分析、时间序列分析等。

2. 可视化技术

用图表等方法把数据特征直观地表述出来,如直方图等,这其中运用了许多描述统计的方法。可视化技术面对的一个难题是高维数据的可视化。

3. 决策树

利用一系列规则划分,建立树状图,可用于分类和预测。常用的算法有 CART、CHAID、ID3、C4.5、C5.0 等。

4. 神经网络

模拟人的神经元功能,经过输入层、隐藏层、输出层等对数据进行调整、计算,最后得到结果,用于分类和回归。

5. 遗传算法

基于自然进化理论,模拟基因联合、突变、选择等过程的一种优化技术。

6. 关联规则挖掘算法

关联规则是描述数据之间存在关系的规则,形式为 $A_1 \wedge A_2 \wedge A_3 \cdots An \rightarrow B_1 \wedge B_2 \wedge \cdots Bn$。一般分为两个步骤:①求出大数据项集;②用大数据项集产生关联规则。

除了上述的常用方法外,还有粗集方法、模糊集合方法、Bahesian Belief Netords、最邻近算法等。

(四) 数据挖掘的实施步骤

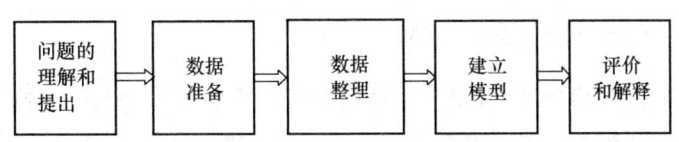

图 9-3 数据挖掘的一般步骤

资料来源:根据相关资料由本章作者制图。

1. 问题的理解和提出

在开始数据挖掘之前,最基础的就是理解数据和实际的业务问题,在这个基础之上提出问题,对目标有明确的定义。

2. 数据准备

获取原始的数据,并从中抽取一定数量的子集,建立数据挖掘库。如果企业原来的数据仓库满足数据挖掘的要求,就可以将数据仓库作为数据挖掘库。

3. 数据整理

由于数据可能是不完全的、有噪声的、随机的,有复杂的数据结构,要对数据进行初步的整理,清洗不完全的数据,做初步的描述分析,选择与数据挖掘有关的变量,或者转变变量。

4. 建立模型

根据数据挖掘的目标和数据的特征,选择合适的模型。

5. 评价和解释

对数据挖掘的结构进行评价,选择最优的模型做出评价,运用于实际问题,并且要和专业知识结合对结果进行解释。

以上步骤不是一次完成的,可能其中某些步骤或者全部都需要反复进行。

许多研究机构和公司结合自己的数据挖掘软件,提出数据挖掘过程模型,值得借鉴的是 SAS 研究所和 SPSS 公司提出的方案。

SAS 研究所认为数据挖掘是对数据进行选择、探索、调整和建模,揭示数据中未知的模式。该所开发了图形界面的 SAS/EM 来进行数据挖掘。

抽样(Sample):从大量的数据中抽取与探索问题有关的数据子集,这个样本应该包含足够的信息,又易于处理。

探索(Explore):对数据子集进行探索,寻找出期望的关系和未知的模式。

调整(Modify):对数据进行探索后,有了初步的了解,就必须对数据进行增减、选择、转化、量化,保证有效进行。

建模(Model):应用分析工具,建立模型,进行预测。

评价(Assess):评价数据挖掘结果的有效性和可靠性。

专栏9-6:SAS,SPSS,SAS/EM[①]

SAS(全称 STATISTICAL ANALYSIS SYSTEM,简称 SAS)是全球最大的软件公司之一,是由美国北卡罗来纳州立大学1966年开发的统计分析软件。1976年 SAS 软件研究所(SAS INSTITUTE INC.)成立,开始进行 SAS 系统的维护、开发、销售和培训工作,其间经历了许多版本,并经过多年来的完善和发展。SAS 系统在国际上已被誉为统计分析的标准软件,在各个领域得到广泛应用。

"统计产品与服务解决方案"软件(SPSS,Statistical Product and Service Solutions),其中的 SPSS Clementine 是 SPSS 公司收购 ISL 获得的数据挖掘工具。SPSS 公司为 IBM 公司推出的一系列用于统计学分析运算、数据挖掘、预测分析和决策支持任务的软件产品及相关服务的总称为 SPSS,有 Windows 和 Mac OS X 等版本。

屡获大奖的数据挖掘产品 SAS/EM 是一个图形化界面、菜单驱动、拖拉式操作,对用户非常友好且功能强大的数据挖掘集成环境。其中集成了:①数据获取工具;②数据抽样工具;③数据筛选工具;④数据变量转换工具;⑤数据挖掘数据库;⑥数据挖掘过程;⑦多种形式的回归工具;⑧为建立决策树的数据剖分工具;⑨决策树浏览工具;⑩人工神经元网络;⑪数据挖掘的评价工具。SAS/EM 图形化的界面、可视化的操作,可导引即使是数理统计经验不太多的使用者成功进行数据挖掘。对于有经验的专家,SAS/EM 也可让您一展身手精细的调整分析处理过程。这一强大的数据挖掘工具组合阵容,保证了可以支持企业级数据挖掘的各个方面工作。

---

① 资料来源:根据百度百科相关资料整理。

在高德纳的客户数据挖掘工具评估中,仅有两家厂商被列为领导者:SAS 和 SPSS。SAS 获得了最高 ability to execute 评分,代表着 SAS 在市场执行、推广、认知方面有最佳表现;SPSS 获得了最高的 completeness of vision,表明 SPSS 在技术创新方面遥遥领先。

二、数据挖掘在跨境电子商务中的应用

(一)数据挖掘的应用流程

首先是理解业务,了解业务特点,并把它还原成为数据分析的条件和参数。接下来是对现有数据的规整和分析。在数据准备阶段完成的主要任务是对数据的转换、清理和导入,可能从多个数据源中抽取并加以组合。对于缺少的少量数据,是用均值补齐、还是忽略、还是按照现有样本分配,这是在这个阶段需要处理的问题之一。之后是建立数据挖掘的模型,如何进行模型选择,或是自己创建模型是这一阶段的主要任务。在评估阶段主要是利用不同的时间段让系统对已发生的情况进行预测,然后比较预测结果和实际情况以验证模型的正确性。在完成了上述步骤之后,保存并重复应用已经建立起来的模型。

(二)数据挖掘技术的具体应用

1. 数据挖掘解决的典型商业问题

目前,在很多领域,数据挖掘都是一个很时髦的词,尤其是在如银行、电信、保险、交通、零售(如超级市场)等商业领域。数据挖掘所能解决的典型商业问题包括:数据库营销(Database Marketing)、客户群体划分(Customer Segmentation & Classification)、背景分析(Profile Analysis)、交叉销售(Cross-selling)等市场分析行为,以及客户流失性分析(Churn Analysis)、客户信用记分(Credit Scoring)、欺诈发现(Fraud Detection)等。

2. 数据挖掘在市场营销的应用

数据挖掘技术在企业市场营销中得到了比较普遍的应用,它是以市场营销学的市场细分原理为基础,其基本假定是"消费者过去的行为是其今后消费倾向的最好说明"。

通过收集、加工和处理涉及消费者消费行为的大量信息,确定特定消费群体或个体的兴趣、消费习惯、消费倾向和消费需求,进而推断出相应消费群体或个体下一步的消费行为,然后以此为基础,对所识别出来的消费群体进行特定内容的定向营销,这与传统的不区分消费者对象特征的大规模营销手段相比,大大节省了营销成本,提高了营销效果,从而为企业带来更多的利润。

商业消费信息来自市场中的各种渠道。例如，每当我们用信用卡消费时，商业企业就可以在信用卡结算过程收集商业消费信息，记录下我们进行消费的时间、地点、感兴趣的商品或服务、愿意接受的价格水平和支付能力等数据；当我们在申办信用卡、办理汽车驾驶执照、填写商品保修单等其他需要填写表格的场合时，我们的个人信息就存入了相应的业务数据库。企业除了自行收集相关业务信息之外，甚至可以从其他公司或机构购买此类信息为自己所用。

这些来自各种渠道的数据信息被组合，应用超级计算机、并行处理、神经元网络、模型化算法和其他信息处理技术手段进行处理，从中得到商家用于向特定消费群体或个体进行定向营销的决策信息。这种数据信息是如何应用的呢？举一个简单的例子，当银行通过对业务数据进行挖掘后，发现一个银行账户持有者突然要求申请双人联合账户，并且确认该消费者是第一次申请联合账户，银行会推断该用户可能要结婚了，它就会向该用户定向推销用于购买房屋、支付子女学费等长期投资业务，银行甚至可能将该信息卖给专营婚庆商品和服务的公司。

数据挖掘构筑竞争优势。在市场经济比较发达的国家和地区，许多公司都开始在原有信息系统的基础上通过数据挖掘对业务信息进行深加工，以构筑自己的竞争优势，扩大自己的营业额。美国运通公司（American Express）有一个用于记录信用卡业务的数据库，数据量达到54亿字符，并仍在随着业务进展不断更新。运通公司通过对这些数据进行挖掘，制定了"关联结算（Relation ship Billing）优惠"的促销策略，即如果一个顾客在一个商店用运通卡购买一套时装，那么在同一个商店再买一双鞋，就可以得到比较大的折扣，这样既可以增加商店的销售量，也可以增加运通卡在该商店的使用率。再如，居住在伦敦的持卡消费者如果最近刚刚乘英国航空公司的航班去过巴黎，那么他可能会得到一个周末前往纽约的机票打折优惠卡。

基于数据挖掘的营销，常常可以向消费者发出与其以前的消费行为相关的推销材料。卡夫（Kraft）食品公司建立了一个拥有3 000万客户资料的数据库，数据库是通过收集对公司发出的优惠券等其他促销手段做出积极反应的客户和销售记录而建立起来的，卡夫公司通过数据挖掘了解特定客户的兴趣和口味，并以此为基础向他们发送特定产品的优惠券，并为他们推荐符合客户口味和健康状况的卡夫产品食谱。美国的读者文摘（Reader's Digest）出版公司运行着一个积累了40年的业务数据库，其中容纳有遍布全球的一亿多个订户的资料，数据库每天24小时连续运行，保证数据不断得到实时的更新，正是基于对客户资料数据库进行数据挖掘的优势，使读者文摘出版公司能够从通俗杂志扩展到专业杂志、书刊和声像制品的出版和发行业务，极大地扩展了自己的业务。

在跨境电子商务活动中，由于目标客户在海外，获得客户的个人信息这些数据比较困难,成为跨境电商市场营销过程中的一个硬伤。借助数据挖掘技术,跨境电商企业可以发现依靠传统人工识别难以发现的规律,从而更加有效地识别客户,发掘客户需求及心理,便于更加精准的客户营销和维护。

3. 数据挖掘在企业危机管理中的应用

危机管理是管理领域新出现的一个热点研究领域,它是以市场竞争中危机的出现为研究起点,分析企业危机产生的原因和过程,研究企业预防危机、应付危机、解决危机的手段和策略,以增强企业的免疫力、应变力和竞争力,使管理者能够及时准确地获取所需要的信息,迅速捕捉到企业可能发生危机的一切可能事件和先兆,进而采取有效的规避措施,在危机发生之前对其进行控制,趋利避害,从而使企业能够适应迅速变化的市场环境,保持长久的竞争优势。但是由于危机产生的原因复杂,种类繁多,许多因素难以量化,而且危机管理中带有大量不确定因素的半结构化问题和非结构化问题,很多因素由于没有历史数据和相应的统计资料,很难进行科学的计算和评估,因此需要应用其他技术和方法来加强企业的危机管理工作。

随着计算机技术、网络技术、通信技术、Internet 技术的迅速发展和电子商务、办公自动化、管理信息系统的普及等,企业业务操作流程日益自动化,企业经营过程中产生了大量的数据,这些数据和由此产生的信息是企业的宝贵财富,它如实地记录着企业经营的本质状况。但是面对如此大量的数据,传统的数据分析方法(如数据检索、统计分析等)只能获得数据的表层信息,不能获得其内在的、深层次的信息,管理者面临着数据丰富而知识贫乏的困境。如何从这些数据中挖掘出对企业经营决策有用的知识是非常重要的,数据挖掘便是为适应这种需要应运而生的。

数据挖掘是一种新的信息处理技术,其主要特点是对企业数据库中的大量业务数据进行抽取、转换、分析和其他模型化处理,从中提取辅助经营决策的关键性数据,它在企业危机管理中得到了比较普遍的应用,具体可以应用到以下几个方面:

(1)利用 Web 页挖掘搜集外部环境信息。信息是危机管理的关键因素。在危机管理过程中,可以利用 Web 页挖掘技术对企业外部环境信息进行收集、整理和分析,尽可能地收集政治、经济、政策、科技、金融、各种市场、竞争对手、供求信息、消费者等与企业发展有关的信息,集中精力分析处理那些对企业发展有重大或潜在重大影响的外部环境信息,抓住转瞬即逝的市场机遇,获得企业危机的先兆信息,采取有效措施规避危机,促使企业健康、持续地发展。

(2)利用数据挖掘分析企业经营信息。利用数据挖掘技术、数据仓库技术和联机分析技术,管理者能够充分利用企业数据仓库中的海量数据进行分析,并根据分析结果找出企业经营过程中出现的各种问题和可能引起危机的先兆,如经营不善、观念滞后、产品失败、战略决策失误、财务危机等内部因素引起企业人、财、物、产、供、销的相对和谐平衡体遭到重大破坏,对企业的生存、发展构成严重威胁的信息,及时做出正确的决策,调整经营战略,以适应不断变化的市场需求。

（3）利用数据挖掘识别、分析和预防危机。危机管理的精髓在于预防。利用数据挖掘技术对企业经营的各方面的风险、威胁和危险进行识别和分析,如产品质量和责任、环境、健康和人身安全、财务、营销、自然灾害、经营欺诈、人员及计算机故障等,对每一种风险进行分类,并决定如何管理各类风险;准确地预测企业所面临的各种风险,并对每一种风险、威胁和危险的大小及发生概率进行评价,建立各类风险管理的优先次序,以有限的资源、时间和资金来管理最严重的一种或某几类风险;制定危机管理的策略和方法,拟订危机应急计划和危机管理队伍,做好危机预防工作。

（4）利用数据挖掘控制危机。危机一旦爆发,来势迅猛,损失严重,因此危机发生以后,要采取有力的措施控制危机,管理者可以利用先进的信息技术(如基于 Web 的挖掘技术,各种搜索引擎工具、E-mail 自动处理工具,基于人工智能的信息内容的自动分类、聚类,以及基于深层次自然语言理解的知识检索、问答式知识检索系统等)快速地获取危机管理所需要的各种信息,以便向客户、社区、新闻界发布有关的危机管理信息,并在各种媒体尤其是公司的网站上公布企业的详细风险防御和危机管理计划,使全体员工能够及时获取危机管理信息及危机最新的进展情况。这样企业的高层管理人员、公关人员、危机管理人员和全体员工就能随时有准备地应付任何复杂情况和危急形势的压力,对出现的危机立即做出反应,使危机的损失降到最低。

复习思考题

1. 是否可以把 CRM 看作跨境电子商务的一种客户管理技术或管理技巧?
2. 谈谈客户关系管理在电子商务环境下发生了哪些变化?
3. 跨境电子商务环境下,客户关系管理对企业有哪些技术要求?
4. 跨境电子商务环境下,客户关系管理对企业员工有哪些要求?
5. 谈谈数据挖掘在跨境电子商务中的应用。

参考文献

[1]格哈德·拉普. 客户关系管理:一个整体方案[M]. 上海:上海社会科学院出版社,2012.

［2］邓·皮泊斯.客户关系管理:战略框架［M］.北京:中国金融出版社,2014.

［3］林那夫.数据挖掘技术:应用于市场营销、销售与客户关系管理［M］.北京:清华大学出版社,2013.

［4］淘宝大学.客户不丢:吸心大法,新老客户众归心［M］.北京:电子工业出版社,2014.

［5］宋文官.电子商务实用教程［M］.北京:高等教育出版社,2002.

［6］杨姗.基于客户行为的电子商务客户价值研究［D］.长春:吉林大学,2016.

［7］罗武."五种思维"考究管理客户关系［J］.中国石油企业,2016(3).

第十章 跨境电子商务与通关

学习目标

通过本章的学习,掌握海关通关和通关管理的概念,熟悉通关作业基本流程,了解跨境电子商务与海关通关的关系,熟悉我国通关模式的变革,了解我国跨境电子商务通关管理的现状及存在的问题。

第一节 跨境电子商务通关概述

一、海关通关管理的概念

国际贸易是通过运输工具、货物、物品的进出境来实现的,在进出境活动中,经常使用通关的概念。海关所指的通关,是指进出境运输工具负责人、货物的收发货人及其代理人、物品的所有人(以下简称收发货人)向海关申请办理货物的进出境手续,海关对其呈交的单证和实际进出口货物依法进行审核、查验、征收税费、批准进口或出口的全部过程。

通关管理是指海关内部根据既定的职责任务,对通关过程进行有效的组织、实施、协调、检查和指导,以保证通关作业正常进行的管理活动。通关作业是通关管理的实体,它的范围包括了货物、运输工具、物品进口或出口的海关作业全部环节。一般而言,进口指从运输工具申报实际进境并将舱单电子数据传输(输入)到海关计算机系统起,至海关实际放行通关货物止;出口指自出口通关货物运抵海关监管区域或海关指定的场所后,收发货人向海关电子申报起,至运输工具实际离境止,由海关和海关管理相对人共同参与完成的运输工具进出境监管和货物通关处理的各个环节。通关作业分别在隶属海关通关现场和直属海关审单中心两个层级上进行,包括物流监控、报关单电子数据申报、集中审单、接单审核、征收税费、查验、放行等各项作业环节。

通关管理涉及面广,政策性强,时效要求高,因而管理的难度很大,主要表现在:一是通关管理模式是审单作业、物流监控和职能管理三大系统相互支持配合、相互监督制约而形成的有机整体,是海关职能管理要求和有关各项规定执行的具体切入点,通关管理部门是业务政策和职能部门业务需求的执行单位,因此在实际工作中,要求通关管理部门和职能部门必须加强联系配合,形成合力;二是通关管理是海关业务科技一体化的综合点,必须与科技部门紧密配合,充分应用现代科技管理手段,才能有效实施和保障通关作业顺畅进行。通关管理工作遵循的基本原则和要求是两效原则,即高效运作、有效监管。

二、我国跨境电子商务通关管理的现状

在"一带一路"及自贸试验区等国家战略背景下,跨境电子商务已成为外贸产业中一匹"黑马",成为推动中国外贸增长的重要力量。据不完全统计,中国境内各类平台企业超过5 000家,通过平台开展跨境电子商务的外贸企业超过20万家。B2B、B2C和C2C交易模式共存互补,市场活跃度持续提升。面对突如其来的新生事物,在没有可参考和借鉴的模式情形下,如何监管如此庞大的市场并使之走向"阳光化",着实是管理层较为棘手的问题。

(一)传统通关管理模式的弊端

通关管理改革前,我国海关的业务管理体制和作业模式是建国初期建立和发展而来的,已经运行了近50年,这一模式基本适应了计划经济时代我国经济发展水平和进出境管理的需要。随着对外交往的快速发展,海关的业务量也迅猛增长,走私违法活动严重,腐败现象滋生蔓延,执法环境严重恶化,传统的海关业务管理体制和通关管理模式已经不能适应新形势的需要,海关工作的深层次问题不断暴露,加强管理、提高效率的呼声日益高涨,必须进行全面改革,加快海关现代化建设进程,适应时代发展的要求。

传统通关管理模式见图10-1,其弊端主要体现在:

一是通关作业信息化管理水平低,计算机对通关作业的辅助支持及规范和制约作用不强。

二是业务管理条块分割,各部门无法形成合力,整体效能不高,决策执行、监督职责不分,监督制约乏力。

三是重单证审核、轻物流监控的现象比较普遍,对进出境运输工具、货物和海关监管场所的实际监管较为薄弱。

四是作业环节多,通关效率低下。

五是执法尺度不统一,执法随意性大。

(二) 跨境电子商务通关"灰色地带"减少

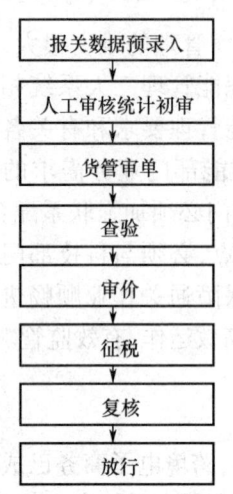

图 10-1 传统通关作业流程
资料来源:根据海关总署网站整理。

在跨境电子商务通关中,一般贸易方式下的监管通常为"一关三检",海关根据不同货物征收关税、增值税、消费税,商品需申请商品检验、动植物检疫和卫生检疫。适用于B2B产生的上述税费必须缴纳,关境监管的税收风险更多在于货物与报关单不符,需通过抽查方式开箱查验来规避。而对物品的监管要宽松得多,通常以行李和邮件(行邮)模式进行,原则上需按各国法律要求主动申报,按章缴纳"行邮税",适用于B2C。

海关行邮处因人力、物力、效率等因素,无法逐票对每个零碎的邮包拆包查验判断货值、商品种类是否符合监管要求、断定是否个人使用,因此邮包的综合抽查率约为5.5%,意味着大量海淘快件邮包实际上是不征税的,即使不符合行邮监管条件的物品在"灰色清关"过程中被海关查扣,违约的成本也非常低。加之各地海关对行邮监管的把握尺度有差异,而专业的海淘、转运企业熟悉国内各口岸的运作流程,买家"灰色清关"的成功率被大大提高。目前大量海淘商品仍在采用少批量物品入关、转货物商品为个人商品等方式,将国外价格便宜的产品运入国内,通过赚取一定的服务费或物流费用来盈利。这种方式利用国家税收缝隙,处于监管"灰色地带",具有很大政策风险。

2016年4月8日起,我国实施跨境电子商务零售进口税收新政策并调整行邮税政策。新政提出,跨境电商零售进口商品将不再按邮递物品征收行邮税,而是按货物征收关税和进口环节的增值税、消费税。税收、监管、行业规范都有了明确的法规,未来合规企业必须要按照相应制度执行,规范通道会变得更加便捷。

(三) 通关管理改革的目标及改革的进程

海关的实践表明,要做到执法的严密与高效,找准"把关"和"服务"的最佳结合点,关键在体制创新和科技创新。当今时代,科学技术日新月异,经济全球化和信息化的浪潮加速了我国经济社会的发展。同时,现代计算机技术和网络通信技术的快速发展及广泛应用,也为通关作业改革创造了良好的条件。

实行通关作业改革,就是要按照集约化、信息化、规范化和专业化的要求,通过对现行通关作业流程、作业方式、职能管理实现方式进行全面系统的改革,建立新的业务管理体制,创立新的通关管理模式,从根本上提高通关效率和执法水平,最大限度地化解海关管理风险和廉政风险,提高通关管理的整体效能,全面推进海关现代化建设进程,不断适应社会经济快速发展的需要。

海关的通关作业改革是一个不断深化的过程。1989年初,海关总署提出了通关作业改革的基本内涵:重新划分海关总署、直属海关和基层海关三级机构事权;重新设计作业流程;重新设置职能机构,转变职能管理方式。1999年,针对局部改革试点中出现的一些问题,海关总署强调通关作业改革要抓好三个重点:一是要切实强化直属海关的业务运行管理职能和隶属海关对物流的实际监控职能;二是要建立风险管理机制,为通关管理提供支持和保障;三是要建立健全通关作业操作规范和岗位责任制。2000年海关总署进一步提出通关作业改革要实现四个目标:一是调整业务机构设置,实现全国海关业务机构职能、名称的统一,明确合理地划分业务事权;二是加强科技管理,建立有效的业务科技一体化组织体系,培养精通业务和科技的复合型人才;三是创新业务管理方法,通过建立通关风险管理制度和海关执法评估体系,开发应用口岸电子执法系统,切实提高海关执法能力和水平;四是优化海关人力资源配置,按照专业化管理的要求,研究海关干部分类管理办法,培养新型专业人才。同时强调要结合通关作业改革,继续推进口岸管理体制改革。海关进行通关作业改革得到了党和政府的重视和支持,2000年8月,海关总署在北京审定通过了《通关作业改革指导方案》,国务委员吴仪出席审定会并做重要讲话,完全赞同和支持通关作业改革。

加强通关管理,是我国海关积极应对加入世界贸易组织的挑战,支持开放型经济发展的需要。海关通过加强通关管理,切实履行监管职能,在政治、经济、文化、知识产权保护等方面更好地维护国家利益,同时可以有效地防范和打击走私违法犯罪活动,方便合法进出,实现严密监管和高效运作的有机统一。

第二节 跨境电子商务通关实务

根据商务部的数据,2013年我国跨境电子商务交易额超过3.1万亿元,同比增长约30%。在高速发展的背后,一些跨境电商选择邮路运输和清关,混淆商业包裹和民用包裹,从而以免税或较低的行邮税来逃避较高的进口关税和增值税,甚至还出现了水客、背包客等非法现象。2014年7月,海关总署发布《关于跨境贸易电子商务进出境货物、物品有关监管事宜的公告》(56 号文)和《关于增列海关监管方式代码的公告》(57 号文),明确了跨境电子商务的监管工作,旨在实现跨境电子商务的阳光化通关。2016 年 4 月 8 日起,我国实施跨境电子商务零售进口税收新政策并调整行邮税政策。新政提出,跨境电商零售进口商品将不再按邮递物品征收行邮税,而是按货物征收关税和进口环节的增值税、消费税。

一、跨境贸易电子商务监管的相关政策解读

(一)货物与物品监管的区别待遇

跨境电子商务逐渐从 B2B 向 B2C、B2B2C 和 C2C 发展,导致了个人或小规模采购商在最终收货人中所占比例不断提高,从而使得交易主体越来越多,单笔交易商品数量越来越少,并且交易的物权转移发生在线上,因此产生了以物品代替货物来报关的需求。海关总署在 2014 年 2 月为跨境电子商务增列海关监管方式代码"9610",当年 7 月份又接连给出了具体的通关政策,使得跨境网购的交易属性区别于线下的传统国际贸易,在自用合理数量内的个人物品可以按进出境个人邮递物品有关规定办理征免税手续。因此,跨境电子商务监管的重点是区分货物和物品的监管条件、方法和报关待遇。

货物与物品报关的具体差异包括:

1. 程序上的差异

货物报关有的需要进出口许可证,而物品(除了管制品以外)不需要进出口许可证;货物信息需要填报 10 位海关商品编码,物品信息则是物品 8 位税号;物品报关不需要提供每个交易订单的合同,但需要报关人提供收件人的身份、地址、电话以及商品名称和交易订单编号等详细信息,以便监管和后续追责,而货物报关对收发货人的相关信息要求较少。

2. 税收待遇方面的差异

货物进口需要征收关税、增值税、消费税、销售税等,而个人物品只涉及行邮税。虽然行邮税的税率可能比货物关税高一些,但由于不涉及其他税种,因此所承担税负明显降低。个别生活必需品的行邮税率甚至比货物关税还低,再加上个人物品征行邮税有 50 元起征点,存在低报货值逃税的可能。这也是 2016 年 4 月 8 日税改之前很多跨境电子商务要走邮政通关的主要原因之一。

(二)我国跨境电子商务零售进口税收新政策

2016 年我国实行跨境电子商务零售进口税收新政策以前,跨境电商的税收方式一直采用的是行邮税。所谓行邮税,是海关对入境旅客行李物品和个人邮

递物品征收的进口税,主要是针对旅客携带和个人邮递的自用物品,强调其中的"非贸易性"。此前,跨境电商零售进口一直按照"行邮税"征收,执行10%、20%、30%和50%四档税率,同时还享有一定的免税额,即对税额在50元人民币以下的邮递物品予以免征。

  2016年4月8日起,我国实施跨境电子商务零售进口税收新政策并调整行邮税政策。新政提出,跨境电商零售进口商品将不再按邮递物品征收行邮税,而是按货物征收关税和进口环节的增值税、消费税。这一政策正式实施,意味着跨境电商"免税时代"正式结束。新的税制规定,在限值以内进口的跨境电子商务零售进口商品,关税税率暂设为0%,进口环节增值税、消费税取消免征税额,暂按法定应纳税额的70%征收。同时,将单次交易限值由行邮税政策中的1 000元(港澳台地区为800元)提高至2 000元,同时将设置个人年度交易限值为2万元。这意味着,如果单次交易超过2 000元、个人年度累计超过2万元,将按一般贸易方式全额征税。

  按照跨境电商零售进口税收新政策,我国同时将目前行邮税四档税目(对应税率分别为10%、20%、30%、50%)调整为三档(15%、30%、60%)。其中,15%税率对应最惠国税率为零的商品,60%税率对应征收消费税的高档消费,其他商品执行30%税率。调整后各税目商品的行邮税税率与同类进口货物综合税率大体一致,在业内人士看来,这将有效堵住零售商品通过行邮渠道进境的"套利"空间。而且,与行邮渠道相比,政策范围内的跨境电商零售进口商品通关会更加快捷,使消费者收到商品的时间大大缩短。

专栏10-1:我国自2016年4月8日起实施跨境电子商务零售进口税收政策并调整行邮税政策①

  为营造公平竞争的市场环境,促进跨境电子商务健康发展,经国务院批准,自2016年4月8日起,我国将实施跨境电子商务零售(企业对消费者,即B2C)进口税收政策,并同步调整行邮税政策。

  新政前,个人自用、合理数量的跨境电子商务零售进口商品在实际操作中按照邮递物品征收行邮税。行邮税针对的是非贸易属性的进境物品,将关税和进口环节增值税、消费税三税合并征收,税率普遍低于同类进口货物的综合税率。跨境电子商务零售进口商品虽然通过邮递渠道进境,但不同于传统非贸易性的文件票据、旅客分离行李、亲友馈赠物品等,其交易具有贸易属性,全环节仅征收行邮税,总体税负水平低于国内销售的同类一般贸易进口货物和国产货

---

① 资料来源:中华人民共和国财政部关税司网站。

物的税负，形成了不公平竞争。为此，政策将对跨境电子商务零售进口商品按照货物征收关税和进口环节增值税、消费税。

在对跨境电子商务零售进口商品按照货物征税的同时，考虑到大部分消费者的合理消费需求，政策将单次交易限值由行邮税政策中的1 000元（港澳台地区为800元）提高至2 000元，同时将设置个人年度交易限值为20 000元。在限值以内进口的跨境电子商务零售进口商品，关税税率暂设为0%，进口环节增值税、消费税取消免征税额，暂按法定应纳税额的70%征收。超过单次限值、累加后超过个人年度限值的单次交易，以及完税价格超过2 000元限值的单个不可分割商品，将均按照一般贸易方式全额征税。为满足日常征管操作需要，有关部门将制定《跨境电子商务零售进口商品清单》并另行公布。

考虑到现行监管条件，暂时将能够提供交易、支付、物流等电子信息的跨境电子商务零售进口商品纳入政策实施范围。不属于跨境电子商务零售进口的个人物品以及无法提供有关电子信息的跨境电子商务零售进口商品，仍将按现行规定执行。

同时，为优化税目结构，方便旅客和消费者申报、纳税，提高通关效率，我国将同步调整行邮税政策，将目前的四档税目（对应税率分别为10%、20%、30%、50%）调整为三档，其中，税目1主要为最惠国税率为零的商品，税目3主要为征收消费税的高档消费品，其他商品归入税目2。调整后，为保持各税目商品的行邮税税率与同类进口货物综合税率的大体一致，税目1、2、3的税率将分别为15%、30%、60%。

两项政策的实施，将有利于支持新兴业态与传统业态、国外商品与国内商品公平竞争，提高市场效率，促进共同发展。政策实施后，将为国内跨境电子商务的发展营造稳定、统一的税收政策环境，引导电子商务企业开展公平竞争，有利于鼓励商业模式创新，推动跨境电子商务健康发展，并将有利于提升消费者客户体验，保护消费者合法权益。

跨境电子商务企业对企业（B2B）进口、线下按一般贸易等方式完成货物进口的，仍按照现行有关税收政策执行。

考虑到跨境电商的特殊性，经国务院批准，2016年5月，相关部门出台了跨境电商零售进口有关监管要求过渡期政策，并于2016年11月和2017年9月两次延长过渡期政策，即至2018年年底都继续按照"48新政"之前的模式进行监管。与此同时，国家进一步加大了对跨境电商的政策支持，连续出台多项促进跨境电商发展的利好政策。2018年7月份，国务院同意同意在北京、呼和浩特、沈阳、长春、哈尔滨、南京、南昌、武汉、长沙、南宁、海口、贵阳、昆明、西安、兰州、厦门、唐山、无锡、威海、珠海、东莞、义乌等22个城市设立跨境电子商务综合试验区,从 2019 年 1 月 1 日起,将跨境电商零售进口监管政策适用范围再扩大到北京等 22 个新设跨境电商综合试验区城市;2018 年 11 月底,商务部、发展改革委、财政部、海关总署、税务总局、市场监管总局 6 部门联合印发《关于完善跨境电子商务零售进口监管有关工作的通知》,财政部、海关总署、税务总局 3 部门联合印发《关于完善跨境电子商务零售进口税收政策的通知》,进一步明确了对跨境电商零售进口商品的监管要求,提高了单次和年度交易限值。这些政策的密集出台和叠加效应,将为中国跨境电商的发展打开一个新的窗口期,创造新的机遇,注入新的动能。本次跨境电商零售进口监管政策自 2019 年 1 月 1 日起正式实施。对跨境电商零售进口商品不执行首次进口许可批件、注册或备案要求,而按个人自用进境物品监管。对跨境电商零售进口清单内商品实行限额内零关税、进口环节增值税和消费税按法定应纳税额 70% 征收基础上,进一步扩大享受优惠政策的商品范围,新增群众需求量大的 63 个税目商品。同时,提高享受税收优惠政策的商品限额上限,将单次交易限值由目前的 2 000 元提高至 5 000 元,将年度交易限值由目前的每人每年 2 万元提高至 2.6 万元。

从长远来看,跨境电商零售进口税收新税制下,跨境电商平台将进入规范发展。

首先,以立法形式明确了跨境电商合法的地位。以法律文件的方式明确了跨境电商的合法性,税改让跨境电商生意更公平。其实对于跨境电商而言,征税不可怕,可怕的是有的企业依法纳税,但有的企业却找机会偷漏税,这样行业就不公平了。

其次,行业规范程度变高,无论是税收还是监管,行业规范都有了明确的法规,未来合规企业必须要按照相应制度执行。现在跨境电商模式有很多通道,邮关和快件等通道有时会存在漏洞,可以逃税、低报、瞒报税。在这种情况下大家就不愿意走规范通道。税改后政策一定往合法方向倾斜,规范通道会变得更加便捷。与此同时政府也会加强邮关查验率,把属于跨境电商通道的货品尽量推向合法通道。

最后,跨境电商会回归外贸的本质——成本和效率。在现阶段跨境进口政策还没规范的时候,跨境电商选择试点区域考虑的是通关便利化,哪里通关简便、哪里成本低就走哪里。税改后,全国的跨境电商制度管理逐渐规范化,海关等监管部门对跨境电商政策管理系统很快就会出台全国统一版本,国家监管政策很快也会出来,届时海关国检的监管政策都统一后,就没有所谓的政策洼地,这时跨境电商会回归外贸的本质——成本和效率。未来,跨境进口城市的竞争一定是围绕着成本和效率展开的。

二、不同进口零售交易渠道的对比分析

跨境电子商务清关难点主要是在进口国海关,焦点集中在能否以物品清

关。以下是四种主要进口零售交易渠道。

（一）海淘模式

即消费者直接去境外网购,通过转运公司到国内,再通过国内快递到消费者手里。该模式下可选产品种类很多,但转运手续繁杂,时效较差。在国内通关时,要交行邮税。有些不正规的转运公司所采用的水客、背包客等方式必将随着海关监管的加强而减少。

（二）海淘团购

它是由过去的转运公司拓展而来,与海淘模式的唯一差别是消费者团购付款给转运公司,再由转运公司在境外网购。有些转运公司也在做集货模式,不过这对转运公司的海外资源、存货管理、成本控制和物流价格要求较高。类似于 DHL 和 BPOST 的大物流企业也在搞跨境电商专线,其他的创新渠道也在酝酿尝试过程之中。

（三）独立 B2C 自营进口电商

即进口电商从国外厂家、品牌商、渠道商、B2B 商家或商超直接采购,货放到国外仓库或国内保税仓库,消费者从平台上购买后直接邮寄给消费者。得益于通关的便利,该模式中产品种类比海淘方式要丰富一些,但受限于仓库备货,可选择余地不大。该方式的核心是如何管理好海外供应链,包括如何保证货源和防止压货,对企业的运营能力要求很高。

（四）进口电商平台

与自营进口电商不同的是,在平台上出售商品的是其他企业,有的平台要求必须是海外注册的企业,多数平台会要求海外卖家替消费者承担行邮税或进口环节税。如果是海外商家直邮,商品种类较多。如果从国内保税仓发货,商品种类目前还不够丰富。不过,无论是哪种渠道,关键还在于到国内后的清关模式。

三、三种进口清关模式

目前除了传统贸易以货物形式清关外,我国还有三种主要进口清关模式,在查验监管和税收待遇方面存在较大差异。

（一）试点城市的保税进口清关

国外商品以一般贸易报关进入保税监管区,商品还未征税,通过跨境电子商务平台达成线上交易后,按交易订单上的商品、价值、买卖双方等信息,由第三方物流委托报关出区,核销保税仓入区商品账册。

这种方式有很多优点:①时效快,消费者很快就收到产品,退换货也方便;②在国外集中采购,发挥规模优势,降低采购和物流成本;③目前试点做法是以行邮税代替进口环节税,税负低;④如果配合正规的进口检验检疫,可以解决商品品质和售后服务问题。

不过这种方式尚有很多问题:①海关新规定并未涉及商务部和商检部门关于跨境电子商务的进口政策。如果在商品备案时不能解决质检和许可证问题,那么保税模式就很难成为跨境电商进口清关的主要方式。②电子数据由进区时的货物报关转变为出区时的 B2C 模式,物权转移逻辑并不清晰,还涉及监管征税方式的巨大转变,存在通过化整为零、蚂蚁搬家来逃避征税的风险。③金融链条尚未通畅。在国外用外汇采购商品,在国内销售后收取人民币,单靠个人换汇额度有限,采用公司换汇又缺进口报关单,依靠类似于支付宝国际的第三方服务收费又太高,所以目前还很难做到三单数据统一。

因此,目前该模式还必须限制具体试点企业和商品的品类、价值、数量,很难大规模推广。

专栏 10-2:淘宝保税区发货①

所谓的淘宝保税区发货就是消费者拍下商品,邮寄到中国海关的保税区,等用户购物以后,从保税区把货物发出。而且货物有问题还可以退换,这样大大减短了物流时间和成本,而且售后也有了保障。这就是所谓的保税区发货。淘宝保税区发货,避免了以往代购的多种弊端和不足,如发货时间长、物流成本高、售后基本没保障等。

目前,淘宝全球购平台已覆盖国内所有保税仓,可覆盖的国家与品类也比较丰富。这种新兴消费模式使运费和物流时间与国内网购基本相同。同时,跨境模式也解决了消费者在以往海淘时遇到的语言、支付、物流、税率等难题。

以一罐 200 元左右的澳洲奶粉为例,消费者购买保税仓的产品可比海外直邮减少 10~20 元的邮费,且 1~3 天就能拿到手,而直邮的平均时效至少要 15 天。

(二)快件监管场进口清关

当跨境电子商务是 C2C 模式时,可以采取集货模式来清关,入区和出区都

---

① 资料来源:根据 Hishop 商学院网站资料整理。

是由快递企业集中的个人物品,从而满足快件监管场报关模式要求。我国快件清关场大都位于机场和港口,目前已吸引了 UPS、DHL、顺丰等快递企业入驻。快件清关报告单分为三类:文件类、个人物品类、货物类。海关总署 56 号、57 号公告在货物及物品申报清单上的规定与快件监管场十分相似,并且比现有的快件监管政策具有更大的优势。在现有的快件监管场,海关对个人物品的清关方式十分谨慎,按货物类别的方式清关较多。而根据 56 号、57 号公告,符合个人自用特征及合理数量,可以按个人物品清关。有些试点城市还开辟了海关绿色通道服务,包括在跨境网购时预缴行邮税、与传统快件分区快速核放、入境时自动扣缴税费等,大大提高了物流时效。而且 56 号、57 号公告与现有快件监管场在后台的查验布控、EDI 快件报关数据审核、货物和物品品名控制、申报人额度管理、X 光机、对比系统等方面也基本相似。因此,56 号、57 号公告与快件监管场的现有监管政策形成了很好的互补。

(三) 万国邮联的邮路清关

跨境电子商务的进口和出口都可以采用包括中国邮政速递在内的邮路物流方式,从国外直邮也可以采用 BPOST、荷兰 EMS、法国 EMS、西班牙 EMS 等渠道。邮政速递公司的邮路都在不断优化,瞄准的就是跨境电子商务快递物流市场。对于出口企业而言,通过邮政物流通关,出口退税的关键节点在出口报关单。只要海关认定货物、物品申报清单可以作为出口凭证,那么结汇和退税问题也就解决了。对于进口消费者而言,56 号、57 号公告要求按进出境个人邮递物品有关规定办理征免税手续,申报手续可能较为繁杂,需要邮政部门或专业服务公司代为申报,为邮路进口快递产品提供了政策依据。

专栏 10-3:海关跨境电商统一版出口通关管理系统[①]

近年来跨境电子商务蓬勃发展,已成为推动我国外贸增长的重要力量。为支持这一新型业态的健康、有序发展,海关总署改革通关监管模式,从 2012 年开始选择在上海、重庆、杭州、宁波、郑州、广州等地开展试点,通过试点建立了新型跨境贸易电子商务监管模式,增设了跨境电商监管方式代码。为满足全国推广需要,海关总署研发了统一版本的跨境电商通关管理系统,规范通关监管。

据了解,该系统依托电子口岸平台,实现与电商、物流、支付企业的高效对接,通过"清单核放、汇总申报"的方式,实现便捷通关和有效监管,便利电商企业办理出口退税、结汇手续,提高通关效率,降低企业成本。

---

① 资料来源:根据中华人民共和国中央人民政府网站资料整理。

第三节　跨境电子商务通关体制的改革

一、改革通关模式，变"橄榄型"为"哑铃型"

国际上，海关通关作业管理模式大致可分为两种：第一种是传统的英国模式，可称为"口岸橄榄型"，即主要的通关手续都在口岸完成，货物在确定好归类、价格、原产地，完结进出口手续，征收税费后放行。此种模式通关效率高，后续手续少，缺点是如通关中遇到复杂的监管问题无法在较短时间和较窄的空间内很好解决。

第二种是现代的美国模式，可称为"信用哑铃型"，即在对企业进行诚信管理的基础上，实行两步通关：第一步简单申报并办理验放手续，重点是保证货物合法进出；第二步才解决贸易管制、征税、归类、化验、估价、原产地审核等问题，大批量的货物在很短的时间内通关放行，然后在规定时间内通过单证审核、稽查审核等再真正结关。此种模式解决了海关在短时间、窄空间内无法解决的问题，有效实现了监管的前推后移，扩大了海关监管时空。但此种模式要求有以下两个条件为基础：首先是建立完善的企业诚信为本的守法制度和档案制度；其次是建立完善的担保制度，担保人不仅可以担保税收还担保有关的法律责任，使海关的依法行政职能得到有效保证。

根据中国现状，我国海关无法使用传统模式，而使用哑铃型的两个基础条件又不完全具备，因此，应探索建立智能式的通关模式组合，以守法便利为最终导向，谁先符合条件谁就先发展，当守法企业达到95%以上时就可以使用哑铃型通关模式了。要实现哑铃型通关模式，关键在于调整从货物到达至提货的中间通关环节，重新配置海关管理资源，将通关时空前推后移，建立商品预归类制度和放行后稽查制度（PCA）是实现这一目标的有效途径。

专栏10-4：新加坡海关"无缝一站式"通关[①]

以电子报关和电子审单为基础，新加坡海关和其他政府部门建立了无缝的"一站式"电子通关系统，客户只需一次报关，就可以完成进出口通关程序。"一站式"的报关包含了所有涉及的部门，如海关、商检、港口、运输公司、银行和税务等。

发达国家的通关经验表明，数据的交换和传输采用电子方式对贸易环境的

---

① 资料来源：根据中国质量新闻网《新加坡通关政策对我国通关模式改革的启示》相关报道整理。

改善是至关重要的,有助于提高通关效率。为了解决这个最重要的问题,新加坡采取了以下做法:

1. 提供无纸报关,98%的进口商可以在他们的办公室内通过"贸易网"实现报关。

2. "贸易网"每天24小时、每年365天不间断工作。它负责将报关请求传输至海关,并把结果反馈给客户。80%的报关在20分钟内可处理完毕。

3. 在受理电子报关之后,通常货物的放行时间:陆运货物4分钟,海运货物8分钟,空运货物15分钟。

新加坡的另一目标是建立电子交易所,包括通关系统、贸易融资系统、运输和物流系统、仓储和电子采购等。电子商务的立法为电子商务提供了正式的法律依据和保障,承认电子支付和数字签名的合法性。

二、实施商品预归类制度

(一)商品预归类制度及其优越性

商品预归类制度是海关所采取的一种特有的具有约束力的税则归类制度,属于确定商品归类的预申报行为,是指进出口货物的当事人在货物进出口前甚至贸易成交前,向海关提出归类申请并提供货物有关资料,海关归类职能机构经研究决定该商品的归类并出具有一定法律效力的《商品归类建议书》作为答复,进出口商可凭该建议书进行成本核算或办理海关手续。"预归类"顾名思义就是提前归类,即将商品归类作业环节从货物办理进出口报关手续时移至之前,但这项措施绝不仅仅是时间上和环节上的简单更换,它从根本上增强了海关归类工作的主动性,对改善通关环境、提高海关的监管效率将产生深远影响,同时也为国际贸易提供了必要的服务保障。据有关资料介绍,到目前为止,世界上已有30余个国家和地区的海关相继实行了商品预归类制度,这当中包括美国、欧盟、加拿大、澳大利亚、瑞士等。预归类的实践表明,在提高通关效率、减少纳税争议和增加关税工作透明度方面确已收到显著效果。

以比较有代表性的美国和欧盟国家的通行做法为例。美国海关的预进口复审系统,其主要目的是在商品进口之前解决商品分类、估价和是否接受报关等方面的问题。此系统主要采取两种审核方法:一是预分类审核法,即海关按正确分类原则逐项审核进口商品。该项工作首先由海关现场进口专家完成,而后国家进口专家处将负责审核所有分类的确定。二是预批准审核方法,即由海关对进口商的商品分类过程、方法或系统进行评估。

欧盟的预归类通行做法是在健全法律、明确法规的前提下,按既定程序对商品分类进行审核,并以税则归类建议答复。此举的显著特点是法律条例健全,使海关及预归类申请人均有法可依。

美国和欧盟海关的预归类制度虽然一个在审核程序方面有它的特色而另一个侧重于法律保障,但二者皆以为服务国际贸易为宗旨。

预归类制度经过实践已经显示出突出的优越性:

第一,预归类制度在时间上保证了归类的合理性及准确性。在货物进口前或贸易行为发生前,海关有充足的时间全面考虑商品归类,如遇疑难问题也可得到较合理的解决,从而增加了海关归类工作的主动性。

第二,预归类制度减轻了海关管理负担,促进了海关内部管理的统一。当归类职能部门研究并做出归类建议后,于规定时效期内,该建议在本关区内适用。此举杜绝了在预审、审单及征税环节的重复作业现象,从而有效防止了关区内各现场对商品归类缺乏相互联系所造成的执法尺度不一致。准确的商品归类也为监管、征税、稽查、统计等海关作业环节提供了依据,从而对整个海关业务工作起到了推动作用。

第三,预归类制度为贸易方带来的最大便利是有利于进口商更加合理地核算成本,因而能在贸易往来中掌握更多更准确的信息,同时进口商事先准确地了解了监管规定和税款,增加了海关执法的透明度,为进口商自觉遵纪守法提供了条件,减少了纳税争议。

第四,预归类制度还有利于海关电子数据信息的交换,即为全面实行 EDI 提供了有力的保障。海关统计数据的质量随着预归类的实施亦将逐步得到全面提高。

(二) 建立我国海关预归类制度应重点解决的问题

1. 组织保障

为建立适应我国国情的预归类制度,我国海关应建立由海关专家组成的归类及预归类职能机构,该机构应下辖化验、归类两大部门,这样将有助于更好地发挥商品化验这一辅助手段的作用,进一步提高预归类工作的科学性。同时,在有条件的海关应将归类职能部门按专业予以划分,这样一方面有助于将归类工作向纵深发展,另一方面将有利于培养专门人才。为了加强对内部及外部的约束力,海关总署归类职能部门应考虑建立仲裁机构,以便加大海关税则归类行为的法制化力度。

2. 法律保障

我国试行的预归类做法中,很多没有把预归类与传统的归类制度列入同等的法律保障体系,而只是起到建议和参考作用。借鉴国外的一些有益做法,成熟的预归类制度应当有完善的法律保障和法律监督,既保障预归类的执行尺度,又监督进口商与海关的实际执行情况。法律上应对预归类答复规定生效条件和有效期,若经海关确认的预归类信息不可靠而对申请人造成了损失,海关应采取措施予以补偿,同时承担一定的法律责任。在业务程序上,应当从接受申请、提供资料、研究确定直至发放预归类建议书,有一整套的规章制度,使海关内部与外部均有章可循,有法可依,有据可查。由于预归类不同于以往的普遍关税问题咨询服务,这一过程的最终目的是要获得具有一定效力的归类信息,因此,如申请方欲不履行预归类所涉及的商业行为,应当首先向海关通报,否则即视为违反海关规定。

3. 人员素质

在预归类工作中,迫切需要一批具有专业知识与业务技能的复合型专家人才。从事预归类的人员除熟悉归类技术外,还要有广博的商品知识,法律知识和一定的计算机应用技能。因为预归类针对的是未发生或尚未完全发生的商业贸易行为,所以预归类人员要在思想上有一定的统筹观念、有一定的分析能力和预见性,通过预归类工作及时掌握贸易动态,并向上级部门提供一定的贸易信息,使决策部门注意贸易导向。

4. 技术支持

预归类制度的建立必将在海关业务科技一体化中完成,预归类制度应该与将来实现无纸报关和计算机网络化相配套,同时也需考虑相应的防范措施,以防止不法分子通过技术手段进行走私犯罪活动。

5. 信息收集

归类职能部门应当重视信息采集,通过相关的信息主管部门或通过网络终端及时掌握国内乃至国际各海关的有关归类信息,为预归类工作提供大量有参考价值的资料。

(三) 推进阳光化通关的战略思考

要制定促进阳光化通关的一整套行之有效的政策体系,关键是要处理好国内外政府、国内外竞争者、企业与消费者等多个复杂关系,秉持以下三个理念:

1. 坚持公平中性原则

海关总署 56 号、57 号公告对跨境网购商品给予一个明确的认定,如果符合个人自用特征及合理数量,可以按个人物品清关,将只涉及行邮税,从而深受一些进口电商企业认可。但国产的产品,以及通过传统贸易进口到国内再在国内市场从事线上、线下销售的,不仅涉及进口关税和增值税,在很多国家还涉及销售税和消费税,从而形成了不公平竞争。从消费者角度看,如果纳税义务仅仅取决于如何购买,同样是不公平的。

与公平性密切相关的还有税收中性原则,即有关跨境电子商务的国际监管和税收体制不应对纳税人的跨国区位选择以及企业组织形式等产生实质影响,这部分的政策诉求已经超出某个国家海关的职权范围。

如果现有政策不能有效解决公平和中性原则问题,将不利于跨境电子商务的持续健康发展。国内各种税很难取消,要解决公平竞争问题,出路有两个:一是线上跨境进口的加征销售税、消费类或增值类税收,另一个就是开展国际合作。

2. 贯彻合作共赢理念

跨境电子商务已经对各国企业的公平竞争和政府公平税源造成了较为严重的影响,而且呈愈演愈烈之势,这些问题将来不可避免成为跨境电子商务监管和税收国际合作的重点。比如,A国的产品卖给B国的消费者,B国简化了监管和税负,同样B国产品卖给A国消费者时,A国的监管和税负也应该简化。但是要完全行得通,还必须解决两个问题:①如果一国出多进少,而另一国进多出少,两国利益出发点就会不对称,需要进行协调,例如可以商定由业务活动发生国收所得税,由消费的国家收消费税;②国内消费者得到了实惠,但国产产品可能会承受不合理损失,需要进行救济,例如通过调整税率来合理平衡行邮税和国内税的税负水平。

包括美国和欧盟在内,各国对跨境电子商务如何征税的原则立场存在很大差异,需要相互协调和合作,具体包括:协调有关所得税的居民和来源地税收管辖权的认定标准;协调有关流转税的消费地和销售地标准;避免双重税收和零税收;各国清关信息的交换、互认和进行税收协助;等等。

3. 强化源头创新意识

跨境电子商务具有主体多元、来源模糊、过程虚拟、合同无纸、结果即时、隐匿流动等特点,不同于传统的贸易模式。在自然人居民身份认定上,弱化了住所标准,强化了国籍标准;在法人居民身份认定上,增加了对实际管理和控制中心的认定难度;在收入来源认定上,增加了对常设机构的认定难度;在所得分类方面,带来了商品、服务和特许使用费的认定难度等。现有监管政策绝大多数是在已有法律政策框架下来研究怎么绕开走,这种做法解决不了根本问题。从国内看,需要多个政府部门以及立法机关统一意识,突破现有法律政策约束,从源头进行创新,形成一个有机的规范体系。从国际上看,需要各国摈弃现有协定和分歧,针对跨境电子商务的独特属性,协调各自立场和关切,通过修改法律和签订协定来共同破解跨境兼管难题。

三、杭州跨境电子商务综合试验区通关新模式

(一)"单一窗口"平台支持快速通关

跨境出口电子商务订单数量大、品种多,如果按照以前的操作模式,每天几

万票的出口物品根本无法在一天内正常通关。为此,杭州跨境电子商务综合试验区对跨境电子商务实行"清单核放、集中纳税、代扣代缴"通关模式,并探索建立适应跨境电子商务业态发展的转关物流方式,研究推进跨境电子商务全国通关一体化,建立检疫为主、基本风险分析及产品追溯的质量安全监管机制。跨境电子商务综合试验区正式获得批复以来,"单一窗口"平台可以说是最引人关注的亮点。"单一窗口"平台是"跨境电子商务综合试验区的核心竞争力,是关键"。线上"单一窗口"是数据交换枢纽和综合管理服务平台,通俗地说,企业只需要一次申报,即可满足海关、检验检疫、国税、外管等相关监管部门业务需求,做到"一次申报、一次查验、一次放行",大大节省了企业的人力与通关时间,让企业享受到了实实在在的通关便利。

(二)高效、便利化通关模式

1. 分级监管,简化流程

对于不涉及出口征税、出口退税、许可证件管理且金额在5 000元以内的电子商务出口货物,电商企业可以按照相关规定进行简化申报,有助于提高通关速度,做跨境电商生意的诚信企业将体验到更便利的通关流程。

2. 通关全流程无纸化

在推行的新监管方案中,海关为跨境电子商务"量身设计"了一套涵盖企业备案、申报、征税、查验、放行、转关等各个环节的通关无纸化流程。电商企业在进出口申报前,通过跨境电子商务通关服务平台向海关提交订单、支付、物流等电子信息,以及相关电子数据,无须递交纸质单证即可完成海关进出口申报。

3. "海淘"一族购物更便捷

集中征税、代扣代缴等举措与消费者密切相关。消费者在B2C模式的平台上购买的物品,如果按照总价需要缴税,消费者可以通过电商企业向海关缴纳税款,免去自己缴税的麻烦。电商企业按月集中纳税也比逐票纳税更便捷。

4. 信用企业优先

对诚信守法的跨境电子商务企业给予最大化的通关便利,全年(365天)无休日、货到海关监管场所24小时内办结海关手续;推出跨境零售出口"清单申报"、简化出口商品归类、保税商品"先进区、后报关"、取消关区内转关等举措。

5. "负面清单"监管制度

该清单上禁止"人体组织""微生物""废旧物品""放射性产品""化学危险品"等入境。过去,为了清查这些违禁品、化妆品、保健品等敏感商品,跨境电商经常十分被动,而现在只要不在清单范围内,各地方检验检疫局都会统一处理。

6. 无票免税

综合试验区争取在一定条件下的"无票免税"政策,如果出口企业未取得合法有效的进货凭证,在平台登记销售方名称和纳税人识别号、销售日期、货物名称、计量单位、数量、单价、总金额等进货信息的,可在2016年底以前暂执行免征增值税的政策。

复习思考题

1. 请阐述通关及通关管理的含义。
2. 试述我国跨境电子商务通关管理的现状及存在的问题。
3. 说明进口清关时货物与物品监管的区别待遇。
4. 我国进口清关有哪些模式?请阐述各模式之间的区别。
5. 试述海关预归类制度的优越性及我国建立海关预归类制度应解决的问题。

参考文献

[1] 深圳海关课题组. 试论现代物流发展与海关监管[J]. 海关研究,2006(2).

[2] 颜正洪. 试论现代物流进入供应链管理时代的海关监管[J]. 海关研究,2006(2).

[3] 陶明. WTO 与海关实务[M]. 上海:上海人民出版社. 2002.

[4] 谷成. 入世后我国关税政策的目标选择[J]. 国际贸易问题,2004(6).

[5] 朱涛. 入世后我国海关税收征管制度的若干思考[J]. 国际贸易问题,2000(21).

[6] 梁金成. 论泛珠三角区域合作与区域海关合作的理论逻辑及其实践意义[J]. 海关研究,2005(6).

[7] 杨华宽. 试论区域经济发展背景下海关管理的自我超越[J]. 海关研究,2005(6).

[8] 陈家勤. 国际贸易论[M]. 北京:经济科学出版社,1999.

[9] 夏秀瑞,孙玉琴. 中国对外贸易史[M]. 北京:对外经济贸易大学出版社,2013.

[10] 唐海燕. 中国对外贸易概论[M]. 上海:立信会计出版社,2002.

[11] 宁金彪. 经济全球化与中国对策探讨[M]. 石家庄:河北人民出版社,2002.

[12] 徐蔚威. 入世与中国海关法[M]. 上海:上海世界图书出版公司,2001.

[13] 谢凤燕. 现代海关管理[M]. 成都:西南财经大学出版社,2003.

[14]李鹏南,刘石桥.海关税收管理[M].北京:中国海关出版社,2002.

[15]杨圣明.中国关税制度改革[M].北京:中国社会科学出版社,1979.

[16]姚梅琳.中国海关概论[M].北京:中国海关出版社,2002.

[17]陈大钢.海关关税制度[M].上海:上海财经大学出版社,2002.

[18]张海明.世界贸易体制下中国开放型适度保护关税政策的理论分析[J].中国海关管理干部学院学报,2000(2).

[19]徐道文.海关货运监管[M].北京:中国海关出版社,2002.

[20]黄熠.海关通关管理[M].北京:中国海关出版社,2002.

[21]财政部,海关总署,国家税务总局.关于跨境电子商务零售进口税收政策的通知[EB/OL].[2016-03-24].http://gss.mof.gov.cn/zhengwuxinxi/zhengcefabu/201603/t20160324_1922968.html.

[22]中国质量报.跨境电商零售进口政策发布会要点解读[EB/OL].[2018-12-07].https://www.xianjichina.com/news/details_94139.html.

第十一章 跨境电子商务与物流

学习目标

通过本章的学习,了解跨境电子商务与物流的关系,理解跨境电子商务物流系统与一般电子商务物流系统的异同,掌握跨境电子商务物流的概念、主要物流方式及物流方式之间的比较。

第一节 跨境电子商务物流概述

一、跨境电子商务与物流的关系

跨境电子商务物流是伴随着跨境电子商务的发展而成长起来的,作为线下的主要配送活动,跨境电商物流的有效应用为跨境交易的顺利可靠完成提供了保障,对于获得消费者认可并提高满意度方面发挥着重要的作用。

(一)物流是跨境电子商务的重要环节

跨境电子商务交易涉及交易磋商谈判、合同签订、国际物流、国际支付结算等诸多环节。跨境电子商务是国际贸易的一种新形式,与传统国际贸易不同的是,交易磋商、合同签订、国际收付均可通过互联网和电子商务平台完成,而实现商品从卖方到买方的流转必须通过实体的国际物流,物流的效率、可到达性和成本直接影响着跨境电商的终端消费体验。因此,物流是跨境电子商务活动中的重要环节。

(二)跨境电商发展为物流业带来机遇

随着互联网技术的提高和广泛应用,海内外大量中小企业、供货商与终端零售商、消费者通过跨境电商平台直接对接,跨境电子商务应运而生。2008年金融危机以后,为规避风险,国际订单呈现小批量、多批次的特点,跨境电子商务日益发展,近年来交易额爆发式增长。2012年后我国跨境电子商务交易规模逐步扩大,年增长幅度均在30%以上,2013年突破了3.1万亿元,2015年的交易额为5.4万亿元,2018年中国跨境电商交易规模达9万亿元。跨境电子的市场前景较为广阔,这为物流业的发展带来更多的刚性需求。

(三)物流是跨境电商发展的关键因素

电子商务的过程由网上信息传递、网上交易、网上结算和物流配送四个部分组成,其动态的完整运行必须通过信息流、商流、货币流、物流四个流动过程。不同于传统商务活动,电子商务的特殊性就在于,信息流、商流、货币流都可以在虚拟环境下通过互联网实现,而电子商务的物流不能完全通过网络实现,它的发展易被国境所阻碍,只有将四个流程保持畅通无阻,才能使跨国电子商务保持速度与效率的一致性,促进其发展。

跨境电子商务发展受物流成本、物流效率等条件的制约:一是物流成本。跨境电商终端客户大多对价格敏感,较高的物流成本会制约跨境电子商务发展,且跨境电子商务单次成交量(额)相较于传统外贸较少,物流成本难以摊薄。二是物流可达性。跨境电商的终端客户分布全球,物流服务是否可到达、可达时间长短直接影响终端客户的评价。三是物流效率。物流周期越长,货物交付时间就越长,一方面降低对终端客户的吸引力,另一方面涉及国际收付时货币兑换的汇率变动问题。四是物流服务。国际运输距离远、风险多,商品运输过程中的货损率、是否具有可跟踪性等影响终端客户的体验。因此,物流是决定跨境电子商务发展的关键因素,低成本、高效率、服务完善的物流支撑体系是跨境电子商务发展的迫切需求。

二、跨境电子商务物流功能

跨境电商正式开启了3.0时代的序幕,相关行业标准、准入标准、监管保障将迅速完善,全世界成为一个自由流通的B2C市场。跨境电商越来越成熟以后,终端消费者面对的市场是一张互联网——全球电商。"海淘+代购"模式的瓶颈将被打破,跨境电商竞争的焦点将转移到物流供应链的解决方案上。跨境电商物流的功能具体表现在仓储管理、运输配送、附加价值三个方面。

(一)仓储管理——规范化、智能化、定制化

跨境电商的物流仓储属于第三方外包仓储物流,以联邦转运为例,该公司在全世界各货源地建设货仓,搭建一张覆盖全球的仓储网络,这就必然要求标准化管理仓库,建立一套科学的仓储管理办法。仓库与使用者在地理上相隔万里,必须通过互联网等现代通信技术对库存进行遥控,这又要求跨境电商物流企业配套智能简易的操作系统,让各种非物流专业的使用者方便地管理库存,实现信息流、物流的无缝对接。跨境仓面向的使用者千差万别,要求必然多种多样,总的来说,分个人和B2C商业用户两类,那么就必须分别针对个人和商业用户定制两种仓管流程,同时为了不断提高用户体验,也需要考虑在仓管系统中加入个性化模块。总结起来,跨境电商物流企业的仓储建设投资比重很大,在整个物流解决方案中占基础地位。

(二)运输配送——强化风控能力、精简中转环节、严选合作伙伴

跨境电商1.0时代整个配送流程最少经过"三转两关",货物经过层层转手转包,风险呈几何数增加的同时,层层转包产生的溢价必然转嫁到消费者身上。一旦货物出现丢失损毁,经常会发生权责不清互相推诿的事情。以联邦转运为代表的试点企业将独立面对终端消费者,承担运输合同规定的相应责任和义务,这就要求跨境电商物流企业强化风控能力,提高选择合作伙伴的标准,剔除层层转包环节,以独立姿态运营整个流转过程。这既是国家试点项目提出的要求,也是市场选择的必然趋势。

(三)附加价值——开拓市场、大数据、采购与供应链管理

物流行业发展到今天,已经与电商形成了不可分割的"鱼水关系"。电商的发达促进物流行业壮大,物流能力不足将严重限制电商发展,反之亦然。今日,物流行业已经从电商的背后走到了与之并肩的位置,优质、高效、用户体验高的物流伙伴会极大提高品牌竞争力,反之则会将辛苦打造的品牌毁于一旦。名牌物流合作伙伴如今已经成为品牌商打开市场的重要砝码。电商物流同时拥有大数据属性,妥善保管和开发这座数据宝库,将对电商产生极大的推动作用。联邦转运与其他跨境电商不同之处在于:建设了一个专业的货源地采购团队,配套供应链管理,将跨境电商物流的触角向前伸,为电商伙伴提供一站式物流服务,这方面的努力将会在未来显现出其卓越的商业远见。

三、跨境电子商务物流系统与一般电子商务物流系统的异同

(一) 一般电子商务的物流系统

通常情况下,理想而完整的电子商务物流服务环节可用"干仓配"三个字概括,即干线运输、仓储分拨和末端配送,如图11-1所示。

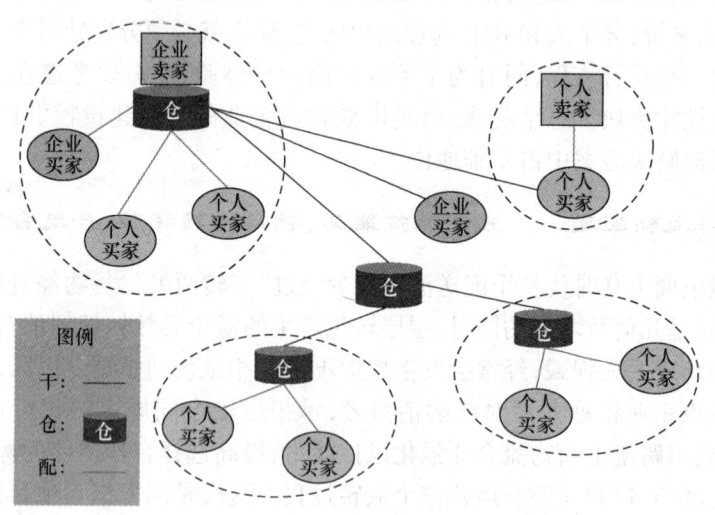

图11-1 电子商务物流服务环节

资料来源:本章作者根据网络相关资料整理制图。

对于不同类型的电子商务,其物流环节有所不同,有的往往仅需要几个环节而不用涉及完整的"干仓配"环节即可完成物流服务。比如:对于大宗商品的B2B电商,其物流服务仅需要干线运输和一次仓储即可完成;对于同城商品的B2C电商,其物流服务仅需要一次仓储和末端配送即可完成;对于同城小件商品的C2C电商,其物流服务仅需要末端配送即可完成。只有全国性大型B2C电商,其物流服务需要干线运输、多级仓储分拨和末端配送才能完成。

相应地,电子商务物流系统就是由围绕电子商务"干仓配"活动而配套的各类基础设施和物流企业所组成的服务系统。其中,基础设施是电子商务物流服务所依托的场所,主要包括各类交通线路网络、各级仓储分拨中心(园区)和信息传递处理平台。物流企业是电子商务物流服务活动的实施主体,包括各种方式的干线运输型物流企业、仓储分拨中心(园区)运营型物流企业、快递配送型

物流企业,以及能够提供"干仓配"几个环节乃至全程服务的物流企业。

(二)跨境电子商务物流系统的异同

由于跨境电子商务与电子商务这种特殊与一般的关系,二者的物流服务环节和相应物流系统的构成要素并无二致。具体而言,物流服务环节都是由"干仓配"构成,物流系统的构成要素都是由相应的基础设施和物流企业组成,这就是跨境电子商务与一般电子商务的相同之处。

然而,也正是由于跨境电子商务的特殊性,其在物流服务环节的具体业务和物流系统构成要素的具体内容上同一般电子商务相比并不相同。

1. 在物流服务环节上增加了语言和报关服务

由于跨境电子商务的交易主体分居两个不同国家(地区),语言往往不通,并且所交易的商品类型属于对外贸易范畴,因此,需要在物流服务时增加语言和报关服务。

2. 在物流系统构建上要同时建设内外两套系统

由于跨境电子商务同时包括一国商品的出口贸易和海外商品的进口贸易两个方面,因此,必须针对进口和出口相应建设国内、国外两套物流系统。

3. 在基础设施上增加了保税设施

无论进口还是出口跨境电子商务,若要达到对订单的快速响应,在买家所在国家(地区)实现商品仓储是不二选择,这就需要在相应国家建设自贸区、保税区、保税库等保税设施。

4. 在物流企业上增加了代理类物流企业

由于跨境电子商务的商品交付过程涉及进出境,因此增加报关清关代理类物流企业必不可少。同时,由于跨境电子商务的物流服务一般需要经由另一国家的物流企业和基础设施完成,因此,增加海外代理类物流企业同样必不可少。

第二节 跨境电子商务物流方式

一、跨境电子商务物流方式简介

2013年,国家开放上海、杭州、宁波、郑州、重庆五个跨境电商试点城市,在政策层面上开始对跨境电商进行扶持,并且进入实质性试行阶段。目前五大试点城市都已经开始了试运行,试点城市内的跨境电商都可以开展正常报关、结汇、出口退税的相关工作,国家也可以对跨境电商的交易进行正常监管。但这对于跨境电商来说只打开了半扇门,跨境电商业务所服务的许多国家还存在非常坚实的贸易壁垒。目前的跨境电商主要是通过邮政小包、各种传统跨国快递来进行跨境发货,针对各种不同国家的专线,有小部分商家选用海外仓的模式来进行发货。概括起来,跨境电子商务物流有如下常见方式。

(一)邮政小包

邮政小包的方式已经在全世界范围内形成了一个相对完整的网络,其发展得益于我国邮政联盟和卡哈拉邮政组织。但是存在的问题就是由于这个组织旗下的成员国数量众多,各个国家的邮政快递发展模式并不一致且各个国家的发展不是很均衡,所以,如果所有的成员国达不到一定标准的话,邮政快递的模式无法进入通用的跨境国际物流体系之中。

邮政小包是目前广大中小电商企业选择最多的物流渠道,通过邮政的寄送平台,以个人邮寄物品的方式,将网络成交的商品运往世界各地。它最大的优点就是运送范围广,基本能够覆盖全世界大多数国家和地区。其次,手续便捷,投递卖家根据要求在箱身粘贴航空标签、报关单、地址和挂号单号码后,就可以完成投递,商品投递之后所有的手续包括报关、商检都由邮政公司代为完成。对于中小跨境电商企业而言,这是门槛最低的物流配送方式,也是目前大多数小型跨境电商企业主要的物流配送渠道。目前,归属邮政小包业务的主要有中国邮政小包、国际E邮宝、香港邮政小包、新加坡邮政小包等。国际E邮宝运送时效比中国邮政小包快,运费更便宜,从eBay和速卖通等网站下单的中小企业卖家可以利用这一平台,享受运费优惠,但目前仅限美国、俄罗斯等个别市场。邮政小包还有价格便宜、清关方便的优点,但是这两个优点也慢慢地在政策形势下变得不那么突出了。邮政小包在清关时,含电子、粉末、液体等特殊产品一般不可能通过,当然市面上也有可以进行清关的,但不包通过,被检出就是整包退回,甚至直接扣下,这样的情况对于跨境电商来说是致命的。

邮政小包的缺点是递送时效慢、丢包率高,如果不是挂号件无法进行跟踪。先说时效慢,小包的递送周期所有的代理商都给出的是15~30天,但几乎80%以上的包裹都是超过30天递送。要是碰到圣诞旺季的时候,这个时间将有可能无限延长。另外,丢包率高,一个包裹发出去了,中国海关出关信息有了,然后就什么都没有了,过了几个月客户来问发的东西到哪里去了,才发现这个东西根本就没有送达。小包如果需要跟踪,就需要用挂号件,挂号件在原有的价格基础上增加挂号费,对卖家来说是运营成本的增加。尽管如此,邮政小包目前仍占据跨境电商递送渠道的最大份额。

(二)国际快递

跨国快递(如市面上熟知的EMS、DHL、UPS、FEDEX等传统老牌跨国物流)针对不同的客户群体要求,如国家地域、货物重量、体积大小等,可以选用不同的渠道进行货物递送。总体上来说,除 EMS 的递送时效不太稳定外,其他递送渠道时效性上都有保证,并且丢包率低。但是此类递送渠道的物流运费是比较高的,即使是企业账号能够拿到很好的折扣价,价格也比其他类型的物流方式高出很多。举个例子,2千克的包裹递送到美国,市面上最低的价格(根据递送方式的不同)大约在 200~260 元人民币,而如果使用邮政小包只需要 160 元人民币,价格相差 20%,试想在跨境电商比拼价格的年代,除非客户有特殊需求,使用此类递送渠道的商家会非常少,毕竟拿出 20% 的纯利作为物流成本,不是每个商家都能够承担得起。快递的渠道对于产品要求高,仿牌、含电、特殊类产品基本上都不能递送,也导致快递渠道目前只占很小的一部分市场份额。

国际快递模式的便利之处就是它可以带来高效的物流速度。一般情况下,商品可以在 48 小时之内从卖家到达消费者的手中。但是,这种快递模式的代价非常之高,一般只在发达国家才能得到应用。

(三) 专线物流

专线物流归属第三方物流,是针对某一特定国家或地区的物流运营模式,它的运送时间较邮政小包短,运输费用便宜,保证清关。专线物流大多在出口区域中心城市拥有出口仓库,在仓库完成国内快递寄送物品的理、拣、配、包装,并根据货物去向统一订购航空舱位,通过统一分拣统一发货,能够大大降低成本,提高速度。

根据从事专线物流的公司所属行业,可以分为跨境电商平台企业专线物流和国际物流企业专线物流。

跨境电商平台企业专线物流是为了更好地为平台内的中小企业解决物流问题而开发的物流项目,它们大多在国内建仓,专业为在该平台内从事跨境电商的中小企业提供物流解决方案,平台内 B2C 企业发货可以享受运费优惠,操作简便。例如,敦煌网上线"在线发货"e-ulink 专线物流服务,到主要出口市场美国 0.5 千克的费用为 63.28 元,大大低于邮政小包的计费标准。

国际物流企业专线物流是从物流配送的专业化角度出发开发的专线物流,更注重地区性和专业性。例如,针对中俄跨境电商的 XRU 俄速通专业从事中俄物流,在清关、物流衔接等环节更富专业性。

专线物流的缺点也很明显,覆盖范围窄,主要集中于传统欧美市场和新兴俄罗斯市场。许多专线物流企业只能控制国内物流线路,国外物流仍交给当地邮政企业,也可能出现运送延迟。同时,专线物流公司大多不接受退货服务。

整体来说,专线物流比快递物流有优势(但局限于地域),同时时效也算不错,清关方面专线物流基本上都是这方面的专家。如果电商只做某地市场,同时清关方面有一定要求的话,专线物流是不错的选择。

专栏 11-1:第三方物流[①]

第三方物流是指生产经营企业为集中精力搞好主业,把原来属于自己处理的物流活动,以合同方式委托给专业物流服务企业,同时通过信息系统与物流企业保持密切联系,以达到对物流全程管理控制的一种物流运作与管理方式。

第三方物流是相对"第一方"发货人和"第二方"收货人而言的,是由第三方物流企业来承担企业物流活动的一种物流形态。它不拥有商品,不参与商品的买卖,而是为客户提供以合同为约束、以结盟为基础的,系列化、个性化、信息化的物流代理服务。随着信息技术的发展和经济全球化趋势,越来越多的产品在世界范围内流通、生产、销售和消费,物流活动日益庞大和复杂,而第一方、第二方物流的组织和经营方式已不能完全满足社会需要,同时,为参与全球竞争,企业必须确立核心竞争力,加强供应链管理,降低物流成本,把不属于核心业务的物流活动外包出去,于是,第三方物流应运而生。

(四)国内快递

国内快递主要指 EMS、顺丰和"四通一达"。在跨境物流方面,"四通一达"中申通、圆通布局较早,近期开始发力拓展,比如美国申通 2014 年 3 月上线,圆通 2014 年 4 月与 CJ 大韩通运展开合作,中通、汇通、韵达则刚刚开始启动跨境物流业务。顺丰的国际化业务则要成熟些,目前已经开通到美国、澳大利亚、韩国、日本、新加坡、马来西亚、泰国、越南等国家的快递服务,发往亚洲国家的快件一般 2~3 天可以送达。在国内快递中,EMS 的国际化业务是最完善的,依托邮政渠道,EMS 可以直达全球 60 多个国家,费用相对四大快递巨头要低,中国境内的出关能力很强,到达亚洲国家 2~3 天,到欧美 5~7 天。

专栏 11-2:四通一达[②]

"四通一达"是申通快递、圆通速递、中通快递、百世汇通、韵达快递五家民营快递公司的合称。2012 年,这五家公司总的从业人员为 21.6 万,年销售额近 300 亿元,占据了中国快递市场总收入的半壁江山。

---

① 资料来源:本章作者根据百度百科相关资料整理。
② 资料来源:根据亿邦动力网相关资料本章作者整理。

(五)海外仓

海外仓储服务指为卖家在销售目的地进行货物仓储、分拣、包装和派送的一站式控制与管理服务。确切来说,海外仓储应该包括头程运输、仓储管理和本地配送三个部分。头程运输时,中国商家通过海运、空运、陆运或者联运将商品运送至海外仓库;仓储管理阶段,中国商家通过物流信息系统,远程操作海外仓储货物,实时管理库存;本地配送阶段,海外仓储中心根据订单信息,通过当地邮政或快递将商品配送给客户。

不论是邮政小包、国际快递还是专线物流,出口企业都是在接受订单后,在国内备货,通过主要口岸出口,再通过航空、铁路等运输方式将货物发送到客户手中,时间周期大多超过 20 天,极大影响了 B2C 跨境电商平台下客户的购物体验;同时,由于距离遥远,不能及时对退换货进行售后服务支持,一旦发生货物品质等方面纠纷,很多电商企业面对高额的退换货成本,只能选择弃货;从运输的商品来看,为了保证货物的时效性,跨境电商的货品大多选择轻便小型的电子配件、服装鞋帽等进行空运,而诸如重量、体积较大的家具、机械产品、液体、粉末等,由于空运费用高或禁止空运,无法通过跨境电商渠道出口,极大限制了跨境电商企业产品线的拓展。基于上述跨境电商物流渠道的劣势,海外建仓应运而生。

1. 海外仓的优势

最大的优势在于其可以使得卖家实现远程的货物管理并使买家在短时期内就收到商品服务。海外仓储物流模式的选择对于跨境电子商务的发展具有先导性的作用。同时,海外仓储这种物流模式完全改变了卖家与物流配送的关系。

海外建仓的物流运营模式其实就是供应商在目标国消费市场建立储备仓库,在消费者下单前就根据前期物流订单的数据平台信息和采购趋势预测将货源直接发往目标国仓库,当客户下单后,直接从海外仓库调配商品,并通过国内运输运送至消费者手中。这种运行方式可以大大缩短客户下单后的等待时间,使客户获得与国内网上购物毫无二致的物流配送体验,这是跨境电商企业突破跨境物流配送时滞最直接有效的方式。同时,由于是前期配货,可以选择海运将商品运送至目的地,运输限制减少,电商企业的产品线极大丰富,利于跨境电商的横向拓展。

2. 海外仓的劣势

虽然海外仓库具备着诸多优势,但是毕竟仓库是一个"蓄水池",它会掩盖供应链当中许多问题。成本控制是决定海外建仓物流配送费用高低的关键。

(1)库存压力较大。因为所有的库存都在地球的另一端,如果是一个早晨一睁眼就必须看见自己库存的卖家,那么可能不太适合用海外仓储。在一定程度上,卖家对海外仓储服务的信任程度是很关键的因素。

(2)增加仓储费用成本。海外建仓必定带来仓库的租赁、人工等固定成本。同时,前期对商品库存量的预测非常困难:货物进多了,积压仓库,占用库存,库存商品的维护费用将大幅度提高,若销售不佳,需支付调配其他市场或退库存的额外运费;若进少了,不能给消费者带来海外建仓快速配送的优质体验,达不到建仓的效果。卖家需要先计算一下目前发货方式所需要的成本,再对比一下使用海外仓储的费用,尤其是货物在淡季时候的仓储费用,如果一个月的订单量过少,在利润方面没有实际优势,那么不太适合做海外仓储。成本问题永远是最先考虑的因素,建议可以在商品销售旺季使用海外仓储服务。

表 11-1　　　　　　　　　　海外仓库的优势

	海外仓库	快件、邮件、一般贸易
质量	在稳定的场合内,货物质量比较容易保证	在一个动态环节中,搬上搬下,容易产生意外事件
成本	通过规模降低单位成本,通过预测提高周转	在运输环节单价高
时效	由于量多导致操作环节的时间较长,但是通过提前存储,可以大大减少最后一公里的等待时间	时效比较快,但是毕竟是从国内发往国外,时效一般在5天及以上
经济性	规模经济	单价低,整体成本高
资金	海外仓的库存肯定会占用资金,但是由于清楚资金占用的环节、提高货物预测,从而及时做到出库,这块的问题不是太大	由于供应链环节复杂,环节当中的变数较多,难以控制。对资金的占用也难以评估与管控

资料来源:本章作者根据网络资料整理。

(3)受限于货物的销售性质。海外仓储要求卖家需要有一定的库存来进行销售,如果货物必须根据客户的要求来生产,无法提前准备货物,那么不太适合做海外仓储。并不是所有的产品都适合做海外仓储,建议可以自主性地设计一些固定产品,供广大客户选择。

3.海外仓库运营管理

海外仓库的运营管理其实就像玩遥控飞机一般——由国内进行统一计划与调度,海外仓库主要扮演着执行角色。中国卖家通过海运、空运或者快递等方式将商品集中运往海外仓储中心进行存储,并通过物流承运商的库存管理系统下达操作指令。海外仓库的运营流程如图 11-2 所示。

部分国内大型跨境电商企业(如速卖通、大龙网等)早已意识到海外仓发货优势,提前运筹布局。据消息透露,大龙网 Osell 全球平台在俄罗斯地区已建立起海外仓和云仓储管理系统,蓄势冲击俄罗斯电商市场。虽然目前受俄当地政治局势和清关政策影响,但在物流发货领域已领先一小步,可预见未来海外仓发展完善后,势必对传统外贸物流形式带来巨大冲击。

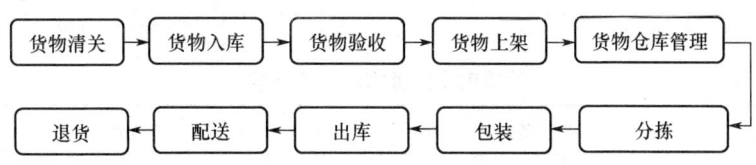

图 11-2 海外仓库的运营流程

资料来源:本章作者根据网络资料整理制图。

专栏 11-3:第四方物流——从"大物流"时代迈向"强供应链"时代①

第四方物流(Fourth Party Logistics,即 4PL、FPL)是 1998 年美国埃森哲咨询公司率先提出的,是专门为第一方、第二方和第三方提供物流规划、咨询、物流信息系统、供应链管理等活动的第四方。第四方并不实际承担具体的物流运作活动,负责第三方物流安排之外的功能整合,第四方物流有能力提供一整套完善的供应链解决方案,是集成管理咨询和第三方物流服务的集成商。第四方物流和第三方物流不同,不是简单地为企业客户的物流活动提供管理服务,而是通过对企业客户所处供应链的整个系统或行业物流的整个系统进行详细分析后提出具有中观指导意义的解决方案。第四方物流服务供应商本身并不能单独地完成这个方案,而要通过物流公司、技术公司等多类公司的协助才能将方案付诸实施。

第三方物流服务供应商能够为企业客户提供相对于企业的全局最优,却不能提供相对于行业或供应链的全局最优,因此第四方物流服务供应商就需要先对现有资源和物流运作流程进行整合和再造,从而达到解决方案所预期的目标。

---

① 资料来源:本章作者根据中国物流与采购网相关资料整理。

二、跨境电子商务物流方式比较

物流环节对跨境电商来说显得尤为重要,小卖家一般可以通过平台发货,选择国际小包等渠道,但现在大卖家或者独立平台的卖家,它们需要优化物流成本、需要考虑客户体验、需要整合物流资源并探索新的物流形式。跨境电子商务物流方式各有优缺点,表 11-2 对五种主要跨境电子商务物流方式做简单比较。

表 11-2　　　　　　　　跨境电子商务物流方式比较

物流方式	优势	劣势
邮政小包	邮政网络基本覆盖全球,比其他任何物流渠道都要广。而且,由于邮政一般为国营,有国家税收补贴,价格非常便宜	一般以私人包裹方式出境,不便于海关统计,也无法享受正常的出口退税。同时,速度较慢,丢包率高
国际快递	速度快、服务好、丢包率低,尤其是发往欧美发达国家非常方便。比如,使用 UPS 从中国寄包裹送到美国,最快可在 48 小时内到达,TNT 发送欧洲一般 3 个工作日可到达	价格昂贵,且价格资费变化较大。一般跨境电商卖家只有在客户强烈要求时效性的情况下才会使用,且会向客户收取运费
专线物流	集中大批量货物发往目的地,通过规模效应降低成本,因此,价格比商业快递低,速度快于邮政小包,丢包率也比较低	相比邮政小包来说,运费成本还是高了不少,而且在国内的揽收范围相对有限,覆盖地区有待扩大
国内快递	速度较快,费用低于四大国际快递巨头,EMS 在中国境内的出关能力强	并非专注跨境业务,相对缺乏经验,对市场的把控能力有待提高,覆盖的海外市场也比较有限
海外仓	用传统外贸方式走货到仓,可以降低物流成本;相当于销售发生在本土,可提供灵活可靠的退换货方案,提高了海外客户的购买信心;发货周期缩短,发货速度加快,可降低跨境物流缺陷交易率;可以帮助卖家拓展销售品类,突破"大而重"的发展瓶颈	不是任何产品都适合使用海外仓,最好是库存周转快的热销单品,否则容易压货。同时,对卖家在供应链管理、库存管控、动销管理等方面提出了更高的要求

资料来源:本章作者根据亿邦动力网相关材料整理。

在物流方式的选择上,对于速度要求高的产品,可以选择商业快递。商业快递费用高,可以全程追踪,在5~7天到达目的地,丢包和客户撤销付款的风险小。速度要求不高的情况下,可以选择航空小包。航空小包可以发2千克以下的货,特点是便宜、方便,全球通邮,价格统一,但时效不稳定,更新信息慢,丢包和客户纠纷风险大。

对于跨境电商卖家来说,首先应该根据所售产品的特点(尺寸、安全性、通关便利性等)来选择合适的物流模式。比如大件产品(如家具)就不适合走邮政包裹渠道,更适合海外仓模式。其次,在淡旺季要灵活使用不同物流方式。例如在淡季时可以使用邮政小包降低物流成本,在旺季或者大型促销活动时期采用香港邮政或者新加坡邮政甚至比利时邮政来保证时效。最后,售前要明确向买家列明不同物流方式的特点,为买家提供多样化的物流选择,让买家根据实际需求来选择物流方式。

同时,不同国家的物流环境(特别是物流软环境)不同,不同国家的物流运输方式差异化很大。西欧、北欧、南欧可以用DHL、TNT,这两种清关能力强。TNT在荷兰、比利时优势明显。在东欧,DHL优势区有罗马尼亚、保加利亚、摩尔多瓦、匈牙利等,EMS优势区有希腊、俄罗斯、土耳其等。在亚洲,韩国、日本、泰国等东南亚国家适合发FedEx、DHL。FedEx时效快,DHL具有速度快的特点,但它的价格高。印尼建议发DHL,因为它的清关能力强。加拿大、美国等美洲国家,FEDEX、UPS、DHL均比较适合,它们的清关能力强,速度快。墨西哥适合FEDEX,阿根廷、巴西适合中国邮政EMS,要注意巴西需要提供税号。中南美FEDEX有价格优势,但要小心清关风险。在大洋洲,DHL、UPS速度快,但价格高;TNT、FEDEX价格低,但相对网点少,要特别注意发往澳大利亚的产品包装要贴上"MADE IN CHINA"。中东地区适合中东快递ARAMEX、EMS。非洲的商业快递非常贵,偏远地区多,建议发EMS。

总而言之,EMS各国的通关能力最强。航空小包能到达商业快递和邮政快递到达不了的很多国家和地区,几乎通邮全球,运输范围广是它的优势。

复习思考题

1. 试分析跨境电子商务物流系统与一般电子商务物流系统的异同。
2. 我国跨境电子商务有哪些主要物流方式?
3. 请结合你对我国跨境电子商务产业的理解,分析我国跨境电子商务物流的发展趋势。
4. 当前,各大跨境电商平台纷纷开展"海外仓"业务,我国跨境电子商务企业在选择"海外仓"服务时应考虑哪些因素?

5. 举一个跨境电子商务平台实例,分析其所采用的物流方式。

参考文献

[1] 速卖通大学. 跨境电商:阿里巴巴速卖通宝典[M]. 北京:电子工业出版社,2014.

[2] 李鹏博. 揭秘跨境电商[M]. 北京:电子工业出版社,2015.

[3] 翁晋阳,等. 再战跨境电商[M]. 北京:人民邮电出版社. 2015.

[4] 曹淑艳,李振欣. 跨境电子商务第三方物流模式研究[J]. E – business Journal,2013(8).

[5] 亿邦动力网. 跨境电商物流方式大比拼,哪个是你的菜?[EB/OL]. [2014 – 08 – 12]. http://www.ebrun.com/20140812/107127.shtml.

[6] 雨果网. 海外仓是"解药"吗?[EB/OL]. [2014 – 07 – 19]. http://www.cifnews.com/Article/10123.

[7] 中国电子商务研究中心. 电商究竟需要怎样的物流服务?[EB/OL]. [2015 – 06 – 29]. http://b2b.toocle.com/detail – 6260576.html.

[8] 商务部. 电子商务物流服务规范[EB/OL]. [2015 – 11 – 17]. http://www.mofcom.gov.cn.

[9] 张冰. 我国跨境电商物流模式研究[J]. 黑龙江科技信息,2016(3).

[10] 向钇樾. 跨境电商环境下国际物流模式分析[J]. 现代商贸工业,2016(2).

第四篇

跨境电子商务创业篇

第十二章 跨境电子商务平台基础操作及规则——以速卖通为例

学习目标

通过本章的学习,了解速卖通平台及其商业模式、发展现状,掌握速卖通平台的基础操作,包括店铺注册、产品管理和交易管理,熟悉速卖通的基本规则。

第一节 速卖通简介

一、速卖通平台

在全球贸易新形势下,国际采购方式也发生了剧烈的变化,小批量、多批次的国际采购正在形成一种新的趋势,在这样的大背景下,阿里巴巴集团推出了速卖通平台。速卖通平台于2010年4月正式上线,是阿里巴巴旗下唯一面向全球市场打造的在线交易平台,被广大卖家称为国际版"淘宝",中小企业及个体工商户可以直接与全球的消费者在线交易。

与淘宝功能类似,速卖通具有商品展示、客户下单、在线支付、跨境物流等多种功能。全球速卖通的核心优势是更多的终端批发零售商直接上网采购、直接向终端批发零售商供货、更短的流通零售渠道、直接在线零售支付收款,拓展了小批量多批次产品利润空间,创造批发零售商的更多收益。平台产品覆盖3C、服装、家居、饰品等共30个一级行业类目,其中优势行业主要有服装服饰、手机通信、鞋包、美容健康、珠宝手表、消费电子、电脑网络、家居、汽车摩托车配件、灯具等。

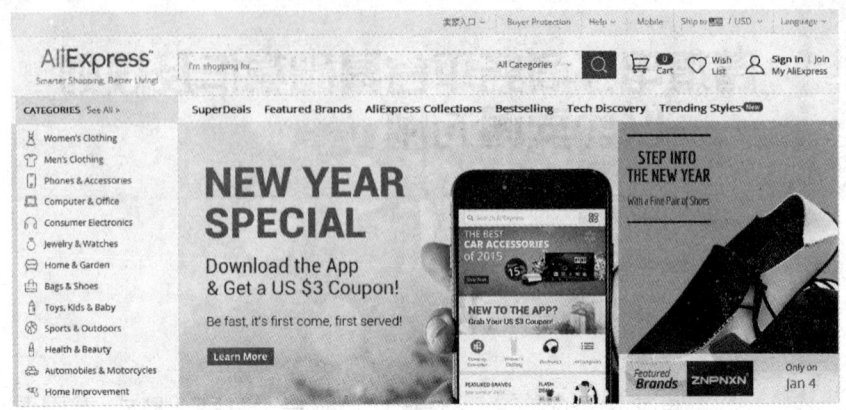

图12-1　全球速卖通首页

二、速卖通商业模式

（一）速卖通的产品

全球速卖通平台（AliExpress）是为中国供应商（生产厂家、国际贸易公司）和国际中小采购商提供在线交易服务的互联网平台。

通过使用全球速卖通平台的服务，国际采购商能够直接采购最低价格的中国制造的全线产品，并享受到安全、快捷的贸易过程。通过全球速卖通平台的服务，中国供应商能够直接把产品在平台上进行出售。

（二）速卖通的客户

全球速卖通平台上的"目标客户"主要是两类人，一类是买家，一类是卖家。这两类人群中，全球速卖通平台只向卖家收费，详情如下：

1. 买家

买家主要包含两类人群，线上的是诸如 eBay、AMAZON.COM 等平台上的零售商，线下的主要是一些实体店中的中小零售商。

全球速卖通平台曾是 Alibaba.com 的一个子频道，故其买家主要来源为 Alibaba.com。另外，还靠搜索引擎优化、付费搜索引擎推广、网站联盟、许可电子邮件营销等方式把海外买家吸引到全球速卖通平台上。

2. 卖家

全球速卖通平台上的主要卖家为 Alibaba.com 平台上现有的中国供应商会

员。此类卖家主要由外贸生产型企业、外贸公司、外贸 SOHO 一族组成,这类人群同时也很有可能是 eBay、dhgate.com、tradetang.com 以及淘宝等各类 C2C 平台上做生意的卖家。这几类卖家中,主要以中小型的外贸公司以及外贸 SOHO 一族为主,一些有实力的外贸生产型企业参与的比例较小。

想要成为全球速卖通平台会员,可以在速卖通平台上注册账号,也可以通过阿里巴巴现有的中国供应商会员账号免费入驻。目前,全球速卖通平台的主要卖家来源是阿里巴巴现有供应商平台的部分客户,eBay 平台上的中国卖家,敦煌网、易唐网等平台上的卖家,外贸公司等。

除此之外,全球速卖通平台还通过深入对手内部、在线方式、线下拓展等方式把国内卖家吸引到全球速卖通平台上。

三、速卖通发展现状

目前,速卖通已经开通 18 个语种的站点,覆盖全球 220 多个国家和地区,海外买家数累计突破 1.5 亿,25~34 岁的人群是消费主力。在全球 100 多个国家的购物类 APP 下载量中速卖通排名第一,是中国唯一一个覆盖"一带一路"全部国家和地区的跨境出口 B2C 零售平台。2012 年,速卖通从专业的跨境 B2B 平台全面转型成面向海外个体消费者的 B2C 平台。2013 年秋,中国提出"一带一路"倡议,刚刚完成转型的速卖通渐入佳境,海外买家人数大幅攀升(见图 12-2),从 2013 年的 500 万、2014 年的 1 000 万、2015 年的 5 000 万、2017 年的 1 亿直至如今的 1.5 亿人次。2018 年,速卖通平台上 56% 的买家来自"一带一路"沿线国家和地区,这些地区的消费者贡献了速卖通平台 57% 的订单量和 49% 的交易金额。速卖通一直积极践行国家战略,精心耕耘沿线国家市场。在俄罗斯、西班牙、法国、意大利等西欧国家,速卖通已成为当地主流电商平台。

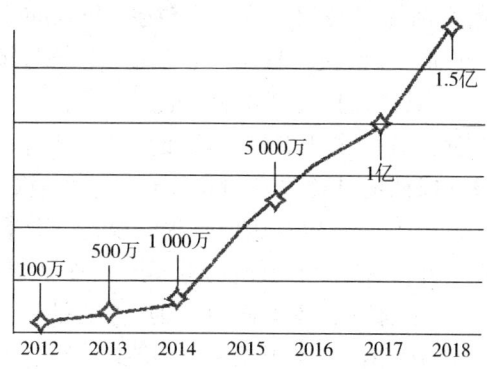

图 12-2 全球速卖通海外买家数量增长情况

第二节　速卖通平台基础操作

一、开通商铺

2016 年起,速卖通对平台卖家入驻提高要求:一是必须是企业身份,不再允许个人(包括个体工商户)卖家入驻,新卖家入驻必须要有企业身份,申请类目准入也要有企业身份的账号;二是从 2016 年 4 月起,速卖通平台分行业逐渐对卖家售卖的商品提出品牌资质要求,2017 年起速卖通平台要求卖家须拥有或代理一个商标进行经营,并根据商标资质,选择经营官方店、专卖店或专营店。卖家注册要准备好注册全球速卖通所需的材料、一个国际通用邮箱以及企业相关资料等。2018 年起,全球速卖通推出"标准销售计划"和"基础销售计划",并允许个体工商户卖家申请"基础销售计划",当"基础销售计划"不能满足经营需求时,满足一定条件方可申请并转换为"标准销售计划"。

卖家入驻前须了解入驻须知和招商政策。打开 www.aliexpress.com,将鼠标移到"Seller Center",在下拉菜单中点击"中国卖家入驻"按钮,接着将鼠标移到"招商计划",在下拉菜单中点击"入驻攻略"按钮,可以了解全球速卖通最新的招商政策,比如全球速卖通入驻要求、关于卖家企业、品牌、技术服务年费的要求,速卖通类目招商、各类目佣金比例及运营考核标准等。对于特殊资质的类目,速卖通要求提供相关材料及证明等,特殊类目有护肤品、羽绒/真皮/皮草服饰、保健食品、隐形眼镜、手机整机、真人发、平板、笔记本、电子烟、储存卡、U 盘、平衡车、电动滑板车等。

卖家注册的步骤如下:

步骤一:注册卖家账号。在"Seller Center"下拉菜单中点击"Seller Log In"按钮,点击"现在就免费加入!"按钮。或者,直接打开 seller.aliexpress.com,点击"注册"按钮,进行注册。要经过设置用户名(输入电子邮箱并验证)、填写账号信息、注册成功等三个具体操作程序才能完成。

步骤二:注册完成后,进行企业支付宝认证。需先拥有一个企业支付宝账号通过账号密码登录完成认证,1 个企业可认证 6 个速卖通账号。

步骤三:进入"店铺后台—账号及认证—我的权益",选择销售计划。两种销售方式主要区别在于年费结算和功能使用权限上:企业店铺,可选择"标准销售计划"或"基础销售计划";个体工商户店铺,首次仅可申请"基础销售计划",若满足条件,"基础销售计划"可升级为"标准销售计划"。

步骤四:类目准入。选择店铺类型,可选择官方店、专卖店、专营店、其他;选择主营类目,每个账号选取一个经营范围,假发、电子元器件暂不接受主动申请;输入经营商标,输入商标,勾选类目,若商标输入未显示,需先进行"商标添加"再进行商标资质申请,若没有经营商标,可直接勾选 NONE 品牌,跳过这个步骤。

步骤五:提交资料待审核。个别行业需同时提交类目资料,绝大部分行业只需提供商标资质申请材料即可。

步骤六:完成审核后,卖家进行缴费即完成入驻。技术服务费年费,标准见速卖通当年度各类目技术服务费年费一览表,如《速卖通 2019 年度各类目技术服务费年费一览表》。

二、管理产品

卖家会员账户通过身份账号注册、认证、缴费和审核程序后,即可发布商品,一个店铺可发布商品数量为 3 000 个。发布及上架商品满 10 个方可创建店铺,一旦上架商品少于 10 个,速卖通有权关闭店铺,只保留商品。

(一)产品选择

选择产品直接关系到卖家的利润。速卖通的选品和实体店经营选品既有不同,但是也有相同的地方。选品的目的都是为了能够打造成爆款,卖得越多越好。但是速卖通上有一些规则,规定一些产品不能在平台上销售。

1. 适宜在速卖通平台销售的产品

一般来说,只要是支持国际快递发货的产品都适合在全球速卖通平台发布销售。这类产品一般具有体积小、货值高的特征,如服装、3C、玩具、珠宝首饰等行业的产品。具体来说,这类产品有以下几点特征:

(1)体积较小,主要是方便以快递方式运输,降低国际物流成本。

(2)附加值较高。价值低过运费的单件商品不适合单件销售,可以打包出售,以降低物流成本占比。

(3)具备独特性。在线交易业绩佳的商品需要独具特色,才能不断刺激买家的购买。

(4)价格较合理。在线交易价格若高于产品在当地的市场价,就无法吸引买家在线下单。

2. 不适宜在速卖通平台销售的产品

一般来说,虚拟商品、商务服务、大型机械设备、原材料类商品、危险品、国内外法律规定禁止销售的商品等不适合在全球速卖通发布销售,具体清单请参照《平台禁限售规则》。为防止出现纠纷、影响用户的交易,请用户遵守速卖通平台交易类产品禁限售规则,在选品时多加注意。用户不得在阿里巴巴网站发布以下交易类产品:酒类制品;烟草,雪茄,香烟;保健食品和保健用品；药品、医疗器械及其他医疗相关物品；警用品；服务、无形物品或数字货物等。

全球速卖通平台或阿里巴巴其他交易类产品发布平台不支持不适宜速递的产品，相关产品包括：矿产品、冶金金属；大型机械；液体、粉末状物品；生鲜食品等。

除了相关销售产品的规定外，速卖通也提供一些帮助卖家选品的工具和途径，主要有数据纵横、卖家频道、卖家论坛等，这里主要介绍数据纵横。

数据纵横是速卖通基于平台海量数据打造的一款数据产品，卖家可以根据数据纵横提供的数据，为自己的店铺营销指导方向，做出正确决策。

(1) 选品专家。选品专家以行业为维度，提供行业热卖商品和热门搜索关键词的数据，让用户能够查看海量丰富的热卖商品资讯，并多角度分析买家搜索关键词。用户可以根据选品专家提供的内容调整产品，优化关键词设置。

用户可以进入"我的速卖通"，依次点击"数据纵横"，在左侧导航点击"选品专家"。

行业热卖产品：用户可以根据行业类目和时间范围选择需要查看的行业。选择行业后，用户可以查看30条该行业热卖的产品及产品图片、标题、关键字、价格、在线状态。如果产品在该时间已经下架，那么产品的基础信息仍然显示，但是产品链接点击不开。

热门关键词：此功能将提供给卖家所选行业TOP100的关键词，及对应搜索量、行业匹配度和产品热度，用户可以根据这些指标对关键词进行排序。

(2) 行业情报。行业情报基于速卖通平台的交易数据，提供TOP行业排行榜、行业趋势、TOP店铺排行榜和买家地域分布四类主要内容。用户可以根据行业情报提供的分析，迅速了解行业现状，判断经营方向。

用户可以进入"我的速卖通"，依次点击"数据纵横"，在左侧导航点击"行业情报"。

类目选择：用户可以选择任意一层级的类目。如你可以选择查看一级类目"钟表,珠宝首饰,眼镜"下的行业数据，也可以选择查看二级类目"钟表,珠宝首饰,眼镜 > 珠宝首饰"或三级类目"钟表,珠宝首饰,眼镜 > 珠宝首饰 > 项链"下的行业数据。

时间选择：用户可以根据时间查看某个时段内的行业数据。自定义时间筛选功能只支持最近一个月的日期筛选。

用户可以通过TOP行业排行榜来获取各项行业数据指标，轻松了解速卖通平台哪些行业有机会点，各个行业的特点是什么、表现如何。

排序依据：用户可以点击任何一种排序方式对TOP行业进行排序，并查看对应的效果。

行业热卖：指当前日期范围内订单最多的 TOP 行业。

购买率：指当前日期范围内下单买家除以所有买家比值最大的 TOP 行业。购买率越大，行业潜力越大。

竞争力：指当前日期范围内买卖家比值最大的 TOP 行业。竞争力越大，行业潜力越大。

用户可以选择不同指标，了解某个行业对应一段时间内的趋势，行业动态一目了然。用户还可以选择另外的任意两个行业进行比较，对比不同行业的数据指标（提示：对比的类目可以选择任何一级）。

用户可以查看当前各个行业 TOP 卖家的店铺名称，并可以点击进入他的店铺，方便用户了解平台上的核心卖家的店铺经营情况，也可以看你的行业中买家来自哪里，制定针对性的营销方案。

数据纵横是速卖通免费提供给用户使用的工具。用户可以根据数据纵横的一些信息进行分析，最终选择合适的产品。

（二）产品发布

在选择好产品的基础上，接下来就是发布产品。点击"我的速卖通—产品管理—产品发布"，输入相应的产品信息，写好标题定好价格，设置好运费模块，即可点击"发布产品"，产品即进入审核阶段。待平台审核结束，即可在"管理产品"中看到审核不通过的产品，审核通过的产品显示在"正在销售"的列表中，但是还需要用户点击产品右边"编辑"下拉按钮，选择"上架"，将产品上架，此时，进入"我的店铺"即可看到上架销售的产品。

（三）模块管理

1. 产品信息模块

产品信息模块是一种新的管理产品信息的方式，您可以为产品信息中的公共信息（例如售后物流政策、活动信息等）单独创建一个模块，并在产品中引用。如果您需要修改这些信息，只需要修改相应的模块，所有使用这个模块的产品中的信息全部会自动更新。模块除了可以放置公共信息外，还可以放置关联产品（已上线）、限时打折等（开发中）。

在"卖家后台—产品管理—模板管理"中，可以找到"产品信息模块"的入口，在这里你可以对产品信息模块进行管理操作。

目前可以创建两种模块：①关联产品模块：可以选择最多 8 个关联产品；②自定义模块：通常可以填写一些公共信息，例如公告、活动信息、物流售后政策等。

关联产品模块需要填写模块标题(只能输入英文),选择至少一个产品。可以点击预览来查看模块在买家前台实际展示的效果。

自定义模块同样需要填写标题,跟关联产品不同的是,自定义模块中可以随意填写需要的内容。需要注意的是,自定义模块的内容是需要通过审核的,只有审核通过的自定义模块才能够被使用。

2. 运费模块

第一步,点击"产品管理—运费模板—新增运费模板",进行模板设置,如图12-3所示。

管理运费模板

温馨提示:
1.中国邮政大小包、香港邮政大小包新增加了支持发货的国家,请在运费模板中进行相关的设置。点此查看详细说明
2.标准运费为各大快递公司在中国大陆的公布价格,详情点击2012平台协议优惠运价。UPS服务系统采用的是华北区运价,广州和福建两省的货物UPS按照华南区价格收费,请特别注意。运费可参考平台物流方案器进行运费试算。
3.根据自身货运能力设置"承诺送达时间",合理时间有助于提高订单量减少纠纷。对俄罗斯货运能力不足需要更长送达时间的卖家,可在运费模板的"自定义运达时间"中对该国家进行单独设置。查看平台平均运达时间

新增运费模板　　　　　　　　　　　　　　　　　　　　　　　了解物流方式缩写展开

模板名称:	Shipping Cost Template for New Sellers	编辑
自定义运费	CPAM , EMS	
标准运费	DGM , ePacket	

图12-3　管理运费模板

第二步,为该运费模板设置一个名字(不能输入中文),然后在以下页面选择物流方式、填写货物运达的时间和折扣,如图12-4所示。

用户可以对某种物流方式进行个性化设置,比如对部分国家设置标准运费、对部分国家设置免运费等情况:①可以在运费模板设置时,选择"自定义运费—添加一个运费组合";②选择该运费组合包含的国家,用户可将某些热门国家选为一个组合(如用户欲吸引美国买家,可选择美国,并将美国地区的运费设置为容易吸引买家下单的水平),或按照区域选择国家;③勾选选择完毕,系统显示:当前已选择××国家/地区;④用户可对该组合内的国家,设置发货类型:标准运费减免折扣、卖家承担运费或者自定义运费;⑤"确认添加"后生成一个新的运费组合,用户可以继续添加运费组合,也可以对已经设置的运费组合进

行编辑、删除等操作;⑥对于难以查询妥投信息、大小包运输时效差的国家,用户可以选择"不发货—确认添加"即可屏蔽该国家或地区。

```
新增运费模板
  输入运费模板名称:[不能输入中文            ]
新增运费模板
 商业快递   邮政物流   专线物流                标准运费、卖家承担运费、自定义运费介绍!
☑ UPS Express Saver  运费设置:◉标准运费 减免 0 % ○   ◉卖家承担运费   ◉自定义运费
                     运达时间设置:◉承诺运达时间 23 天   ◉自定义运达时间

☑ UPS Expedited      运费设置:◉标准运费 减免 0 % ○   ◉卖家承担运费   ◉自定义运费
                     运达时间设置:◉承诺运达时间 23 天   ◉自定义运达时间

☑ DHL                运费设置:◉标准运费 减免 0 % ○   ◉卖家承担运费   ◉自定义运费
                     运达时间设置:◉承诺运达时间 23 天   ◉自定义运达时间

☑ Fedex IP           运费设置:◉标准运费 减免 0 % ○   ◉卖家承担运费   ◉自定义运费
                     运达时间设置:◉承诺运达时间 23 天   ◉自定义运达时间
```

图 12–4　新增运费模板

如用户需要对货物运达时间进行个性化设置,可以点击"自定义运达时间"进行操作,设置完成后,点击页面下方"确认添加"按钮即可完成自定义运达时间设置。

"承诺运达时间"是在速卖通平台原有"大小包60天未妥投纠纷退款规则"的基础上,将设置物流时间的功能开放给卖家,让有能力为买家提供更好物流服务、敢于对买家承诺物流服务的卖家优势得到凸显,增强买家购物信心,提升买家购物保障而推出的一项消费者保障服务。

平台卖家根据自身货运能力填写运费模板中"承诺运达时间",对不同运输方式到达不同国家的运达时间进行保障(例如承诺 EMS 最迟在 27 天可到达美国)。

若同时满足以下三个条件,经过平台仲裁后,货款将全部退给买家:①货物超时未到达;②买家提起超时赔付纠纷;③买卖双方沟通后无法达成协议。

所以,只要卖家能够与买家保持良好的沟通,处理好因为客观原因导致的超时问题,获取买家的理解和支持,就不必担心超时退款的问题了。

"承诺运达时间"从卖家填写运单号开始到货物妥投为止,填写上限为60天,与现行大小包纠纷规则一致,比商业快递(23 天)、EMS(27 天)纠纷退款规则在时间上更为宽裕。

"承诺运达时间"将在商品详情页面展示,承诺时间短的卖家会获得更多买家信赖,得到更多订单。同时,买家可在长时间未收到货物时及时得到赔付,防止买家流失。平台上服务意识强的卖家早已在详细描述中加入"承诺运达时间"。

第三步,当用户发布产品时,在产品运费模板这里选择"自定义运费模板",点击下拉框选择您之前设置的物流模板即可。

如果已有的运费模板不符合用户现在的需要,那么,用户可以编辑相关的运费模板,点击"产品管理—运费模板—具体模板名—编辑",见图12-5。

模板名称: Shipping Cost Template for New Sellers		编辑
自定义运费	CPAM,EMS	
标准运费	DGM,ePacket	

图12-5 管理运费

3. 服务模块

卖家可以根据不同商品需要提供的服务设置服务模板,提供的服务会展示在商品详情页面,作为强有力的买家保障措施,减少买家对商品的担忧,增强购买信心,提升购买率。

(1)服务内容介绍。卖家自行设置的模板包括两部分:①消费者保障特色服务:卖家先申请加入,成功后即可在服务模板中进行设置。②退货服务:卖家可即时在服务模板中进行设置。

(2)如何加入/退出消费者保障特色服务。

加入服务,点击"产品管理—模板管理—服务模板",页面"消费者保障特色服务"模块包括了当前卖家可以申请的特色服务,在需要加入的服务项右侧点击"申请加入"按钮即发出了申请,系统会进行赔付备用保证金的冻结设置并返回是否申请成功的信息。如果未在"产品管理—模板管理—服务模板"页面申请,在模板设置页面也可以进行申请,点击"产品管理—模板管理—服务模板—新增/编辑服务模板"即可。

退出服务,点击"产品管理—模板管理—服务模板",在页面"消费者保障特色服务"模块需要退出的服务项右侧点击"退出服务"按钮即发出了申请,系统会返回是否退出成功的信息。

(3)如何设置并应用服务模板。

新增服务模板,点击"产品管理—模板管理—服务模板—新增服务模板",进行模板设置。为该服务模板设置一个名称(不超过 100 个字符),然后选择特色服务设置以及退货服务选项。设置完成后,点击页面下方"保存"按钮即可完成服务模板设置。服务模板保存后会跳转到服务模板列表页面,会看到所有的服务模板,其中"新手服务模板"是为新手卖家设置的,不可编辑或删除;其他模板是卖家自定义的。如果卖家有经常使用的服务模板,可以设置为"默认"模板,应用于产品的时候会默认该模板。

应用服务模板,例如新发产品选择服务模板,点击产品页面"服务设置"模块选择"自定义服务模板",点击下拉框选择您之前设置的服务模板。点击"产品管理—管理产品",选择不同状态下的产品,点击"批量修改—服务模板"旁边的"修改",选择对应的服务模板并点击确认。

管理服务模板。如果已有的服务模板不符合用户现在的需要,可以编辑相关的服务模板,点击"产品管理—模板管理—服务模板—具体服务模板名称—编辑"。如果服务模板已经应用于产品,修改服务模板后,所有使用该服务模板产品的服务将会自动更新。

4. 尺码模块

(1)新增尺码模块。服装、鞋子、戒指等行业的卖家一定苦恼于每次都要在商品信息中维护一套尺码信息,不仅填写麻烦、修改麻烦,很多时候买家还不一定能够看到,为此引起了各种咨询和纠纷,苦恼不已。这种情况下速卖通上线了尺码表模板的功能,通过尺码表模板,卖家可以轻松地维护几套常用的尺码表,然后在发布商品时直接勾选,即可快速关联。

进入卖家后台"产品管理—模块管理",即可看到尺码表模板的选项入口,点击"新增模板",如图 12-6。

进入尺码表模板管理页面后,首先需要选择一个大类,例如想要给上衣创建尺码表,那么就可以选择"服装"这个大类,然后点击"新增模板",可以选择对应的小类。点击"下一步"就进入尺码编辑页面,这里可以给尺码模板指定一个名称(中英文均可),然后在左侧勾选需要的尺码(例如衣服只有 S\L\XL\XXL,那么只用勾选这四个即可),在右侧勾选需要展示的维度,如图 12-7 所示。

不可勾选的维度为必填项,可以勾选的维度为可选项,例如腰围就是可选项,勾选后即可填写。填写完成后,点击"保存"即可。

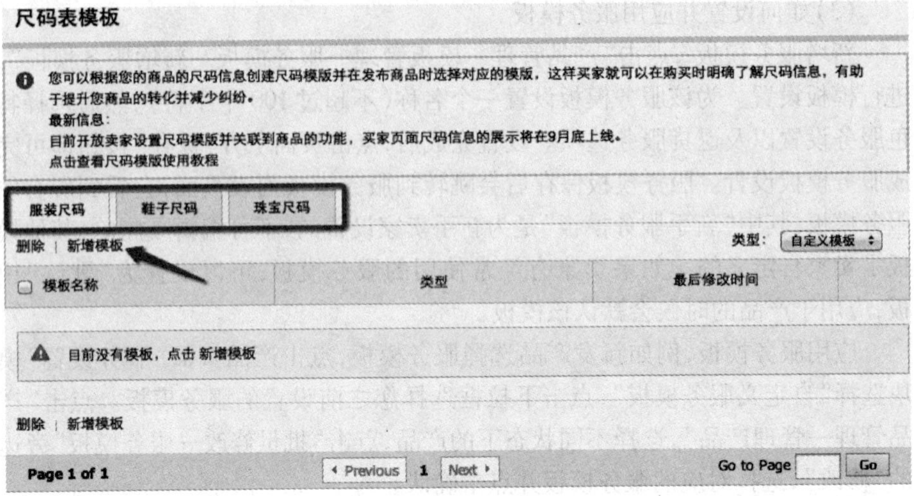

图 12-6　尺码模板

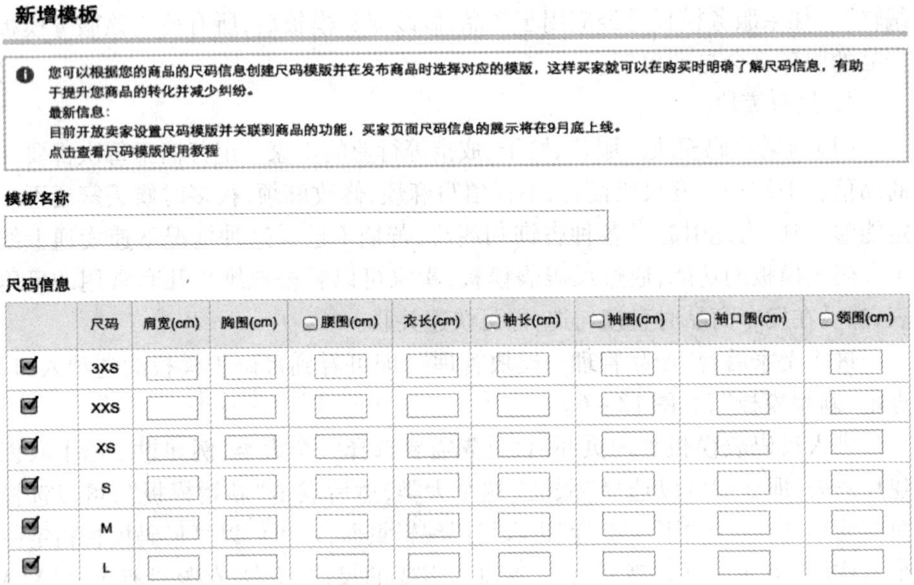

图 12-7　新增尺码模板

速卖通平台预设了一些推荐的尺码模板,可以在"推荐模板"里找到,如图 12-8 所示。

新增模板		类型:	推荐模板 ⏷
模板名称	类型	最后修改时间	
女鞋默认尺码模板	女鞋	2013.09.02 11:37 PM	复制模板 ⏷
男鞋默认尺码模型	男鞋	2013.09.02 11:37 PM	复制模板 ⏷
婴儿鞋默认尺码模板	婴儿鞋	2013.09.02 10:51 PM	复制模板 ⏷
童鞋默认尺码模板	童鞋	2013.09.02 10:51 PM	复制模板 ⏷

新增模板

图12-8 尺码模板(推荐模板)

可以直接点击"复制模板",稍做修改即可快速创建一个自定义的尺码模板,对于自己创建的尺码模板也可以复制。

(2)尺码模块应用,具体包括下述两种应用:

一是发布商品时选择。在发布商品时,对于可以使用尺码模板的商品,可以选择对应的尺码模板,选择后即可正常关联。

二是直接将尺码模板应用到商品。在尺码表模板管理页面,点击尺码表模板右侧的小三角,然后选择"应用到产品",即可打开对话框,对话框中会出现可以使用这个尺码模板的商品信息,可以直接勾选后点击"确定"即可快速关联,如图12-9所示。

模板名称	类型	最后修改时间	
女鞋默认尺码模板	女鞋	2013.09.02 11:37 PM	复制模板 ⏷ 应用到产品
男鞋默认尺码模型	男鞋	2013.09.02 11:37 PM	复制模板 ⏷

图12-9 尺码模板应用到产品

(四)订单通知

在速卖通卖家后台,可以通过打开"产品管理—设置通知方式",进入订单通知的设置页面,如图 12-10 所示。

短信通知 	您的手机号：18094156079 通知时间：☑ 买家付款时通知 通知频率：每天10点时汇总通知 修改手机号或通知方式	第一步 填入您的手机号 第二步 设置通知内容频率 第三步 按照您的设置接收订单通知短信
TradeManager 只需保持登录,就不会错过订单通知	您的登录名：xiuling808612@163.com 通知内容：☑ 接到新订单时通知我 ☑ 买家付款时通知我 通知频率：在线即时通知 下载TradeManager	第一步 使用左侧链接下载TradeManager并安装 第二步 使用您的登录名登录,并保持在线 第三步 当接到新订单或买家付款时,就能立即收到通知
邮件 随时关注您的登录邮箱,接收订单通知邮件。	您的登录邮箱：xiuling808612@163.com 通知内容：☑ 接到新订单时通知我 ☑ 买家付款时通知我 通知频率：以HTML邮件形式即时发送	第一步 把我们的邮件地址 transaction@notice.aliexpress.com 添加到您邮箱的"安全发件人列表" 第二步 随时关注您的邮箱

图 12-10 设置通知方式

平台主要提供三种方式:短信、TradeManager 和邮件,还可以下载国际版旺旺来通知订单。

三、交易管理

进入速卖通平台后,选择"交易",可以进入交易管理页面,在左边的菜单栏里可以看出交易管理包括:"管理订单""管理线上发货物流订单""资金账户管理""评价管理"。

(一)订单管理

点击"管理订单"中的"所有订单",可以看到店铺所有订单的情况,包括今日的新订单、等待买家操作的订单和等待卖家操作的订单。

一般情况下,对订单的处理有以下几个步骤:

订单登记:当买家下单并且已经付款了,但可能还没有通过风控审核,这时候,卖家可以先登记订单进入订单处理流程。未付款的订单属于客服催付流程,不属于订单处理流程,只有付款的订单才算订单,才能进入订单处理流程。

订单确认:进入订单处理流程后,卖家可以对订单进行确认,确认买家所购买的货物、联系方式、物流选择等,最重要的是要了解库存情况,如果发生缺货应及时与客户沟通解决。

订单打印:确认无误的订单即可以打印相应的单据,如出库单、发货单等。

拣货配货:根据上一步打印的单据,到仓库进行拣货配货。

检验出库:检查订单和货物,确认无误后,方可出库。

物流配送:根据客户选择的物流形式,选择物流公司进行发货。

(二)线上发货

线上发货是由阿里巴巴全球速卖通、菜鸟网络联合多家优质第三方物流商打造的物流服务体系。卖家使用"线上发货"需要在速卖通后台在线下载物流订单,物流服务商上门揽收后(或卖家自寄至物流商仓库),卖家可在线支付运费并在线发起物流维权。阿里巴巴作为第三方将全程监督物流商服务质量,保障卖家权益。

"线上发货"具有以下优势:

(1)卖家保护政策。

(2)平台网规认可。使用线上发货且成功入库的包裹,买卖双方均可在速卖通后台(订单详情页面)查看全程物流追踪信息,且平台网规认可:后续卖家遇到投诉,无须提交发货底单等相关物流跟踪信息证明。

(3)规避物流低分,提高账号表现。每个月进行卖家服务等级评定时,使用线上发货的订单,因物流原因导致的低分可抹除(物流问题导致的DSR物流服务1分、仲裁提起、卖家责任裁决率都不计入考评)。

(4)物流问题赔付保障。阿里巴巴作为第三方将全程监督物流商服务,卖家可针对丢包、货物破损、运费争议等物流问题在线发起投诉,获得赔偿(仅国际小包物流方案支持)。

(5)运费低于市场价、支付更方便。

(6)可享受速卖通卖家专属的合约运费。

(7)在线使用支付宝付运费。

(8)渠道稳定,时效快。渠道稳定,直接和中国邮政等物流商对接,安全可靠。时效快,平台数据显示,线上发货上网时效、投妥时效高于线下。

线上发货提供了三家物流公司的方案,分别是国际小包、国际快递物流方案和e邮这三种方案,它们有不同的服务优势,可在速卖通平台上查询报价。

(三)资金账户管理

登录速卖通平台,点击"交易"进入"资金账户管理"页面,可以进行"放款查询""保证金查询""支付宝国际账户"管理。

1. 放款查询

在"放款查询"页面,可以按照订单号查询该订单的货款情况,也可以查询某一时期内的所有订单的货款情况。目前,待放款的订单全部以"美元"币种统计,已放款订单以"美元"和"人民币"两种币种统计。币种和放款时间以卖家的支付宝国际账户记录为准。放款成功后,资金会在30分钟后到达卖家的支付宝国际账户中。

2. 保证金查询

速卖通为了更好地协助卖家保证金对账,对保证金资金明细展示进行了一次全方位的系统升级,推出保证金冻结/解冻明细查询和保证金使用和追缴明细查询两个页面。

保证金冻结:在卖家的特别放款订单中,平台针对每笔订单的每个商品冻结一定比例的保证金,用于特别放款订单的退款。

保证金解冻:在特别放款订单交易结束且满足返还保证金条件后,平台会将这笔订单冻结的保证金解冻。

保证金使用:如果卖家的余额不足以退款,平台会第一时间使用冻结的保证金进行退款。若保证金不足以退款,速卖通将为客户垫付订单退款资金。

保证金追缴:如果卖家还有需要补缴的保证金,冻结的保证金将不会再解冻,直到需要补缴的保证金全部还清。平台会使用新放款来偿还保证金。偿还顺序如下:优先偿还平台垫资直至垫资还清,然后偿还保证金直至还清。

保证金释放冻结是由卖家经营数据指标决定的,每个卖家都不一样。平台一般冻结的保证金比例在3%~30%。冻结的保证金释放时间具体如表12-1所示。

表12-1 冻结的保证金释放时间

条件		释放时间
物流	交易结束时间-发货时间	
商业快递+系统核实物流妥投	无要求	交易结束当天
1. 商业快递+系统未核实到妥投 2. 非商业快递	≤30天	发货后第30天
	30~60天	交易结束当天
	≥60天	发货第60天

资料来源:根据全球速卖通官网整理。

特别放款订单产生退款,保证金使用后需要偿还。退款使用的保证金会在资金账户可用余额新进资金中扣除直至还清。同时,特别放款新产生的保证金不会解冻直至欠款保证金还清。卖家可以去往保证金使用和追缴页面查询,点击详情可以看到关联交易订单号。

如已经在资金账户里设置过支付宝账号,或者已经有支付宝账号,也可直接在支付宝国际账号页面登录,如果没有支付宝账户,就要先申请一个。

(四) 交易评价

在"交易评价管理"页面上,卖家可以查看自己的评价档案,包括好评率、评价等分等。买家只有在确认收货付款后和交易结束30天内,才可以对卖家进行评价。评价生效的30天内,如果卖家收到差评,可以和买家进行沟通,了解问题,解决问题,待问题解决后,买家可以对差评进行修改,卖家可以对差评进行回复解释,也可以向平台投诉恶意差评。如果只有一方做了评价,收到的评价在订单交易结束后30天生效。如果买家给的是中差评,则可以在30天内修改为好评。

评价积分与订单的金额无关,都统一为:好评+1,中评0,差评-1,具体见评价规则。

第三节 速卖通平台基本规则

一、注册规则

全球速卖通设置了速卖通的使用规则,可在"速卖通规则"查看,了解全球速卖通的注册、发布、交易和放款等规则,见图12-11。

卖家在速卖通所使用的邮箱不得包含违反国家法律法规、涉嫌侵犯他人权利或干扰全球速卖通运营秩序的相关信息,否则速卖通有权要求卖家更换相关信息。

卖家在速卖通注册使用的邮箱、联系信息等必须属于卖家授权代表本人,速卖通有权对该邮箱进行验证,否则速卖通有权拒绝提供服务。

卖家有义务妥善保管账号的访问权限,账号下(包括但不限于卖家在账号下开设的子账号)所有的操作及经营活动均视为卖家的行为。

全球速卖通有权终止、收回未通过身份认证或连续一年180天未登录速卖通或TradeManager的账户。

用户在全球速卖通的账户因严重违规被关闭,不得再重新注册账户。如被发现重新注册了账号,速卖通有权立即停止服务、关闭卖家账户。

图 12-11　全球速卖通规则

速卖通的会员 ID 在账号注册后由系统自动分配,不可修改。

速卖通平台接受依法注册并正常存续的个体工商户或公司开店,并有权对卖家的主体状态进行核查、认证,包括但不限于委托支付宝进行实名认证。通过支付宝实名认证的卖家,在对速卖通账号与支付宝账户绑定过程中,应提供真实有效的法定代表人姓名身份、联系地址、注册地址、营业执照等信息。

若已通过认证,卖家需选择销售计划类型,速卖通有两种销售计划类型:标准销售计划和基础销售计划,一个店铺只能选择一种销售计划类型。标准销售计划和基础销售计划的区别详见表 12-2 所示,除此之外,标准销售计划和基础销售计划无其他区别。

表 12-2　速卖通标准销售计划和基础销售计划相关规则

	标准销售计划 (Standard)	基础销售计划 (Basic)	备注
店铺的注册主体	企业	个体工商户/企业均可	注册主体为个体工商户的卖家店铺,初期仅可申请"基础销售计划",当"基础销售计划"不能满足经营需求时,满足一定条件可申请并转换为"标准销售计划"

续表

	标准销售计划（Standard）	基础销售计划（Basic）	备注
开店数量	不管个体工商户或企业主体，同一注册主体下最多可开6家店铺，每个店铺仅可选择一种销售计划		
年费	年费按经营大类收取，两种销售计划收费标准相同		
商标资质	√	同标准销售计划	
类目服务指标考核	√	同标准销售计划	
年费结算奖励	中途退出：按自然月，返还未使用年费经营到年底：返还未使用年费，使用的年费根据年底销售额完成情况进行奖励 销售额要求详见速卖通各类目技术服务费年费及考核一览表	中途退出：全额返还 经营到年底：全额返还	无论哪种销售计划，若因违规违约关闭账号，年费将不予返还
销售计划是否可转换	一个自然年内不可切换至"基础销售计划"	当"基础销售计划"不能满足经营需求时，满足以下条件可申请"标准销售计划"（无须更换注册主体）：1）最近30天GMV≥2 000美金 2）当月服务等级为非不及格（不考核+及格及以上）	
功能区别	可发布在线商品数小于等于3 000	1. 可发布在线商品数小于等于300（2019年可提额至500）2. 部分类目暂不开放基础销售计划，开放类目可点击查看 3. 每月享受3 000美金的经营额度（即买家成功支付金额），当月支付金额≥3 000美金时，无搜索曝光机会，但店铺内商品展示不受影响；下个自然月初，搜索曝光恢复	无论何种销售计划，店铺均可正常报名参与平台各营销活动，不受支付金额限制

资料来源：根据全球速卖通官网的速卖通规则整理。

无论选择哪种销售计划，均须根据系统流程完成类目招商准入，此后卖家方可发布商品。卖家（无论是个体工商户还是公司）还应依法设置收款账户。

商品发布后，卖家将在平台自动开通店铺，即基于速卖通技术服务、用于展示商品的虚拟空间（"店铺"）。除本规则或其他协议约定外，完成认证的卖家在速卖通可最多开设6个虚拟店铺。店铺不具独立性或可分性，是平台提供的技术服务，卖家不得就店铺进行转让或任何交易。

卖家承诺并保证账号注册及认证为同一主体，认证主体即为速卖通账户的权责承担主体。如卖家使用阿里巴巴集团下其他平台账号（包括但不限于淘宝账号、天猫账号、1688账号等）申请开通类目服务，卖家承诺并保证在速卖通认证的主体与该账号在阿里巴巴集团下其他平台的认证主体一致，否则平台有权立即停止服务、关闭速卖通账号；同时，如卖家使用速卖通账号申请注册或开通阿里巴巴集团下其他平台账号，承诺并保证将使用同一主体在相关平台进行认证或相关登记，否则平台有权立即停止服务、关闭速卖通账号。

完成认证的卖家不得在速卖通注册或使用买家账户，如速卖通有合理依据怀疑卖家以任何方式在速卖通注册买家账户，速卖通有权立即关闭买家会员账户，且对卖家依据本规则进行市场管理。情节严重的，速卖通有权立即停止对卖家的服务。

卖家不得以任何方式交易速卖通账号（或其他卖家的权利义务），包括但不限于转让、出租或出借账户。如有相关行为的，卖家应对该账号下的行为承担连带责任，且速卖通有权立即停止服务、关闭该速卖通账户。

完成认证、入驻的卖家主动退出或被准出速卖通平台、不再经营的，平台将停止卖家账号下的类目服务权限（包括但不限于收回站内信、已完结订单留言功能及店铺首页功能等）、停止店铺访问支持。若卖家在平台停止经营超过1年的（无论账号是否使用），平台有权关闭该账号。

速卖通店铺名和二级域名的使用需要遵守速卖通发布的命名规范《速卖通二级域名申请及使用规范》，不得包含违反国家法律法规、涉嫌侵犯他人权利或干扰全球速卖通运营秩序等相关信息，否则速卖通有权拒绝卖家使用相关店铺名和二级域名，或经发现后取消店铺名和二级域名。

二、发布规则

速卖通卖家可以免费发布产品，但是发布的产品需要经过速卖通审核通过后方可呈现给客户，因此，有一些速卖通发布产品的规则。

（一）禁售、限售规则

速卖通平台公布了《全球速卖通禁限售违禁信息列表》，详见网址 https://sell.

aliexpress.com/zh/__pc/post001.htm? spm=5261.8113681.0.0.3c1e70faQ5SVn4。对于一些特殊产品如假发、珠宝、香水等速卖通还公布了对应的发布规则。对于发布禁限售产品的行为，速卖通也发布了处罚规则，见表12-3，一般违规的处罚为0.5~6分，具体扣分标准见《全球速卖通禁限售违禁信息列表》。禁限售违规和知识产权一般侵权将累计积分，积分累积到一定分值，将执行账号处罚。

表12-3　　　　　速卖通对于发布禁限售产品的处罚规则

处罚依据	行为类型	积分处罚	其他处罚	备注
《禁限售规则》	发布禁限售商品	严重违规：48分/次（关闭账号） 一般违规：0.5分~6分/次（1天内累计不超过12分）	1. 退回/删除违规信息 2. 若核查到订单中涉及禁限售商品，速卖通将关闭订单，如买家已付款，无论物流状况如何均全额退款给买家，卖家承担全部责任	规则新增的30天内拦截的信息，只退回或删除，不积分

资料来源：根据全球速卖通官网整理。

表12-4　　　　禁限售违规和知识产权一般侵权累计积分处罚规则

积分类型	扣分节点	处罚
知识产权禁限售违规	2分	严重警告
	6分	限制商品操作3天
	12分	冻结账号7天
	24分	冻结账号14天
	36分	冻结账号30天
	48分	关闭

资料来源：根据全球速卖通官网的速卖通规则整理。

（二）知识产权规则

知识产权（Intellectual Property Right，IPR）保护的是智力成果、无形财产，是人们对自己所创造的智力活动成果依法享有的占有、使用、收益和处分的权利。知识产权的类型如图12-12所示。

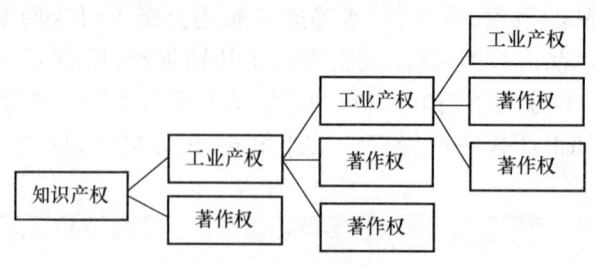

图 12-12 知识产权类别

资料来源:根据全球速卖通官网本章作者制图。

全球速卖通平台严禁用户未经授权发布、销售涉嫌侵犯第三方知识产权的商品。若卖家发布、销售涉嫌侵犯第三方知识产权的商品,则有可能被知识产权所有人或者买家投诉,平台也会随机对商品(包含下架商品)信息、产品组名进行抽查,若涉嫌侵权,则信息会被退回或删除,并根据侵权类型执行处罚,详见表 12-5。

表 12-5 速卖通《知识产权规则》

侵权类型	定义	处罚规则
商标侵权	严重违规:未经注册商标权人许可,在同一种商品上使用与其注册商标相同或相似的商标	三次违规者关闭账号
	一般违规:其他未经权利人许可使用他人商标的情况	1)首次违规扣 0 分 2)其后每次重复违规扣 6 分 3)累达 48 分者关闭账号
著作权侵权	未经权利人授权,擅自使用受版权保护的作品材料,如文本、照片、视频、音乐和软件,构成著作权侵权。 实物层面侵权: 1)实体产品或其包装被盗版 2)实体产品或其包装非盗版,但包括未经授权的受版权保护的内容或图像 信息层面信息: 1)图片未经授权被使用在详情页上 2)文字未经授权被使用在详情页上	1)首次违规扣 0 分 2)其后每次重复违规扣 6 分 3)累达 48 分者关闭账号

续表

侵权类型	定义	处罚规则
专利侵权	外观专利、实用新型专利、发明专利的侵权情况（一般违规或严重违规的判定视个案而定）	1）首次违规扣0分 2）其后每次重复违规扣6分 3）累达48分者关闭账号 （严重违规情况，三次违规者关闭账号）

备注：
1. 速卖通会按照侵权商品投诉被受理时的状态，根据相关规定对相关卖家实施适用处罚。
2. 同一天内所有一般违规及著作权侵权投诉，包括所有投诉成立（商标权或专利权：被投诉方被某一知识产权投诉，在规定期限内未发起反通知，或虽发起反通知，但反通知不成立；著作：被投诉方被某一著作权人投诉，在规定期限内未发起反通知，或虽发起反通知，但反通知不成立）及速卖通平台抽样检查，扣分累计不超过6分。
3. 同三天内所有严重违规，包括所有投诉成立（即被投诉方被某一知识产权投诉，在规定期限内未发起反通知；或虽发起反通知，但反通知不成立）及速卖通平台抽样检查，只视作一次违规计算；三次严重违规者关闭账号，严重违规次数记录累计不区分侵权类型。
4. 速卖通有权对卖家商品违规及侵权行为及卖家店铺采取处罚，包括但不限于（i）退回或删除商品/信息；(ii)限制商品发布；(iii)暂时冻结账户；(iv)关闭账号。对于关闭账号的用户，速卖通有权采取措施防止该用户再次在速卖通上进行登记。
5. 每项违规行为由处罚之日起有效365天。
6. 当用户侵权情节特别显著或极端时，速卖通有权对用户单方面采取解除速卖通商户服务协议及免费会员资格协议、直接关闭用户账号及速卖通酌情判断与其相关联的所有账号，及/或采取其他为保护消费者或权利人的合法权益或平台正常的经营秩序，由速卖通酌情判断认为适当的措施。该等情况下，速卖通除有权直接关闭账号外，还有权冻结用户关联国际支付宝账户资金及速卖通账户资金，其中依据包括为确保消费者或权利人在行使投诉、举报、诉讼等救济权利时，其合法权益得以保障。
7. 速卖通保留以上处理措施等的最终解释权及决定权，也会保留与之相关的一切权利。
8. 本规则如中文和非中文版本存在不一致、歧义或冲突，应以中文版为准。

资料来源：根据全球速卖通官网的速卖通规则整理。

（三）搜索作弊规则

速卖通规定了三种搜索作弊的情况，分别如下：
1. 关联性作弊
（1）类目错放：指商品实际类别与发布商品所选择的类目不一致。
（2）属性错选：用户发布商品时，类目选择正确，但选择的属性与商品的实际属性不一致。

（3）标题堆砌：指在商品标题中出现关键词使用多次的行为。

（4）黑五类商品错放：指订单链接、运费补差价链接、赠品、定金、新品预告等五类特殊商品，没有按规定放置到指定的特殊发布类目中。

（5）重复铺货：商品之间须在标题、价格、图片、属性、详细描述等字段上有明显差异，如图片不一样，而商品标题、属性、价格、详细描述等字段雷同，视为重复铺货。

如果需要对某些商品设置不同的打包方式，发布数量不得超过3个，超出部分的商品则视为重复铺货。

同一卖家（包括拥有或实际控制的在速卖通网站上的账户），每件产品只允许发布一条在线商品，否则视为违反重复铺货的政策。

（6）广告商品：以宣传店铺或商品为目的，发布带有广告性质（包括但不限于在商品标题、图片、详细描述信息中留有联系信息或非速卖通的第三方链接等）的信息，吸引买家访问，而信息中商品描述不详或无实际商品。

（7）描述不符：指标题、图片、属性、详细描述等信息之间明显不符，信息涉嫌欺诈成分。

（8）计量单位作弊：指发布商品时，将计量单位设置成与商品常规销售方式明显不符的单位。或将标题、描述里的包装物亦做销售数量计算，并将产品价格平摊到包装物上，误导买家的行为。

（9）运费不符：指卖家在标题及运费模板等处设置的运费低于实际收取的运费的行为。

（10）标题类目不符：指商品类目或者标题中部分关键词与实际销售产品不相符。

2. 价格不符

（1）商品超低价：指卖家以较大偏离正常销售价格的低价发布商品，在默认和价格排序时吸引买家注意，骗取曝光。

（2）商品超高价：指卖家以较大偏离正常销售价格的高价发布商品，在默认和价格排序时吸引买家注意，骗取曝光。

（3）作弊：指卖家刻意规避商品SKU设置规则，滥用商品属性（如套餐、配件等）设置过低或者不真实的价格，使商品排序靠前（如价格排序）的行为。或者在同一个商品的属性选择区放置不同商品的行为。

3. 销量作弊

更换商品：指通过对原有商品的标题、价格、图片、类目、详情等信息的修改发布其他商品（含产品的更新换代，新产品应选择重新发布），对买家的购买造成误导；但若修改只涉及对原有产品信息的补充、更正，而不涉及产品更换，不视为"更换产品"的行为。

对于搜索作弊的处罚方式规定如表 12-6 所示。

表 12-6　　　　　　　　速卖通对搜索作弊的处罚规定

违规行为类型	处罚措施
类目错放	1. 违规商品给予搜索排名靠后或下架删除、扣分处罚 2. 系统核查到搜索作弊商品,将在"产品管理—商品诊断"中展示,请卖家关注并整改。同时在商品诊断统计中展示的 6 类违规行为(类目错放、属性错选、重复铺货、运费不符、标题类目不符、标题堆砌)纳入商品信息质量违规积分体系,根据违规商品数系统自动进行每日扣分: 　　违规商品数在[1,50]之间,不扣分 　　违规商品数在[50,500]之间,0.2 分/天 　　违规商品数 500 以上,0.5 分/天 3. 在系统自动扣分基础上,根据卖家搜索作弊行为的严重程度对整体店铺给予搜索排名靠后或屏蔽的处罚。情节特别严重的,平台将依据严重扰乱市场秩序规则保留扣分冻结或直接关闭的处罚 注:对于更换商品的违规行为,平台将增加清除该违规商品所有销售记录的处罚
属性错选	
标题堆砌	
黑五类商品错放	
重复铺货	
广告商品	
描述不符	
计量单位作弊	
商品超低价	
商品超高价	
运费不符	
SKU 作弊	
更换商品	
标题类目不符	

资料来源:根据全球速卖通官网的速卖通规则整理。

三、交易规则

前面介绍了交易之前卖家应注意的一些规则,本节要介绍的是交易过程中需要注意的规则。

(一)订单超时与虚假发货规则

速卖通对订单超时做出如下规定:①订单关闭。就平台一般商品,自买家下订单起的 20 天内,买家未付款或者付款未到账的,订单将超时关闭。在闪购、限时抢购等特殊交易场景下,为维护卖家利益,买家未付款或付款未到账的订单会在平台认为的合理时限内(半小时起)关闭。②买家取消订单。自买家付款成功之时起到卖家发货前买家可申请取消订单。买家申请取消订单后,卖家可以与买家进行协商,如果卖家同意取消订单,则订单关闭,货款全额退还给买家;如果卖家不同意取消订单并已完成发货,则订单继续。如果卖家不做任何操作直至发货超时,则订单关闭,货款全额退还给买家;如果卖家对订单部分发货,并且在发货期内没有完成全部发货,则订单关闭,货款全额退还给买家。③卖家发货超时。自买家付款成功之时起至备货期间内,如果卖家无法及时发货,可以与买家协商由买家提交延长卖家备货期的申请,卖家需在协商期限内发货;如果卖家在备货期内没有完成全部发货,则订单发货超时关闭,货款全额退还给买家。④买家确认收货超时。自卖家声明全部发货之时起,买家须在卖家承诺的运达时间内确认收货(如卖家承诺的运达时间小于平台的默认值,则以平台默认值为准),期间卖家应与买家及时沟通收货情况;如果与买家沟通确实一直未收到货物,可以由卖家延长买家收货时间;如果买家一直未确认收货且未申请退款的,则该订单买家确认收货超时并视为交易完成。⑤买家申请退款。自卖家声明全部发货后,如卖家承诺的运达时间小于 10 天(自然日,如无特殊说明外,下同),则在卖家发货后买家就可以申请退款;如卖家承诺的运达时间大于等于 10 天,则在卖家发货后的 10 天后买家可以申请退款。

虚假发货指在规定的发货期内,卖家填写的货运单号无效或虽然有效但与订单交易明显无关,误导买家或全球速卖通平台的行为,例如为了规避成交不卖处罚填写无效货运单号或明显与订单交易无关的货运单号等。"货运单号无效"指货运单号本身不存在(包括使用小包未挂号导致无法追踪物流信息的情况);"虽然有效但与订单交易明显无关"指货运单号虽然存在,但与订单下单时间不符(如物流的收件时间明显早于订单下单时间),或寄递的地址明显与买家提供的地址不同(如寄递地址与收件人地址不在一个国家)。

虚假发货行为根据严重程度,分为虚假发货一般违规和虚假发货严重违规,虚假发货严重违规行为包括但不限于以下情形:①虚假发货订单金额较大;②买卖双方恶意串通,在没有真实订单交易的情况下,通过虚假发货的违规行为误导速卖通平台放款;③多次发生虚假发货一般违规行为。

速卖通平台对虚假发货的处罚如表 12 - 7 所示。

表 12 - 7 速卖通对虚假发货的处罚规定

违规情形	处罚措施
虚假发货一般违规	2 分/次
虚假发货严重违规	12 分/次

续表

违规情形	处罚措施
虚假发货特别严重	48 分/次

说明:速卖通平台将根据卖家违规行为情节严重程度进行扣分或直接关闭账户的判定。被平台认定虚假发货的,平台将采取包括但不限于取消海外仓发货权限、虚假发货订单关闭退款、商品发布权限、在线商品下架、关闭账号等限制措施。

资料来源:根据全球速卖通官网的速卖通规则整理。

(二) 货不对版和诱导提前收货规则

货不对板是指买家收到的商品与达成交易时卖家对商品的描述或承诺在类别、参数、材质、规格等方面不相符。

货不对版根据严重程度,分为一般货不对版和严重货不对版。严重"货不对版"行为包括但不限于以下情况:①寄送空包裹给买家;②订单产品为电子存储类设备,产品容量与产品描述或承诺严重不符;③订单产品为电脑类产品硬件,产品配置与产品描述或承诺严重不符;④订单产品和寄送产品非同类商品且价值相差巨大;⑤其他订单产品和寄送产品严重不符的情形。

速卖通平台将根据卖家以上违规行为情节严重程度进行"直接扣48分关闭账号"的判定,执行商品退回不可上架。速卖通平台对货不对板的处罚如表12-8所示。

表 12-8　　　　　　速卖通对货不对板的处罚

违规情形	处罚措施
严重货不对板一般违规	2 分/次
严重货不对板严重违规	12 分/次
严重货不对板情节特别严重	48 分/次

资料来源:根据全球速卖通官网的速卖通规则整理。

诱导提前收货是指卖家诱导买家在未收到货的情况下提前确认收货。对于诱导提前收货的行为,平台将根据违规行为的严重程度执行扣分处罚:一般违规,2 分/次;严重违规,12 分/次;特别严重违规行为,48 分/次(并保留清退的权利)。

(三) 不正当竞争和不法获利规则

1. 不正当竞争

不正当竞争是指:①卖家所发布的商品信息、店铺装修或所使用的其他信息存在扰乱其他卖家正常经营的情形,足以使消费者与其他正常经营卖家混淆或误认为存在特定联系。②卖家通过自身或利用其他会员账户对其他卖家进行恶意下单、恶意评价、恶意投诉等行为,影响其他卖家声誉与正常经营。其中:恶意下单指卖家利用海外会员账户对其他卖家进行下单,对其他卖家正常经营造成影响的行为,如拍库存不付款;恶意评价指卖家利用海外会员账户对其他卖家进行下单,恶意给出差评或评价内容与事实不符的行为;恶意投诉指卖家通过自身或利用其他会员账户对其他卖家进行投诉,投诉内容缺乏相关依据或投诉目的不当,存在故意损毁同行卖家的商誉、敲诈正当经营的卖家或蓄意打击同行卖家正当经营的情况。

根据严重程度,不正当竞争分为不正当竞争一般违规和不正当竞争严重违规。不正当竞争情节特别严重行为包括但不限于以下情形:①对其他卖家的正常经营造成恶劣影响;②使买家造成严重误认,混淆,严重影响购物体验;③卖家在平台调查过程中做虚假陈述或提供虚假证明资料;④卖家不接受平台提醒或整改要求,仍明知故犯。平台有权对造成不正当竞争的商品信息、店铺装修等信息进行删除处理,同时进行如下处罚。

表12-9　　　　　　　　　　速卖通对不正当竞争的处罚

违规情形	处罚措施
不正当竞争一般违规	2分/次
不正当竞争严重违规	12分/次
不正当竞争情节特别严重	48分/次

资料来源:根据全球速卖通官网的速卖通规则整理。

2. 不法获利

不法获利,是指卖家违反速卖通规则,涉嫌侵犯他人财产权或其他合法权益的行为。它包括但不限于以下情形:

(1)卖家通过发布或提供大量虚假的或与承诺严重不符的商品、服务或物流信息骗取交易款项的。

(2)交易中诱导交易对方违背速卖通正常交易流程操作并获得不正当利益的。

(3)发送钓鱼链接或木马病毒信息用于骗取他人财物的。

(4)利用非法手段骗取平台 coupon、保证金、平台赔付基金等款项的。

(5)假借速卖通及其关联公司工作人员或速卖通店铺客服名义行骗的。

(6)通过第三方账户实施诈骗行为骗取他人财物的。

(7)卖家违反速卖通规则,通过其他方式非法获利的。

对于不法获利的行为,平台一律给予直接扣除48分或直接关闭账户的处理。

(四)违背承诺和恶意骚扰规则

1. 违背承诺

违背承诺,指卖家未按照以下承诺向买家提供服务、损害买家正当权益的行为。

(1)交易及售后相关服务承诺,包括但不限于:①卖家拒绝按照买家拍下的价格进行交易(交易双方线下另有约定的除外),或卖家承诺对商品价格给予优惠,但实际未履行;②卖家承诺给予买家赠品或发票等交易商品之外的物品,但实际未赠予或给付;③卖家承诺给予买家退换货、包维修等售后服务,但实际未履行。

(2)物流相关承诺,包括但不限于:①卖家在商品标题或内容中承诺免运费,但买家实际下单时发现有运费;②卖家在交易订立过程中自行承诺或与买家约定了特定的运送方式、运送物流、快递公司等,但实际未按照相关承诺或约定履行;③卖家承诺承担退货运费,但实际未履行。

(3)违背平台既定规则或要求,包括但不限于:①平台要求买卖双方的交易行为必须在线进行,但卖家以各种方式引导买家不通过速卖通平台进行支付和交易;②卖家参加速卖通官方活动,但未按照活动要求(除发货时间外)提供服务。

(4)卖家违背其自行做出的其他承诺。

违背承诺根据严重程度,分为违背承诺一般违规和违背承诺严重违规,违背承诺严重违规行为包括但不限于以下情形:①对买家购物体验造成严重影响;②卖家在平台调查过程中做虚假陈述或提供虚假证明资料;③卖家不接受平台提醒或整改要求,仍明知故犯。

速卖通平台对此的处罚如表12-10所示。

表12-10 速卖通平台对违背承诺的处罚规定

违规行为类型	处罚方式
违背承诺一般违规	1分/次
违背承诺严重违规	3分/次
违背承诺情节特别严重	48分/次

资料来源:根据全球速卖通官网的速卖通规则整理。

2. 恶意骚扰

恶意骚扰指卖家频繁或采取恶劣手段骚扰会员，影响他人正常生活或妨害他人合法权益的行为。如要求买家给好评或者因纠纷等原因谩骂买家，包括但不限于通过电话、短信、阿里旺旺、留言、邮件等方式频繁联系他人，影响他人正常生活的行为。

恶意骚扰严重行为包括但不限于文字中出现谩骂词汇、威胁、诅咒，种族歧视性言语、宗教或人身攻击等，或者多次骚扰，影响他人身心及正常生活。

恶意骚扰特别严重行为包括但不限于：①骚扰的范围大，影响面广，对平台安全、声誉造成或可能造成严重影响的行为；②采取极端手段或工具骚扰用户，严重影响他人正常生活，给他人身心造成极大伤害，包括但不限于向会员邮寄让人产生反感、侮辱性、威胁性的物品，将买家的私人电话、地址、姓名、购买记录等信息发布到网上等。

表 12-11   速卖通平台对恶意骚扰的处罚规定

违规行为类型	处罚方式
一般违规	2 分/次
严重违规	12 分/次
特别严重	48 分/次

资料来源：根据全球速卖通官网的速卖通规则整理。

（五）信用与销量炒作和严重扰乱平台秩序规则

信用与销量炒作是指通过不正当方式提高账户信用积分或商品销量，妨害买家高效购物权益的行为。对于被平台认定为构成信用及销量炒作行为的卖家，平台将删除其违规信用积分及销量记录且搜索排序靠后处罚，对信用及销量炒作行为涉及的订单进行退款操作，并根据其违规行为的严重程度，分别给予 6 分/次、12 分/次、24 分/次、48 分/次或直接清退的处罚；平台将定期向社会公布"炒信"商家的清退罚单，对通过炒信提升虚假信誉用于售假、售劣的商家，不惜一切代价严厉打击并追究其法律责任，请广大卖家务必引以为戒，诚信经营。

严重扰乱平台秩序，指干扰平台管理，严重扰乱平台秩序，损害其他用户或平台的合法权益的行为。它包括但不限于以下情形：①恶意规避平台规则或监管措施的行为；②通过恶意违规等方式干扰其他用户正常交易的行为；③对买家购物过程带来了严重的不良体验，对速卖通平台的商业环境造成了恶劣影响的行为;④其他严重扰乱平台秩序的行为。

对于严重扰乱平台秩序的行为,平台根据情节严重程度,一般扣2分/次,严重扣12分/次,特别严重的扣48分/次。根据严重程度,速卖通将根据其行为并结合事件的紧急、严重程度将可能同时采取以下市场监管措施:搜索排名靠后、屏蔽、限制发送站内信、限制发布商品、限制参加营销活动、关闭经营权限、关闭提前放款功能、冻结卖家账户资金(包括但不限于国际支付宝账户或速卖通账户)、清退同时对卖家其余订单进行审核处理等。

四、放款规则

放款规则分为一般放款规则和特殊放款规则。

(一)一般放款

交易完成的订单同时满足下列条件的,速卖通进行放款操作:①买家确认收货;②物流妥投(指运单号物流信息显示货物已被签收,且签收信息与订单信息相吻合)。

对于交易完成的订单,速卖通会核实订单的物流信息,只有确认为"物流妥投",订单的款项才会流入卖家相应账户中。对于交易中的订单,如果卖家线下查询物流已经"妥投"的,请主动联系买家;如果买家确认物流妥投无误,卖家可以要求买家点击"确认收货"的按钮。在联系买家未果的情况下,若卖家采用航空包裹或顺丰发货的,卖家可以在全部发货之日起5日后,点击"申请放款"按钮,并向速卖通提供物流公司官方网站查询到的妥投截屏(其中需包含运单号和具体签收信息)。速卖通会在1~3个工作日内对卖家提供的妥投截屏进行审核。审核通过的,速卖通会给买家去信要求其确认收货,买家确认收货后速卖通放款给卖家,若5日内买家未确认的,速卖通将在第6日放款给卖家。审核未通过的,速卖通会邮件通知卖家;同时,第二次请款功能将在上次请款之日起15日后再次开启。

(二)特别放款

特别放款,是指在卖家发货后即安排向卖家放款的一种特殊放款方式。享受特别放款服务的卖家,并非每笔订单均可获得特别放款,如果该笔订单有异常或疑似异常(或存在平台认为不适合予以特别放款情形的),平台有权拒绝安排特别放款。享受特别放款服务的卖家,应该严格遵守《加入速卖通平台"特别放款计划"承诺函》及平台规则,如果卖家有如下异常行为或状态,平台将取消卖家特别放款的服务:①不再符合卖家风控数据指标(纠纷率、退款率、好评率等);②卖家违反平台规定进行交易操作的;③卖家未在规定时间内补足保证金的;④卖家存在其他涉嫌违反承诺函、协议或平台规则的行为等。

享受特别放款服务的卖家授权速卖通平台在卖家国际支付宝账户冻结一定数额的"特别放款保证金",平台有权根据卖家的经营状况对保证金额度进行调整。若因卖家原因造成买家、平台或其他第三方损失的,该保证金将被直接划扣用于赔偿该损失;不足部分,平台有权对卖家支付宝国际账户中的资金进行划扣以补偿损失;仍不足赔付的,平台有权继续向卖家追讨。被平台取消特别放款服务的卖家,保证金(如有)将在速卖通平台通知特别放款服务取消之日起6个月后退还;期间若因卖家原因导致买家、平台或其他第三方损失的,平台有权将保证金(如有)划扣以补偿损失,并将剩余部分于6个月期限届满退还卖家,不足部分,平台有权继续向卖家追讨。

五、评价规则

全球速卖通平台的评价分为信用评价及卖家分项评分两类。

信用评价,是指交易的买卖双方在订单交易结束后对对方信用状况的评价。信用评价包括五分制评分和评论两部分。卖家分项评分,是指买家在订单交易结束后以匿名的方式对卖家在交易中提供的商品描述的准确性、沟通质量及回应速度、物品运送时间合理性三方面服务做出的评价,是买家对卖家的单向评分。信用评价买卖双方均可以进行互评,但卖家分项评分只能由买家对卖家做出。

速卖通平台保留变更信用评价体系包括评价方法、评价率计算方法、各种评价率等的权利。详细的评价规则见下章"客户服务"部分。

课后训练

任务一:在速卖通上开通商店。

任务二:上传产品并发布成功(可通过淘宝代销,也可自己上传)。

参考文献

[1]速卖通大学.跨境电商:阿里巴巴速卖通宝典[M].北京:电子工业出版社,2015.

[2]冯晓宁,梁永创,齐建伟.跨境电商:阿里巴巴速卖通实操全攻略[M].北京:人民邮电出版社,2015.

[3]易传识网络科技.跨境电商:多平台运营[M].北京:电子工业出版

社,2015.

[4]肖旭.跨境电商实务[M].北京:中国人民大学出版社,2015.

[5]吕宏晶.中小外贸企业借用速卖通平台实行运营的主要环节及操作方法[J].对外经贸实务,2016(9).

第十三章 跨境电子商务营销、数据分析与客户服务——以速卖通为例

学习目标

通过本章的学习,掌握速卖通平台的主要营销工具,理解速卖通数据分析工具,掌握速卖通客户服务与传统客户服务的异同。

第一节 速卖通营销

一、店铺装修

登陆"我的速卖通",点击"店铺"进入店铺管理页面,点击"店铺装修",在"PC店铺"下方点击"进入装修"按钮,登录PC端后台装修页面。

在左上角的"装修"下拉菜单,可先选择"模块管理"。现在系统提供了免费的店铺模块,用户也可以购买喜欢的模块。可以点击查看我的店铺,预览选择的商铺风格的效果。

在左上角的"装修"下拉菜单,选择"样式编辑",现在系统提供了"湖蓝""蓝色""红色""棕色"四种背景色,用户可以根据自己喜欢进行选择。

在左上角的"装修"下拉菜单,选择"页面管理",可以编辑"店招"。店招就像店铺的门面,是买家看到的第一印象。商铺招牌最好明确地告诉买家,卖家的店铺是经营什么的,从而让买家有进一步了解的兴趣,用户现在可以选择系统提供的模板进行替换。商铺店招是卖家商铺首页的广告,每个卖家都能在商铺首页设置一个店招。用户可以将自己的推荐产品、促销信息、企业活动、最新营销信息通过店招传递给买家,提高商铺交易转化率。

二、产品营销工具

(一) 买家管理营销工具

为了帮助速卖通卖家更好地管理自己的买家,识别其中诚信并有购买力的优质买家进行针对性营销,增加销量,速卖通平台推出了买家管理营销工具。该工具包含客户管理和邮件营销两个核心功能,具体功能介绍如下:

1. 客户管理功能

登陆"我的速卖通",进入营销活动,选择"客户管理"页面。在该页面能管理所有有过交易的买家信息,包括买家的采购次数、累计采购金额、最近一次采购时间、买家国家等信息,同时也可以根据自己对于买家的了解填写相关的备注,方便记录买家的重要信息。

除了基本的买家信息展示功能外,该产品还支持根据最近一次的订单先后、交易次数多少、累计交易金额大小进行排序,方便用户通过各种维度识别需要维护的重点买家。比如:一个买家在商户这里有过多笔交易,有很高的交易额,但很久没有在店铺进行采购,商户就应该联系该买家了解其流失的原因,并针对性地改善自己的产品或服务。

2. 邮件营销功能

卖家可以在客户管理页面勾选需要进行联系或者营销的客户,点击发送营销邮件的按钮,即进入营销邮件编辑页面。进入营销邮件页面之后,用户需要先填写邮件标题和邮件内容,与此同时,用户可以点击添加推荐产品(进入产品添加页面,勾选需要推荐的产品后点击"插入产品",即可完成在营销邮件中插入推荐产品)。

为了控制买家接收的邮件频率、提高买家感受,对于商户发邮件的量级有一定的控制。速卖通平台会根据商户的"卖家星级"给予每个月一定的营销邮件发送量,卖家等级越高,拥有的邮件数也越多,如表13-1所示。

表 13-1　　　　卖家等级与每月可发邮件数

您当前的卖家等级	每月可发邮件箱
0~1级	0 封
2级	5 封
3级	10 封
4级	20 封

续表

您当前的卖家等级	每月可发邮件箱
5级	30封
6级	50封

资料来源:根据全球速卖通官网整理。

(二)店铺订阅工具

店铺订阅功能是速卖通平台推出买家"产品邮件订阅+推送"功能。买家一旦订阅卖家的店铺,每周都可以收到平台自动推送的最新的优质产品和优质店铺信息,以及买家通过关键词或行业订阅的相关信息。

其中,邮件里的"优质产品"是由平台根据产品的交易情况自动分配的,而"优质店铺"是买家可自行订阅的。因此,卖家可以让与其有过交易的买家都来订阅自己的店铺。这样一来,用户可以让新买家以及对产品有兴趣的买家订阅自己的店铺,便于保持长期沟通;也可以推荐老买家订阅自己店铺,第一时间了解最新产品。

(三)未付款订单管理

未付款订单指买家已经拍下商品但尚未付款的订单,您可以通过对此类订单的管理来找出其中的原因,更好地提升自己的交易能力。

买家下单未付款原因:①拍下后,无法及时联系卖家对细节进行确认;②拍下后,发现运费过高;③对同类商品需要再进行比较;④付款过程出现问题。

对于未付款订单,建议采取以下管理技巧:

第一,当订单生成后立即给买家发站内信息,或者利用TradeManager及时和买家进行沟通,了解他对这些"未付款订单"的意见。

第二,根据买家意见,分别进行相关处理:

(1)对价格、运费进行调整,给予折扣,让商品更具竞争力。

(2)进一步展示商品,提供图片、细节描述,让买家对商品质量有更深认识。

(3)如果买家支付上遇到困难,可以主动帮助买家解决该支付问题。

第三,如果买家24小时内仍未付款也未给予任何回复,可以考虑主动调整价格,系统会自动发送调价后的邮件,通知买家重新关注下单商品。

第四,有条件可以跟买家进行电话沟通。

三、速卖通平台营销

速卖通平台营销包含速卖通店铺自主营销、平台促销活动、联盟营销、关联营销、直通车、SNS营销等。

1. 速卖通店铺自主营销

速卖通店铺自主营销是指在店铺内通过自己组织活动、打折优惠等行为促进销售。新版店铺活动主要类型有单品折扣、满减活动、店铺优惠券、搭配活动和互动活动等，可在"营销活动—店铺活动"里进行相关设置。

（1）单品折扣。单品级打折优惠，是原"全店铺打折+店铺限时限量"结合升级工具，用于店铺自主营销。单品的打折信息将在搜索、详情、购物车等买家路径中展示，提高买家购买转化，快速出单。

（2）满减活动。满立减活动是一款店铺自主营销工具，只要你开通速卖通店铺，即可免费使用。您可以根据自身经营状况，对店铺设置"满X元优惠Y元"的促销规则，即订单总额满足X元，买家付款时则享受Y元优惠扣减。

（3）店铺优惠券。店铺优惠券分为领取型优惠券、定向发放型优惠券、互动型优惠券，可通过多种渠道推广，通过设置优惠金额和使用门槛，刺激用户转化提高客单。

（4）搭配活动。搭配活动可以将店铺商品进行组合销售，刺激用户转化提高客单。新版搭配销售，去掉了算法搭配折扣比例，卖家可以编辑算法创建的搭配套餐，进行自主定价。

（5）互动活动。店铺互动活动分为互动游戏和拼团两类。卖家可设置"翻牌子""打泡泡""收藏有礼"等互动游戏，其中活动时间、买家互动次数和奖品都可自行设置，设置后选中放入粉丝趴帖子中可快速吸引流量到店。拼团是一个可以更好对外传播拉新的工具，通过拼团营销工具设置更低的折扣，驱动用户在站外和好友分享并共同下单。

2. 平台促销活动

平台促销活动是指阿里巴巴全球速卖通面向卖家推出的免费推广服务。新版平台促销活动将平台活动分为促销活动和频道活动。促销活动主要包括每次的大促、中促和日常促销活动，在活动列表的最上方可直接看到大促活动。频道主要为目前几个固定的频道活动，包括Flash Deals（含俄罗斯团购）、品牌闪购、无线金币、试用、拼团等。每一期活动都会在速卖通的营销中心频道中进行招商。用户可以用符合招商条件的产品报名参选，一旦入选，产品就会出现在活动的发布页面，获得推广。

（1）Flash Deals（含俄罗斯团购）。Flash Deals（含俄罗斯团购）是平台的爆品中心，一方面帮助店铺打造爆品，另一方面已有的爆品也可以通过Flash Deals让更多的消费者有机会认识和体验到商品品质和服务能力。商家必须同时符合一定条件，方可报名。

(2)拼团频道。拼团频道是指集中 AliExpress 跨境和海外本地的优质商品,降低消费者挑选商品的时间,满足大众消费者对 AliExpress 优质划算单品需求的活动形式,给商家提供的传播及拉新玩法。拼团活动生效后,不会在商品普通 detail 做展示,只会出现在 APP 上。西班牙、韩国、波兰等国家站有活动页面展示,所有国家的买家在点击活动页面后均可拼团成功。拼团活动只有通过拼团频道进去,才能看到商品的拼团活动价格。

(3)试用频道。试用频道对 1 个月以内发布上线(最好是 1 周内上线)的、5 美金以上、销量 10 个以内的新品和次新品提供试用活动。试用活动可促进新品曝光,促进用户加购收藏商品,快速积累店铺粉丝用于后期运营,可提供试用报告,促进新品转化。试用订单金额全部为 0.01 美元,商家必须在 5 天内发货,平台对主要欧美国家包邮,含白俄罗斯、美国、以色列、澳大利亚、英国、意大利、土耳其、波兰、乌克兰、法国、俄罗斯、西班牙、荷兰、德国等国家。

3. 联盟营销

速卖通联盟是帮助商家做站外推广引流的营销产品,按成交计费(CPS,Cost Per Sales),即若有买家通过联盟推广的链接进入店铺购买商品并交易成功,商家此时才需要支付佣金。

联盟营销优势包括:①免费曝光,成交收费。联盟推广是按照成交计费(CPS)的推广方式,只有买家购买了商品才需要支付费用。不需要先充值,也不需要先前期投入资金。②费用可控,效果可见。可自主选择推广的商品和设置不同比例的佣金,预算灵活可控。推广后效果清晰可见,为店铺带来多少流量、流量转化了多少订单、预计要支付多少费用,都清晰可查。③海量买家,精准覆盖。加入联盟的商家可获得在不同国家、不同 APP、不同社交或导购网站等站外渠道的海量推广资源,提升店铺销量及市场占有率。

4. 速卖通直通车

速卖通直通车是速卖通平台会员通过自主设置多维度关键词,免费展示产品信息,通过大量曝光产品喜迎潜在买家,并按照点击计费的全新网络推广方式。简单来说,速卖通直通车就是一种快速提升店铺流量的营销工具。

直通车是按点击付费(CPC,Cost Per Click)的广告服务,展示(曝光)不收费,点击才收费。速卖通直通车可以在短时间内提升曝光度、流量和交易量,同时对推广新店和新品有较大帮助。

第二节　速卖通数据分析

一、速卖通数据分析概况

学习数据分析,首先需要了解各数据项名称的含义,本节内容基本都以数据指标说明开始。数据分析是枯燥的数字和线条组成的图表,但是贯穿了平台应用的方方面面。

(一) 目标和定位

速卖通平台适合不同类型、不同等级的卖家在上面开店,每家店铺具有不同的规模,制定适合的目标、做好定位很重要。基础卖家或是初次接触速卖通的卖家,要会选产品、编辑商品、采购货物、正常发运等;核心卖家(或称之为进阶卖家)要把客户服务做好,开好直通车,做好店铺活动营销,店铺销售平稳增长是重点;平台的明星卖家、超级卖家们,要整合供应链,提高库存周转率,提升议价能力,建立品牌意识,做行业 TOP10 店铺。

那么数据分析给不同的卖家也带来不同的内容,例如行业对比、选品开发、店铺监控、商品分析、打造爆款等。

(二) 为什么要做数据分析

数据分析是拨开迷雾看清本质,进而找到操作方法的过程。如果只凭一腔热情和几句口号,分析出的结果往往南辕北辙。例如,是否能在速卖通卖邮票?答案是否定的。数据分析表明,商品没有流量,没有成交,甚至没有合适的分类,都无法正常销售。婚纱、礼服、假发好卖吗?答案是好卖,但是数据分析表明这些产品的竞争度超高,没有厂商支持、没有营销手段支撑,失败是注定的。

为什么我的店铺销售业绩平平?为什么我选的款式都卖不好?为什么找不到蓝海?要回答这些问题都需要认真做好数据分析工作,为我们提供理论依据和实操手段。

(三) 数据分析要做什么

速卖通平台提供了"数据纵横"工具,其中有庞大的行业数据和卖家自己店铺的所有数据,可运用图表直观分析,也可用 Excel 的公式及数据透视表功能进行统计运算,最后快速得到答案,为公司的成长提供动力。

速卖通数据分析分为两大块:行业分析选品和店铺商品分析。第一部分是选好行业、选好产品,让店铺发展起来。第二部分是根据繁多的数据指标,针对店铺和产品开展优化工作、营销活动,为店铺成长提供动力。

二、速卖通行业数据分析

(一)行业情报

行业情报指标说明如下:

访客数占比:指统计时间段内行业访客数占上级行业访客数比例。一级行业占比为该行业占全网比例。

浏览量占比:指统计时间段内行业浏览量占上级行业浏览量比例。一级行业占比为该行业占全网比例。

成交额占比:指统计时间段内行业支付成功金额(排风控)占上级行业支付成功金额(排风控)比例。一级行业占比为该行业占全网比例。

成交订单数占比:指统计时间段内行业支付成功订单数(排风控)占上级行业支付成功订单数(排风控)比例。一级行业占比为该行业占全网比例。

在售商品数:指统计时间段内行业在售商品总数的均值。

商品指数:指统计时间段内行业商品数量经过数据处理后得到的对应指数。商品指数不等于商品在售数量,指数越大在售商品数量越大。

流量指数:指统计时间段内行业流量经过数据处理后得到的对应指数。流量指数不等于行业总PV[①],指数越大PV越大。

供需指数:指统计时间段内行业商品指数与流量指数的比值。供需指数越小,竞争越小。

1. 行业对比

行业对比指跟相关行业进行数据趋势对比,可以分别从访客数占比、成交额占比、在售商品数占比、浏览量占比、成交订单数占比和供需指数等方面进行对比分析。用户可以从中看出,随着季节变化平台发展品类方向的变化,从而可以加强对某个行业的投入或避开一些竞争过于激烈的红海市场。

但是行业供需指数并不能作为竞争是否激烈的唯一指标。

2. 寻找蓝海

蓝海指的是未知的有待开拓的市场空间。蓝海行业指那些竞争尚不大但又充满买家需求的行业,蓝海行业充满新的商机和机会。在不同行业进行对比后,寻找蓝海行业是每一卖家心中的期盼。蓝海行业给卖家充分的空间和时间去发展团队,并且做精做强,立于不败之地。

---

① PV(page view)即页面浏览量,通常是衡量一个网络新闻频道或网站甚至一条网络新闻的主要指标,网页浏览量是评价网站流量最常用的指标之一,简称PV。

如何在速卖通平台上生存、如何在一片红海中寻找到蓝色的希望呢？本书给出的答案是不断观察数据的趋势，迎接挑战，拥抱变化。

3.行业趋势分析

要进行行业趋势分析首先要选择行业，查看该行业最近7天、30天或90天的流量。

（二）选品专家

选品专家指标说明如下：

成交指数：指在所选行业所选时间范围内，累计完成订单数经过数据处理后得到的对应指数。成交指数不等于成交量，指数越大，成交量越大。

购买率排名：指在所选行业所选时间范围内购买率的排名。

竞争指数：指在所选行业所选时间范围内，产品词对应的竞争指数。指数越大，竞争越激烈。

1.爆款选品要素

要素一：挑选的产品要有热度。大多数行业的卖家都需要爆款，因为它能吸引大量买家浏览，给店铺带来足够的热度。若产品全部是过季或长尾产品，就很难保证店铺销量的稳定持续增长。冬天卖泳衣明显热度不够，虽然有南半球的客户会购买，但是想成为店铺的爆款则有难度。

要素二：产品具有差异化。简单地抄袭爆款不会成功，同样的产品，别的卖家的销量已经很高了，卖家无法保证仅用一个新产品能超越竞争对手。通过数据分析，精炼出热卖产品的关键点、做出差异化的产品才是成功的必由之路。

要素三：产品购买转化率高。高点击率、低转化率的产品不能给店铺带来实际成交量。想要产品转化率高，就不能做"大路货"、到处都能看到的产品，为何买家会到你的店铺购买呢？

要素四：产品关联性强。如一家主营连衣裙的女装店铺，打造雪纺衫为爆款作为引流产品是明智的选择。

2.长尾开发

长尾产品是相对爆款而言的具有品类深度的产品。一家成熟的店铺不能只靠两三个爆款，关联产品的销售能带来更高的利润。传统的二八法则认为，20%的品种带来了80%的销量，但还要关注蓝色的"长尾巴"，这部分可以积少成多，80%的产品能创造超过一半的利润。

长尾产品的开发可放宽产品开发的条条框框，更需要供应商配合。SKU（Stock Keeping Unit,库存量单位）数量庞大的产品备货多了会产生巨大的库存并占用现金流，而且往往单个SKU的库存量还很低，补货及发货及时性得不到保障，供应商配合成为服务好最终用户的必备条件。

所以开发长尾产品可以选择优质供应商的产品,按供应商现货情况备库。不能按照打造爆款思路为其添加飙升词和热搜词,想把长尾产品打造成爆款是不现实的。

3. 关键词分析

速卖通平台的完整热搜词数据库是制作产品标题的利器。标题是系统在排序时对于关键词进行匹配的重要内容,专业的标题能提升卖家的可信度。

一个优质的标题应该具有这样的格式:风格词 + 产品分类词 + 特征属性词 + 颜色 + 尺码。特征属性词和产品分类词是基本确定的,无法做出更多的选择,需要卖家对产品熟悉并收集汇总自己的词库。风格词往往不具有唯一性,一件衣服是复古风格还是韩版风格很难确定,每个人的理解也有很大偏差,卖家应该充分利用 120 字符的长度,尽量填写搜索指数高的风格词。

关键词分析指标说明如下:

搜索指数飙升幅度:指在所选时间内累计搜索指数比上一个时间段内累计搜索指数的增长幅度。

曝光商品数:指在所选时间段内每天平均曝光的产品数。

曝光商品数增长幅度:指在所选时间段内每天平均曝光商品数比上一个时间段内每天平均曝光商品数的增长幅度。

曝光卖家数:指在所选时间段内每天平均曝光的卖家数。

曝光卖家数增幅:指在所选时间段内每天平均曝光卖家数比上一个时间段内每天平均曝光卖家数的增长幅度。

在销售过程中,系统热搜词在卖家的产品中也有"水土不服"的现象,这是关键词严重同质化造成的,所有卖家都想用最热的关键词,例如"NEW 2015",但是关键词竞争度高了,被搜索到的概率反而小了。这时候,就应该更多地运用飙升词库提供的数据来优化标题,关注搜索指数飙升幅度、曝光商品数增长幅度、曝光卖家数增幅等。

三、速卖通店铺经营分析

(一)店铺流量来源分析

要进行店铺流量来源分析,可以查看店铺内流量构成,分析不同渠道流量占比和走势,从而帮助卖家了解及优化店铺流量来源,提升店铺流量,如表 13 - 2 所示。

活动和站内其他流量来源:

活动是店铺来源的大户,分为需要报名的活动和系统自动推荐的活动,还有一些各类目频道推荐的活动。

站内其他流量不能简单理解为关联促销带来的销量,站内其他流量包含了俄语站点和葡萄牙语站点的站内搜索、类目浏览、店铺首页访问等。

通常来说,搜索及类目流量占店铺所有流量60%以上才是健康的,由于现在没有区分小语种分站的搜索和类目流量,所以大部分卖家看到来自站内其他流量比例都很高,这是很正常的(假发行业例外)。

表13-2　　　　　　　　　店铺流量来源

来源小类	渠道	详细说明	特别说明
站内	站内搜索	通过搜索框搜索点击本店铺产品	仅限英语主站来源
	类目浏览	浏览类目页面点击本店铺产品	仅限英语主站来源
	活动	报名参加的平台活动,非报名的活动,fashion频道	—
	直通车	P4P流量	付费流量
	购物车		—
	收藏车	收藏的商品链接	—
	直接访问	直接输入链接	不含直接访问店铺首页
	站内其他	包含店铺首页、分组页、买家订单历史页	非英语主站的大多数流量来源
站外	站外合计	非速卖通网站的链接来的流量	

资料来源:根据全球速卖通官网整理。

(二)装修效果分析

要进行装修效果分析,可以查看最近30天内哪些店做过店铺装修,装修后店铺的流量、访问深度、访问时长及跳失率的变化,以此来衡量店铺装修效果。

装修效果分析指标说明如下:

访客数:指全店各页面的访问人数。同一天同一访问多次访问会进行去重计算,多日合计不计算。

平均访问深度:访问深度指用户在一次访问内访问店铺内页面的次数,平均访问深度即指所有用户每次访问时访问深度的平均值。

平均访问时间:访问时间指用户在一次访问内访问店铺页面的时长,平均访问时间即所有用户每次访问时访问时长的平均值。

首页跳失率:指用户访问首页后,有多少比例的用户直接跳出了店铺。该比率的分母是访问该首页的用户数,分子是访问过该首页的用户直接跳出店铺的次数。

$$首页跳失率 = 跳失人数 \div 登录首页访问人次$$

购买率:指在访问该页面的用户中当天下单的用户数占该页面总访问数的比例。

装修事件:指当日发生的装修事件总数。

第三节　速卖通客户服务

一、客户服务

"与客户沟通不畅是在线访客量不能转化为订单的关键因素",这是大多数做电商的人最直接的体会。作为电商企业营销的临门一脚,沟通环节在交易达成之前发挥着重要的作用。

(一)电子商务与传统贸易在沟通上的相同点

我们从时效性和完整性角度来看与客户的沟通。这里说的时效性是指,无论是传统贸易中的商业谈判还是速卖通的旺旺盘询、站内信,只要把握客户的节奏和时间并做出反应,一定可以抓住先机。完整性则是指在沟通时尊重客户。简单来说,如果客户只是问了产品价格,那么你就要抓住一切准备,提供包括产品质量、用户回馈、关联产品、售后服务等在内信息。只有做到以上附带信息的完整性,我们才算是做到真正的完整沟通。

由于地域跨度大、时区的不同,导致顾客与卖家的作息时间有很大的出入。速卖通的主要买家处于东三区,相差五个小时,由于购买的时间大部分处于晚间,客户咨询的问题无法得到实时沟通,卖家主要做的是每天及时了解客户的站内信、顾客留言,做出如实准确、及时的回复。

(二)电子商务与传统贸易在沟通上的不同

1. 无法预知竞争

在传统贸易中我们可以和自己的对手做更多的交流,与对方进行比较,能够比较清楚地看到自己的不足和对手的实力。但是在速卖通这样的B2C平台上,成千上万的卖家在自己店铺里进行各种各样的操作,往往无法及时对出现的新商情做出反应。

2. 终端消费居多

这是由于电子商务零售平台的特点决定的。此类平台的客户是有网上购物经验,或者愿意尝试网购的广大消费者,他们购物的目的很简单,即自己购买使用,因此对产品的质量及价格的要求和传统贸易会有不同,在盘询沟通中应该抓住客户的群体特征。

3. 更加注重人性化服务

以人为本是电子商务交易沟通的生命线。随着竞争的日益加剧,平台往往不是在拼价格、拼质量,更多的是在拼服务。所以要提供最人性化的服务,从最初的盘询到最后的下单,每一步都时刻关注着顾客的心情、要求及顾虑。

二、客户沟通

(一)沟通的重要性

电子商务每天的具体业务操作自始至终都离不开沟通。沟通技巧是电子商务的重要渠道,熟练掌握沟通技巧能使许多问题迎刃而解,帮助你顺利地走向成功,否则你将寸步难行。

(二)沟通的概念

所谓沟通,就是交流双方的思想、观念、观点碰撞,达成共识。沟通的灵魂不是你想说什么,而是别人想听什么。顺畅的沟通,真诚的语言,会让你赢得更多的订单和买家!

(三)速卖通询盘回复的沟通模板

1. 催促下单,库存不多

Dear X,

Thank you for your inquiry.

Yes, we have this item in stock. How many do you want? Right now, we only have X lots of the X color left. Since it is very popular, the product has a high risk of selling out soon. Please place your order as soon as possible. Thank you!

Best regards,

(Your name)

2. 回应买家砍价

Dear X,

Thank you for your interest in my item.

I am sorry but we can't offer you that low price you asked for. We feel that price listed is reasonable and has been carefully calculated and leaves me limited profit already.

However, we'd like to offer you some discounts on bulk purchases. If your order is more than X pieces, we will give you a discount of XX% off.

Please let me know for any further questions. Thanks.

Sincerely,

(Your name)

3. 断货

Dear X,

We are sorry to inform you that item is out of stock at the moment. We will contact the factory to see when they will be available again. Also, we would like to recommend to you some other items which are of the same style. We hope you like them as well, you can click the following link to check them out.

http://www.aliexpress...

Please let me know for any further questions. Thanks.

Best regards.

(Your name)

4. 回复不够及时

若因周末导致回复不够及时,则应先表示歉意。因为错过了最佳24小时回复时间,则通过主动打折的方式赢取客户。

Dear X,

I am sorry for the delayed response due to the weekend. Yes, we have this item in stock. And to show apology for our delayed response, we will offer you 10% off. Please place your order before Friday to enjoy this discount. Thank you!

Please let me know if you have any further questions. Thanks.

Best regards,

(Your name)

5. 关于支付(选择 Escrow,提醒折扣快结束了)

Hello X,

Thank you for the message. Please note that there are only 3 days left to get 10% off by making payments with Escrow (credit card, Visa, MasterCard, Money Bookers or Western Union). Please make the payment as soon as possible. I will also send you an additional gift to show our appreciation.

Please let me know if you have any further questions. Thanks.

Best regards,

(Your name)

6. 合并支付及修改价格

Dear X,

If you would like to place one order for many items, please first click "add to cart", then "buy now", and check your address and order details carefully before clicking "submit". After that, please inform me, and I will cut down the price to US＄XX. You can refresh the page to continue your payment. Thank you.

If you have any further questions, please feel free to contact me.

Best regards,

(Your name)

7. 提醒买家尽快付款

Dear X,

We appreciated your purchase from us. However, we noticed that you haven't made the payment yet. This is a friendly reminder to you to complete the payment transaction as soon as possible. Instant payments are very important; the earlier you pay, the sooner you will get the item.

If you have any problems making the payment, or if you don't want to go through with the order, please let me know. We can help you to resolve the payment problems or cancel the order.

Thanks again! Looking forward to hearing from you soon.

Best regards,

(Your name)

8. 订单超重导致无法使用小包免邮的回复

Dear X,

Unfortunately, free shipping for this item is unavailable; I am sorry for the confusion. Free shipping is only for packages weighing less than 2kg, which can be shipped via China Post Air Mail. However, the item you would like to purchase weighs more than 2kg. You can either choose another express carrier, such as UPS or DHL(which will include shipping fees, but are much faster). You can place the orders separately, making sure each order weighs less than 2kg, to take advantage of free shipping.

If you have any further questions, please feel free to contact me.

Best regards,

(Your name)

9. 海关税

Dear X,

Thank you for your inquiry and I am happy to contact you.

I understand that you are worried about any possible extra cost for this item. Based on past experience, import taxes falls into two situations.

First, in most countries, it did not involve any extra expense on the buyer side for similar small or low-cost items.

Second, in some individual cases, buyers might need to pay some import taxes or customs charges even when their purchase is small. As to specific rates, please consult your local customs office.

I appreciate for your understanding!

Sincerely,

(Your name)

10. 因为物流风险,无法向买家国家发货时给出的答复

Dear X,

Thank you for your inquiry.

I am sorry to inform you that our store is not able to provide shipping service to your country. However, if you plan to ship your orders to other countries, please let me know; hopefully we can accommodate future orders.

I appreciate for you understanding.

Sincerely,

(Your name)

11. 已发货并告知买家

Dear X,

Thank you for shopping with us.

We have shipped out your order(order ID:xxx) on Feb. 10th by EMS. The tracking number is XXX. It will take 5-10 workdays to reach your destination, but please check the tracking number for updated information. Thank you for your patience.

If you have any further questions, please feel free to contact me.

Best regard.

(Your name)

12. 物流遇到问题

Dear X,

Thank you for your inquiry; I am happy to contact you.

We would like to confirm that we sent the package on 16 Jan, 2020. However, we are informed package did not arrive due to shipping problems with the delivery company. We have resent your order by EMS; the new tracking number is XXX. It usually takes 7 days to arrive to your destination. We are very sorry for the inconvenience. Thank you for you patience.

If you have any further questions, please feel free to contact me.

Best regards,

(Your name)

三、速卖通信用评级管理

对于电子商务平台,建立信任是很重要的。大多数电子商务平台的信用评价体系都很严格、很完善,只有更多的客户回头给予好评,卖家店铺的转化率才会更高。

(一) 速卖通信用评价的规则

全球速卖通平台的评价分为信用评价及卖家分项评分两类。

信用评价体系是指订单交易结束后对对方信用状况的评价。信用评价包括五分制评分和评论两部分。

卖家分项评分是指买家在订单交易结束后以匿名的方式对卖家在交易中提供的商品描述的准确性、沟通质量及回应速度、物品运送时间合理性三方面服务做出的评价。卖家分项评分只能由买家做出。

所有支付成功的订单,在订单成功或关闭后30天内买卖双方均可评价。以下两种订单除外:买家选择T/T付款,但最终未获卖家确认的订单;因风险原因自动关闭或者速卖通人工关闭的订单。

对于信用评价,如果双方都未给出评价,该订单不会有任何评价记录;如一方在评价期内做出评价,另一方在评价期内未评的,系统不会给评价方默认评价。对于卖家分项评分,如买家在订单评价时间内未对卖家进行分项评分,则该订单不会有卖家分项评分记录;卖家分项评分无默认评价的情形。

以下三种情况不论买家留差评或好评,都不计算好评率和积分。①因未收到货而产生纠纷,买家提起退款后,卖家或者买家同意退款协议,不管后续款项如何分配、买家如何评价,都不计算好评率和积分。②纠纷订单将未收到货原因提交至平台仲裁后,可能出现的各类情况:买家撤诉、卖家买家仲裁再协商结案、平台判决卖家责任（全额退款）、平台判决买家原因（部分或全部放款给卖家）。③买家提交纠纷后（原因为货物在途的除外），卖家 5 天内未响应的，不管后续款项如何分配，都不计算好评率和积分。

评价档案包括近期评价摘要（会员公司名、近 6 个月好评率、近 6 个月评价数量、信用度和会员起始日期）、评价历史（过去 1 个月、3 个月、6 个月、12 个月及历史累计的时间跨度内的好评率、中评率、差评率、评价数量和平均星级等指标）和评价记录（会员得到的所有评价记录、给出的所有评价记录及在指定的时间段内的指定评价记录）。

好评率 = 6 个月内好评数量/（6 个月内好评数量 + 6 个月内差评数量）

差评率 = 6 个月内差评数量/（6 个月内好评数量 + 6 个月内差评数量）

平均星级 = 所有评价的星级总分/评价数量

卖家分项评分中各单项平均评分 = 买家对该分项评分总和/评价次数

对于信用评价，卖家对买家给予的中差评有异议的，可在评价生效后 30 日内联系买家，由买家对其评价自行修改；买家可在评价生效后 30 日内对自己做出的该次评价进行修改，但修改仅限于中差评改为好评，且修改次数仅限一次。

对于信用评价，买家对卖家给予的中差评有异议的，可在评价生效后 30 日内联系卖家，由卖家对其评价自行修改；卖家可在评价生效后 30 日内对自己做出的该次评价进行修改，但修改仅限于中差评改为好评，且修改次数仅限一次。

对于卖家分项评分，一旦买家提交，评分即时生效且不得修改。若买家信用评价被删除，对应的卖家分项评分也随之被删除。速卖通有权删除评价内容中包括人身攻击或者其他不当言论的评价。速卖通保留变更信用评价体系（包括评价方法、评价率计算方法、各种评价率等）的权利。

一般来讲，进入后台之后会看到"等待我给出的评价""等待买家给的评价""生效的评价"，会看到最近所有订单的评价，也可以根据需要去寻找中评和差评的订单。速卖通的规则是，在收到客户评价的邮件之后，先对客户评价，然后才能看到客户给予平台的反馈。

如果收到差评，应该及时联系客户，看看是否有回转的余地，平台支持卖家去自行解决一些差评问题。

如果收到的是中评或者好评，就采取 feedback 营销策略，回复客户的评价。

这样做的好处显而易见。首先能够让好评的客户有回头购买的欲望，因为我们有贴心完整的服务。其次，能够让那些第一次购买的客户放心进来购买。那么对于实在清除不了的差评我们该怎么办，是不是放任不管呢？当然不是，我们应该有理有据地说明原因，还要在回复中表明自己接受客户批评的态度，并会在将来做得更好。

速卖通在 2014 年的 4 月份上线了一个新的小功能，就是等待买家评价里的"催评"功能，点击了"催评"按钮之后，会直接进入该订单的留言板。

有人会问,为什么要去催买家给予评价呢？这是因为在信用评价中,买家给卖家不同星级的评价,根据订单的金额大小,卖家能得到不同的积分。

相同买家在同一个自然旬(自然旬为每月 1~10 日,11~20 日,21~31 日)内对同一个卖家只做出一个评价的,该买家订单的评价星级则为当笔评价的星级。

相同买家在同一个自然旬内对同一个卖家做出多个评价的,按照评价类型(好评、中评、差评)分别汇总计算。同一评价类型(好评、中评、差评)下的多个评价只计算一个星级,星级计算方法如下:

$$各类型评价(好评、中评、差评)星级 = \frac{该类型买家评级星级总和}{评价个数}$$

评价积分是根据该买家订单金额总和及平均评价星级计算的。

在卖家分项评分中,同一买家在一个自然旬内对同一卖家的商品描述的准确性、沟通质量及回应速度、物品运送时间合理性三项中某一项的多次评分只算一次,该买家在该自然旬对某一项的评分计算方法如下:

$$平均分 = \frac{买家对该项评分总和}{评价次数}$$

卖家所得到的信用评价积分决定了卖家店铺的信用等级标志。

因此,评价的订单越多,可以积累的信用积分就越高,如果一个月有 100 单,只要能有 60% 的客户能够回头给予评价,就能收获更多的信用积分,提升店铺的信誉等级,赢得更多的曝光和更高的转化率。

(二)出现中差评的原因

1. 商品图片与实物的差异

有时候为了使自己的产品看起来比较吸引眼球,卖家会在图片处理上或多或少添加一些产品本身没有的效果,这样就会给客户一个美好的心理预期,让他们满怀期待地等待。然后,一旦收到实物后感觉与图片的差别过大,买家就会非常失望,他们通常会在第一时间询问,为什么在颜色或者形状上有差别。

此时必须警惕,因为收到货物的 30 天内买家可以进行评价,并在未确认收货之前,买家还可以对自己不满意的订单提起纠纷退款。对于这类的投诉,卖家要更加主动地去解释。提供原有的图片,如果只有因小部分的修图处理造成的色差,合理的解释还可以赢得客户的信任,而且在这个过程中要多表现自己对买家的重视,适当给予下次订单的优惠和折扣。真诚的道歉可以将小事化了,向买家争取好评。

卖家在上传产品图的时候可以上传一些多角度的细节图,或者可以放上一张没有修图处理过的照片,尽量让买家有全面的视觉印象,避免不必要的投诉和差评。

2. 标题写了 Free Shipping,为什么收到货物之后还要收费

众所周知,大部分卖家为了吸引买家下单,都会写上"Free Shipping",实际上大部分卖家也做了免邮,但是有时会忽略一些国家的进口政策。比如,美国高于 500 美元申报价值的货物,就要按照重量收取进口关税;加拿大和澳大利亚高于 20 美元的货物要收取关税;英国、德国等欧洲国家货物的申报价值必须是在 20~25 美元,一旦超出将会有更多的关税产生。

这样一来,提出的问题就有答案了,一旦有关税产生,买家必须支付关税后才能拿到货物。

因此你会遇到这样的问题:

Why I should pay 25 pounds for the package, you told me that was free to ship, how could you lie to me? I am very disappointed.

还有一些比较极端的客户会因为需要支付额外的费用拒绝签收。这些都是潜在的差评和纠纷,因此我们在发商业快递的时候,要注意填写的申报价值,对于货值很高的快件,提前和客户沟通好。

3. 信用卡账户有额外的扣款显示:AliExpress Charge

速卖通平台针对卖家的支付不收取费用,但建议买家联系他的银行,问清是否需要支付手续费。如果买家通过 T/T 转账,银行端一般需要收取一定的手续费。

课后训练

任务一:使用速卖通的免费营销工具对店铺进行产品营销方案设计。

任务二:利用速卖通的选品专家和店铺流量来源分析对店铺的产品进行重新选择和设计。

参考文献

[1] 速卖通大学. 跨境电商:阿里巴巴速卖通宝典[M]. 北京:电子工业出版社,2015.

[2] 冯晓宁,梁永创,齐建伟. 跨境电商:阿里巴巴速卖通实操全攻略[M]. 北京:人民邮电出版社,2015.

[3] 易传识网络科技. 跨境电商:多平台运营[M]. 北京:电子工业出版社,2015.

[4] 肖旭. 跨境电商实务[M]. 北京:中国人民大学出版社,2015.

[5] 速卖通大学(http://university.aliexpress.com).

第十四章 跨境电子商务视觉美工——以速卖通为例

学习目标

通过本章的学习,掌握速卖通平台视觉营销的规划和识别体系,掌握速卖通平台文案策划的重点,掌握速卖通店铺装修的基础操作。

第一节 速卖通视觉营销

一、视觉营销

视觉营销是市场营销的一部分,它可以使我们在更好的条件下,向消费者展示我们用于销售的产品和服务。

随着跨境电商行业日益强大,视觉营销的重要性越发明显。在视觉、听觉、嗅觉、味觉、触觉这五种感觉中,电商平台真正能利用起来的有多少?

实际上,电商也有它的局限性。在实体店买东西,买家可以通过听、闻、尝、触等方法去感知商品,而在网上买东西,买家只能通过眼睛去看我们设计的图片、文字或视频。所以,网店美工装修能否让我们的店铺脱颖而出,吸引住买家的眼球。营造良好的购物环境,塑造店铺形象和品牌,就显得特别重要。

对于速卖通平台来说,做好视觉营销十分重要。

第一,可以让店铺整体更美观,提高店铺综合评分,提高店铺内产品的排名,增加曝光量。法国人有一句谚语:即使你卖的是水果和蔬菜,也要像一幅静物写生那样将它们艺术地排列。商品的美感能撩起买家的欲望。站在平台的角度,速卖通也一再提醒用户视觉营销的重要性,包括开通速卖通旺铺装修,以及店铺装修直接与店铺的流量相挂钩。网店美工是否用心对店铺进行设计和装修,会直接影响店铺销量的整体走势。

第二,能吸引更多人注意,进而增加产品点击率。经过各方面努力,店铺整体的曝光量提升以后,视觉营销在第二个环节展示了其更为重要的一点——聚焦。做速卖通的人应该都清楚,当在速卖通平台搜索某个关键词后,平台会展示众多卖家的同类产品,如何在这么多的商品中脱颖而出吸引买家的眼球,这就关系到视觉营销,尤其是主图的构建与设计。

第三,提高访问深度,让买家在店铺中停留更久。这个问题与店铺整体运营思维有关,所以涉及的视觉方面也比较复杂。首先好的产品详情介绍是必要的。其次,单个产品如果能与整体店铺信息相辅相成,达成一体,也会有利于提高买家访问深度。

第四,提高产品购买率。在所有视觉营销都做到位后,买家的购买将会水到渠成。

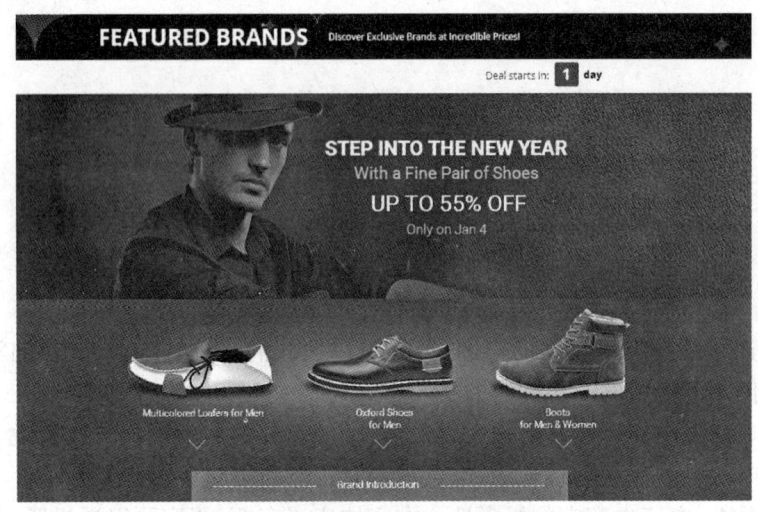

图14-1 速卖通某鞋类店铺首页

二、速卖通视觉规范

(一)速卖通视觉规范化

视觉的规范化有助于速卖通平台水平的上升,也必将造福于卖家。这是一个长期而艰巨的任务,需要全体卖家共同努力来完成。

比如我们开一家实体店,可以按照自己的喜好或者商品的种类决定是韩版风格还是藏族风格。当然我们不可能在同一个店铺既用韩版风格又用藏族风格,那样风格太不统一了,长期来说会影响店铺的流量。上升到速卖通平台来说是同样的道理,如果卖家都能按照统一的规格或风格,建立一个良好的图片环境、购买环境,那将会给店铺整体销量带来巨大的提升。

(二)速卖通视觉识别体系

视觉规范还有一层意义,即视觉识别基础体系。

视觉规范(Visual Identity,VI),也就是我们常说的视觉识别系统,将CI(企业识别系统)非可视内容转化为静态的视觉识别符号。它的主要特征是具有外在、直接的传播力和感染力,能透过视觉符号的设计统一化来传达精神与经营理念,有效地推广企业及其产品的知名度和形象。

对于速卖通跨境电商来说,视觉识别的基础系统包括企业(团队)名称、品牌标志、标准字体、标准图形、标准色彩等几大要素。

我们可以在反复应用的店招、海报、首图、详情页等地方,不断加深买家的印象:一来让他们看到这个图形就能联想起我们的产品或者店铺;二来可以营造团队的VI形象,让买家知道我们是一个专业的团队,增加信任感,从而提高购买率。

第二节 速卖通文案策划

一、文案策划

文案指的是公司或企业中用文字来表现已经制定的创意策略的方案。文案不同于画面或其他表现手法,它与广告创意先后相继,形成一个表现的过程、发展的过程、深化的过程。

文案在速卖通平台应用的主要方面有产品内页文案和活动广告语,次要方面有宣传语、购物指南等。

二、速卖通文案策划详解

我们要从各个方面去收集关于产品的信息,然后经过策划做成标准文案。大部分卖家店铺规模较小,水平相对不高,某些卖家为了节约成本,常常让客服做文案,甚至让美工做文案。

第一,店招文案。受店招尺寸的影响,店招文案需要极度精练,公司(团队)名称、Logo、公司(团队)运营理念、产品等,都可以放在店招文案中。

第二,图片轮播。一个图片轮播模块有五张广告图,那就需要五个相应的文案去对应,当然在这里也可以放一张关于公司文化的设计图片,展示店铺的软实力,增加买家信任度,这样我们就需要一个关于公司或团队的文案。

第三,自定义区域。在这里可以按店铺运营及设计的风格打造文案,相对比较自由。我们可以根据设计添加不同风格的文案,既可以添加海报式文案,也可以在单个产品加入促销式文案来搭配。

第四,侧边栏推荐文案。侧边栏在多数情况下用的也是自定义模块,这里可以推荐热卖款产品,也可以展示公司或团队形象等,我们可以根据所放内容来制作相应的文案。

第三节　速卖通店铺装修基础操作

一、速卖通店铺首页设计

首页设计对于任何一个平台来说都比较重要,速卖通也不例外。目前速卖通平台已经为卖家开放了多个板块的设计,包括店招板块、图片轮播板块、商品推荐板块、自定义内容区等部分。

首先,进入"商铺管理"页面,点击"店铺装修",在"PC店铺"下方点击"进入装修"按钮,登录PC端后台装修页面。

进入装修页面,点击页面左上角的"装修"按钮,再选择"样式编辑"选项,在这里可以看到有四种配色样式可供我们选择。在装修旺铺之前,我们首先要从整体上去设定一个主色调,目前,速卖通平台只有四个色调样式,分别是湖蓝、蓝色、红色和棕色,可以选择任意一种,选好后点击"保存"按钮,如图14-2所示。

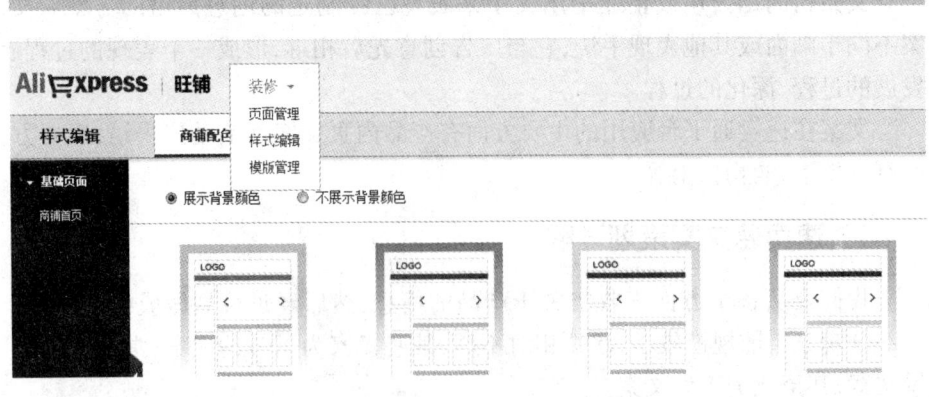

图14-2　样式编辑页面

在选取主色调的同时,我们就应当考虑所选择的色彩是否符合我们的产品或者营销理念,这里教给读者几种选色方式:基于我们的产品取色、基于我们的概念取色。下面举两个例子具体讲解一下。

当我们的产品有一定的统一度,颜色也大致相近时,可以选中产品的色彩来做首页构建的主色调,比如某店铺的产品主要以座椅为主,座椅基本都应用了木质纹理,那我们就以木质纹理为基色选取土黄色或者棕色作为后台样式编辑的主题。

当产品颜色很多、比较杂乱的时候,我们可以用概念取色,比如节庆期间发布的海报颜色非常绚丽,如何具体取色?如果这款产品是在节日当中使用的,节日一般比较温馨、浪漫,则可以用一个温馨的粉色。在确定了粉色后,再从速卖通后台样式选取一个最接近的颜色——红色呼应主题。

(一)店招板块

在首页装修页面中最上面的就是店招。店招是一个店铺的招牌,也是展示店铺形象的一个模块,因此它的重要性不言而喻。

将鼠标放在店招模块,右上角就会出现"编辑"按钮,点击"编辑"按钮之后可以看到关于店招模块的规格参数。店招模块的高度为100~150px(px:像素),宽度为1200px,图片大小不能超过2MB。店招允许加入一个链接,可以是首页、产品组或者其他任何单一产品。我们可以根据店铺的需要,交替使用首页链接、活动链接、产品链接,以此达到高效利用店招的目的。一般一个店铺只有一个店招。

从店招整体设计角度来考虑,我们更推荐店招使用150px的高度。从感觉上来说,高度为150px的店招会使店铺显得略为大气,高度为100px的店招使店铺显得有些局促。在店招中可以放上店铺名称、公司名称和产品信息等内容,如图14-3。

图14-3 速卖通店铺店招

(二) 图片轮播

图片轮播模块位于首页主区域内,是一个非常重要的产品展示模块,它将多张广告图片以滚动轮播的方式进行动态展示,可以更直观、更生动地表达商品的特点。在首页主区域内可以重复添加最多六个图片轮播模块,位置可以上下调动,方便与其他模块互相搭配。

点击模块右上角的"编辑"按钮,可以看到图片轮播模块的规格参数。模块高度是100~600px,宽度是960px,图片大小不能超过2MB。一个图片轮播模块最多可以添加5张图片,每张图片可以添加一个相应的产品链接。

在同一个图片轮播模块里面图片大小一定要统一,而在不同图片轮播模块中,我们可以灵活设置图片的高度。在首页下面我们还可以添加另外的图片轮播模块。比如我们就可以用五张尺寸为960×150px的图片,这样排列会使页面更具灵活性,也能更好地展示我们不同的产品,如图14-4所示。

图14-4 速卖通店铺图片轮播

(三) 商品推荐

商品推荐模块的效率比较高,它的缺点是结构相对单一。但是如果配合图片轮播和自定义内容区的应用,也可以很好地展示产品。一个店铺最多可以添加五个商品推荐模块。

商品推荐模块会直接使用商品的首图,因此在商品首图的选择上一定要慎重,要与店铺的整体装修风格统一。商品推荐模块可以选择一行四个或五个的排列方式,见图14-5。

图 14-5　速卖通店铺商品推荐示例

(四) 自定义内容区

自定义内容区对于店铺装修来说是非常重要的部分。自定义内容区使用起来比较灵活,可以很好地展示自己的运营思维,生动地展示产品,展示店家的装修艺术,增加顾客的购买欲望。

自定义内容区的内容并不局限于产品,还可以添加产品分组,从而引导顾客消费。自定义内容区的应用非常广泛,语言栏也属于其中,可以加入语言链接。一个店铺最多可以添加五个自定义内容区,一个内容区的字符不能超过5 000个。

二、速卖通店铺产品内页

产品内页也就是产品详情页,这个模块打造得好坏直接关系到产品的购买率。下面先简单地认识一下内页中比较重要的一些关联模块以及基础操作信息,后面会具体分析详情模块的打造标准。

（一）首图

首图也叫做主图，作为产品介绍的第一张图，它直接影响产品的点击率。首图的最大特点就是突出产品，吸引买家的眼球。

进入产品发布页面、填写完产品属性后，可以看到主图上传区域。主图以正方形呈现，尺寸一般分为 750×750px、800×800px、960×960px 等，同一个产品可以上传六张主图，但在搜索的时候，只展示第一张主图。主图要尽可能地展现产品的不同方面和不同的信息，以便于国外买家用移动终端下单。主图要干净、整洁，如图 14-6 所示。

图 14-6 某速卖通店铺主图

（二）产品信息模板

产品信息模板可以快速加入多类产品或一类产品之中。它可以方便我们添加关联产品，或者放入平台的公告通知，或者放入促销活动信息，还可以放入售后信息等。

打开"产品管理—产品信息模块—新建模块"页面，这时会出现两个类型：

"关联产品模块"和"自定义模块"。关联产品模块最多可以选择8个产品,它的优点是操作简单,工作效率高,如果能做好主图,提高图片的美观度,关联产品模块价值还是非常高的。在自定义模块中可以自由编辑所加入的关联产品推荐(数量不限),可以是产品、公告、售后等内容。

图14-7是关联产品推荐的示例。

图14-7 速卖通店铺关联产品推荐示例

三、页面上线五步法

切片是店铺装修中一个非常实用的技术,此处就介绍切片的操作技巧。

(一)操作切片工具

首先打开Photoshop,找到"切片"工具。常用切片方式有:划分切片、常规切片、辅助线切片。

1. 划分切片

划分切片的效率很高，适用于产品排列方式为等分结构的图片。

2. 常规切片

选择"切片"工具，用它逐个手动选出不同切片，在框选切片的过程中要注意，不要有切片交叉或空隙，那样会导致切片失败。这种切片方式效率低，且容易出现误差，所以并不推荐。

3. 辅助线切片

这是一种按照参考线快捷切片的方式。首先按 Ctrl + R 组合键调出标尺，在标尺上按住鼠标左键不放并向下拖出一条辅助线，松开鼠标左键，放在切片的位置，然后选择切片工具，点击"基于参考线的切片"选项。

切片做好后，选择"文件—存储为 Web 所用格式"命令，选择所有切片调整为 JPEG 格式。调节图片品质，推荐品质为 80 ~ 90px。选择格式为"HTM 和图像"，点击"保存"按钮。文件命名使用英文或数字，尽量不要用中文。

（二）上传图片

进入"图片银行—新建分组"页面，点击"上传图片"按钮。每次上传切片数量为六张，依次将所有切片上传完成。

（三）调整代码

调整代码需要用到另一款软件 Adobe Dreamweaver，首先用 Dreamweaver 打开前面保存的 HTML 文件并选择拆分模式。虽然我们在界面中也能看到产品的图片，但是这个图片路径是指向我们本地计算机上的，在网页上并不能打开，所以我们需要将其替换成一个网上的地址，也就是我们上传到图片空间的图片路径。回到"图片银行"，选择 01 号图片，右击鼠标，在弹出的菜单选择"复制图像地址"命令，将图示区域的原地址删除，粘贴上前面复制的地址。依次为每张图片替换对应的地址，直到全部完成。

（四）发布网页代码

在速卖通账户后台，将鼠标放在任意一个模块上，模块右下角都会自动出现一个"添加模块"按钮。点击"添加模块"按钮，新建一个自定义内容区。点击源代码图标，展开代码。将 Dreamweaver 中的代码复制进来。再次点击源代码图标，将代码区转换成图片格式。依次选择每张图片，加入对应的产品链接。确认无误后点击"保存"按钮，如图 14 - 8 所示。

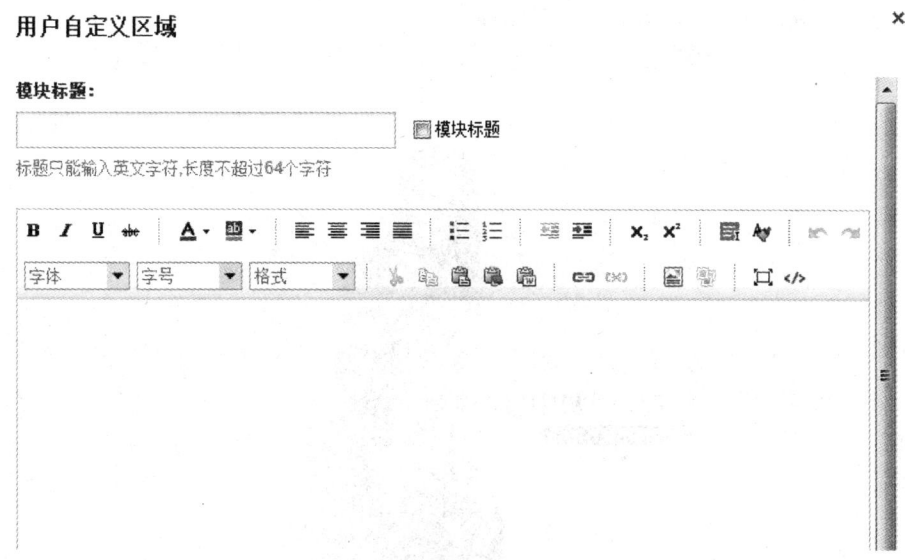

图 14-8　自定义内容区界面

（五）测试优化

无论是上传产品还是添加自定义链接，都需要预览效果检验一下是否存在差错，避免发布产品后出现麻烦。同样，我们上传切片完成后，也要点击装修页面右上角的"预览"按钮，测试产品链接是否有误，然后再进行相应调整。确认无误后点击"发布"按钮，这样产品的上传就算完成了。

第四节　点爆广告图

一、广告图的定义与重要性

广告图通过线条、色彩、布局、文字等视觉语言，创造出具体直观的产品形象，突出产品主题。在速卖通平台有很多广告图，它们的作用各不相同，但最终目的都只有一个，那就是吸引人点击、提高转换率。

主图的功能最为重要。当我们在速卖通中输入关键词搜索时，搜索到的所有产品图就是主图。主图设计的好坏，会直接影响店铺的浏览率和转化率，以及能否将客户吸引到我们的产品详情当中。直通车图的道理也是一样。

轮播图片是放在店铺内产品推荐模块中的,其功能实现有一个前提,买家通过搜索进来首先看到的是产品界面,要让买家看到轮播图片,还需要买家点击进入店铺的主页,如图14-9的轮播图片。

图14-9 速卖通店铺轮播广告图示例

二、主图设计

主图的作用我们已经在前面提到过,它对于曝光量与点击量之间的转换起了非常重要的作用。在速卖通平台,我们通常用的主图为正方形,规格为700×750px、800×800px、960×960px等。优质的主图需要做到以下几点:背景色单一、画面清晰、品牌突出、主体商品突出、具有差异化。如图14-10所示,这两个产品的主图设计简洁明了,主题突出。

主图应当注意避免的一些误区:主体很多,没有重点;画面杂乱,主体商品未突出;不具有差异化。

主图影响平台整体的形象,我们应当致力于平台风格的统一化与规范化,只有具备好的视觉环境,才能使平台内所有产品的附加价值提高。

直通车图的规格与主图一致,但直通车图中需要合理地加入促销信息、创意卖点等,其中可放入商品、主色调、价格、销量、特点、活动等内容。

直通车图需要避免的事项:一张图片多个产品;产品图片规格不一致,非正方形;使用夸张的水印;产品主题不突出;产品细节放在图片里;背景复杂。如

图 14-11 所示,左边的图卖点不清晰,右边图则简洁明了,卖点清晰。

图 14-10 主图选择之一

图 14-11 主图选择之二

三、轮播图片

轮播图片又称 banner,它在几乎所有的网站中都能见到,也是目前最常用的一种网站广告形式。不过对于 banner 的设计相关文章并不多,其实在这种横幅 banner 中设计的好坏对于广告效果的影响是很大的,这里介绍笔者总结出的 banner 设计经验。

一是 banner 广告在网页中的第一感觉。网站放 banner 的目的就是吸引用户注意,然后吸引用户点击,所以一个优秀的 banner 首先要做到的就是必须能够吸引用户浏览。用户浏览网页的时间一般也就十几秒,因此 banner 必须能在第一时间内吸引到用户的眼球。在设计 banner 时,必须要考虑用户的浏览习惯,也就是用户在只瞄一眼的情况下,要能引起用户足够的重视,所以第一感觉对于 banner 的设计是最重要的一点。

二是 banner 中的文本内容。对于 banner 文本内容来说,必须要保持文字简短、重点突出,能在第一时间将最重要的信息告诉用户才是设计 banner 的目的。

图 14 – 12　轮播图片之一

三是 banner 广告条中的图片内容统一性。如果你是一家销售电子产品的网站,那么你的 banner 中就应该以电子产品为主。曾经看到一些产品 banner 使用的图片全都是一些人物,而真正的产品却只以文字形式表达,这样的 banner 设计是很失败的。

四是在 banner 中放入公司的标志与公司文化。如果你的广告目的是以品牌推广为主,那么公司标志与企业文化将是广告图设计的重点。即使不是以品牌为主的 banner,也有必要加入一些标志与企业文化,或是一些宣传口号。

图 14 – 13　轮播图片之二

五是在 banner 设计中最好放上"点击这里"等字样。你可以在 banner 的某个角落或动态广告条的最后一帧上加上"Buy Now"这类字样,这是一种常用的方法。

图 14 – 14　轮播图片之三

六是 banner 本身的形状。形状决定了 banner 固定的构成方式,一般为矩形、横幅、左右结构、居中放置。

七是 banner 的文字特点。主题式 banner 一般有主标题和副标题,文字较多。另外,设计的时候还需要考虑应用到网站时各种尺寸推广图的可读性。

八是 banner 的图像特点。图像用来辅助主题,增加文字的渲染力。

九是 banner 的传达行为方式。载体为计算机屏幕,处于 IE 浏览器的第一屏位置,让用户的视觉焦点停留时间约 3 秒以上。

总之,我们的广告图要目标明确,即目标用户是年轻人还是中年人、是男人还是女人,在设计时,要使用该年龄段的相关素材。

我们可以灵活地设置 banner 的高度,在旺铺整体构建中插入不同高度的 banner 也是一个不错的设计方法。

课后训练

任务一:设计出店铺产品的文案。

任务二:对店铺的首页和产品内页进行设计。

任务三:设计主图和轮播的图片。

参考文献

[1]速卖通大学. 跨境电商:阿里巴巴速卖通宝典[M]. 北京:电子工业出版社,2015.

[2]冯晓宁,梁永创,齐建伟. 跨境电商:阿里巴巴速卖通实操全攻略[M]. 北京:人民邮电出版社,2015.

[3]易传识网络科技. 跨境电商:多平台运营[M]. 北京:电子工业出版社,2015.

[4]肖旭. 跨境电商实务[M]. 北京:中国人民大学出版社,2015.

[5]速卖通大学(http://university.aliexpress.com).

第十五章 跨境电子商务跨境物流与支付
——以速卖通为例

学习目标

通过本章的学习,掌握速卖通平台跨境物流的基本规则,掌握速卖通平台物流模块的基本操作,掌握速卖通平台的跨境支付工具及支付方式。

第一节 速卖通跨境物流

一、速卖通跨境物流简介

卖家首先要了解各种跨境物流的种类及其基本特点,如邮政小包、邮政大包、国际商业快递、中国邮政速递跨境电商专线物流(e邮宝、e特快、e包裹、e速宝、中邮海外仓和中邮海外购)、速卖通平台线上发货的专线物流(AliExpress无忧物流、燕文航空专线、中俄航空和中外运-西邮标准小包等)和海外仓等,计算本公司的典型产品在上述物流方式下的物流成本费用,做一个采用的计划,并在卖家后台设置物流运费模板。

全球速卖通物流方案列表将所提供的物流服务方案分成经济类物流、简易类物流、标准类物流、快速类物流和海外仓物流:经济类物流的物流运费成本低,目的国包裹妥投信息不可查询,适合运送货值低、重量轻的商品,经济类物流仅允许使用线上发货;简易类物流提供邮政简易挂号服务,可查询包含妥投或买家签收在内的关键环节物流追踪信息;标准类物流包含邮政挂号服务和专线类服务,全程物流追踪信息可查询;快速类物流包含商业快递和邮政提供的快递服务,时效快,全程物流追踪信息可查询,适合高货值商品使用;海外仓物流指已备货到海外仓的货物所使用的海外本地物流服务。

速卖通平台对不同国家和不同卖家产品采用的物流方式有不同规定,例如收货国家是美国、成交金额大于 5 美金的订单,允许使用标准类物流服务中的 e 邮宝、AliExpress 无忧物流(标准)、快速类物流服务;成交金额小于等于 5 美金的订单,允许使用经济类、标准类和快速类物流服务。同时卖家发货所选用的物流方式必须是买家所选择的物流方式,未经买家同意,不得无故更改物流方式。

全球速卖通提供线上发货服务。线上发货是由阿里巴巴集团旗下全球速卖通、菜鸟网络联合多家优质第三方物流商打造的物流服务体系。卖家使用线上发货可直接在线选择物流方案下单,物流商上门揽收后(或卖家自寄至物流仓库),卖家可在线支付运费,并在线发起物流投诉维权。阿里巴巴作为第三方将全程监督物流商服务质量,保障卖家权益。

(一)邮政物流方式

邮政物流方式主要分为中国邮政航空小包、中国邮政航空大包、EMS(Express Mail Service)特快专递邮件业务和 EUB(简称"e 邮宝")等四种比较常见的物流方式。

1. 中国邮政航空小包

中国邮政航空小包(俗称"中邮""空邮小包""航空小包")及其他以收寄地市局命名的小包(如"北京小包"),是指重量在两千克以内(阿富汗为 1 公斤以内),外包装长宽高之和小于 90 厘米,且最长边小于 60 厘米,通过邮政空邮服务寄往国外的小邮包,也可以称为国际小包。

国际小包可以分为中国邮政平常小包(China Post Ordinary Small Packet Plus)和挂号小包(China Post Registered Air Mail)两种,主要的区别在于:挂号小包提供的物流跟踪条码能实时跟踪邮包在大部分目的国家的实时状态;平邮小包不受理查询,但能通过面单条码以电话查询形式查询到邮包在国内的状态。

(1)中邮小包的优点:运费比较便宜,这是最大的优点;部分国家运达时间并不长,因此属于性价比较高的物流方式;邮政的包裹在海关操作方面比快递简单很多,享用"绿色通道",因此小包的清关能力很强,而且中国邮政是"万国邮联"的成员,因此其派送网络世界各地都有,覆盖面非常广;中邮小包本质上属于"民用包裹",并不属于商业快递,因此该方式能邮寄的物品种类比较多。

(2)中邮小包的缺点:限制重量 2 公斤,阿富汗甚至限重 1 公斤,这就导致部分卖家如果包裹超出 2 公斤的,要分成多个包裹寄递,甚至只能选择其他物流方式;运送的时间总体比较长,像俄罗斯、巴西这些国家超过 40 天才显示买家签收都是正常现象;还存在许多国家是不支持全程跟踪的。

总的来说,中邮小包属于性价比较高的物流方式,适合寄递重量较轻、量大、价格要求实惠而且对于时限和查询要求不高的产品。

2. 中国邮政航空大包

中国邮政航空大包(China Post Air Parcel),俗称"航空大包""中邮大包"。中国邮政大包除了航空大包外,还包括水陆运输、空运水陆路运输的大包,中邮大包可寄达全球200多个国家,价格低廉,清关能力强,对时效性要求不高而重量稍重的货物,可选择使用此方式发货。

(1)中邮大包的优点:成本低,尤其是该方式以首重1千克,续重1千克的计费方式结算,价格比EMS低,较商业快递有绝对的价格优势;通达国多,中邮大包可通达全球大部分国家和地区,且清关能力非常强;运单操作简单,中邮大包的运单简单、快捷、单一,操作方便。

(2)中邮大包的缺点:部分国家限重10公斤,最重也只能寄30公斤;妥投速度慢;查询信息更新慢。

3. EMS特快专递邮件业务

EMS特快专递邮件业务,是中国邮政速递物流与各国(地区)邮政合作开办的中国大陆与其他国家及地区间寄递特快专递邮件的一项服务。由于是跟其他国家(地区)的邮政合办的,所以EMS在各国(地区)邮政、海关、航空等部门均享有优先处理权。这是EMS区别于很多商业快递的最根本的地方。

(1)EMS国际快递投递时间通常为3~8个工作日,不包括清关的时间。由于各个国家和地区的邮政、海关处理的时间长短不一,有些国家的包裹投递时间可能会长一些,卡哈拉成员的承诺妥投时间以EMS官网公布的为准。

(2)EMS的优点:邮政的投递网络强大,覆盖面广,价格比较合理;可以不用提供商业发票都可以清关,而且具有优先通关的权利,即使通关不过的货物也可以免费运回国内,其他快递一般都要收费;EMS适合小件且对时效要求不高的货物,可走敏感货物,不容易产生关税问题;EMS寄往南美国家及俄罗斯等国家有绝对优势。

(3)EMS的缺点:EMS相比于商业快递来说,速度会偏慢一些;查询网站信息滞后,一旦出现问题只能做书面的查询,查询的时间较长;EMS不可以一票多件,大货价格偏高。

4. 邮政"e邮宝"

"e邮宝"是中国邮政速递物流为适应国际电子商务轻小件物品寄递市场需要推出的跨境国际速递产品,该产品以EMS网络为主要发运渠道,出口至境外邮政后,通过目的国邮政轻小件网投递邮件。e邮宝能提供跨境电商平台和跨境卖家便捷、稳定、优惠的物流轻小件服务。速卖通卖家通过速卖通平台线上发货系统选择e邮宝,即可在线填写收寄件人信息及报关信息,生成国际运单号并打印发货标签。

(1)通达范围:目前e邮宝业务已通达俄罗斯、美国、巴西、西班牙、法国、荷兰、英国、澳大利亚、加拿大、以色列等35个国家及地区。

(2)"e邮宝"优点:交寄便利,中国邮政速递物流在全国范围内提供上门揽收服务,可电话联系中国邮政速递官方客服电话申请上门揽收,也可以自送到邮政速递物流营业网点;结算灵活,卖家和线下中邮网点自行商议折扣、结算运费;全程可跟踪,提供主要节点跟踪查询,但不提供在线投诉理赔服务。

(二)商业快递

商业快递主要由国际大型的物流公司组成,网点分布广,运输能力强,清关能力高,同时,大部分公司拥有海陆空一体化的运输设备,物流运输时间短、费用高,适合价值高的大宗货物运输。

速卖通平台通常使用的商业快递方式包括TNT、UPS、FedEx、DHL、Toll、SF Express等。不同的国际快递公司具有不同的渠道,在价格、服务、时效上都有所区别,下面我们重点介绍常用的国际快递方式。

1. TNT

TNT集团总部设在荷兰,是全球领先的快递服务供应商,为企业和个人客户提供全方位的快递服务。TNT快递在欧洲、中国、南美、亚太和中东地区拥有航空和公路运输网络。

(1)TNT的资费标准。TNT快递的运费包括基本运费和燃料附加费两部分,其中燃油附加费每个月变动,以TNT网站(http://www.tnt.com)为准。

(2)TNT的参考时效。一般货物在发货次日即可实现网上追踪,全程时效在3~5天,TNT经济型时效在5~7天。

(3)TNT的体积重量限制。TNT快递对包裹的重量和体积限制有:单件包裹不能超过70千克,三条边分别不能超过$2.40 \times 1.50 \times 1.20$(单位:米)。体积重量超过实际重量要按照体积重量计费,体积重量(kg)算法为:长(cm)×宽(cm)×高(cm)÷5000。

(4)TNT操作注意事项,具体有:

TNT快递运费不包括货物到达的目的地海关可能产生的关税、海关罚款、仓储费等费用,因货物原因无法完成目的地海关清关手续或收件人不配合清关,导致货物被退回发件地(此时无法销毁),所产生的一切费用,需由卖家承担。

若因货物原因导致包裹被滞留,不能继续转运,其退回费用或相关责任由发件人自负。

卖家若授权货代公司代为申报,如因申报原因发生扣关或延误,货代公司大多不承担责任。

如 TNT 包裹申请索赔,需在包裹上网后 21 天内提出申请,逾期 TNT 不受理。

一票多件计算方式:计算包裹的实重之和与体积重之和,取其中大者。

TNT 不接受仿牌货物,若仿牌货物被扣关 TNT 不负责。2016 年 5 月 24 日,美国联邦快递以 44 亿欧元(约 49 亿美元)收购了荷兰 TNT 快递。

2. UPS

UPS 全称是 United Parcel Service,即联合包裹服务公司,于 1907 年作为一家信使公司成立于美国华盛顿州西雅图,全球总部位于美国佐治亚州亚特兰大市,是一家全球性的公司。作为世界上最大的快递承运商和包裹快递公司,它也是运输、物流、资本与电子商务服务的提供者。

大部分 UPS 的货代公司均可提供 UPS 旗下主打的四种快递服务,包括:①UPS Worldwide Express——全球特快加急,资费最高;②UPS Worldwide Express——全球特快;③UPS Worldwide Saver——全球速快,也就是所谓的红单;④UPS Worldwide Expedited——全球快捷,也就是所谓的蓝单,是最慢的,资费最低。

在 UPS 的运单上,前三种方式都是用红色标记的,最后一种是用蓝色标记的,但是通常所说的红单是指 UPS Worldwide Saver。

3. FedEx

FedEx 全称是 Federal Express,即联邦快递,分为中国联邦快递优先型服务(International Priority/IP)和中国联邦快递经济型服务(International Economy/IE)。FedEx 成立于 1973 年 4 月,公司的亚太区总部设在香港,同时在上海、东京、新加坡均设有区域性总部。

FedEx IP(中国联邦快递优先型服务)和 FedEx IE(中国联邦快递经济型服务)主要区别在于:

(1)FedEx IP,其特点是:①时效快,递送的时效为 2~5 个工作日;②清关能力强;③为全球超过 200 多个国家及地区提供快捷、可靠的快递服务。

(2)FedEx IE 的特点包括:①价格更加优惠,相对于 FedEx IP 的价格更有优势;②时效比较快,递送的时效一般为 4~6 个工作日,时效比 FedEx IP 通常慢 1~3 个工作日;③清关能力强,FedEx IE 同 FedEx IP 是同样的团队进行清关处理;④为全球超过 90 多个国家和地区提供快捷、可靠的快递服务,FedEx IE 同 FedEx IP 享受同样的派送网络,只有很少部分国家的运输路线不同。

4. DHL

DHL 国际快递是全球快递行业的市场领导者,可寄达 220 多个国家和地区,有涵盖超过 120 000 个目的地(主要邮递区码地区)的网络,向企业及私人卖家提供专递及速递服务。

DHL 的操作注意事项包括：

（1）物品描述：申报品名时需要填写实际品名和数量，不接受礼物或样品申报。

（2）申报价值：DHL 对申报价值没有要求，客户可以自己决定填写的金额，建议按货物的实际申报价值申报，以免产生高额关税及罚金。

（3）收件人地址：DHL 有部分国家接受 PO BOX 邮箱地址，必须要提供收件人电话，填写的以上资料应用英文填写，其他语种不行。

5. Toll

Toll 环球快递是 Toll Global Express 公司旗下的一个快递业务，Toll 快递到澳大利亚、泰国、越南等国家的价格比较有优势。

Toll 的操作注意事项有：

（1）运费不包含货物到达目的地海关可能产生的关税、海关罚款、仓储费、清关费用等。

（2）若因货物原因导致包裹滞留在香港，不能继续转运的，其退回费用或相关责任由发货人自负。

（3）如货物因地址不详等原因在当地派送不成功，需要更改地址派送，Toll 会收取每票 50 元的操作费。

6. SF Express

顺丰速运近年来发展迅速，在中国大陆及中国香港、澳门、台湾等地区建立了快递服务网络。目前，顺丰速运已经开通了美国、日本、韩国、新加坡、马来西亚、泰国、越南、澳大利亚等国家的快递服务。

顺丰速运的主要优点是国内的网店分布广泛，收派队伍庞大，服务人员较多，服务意识强，价格有一定的竞争优势。缺点主要表现为开通的国家线路少，卖家可选的国家少，而且顺丰的业务种类繁多，在国际快递的专业知识方面略显逊色。

（三）专线物流

目前速卖通上的大部分买家以俄罗斯、乌克兰、巴西为主，还有一些西欧国家的买家。在专线物流中，中俄航空专线、燕文航空专线的运输物流费用较低，经济实惠，运输时效快，可全程追踪。

燕文航空专线（Special Line - YW），俗称燕文专线，是北京燕文物流公司旗下的一项国际物流业务。线上燕文专线目前已开通南美专线和俄罗斯专线。燕文俄罗斯专线小包与俄罗斯合作伙伴实现系统内部互联，一单到底，全程无缝可视化跟踪。国内快速预分拣，快速通关，快速分拨派送，正常情况下俄罗斯全境派送时间不超过 25 天,人口 50 万以上城市派送时间低于 17 天。

中俄航空专线(Russian Air)是通过国内快速集货、航空干线直飞、在俄罗斯通过俄罗斯邮政或当地落地配进行快速配送的物流专线的合称。中俄航空专线下面有 Ruston 专线,俗称俄速通,是由黑龙江俄速通国际物流有限公司提供的中俄航空小包专线服务,是针对跨境电商客户物流需求的小包航空专线,渠道时效快速稳定、全程物流跟踪服务,优点是经济实惠,可邮寄范围广泛,运送时效好,全程可追踪。

中外运安迈世(Aramex),在国内也称为"中东专线",是发往中东地区的国际快递的重要渠道。Aramex 创建于 1982 年,其强大的联盟网络覆盖全球。其总部位于中东,是中东地区的国际快递巨头。Aramex 优点是运费价格在寄往中东、北非、南亚等国家具有显著的优势,时效有保障,无偏远费用,包裹可在 Aramex 官网跟踪查询,状态实时更新信息,寄件人每时每刻都跟踪得到包裹最新动态。Aramex 服务目前支持中东、印度次大陆、东南亚、欧洲及非洲航线。目前平台上发货目的地有 36 个,包括阿联酋、印度、巴林、塞浦路斯、埃及等国家,且均为全境服务。在目的地国家无异常情况下一般 3～6 天完成派送。

(四)AliExpress 无忧物流

AliExpress 无忧物流是速卖通及菜鸟网络联合推出的官方物流服务,在全国范围内分布统一收货的网点。该物流系统运输费用经济实惠,物流运输的承诺时间是在两个月之内,物流辐射大部分买家的所在国,很大程度上解决了速卖通的买家物流模块设置问题,实现一键设置物流。AliExpress 无忧物流分为 AliExpress 无忧物流——简易(AliExpress Saver Shipping)、AliExpress 无忧物流——标准(AliExpress Standard Shipping)、AliExpress 无忧物流——优先(AliExpress Premium Shipping)。

无忧物流的优势:①渠道稳定时效快。菜鸟网络与优质物流服务商合作,搭建覆盖全球的物流配送服务、业内领先的智能分单系统,根据目的地国、品类、重量自动匹配最优物流方案。②运费优惠。重点国家运费约为市场价的 8～9 折,只发一件也有折扣,可使用支付宝在线支付运费。③操作简单。一键选择无忧物流即可完成运费模版设置,出单后发货到国内仓库即可,深圳、广州、义乌等重点城市免费上门揽收。④平台承担售后。物流纠纷无须卖家响应,直接由平台介入核实物流状态并判责,因物流原因导致的纠纷、DSR 低分不计入卖家账号考核。⑤你敢用我敢赔。物流纠纷导致的纠纷退款,由平台承担(标准物流赔付上限 800 元人民币、优先物流赔付上限 1 200 元人民币)。

(五)海外仓

速卖通的官方认证仓目前主要在以下国家开放:①美国,美东仓覆盖美国本土全部范围,以及加拿大;美西仓覆盖美国本土全境,以及加拿大、墨西哥等。②英国有伦敦仓、路腾仓,覆盖英国全境、欧盟 26 个国家。③德国有法兰克福一仓、法兰克福二仓,覆盖德国全境、欧盟 26 个国家。④捷克有布拉格仓,覆盖捷克全境、欧盟 26 个国家。⑤西班牙的马德里仓,覆盖西班牙全境。

目前入驻速卖通官方海外仓可获得如下权益:①流量权益。速卖通平台将会针对已经在做海外仓的商家进行流量倾斜,针对平台首页活动也会有优先选择权。此外,平台对海外仓商品打标,特殊标识。②仓配权益。入驻速卖通官方认证海外仓,平台会给到相应海外仓物流补贴,包括头程、仓租、配送费等一系列优惠权益。③服务权益。商家入驻速卖通官方认证仓,可以享受专属海外仓小二对接,负责商家海外仓的一切问题处理,针对海外仓仓发的订单,由于物流产生纠纷,平台将会为商家处理,不计入物流考核;使用第三方海外仓仓发,速卖通将会对其进行严格考核,达到考核标准才能进行使用。

关于备货海外仓的选品,建议产品是大件商品,如小型家具、家装、家居、汽摩配件、大小家电、运动、母婴等产品。

海外仓费用的计算主要包括头程费用、处理费、仓储费、尾程运费以及关税、增值税和杂费等。头程费用是指卖家将物品运送到海外仓的目的国的费用,分为空运、海运散货、海运整柜、当地拖车等方式。处理费指入库费用、出库费用、订单处理费。仓储费指海外仓的仓储费用,分为淡季和旺季,一般下半年的仓储费会更高。尾程运费是指本地的派送运费,如 Fedex、DHL、UPS、当地邮政等。

二、速卖通物流模块

(一)速卖通物流模块介绍

卖家在发布产品之前需要设置好物流模块,如果没有自定义的模块,则选择"新手运费模块"才能进行发布。如已有自定义的模块,可选择"运费模板"进行编辑,如图 15-1 所示。

对于第一次使用的卖家,速卖通还提供了新手运费模板,在运费模板中点击"Shipping Cost Template for New Sellers"即可。点击模板名称可以看到"运费组合"和"运达时间组合",在"运费组合"下平台默认的新手模块只包含了 China Post Air Mail、EMS 和 ePacket,系统提供的标准运费为各大快递公司在中国大陆地区的公布价格,对应的减免折扣率是根据目前平台与中国邮政洽谈的优惠。"运达组合时间"中的承诺运达时间是卖家判断的送达时间。

(二)国际物流网规认识

卖家除了要对各种常用的国际物流知识有一定的认识、设置适合自己产品的物流模块外,还需要对国际物流的规则有一定的认识,避免触犯规则受到处罚。

全球速卖通只支持卖家使用航空物流方式,支持的物流方式包括 EMS、TNT、UPS、FedEx、DHL、顺丰,以及中国邮政、香港邮政包裹和其他速卖通平台指定的物流方式。

图 15-1　运费模板

卖家发货所用的物流方式必须是买家选取的物流方式。因此,未经买家同意,卖家不得无故更改物流方式。

卖家填写发货通知时,所填写的运单号必须真实并可查询。

卖家如果以航空小包方式发货,必须进行挂号。

过去 30 天内小包"未收到货"纠纷大于等于 2 笔且小包"未到货"纠纷率大于 15% 的卖家会员,速卖通有权限制卖家使用航空大小包。

卖家需要谨慎选择物流发货渠道,平台鼓励卖家选择速卖通提供的线上发货物流渠道。速卖通只认可以下物流跟踪信息:线上发货物流跟踪信息,各国邮政、EMS、TNT、UPS、FedEx、DHL、Toll、顺丰等的官网提供的物流跟踪信息。

第二节　速卖通跨境支付

速卖通跨境支付的主要业务有平台货款催款、收款、对未放款订单申请放款等。客户虽然下单却未支付的可能原因有：客户付款前犹豫、选货时遇到一些问题、客户觉得价格偏高等，针对不同的可能性，要写相应的函电让客户认识到支付的紧迫性、感受良好的服务、得知优惠折扣等，引导客户完成支付。速卖通常见的支付方式有信用卡（主流方式）、借记卡、T/T 电汇、MoneyBookers（欧洲主流支付）、Boleto（巴西主流支付）、QIWI Wallet（俄罗斯主流支付方式）、WebMoney 等。对未放款订单申请放款的处理一般要求查询订单物流情况并下载物流凭证，申请放款同时写清说明并上传物流凭证，等待放款。同时，卖家要灵活处理，恰当安排，尽可能使客户满意，让交易顺利实现履约。

一、账户设置

（一）收款账户类型

国际支付宝（Escrow）目前仅支持买家用美元支付，卖家可以选择美元和人民币两种收款方式。

买家通过信用卡支付时，国际支付宝会按照买家支付当天的汇率将美元转换成人民币，支付到卖家国内支付宝或银行账户中（特别提醒：速卖通普通会员的货款将直接支付到国内支付宝账户）。

买家通过 T/T 银行汇款支付时，国际支付宝将支付的美元直接打到卖家的美元收款账户（特别提醒：只有设置了美元收款账户才能直接收取美元）。

（二）创建、绑定和修改支付宝收款账户的流程

登入全球速卖通，点击"交易"按钮进入"收款账户管理"界面。选择人民币收款账户，如果用户还没有支付宝账号，可以点击"创建支付宝账号"；也可以使用已经有的支付宝，点击"登录支付宝账号"进行设置。支付宝账号界面依次填写"支付宝账户姓名""登录密码"等必填项，填写完毕后点击"登录"按钮。登录成功后，即完成收款账户的绑定，也可以对收款账户进行编辑。

如果用户还没有支付宝账户，可以点击"创建支付宝账号"，填写相应的信息，完成支付宝注册。输入注册信息时，请按照页面中的要求如实填写，否则会导致用户的支付宝账号无法正常使用。点击"填写全部"可以补全信息。

(三) 注册和激活支付宝

可以使用 Email 地址或者手机号来注册支付宝账户。下面简单介绍两种网站注册方法。

若要单独注册支付宝账户，首先要进入支付宝网站（https:/www.alipay.com），点击"新用户注册"按钮就可以按提示注册了。

支付宝账户分为公司和个人两种类型，请根据自己的需要慎重选择账户类型。公司类型的支付宝账户一定要有公司银行账户与之相匹配。

选择使用 Email 注册时，第一步是填写注册信息，第二是进入邮箱查收邮件并激活支付宝账户。输入注册信息时，请按照页面中的要求如实填写，否则会导致用户的支付宝账户页面无法使用。点击"填写全部"可以补全信息。进入邮箱查收激活邮件，激活成功后，补全支付宝账户的基本信息就可以进行付款、充值的操作了。

(四) 查询银行的 Swift Code

Swift Code 其实就是 ISO 9362，也叫 SWIFT BIC、BIC code、SWIFT ID，由计算机可以识别的 8 位或 11 位英文字母或阿拉伯数字组成，用于在 Swift 电文中区分金融交易中的不同金融机构。

Swift Code 的 11 位阿拉伯数字或字母可以拆分为银行代码、国家代码、地区代码和分行代码四部分，以中国银行北京分行为例，Swift Code 为 BKCHCNBJ300，含义为：BKCH（银行代码）、CN（国家代码）、BJ（地区代码）、300（分行代码）。

银行代码：由四位英文字母组成，每家银行只有一个银行代码，由其自己决定，通常是该行的名字或缩写，适用于其所有的分支机构。

国家代码：由两位英文字母组成，用以区分用户所在的国家和地理区域。

地区代码：由 0、1 以外的两位数字或字母组成，用以区分位于所在国家的地理位置，如时区、州、城市等。

分行代码：由 3 位字母或数字组成，用来区分一个国家里某一分行、组织或部门。如果银行的 Swift Code 只有 8 位而无分行代码时，其初始值为"XXX"。

用户可以拨打银行的服务电话，询问该行 Swift Code，也可以登录 Swift 国际网站查询页面来查询我国某个城市某家银行的 Swift Code。以中国银行上海分行为例，登录 Swift 国际网站查询页面，根据提示填入要查询的银行信息。在"BIC or Institution name"中填入中国银行的统一代码 BKCH，在"City"一栏中填入要查询的银行所在城市的拼音 Shang hai，在"Country"栏选择"CHINA"，最后在"Challenge response"中填入所看到的验证码。完整填写要查询的银行信息后,点击"Search"按钮即可开始查询。

(五)支付宝账户认证流程

1. 个人支付宝账户认证流程

进入 www.alipay.com,登录支付宝账户(账户类型为个人账户),在"我的支付宝"页面,请点击"申请认证"。此时进入支付宝实名认证的介绍页面,输入校验码,点击"立即申请"。

仔细阅读支付宝实名认证服务协议后,点击"我已经阅读并同意接受该协议"按钮,才可以进入支付宝实名认证。有两种进行实名认证的方式可以选择,请选择其中一种,点击"立即申请"。如通过"支付宝卡通"来进行实名认证,则点击"立即申请",并按照提示步骤来申请开通。

2. 企业支付宝账户认证流程

登录 www.alipay.com,找到认证入口,填写认证信息,确认后,进入填写信息页面。请正确填写公司名称、营业执照注册号和校验码。公司名称需与营业执照上完全一致,填写后即进入具体信息提交页面,如申请人不是公司法定代表人,请下载委托书。组织机构代码、企业经营范围、企业注册资金、营业执照有效期等非必填项可以选择填写。请核对提交的信息是否正确,确认无误后,点击"下一步",进入审核页面,审核次数为两次。审核成功后,请等待客服工作人员对营业执照信息的审核。

卖家信息审核成功后,平台将在 1~3 个工作日内给卖家的银行卡打款,请确认后继续操作。请确认支付宝给你的账户付款的金额,点击"继续",填写你收到的金额,完成此次认证。点击"继续"进入金额界面,请查询近期对公银行账户中支付宝打入的小于 1 元的金额。确认金额成功后,即完成整个卖家认证过程。

(六)创建美元收款账户

1. 新增账户

如果是中国供应商会员,请登录"我的速卖通",点击"交易—银行账户管理",进入"收款账户管理"界面,点击"创建美元收款账户"。

如果是普通会员则登录"我的速卖通",点击"交易—银行账户管理",进入"收款账户管理"界面,点击"创建美元收款账户"。点击进入"新建美元账户"之后,可以选择"公司账户"和"个人账户"两种账户类型。

2. 公司账户

请不要使用中文填写信息,否则将引起放款失败,从而产生重复放款,损失手续费。设置的公司账户必须是美元账户或是能接受美元的外币账户。在中国大陆地区开设的公司必须有出口权才能接收美元并结汇。使用公司账户收款的订单，必须办理正式报关手续，才能顺利结汇。

3. 个人账户

请不要使用中文填写信息，客户创建的个人账户必须能接收海外银行对个人的美元打款。收汇没有限制，个人账户年提款总额可以超过5万美元。注意结汇需符合外汇管制条例，每人5万美元结汇限额。选择账户后，依次填写"开户名（中文）""开户名（英文）""开户行""Swift Code""银行账号"等必填项。填写完毕后，点击"保存"按钮即可。

二、收费标准

国际支付宝只在交易完成后对卖家收取手续费，买家不需要支付任何费用。国际支付宝服务对卖家的每笔订单收取3%（中国供应商会员）或5%（普通会员）的手续费，目前这是全球同类支付服务中最低的费用。

三、提现收款

目前阿里巴巴速卖通平台支持EMS、DHL、UPS、FedEx、TNT、SF、邮政航空包裹等七种物流运输方式。针对以上方式，平台放款规则如下。

（一）总则

若买家确认收到货物或买家确认收货超时，系统会自动核实订单中所填写货运跟踪号（以下简称运单号）。系统将核对运单号状态是否正常、妥投地址是否与订单中的收货地址一致等信息。

如运单号通过系统审核，系统会自动将款项支付到卖家的收款账户中。

如运单号未通过系统审核，订单将进入服务部人工审核流程。

（二）人工审核规则

所有进入服务部人工审核流程的订单，服务人员都会根据运单号的查询情况进行判断。目前主要有以下几种情况：

一是地址不一致（运单号妥投地址与买家提供的收货地址不一致），此时服务人员会联系卖家，请卖家提供发货订单。

二是未妥投（订单部分或全部运单号的查询结果正常，显示妥投），此时服务人员会联系买家，核实买家是否已经收到货物。如买家表示收到货物，正常放款，如未收到，则请买家配合向快递公司查询。

三是运单号无效（运单号无法查询任何信息），服务人员将联系卖家提供发货底单。

四是货物被退回(运单号显示货物已经被退回),请联系卖家核实是否收到货物,并做退回处理。

(三) 注意事项

为了保证能够及时收到货款,请注意以下几点:

(1)请尽量使用平台支持的货运方式,并在发货期内填写真实有效的运单号。

(2)请及时更新订单号。如运单号在货运途中发生变更,请及时更新。

(3)请卖家配合服务人员提供相应的证明。

(4)在买家确认收货或者确认收货超时,货运信息证明正常的情况下,卖家会在3~5个工作日内收到相应的订单款。

四、国际支付宝 Escrow

(一) 申请

如果用户已经拥有了国内支付宝账户,无须另外申请国际支付宝账户。只要你是全球速卖通的用户,就可以直接登录"My Alibaba"后台(中国供应商会员)或"我的速卖通"后台(普通会员),管理你的收款账户,绑定国内的支付宝账户即可。

如果你还没有国内支付宝账户,可以先登录支付宝网站申请国内的支付宝账户,再绑定。

提示:绑定国内支付宝账户之后,用户就可以通过支付宝账户收取人民币。国际支付宝按照买家支付当天的汇率将美元转换成人民币支付到卖家的国内支付宝或银行账户中。用户还可以通过设置美元收款账户的方式来直接收取美元。

(二) 国际支付宝

1. 国际支付宝概述

阿里巴巴国际支付宝由阿里巴巴与支付宝联合开发,是为了保护国际在线交易中买卖双方的交易安全所设的一种第三方支付担保服务,全称为 Escrow Service。如果你已经拥有国内支付宝账户,只需绑定国内支付宝账户即可,无须再申请国际支付宝账户。

国际支付宝的服务模式与国内支付宝类似:交易过程中先由买家将货款打到第三方担保平台的国际支付宝账户中,然后第三方担保平台通知卖家发货,买家收到商品后确认,货款放给卖家,至此完成一笔网络交易。

国际支付宝的交易流程如下:确认订单⇨买家付款⇨卖家发货⇨买家收货⇨卖家收款。

2. 使用国际支付的优势

(1)支持信用卡、银行汇款多种支付方式。目前国际支付宝支持的支付方式有信用卡、T/T 银行汇款、PayPal,后续将会有更多的支付方式接入进来。

(2)先收款,后发货,全面保障卖家的交易安全。国际支付宝是一种第三方支付担保服务,而不是一种支付工具。对于卖家而言,它的风控体系可以保护其在交易中免受信用卡盗卡的欺骗风险,而且只有国际支付宝收到了货款时,才会通知卖家发货,这样可以避免在交易中使用其他支付方式导致的交易欺诈。

(3)线上支付,直接到账,足不出户即可完成交易。使用国际支付宝收款无须预存任何款项,速卖通会员只需绑定国内支付宝账户和美元银行账户就可以分别进行美元和人民币的收款,非常的方便快捷。

国际支付宝提现无须申请,买家确认收货且物流投妥后,国际支付宝将直接把钱汇到卖家的国内支付宝或绑定的银行账户中。

3. 国际支付宝与国内支付宝的区别

国际支付宝的第三方担保服务是由阿里巴巴国际站同国内支付宝联合支持提供的,全球速卖通平台只是在买家端将国内支付宝改为国际支付宝。这是因为根据对买家调研的数据,发现买家群体更加喜欢和信赖"Escrow"一词,认为 Escrow 可以保护买家的交易安全。而在卖家端,全球速卖通平台依然沿用国际支付宝一词,只是国际支付宝相应的英文变成了"Escrow"。

在使用上,只要卖家有国内支付宝账户,无须再另外申请国际支付宝账户,登录"My Alibaba"后台(中国供应商会员)或"我的速卖通"后台(普通会员),就可以绑定你的国内支付宝账号来收取货款。

支付宝英文名称的变化对收款影响不大,但是需要理解以下几点,以便在做生意时更好地和买家沟通。

(1)国际支付宝是一种第三方支付担保服务,而不是一种支付工具。

(2)速卖通的买家页面已经用"Escrow"代替"Alipay",当你产品发布时,不能再出现"Alipay"一词了。

在产品发布时,可以使用以下类似措辞:"We accept the payment methods provided by AliExpress Escrow"。

4. 国际支付宝支持哪些产品的交易

目前国际支付宝支持部分产品的小额批发、样品、小单、试单交易等,只要用户的产品满足以下条件即可通过国际支付宝进行交易。

(1)产品可以通过 EMS、DHL、UPS、FedEx、TNT、SF、邮政航空包裹等七种运输方式进行发货。

(2) 每笔订单金额小于 10 000 美元（产品总价加上运费总额）。

5. 国际支付宝支持哪些产品运输方式

目前国际支付宝支持 EMS、DHL、UPS、FedEx、TNT、SF、邮政航空包裹等七种国际运输方式，只要能通过这七种运输方式发货的产品，都可以使用国际支付宝进行交易，暂时不支持海运。

6. 国际支付宝单笔订单的最大额度

为降低支付宝用户在交易过程中产生的交易风险，目前支付宝支持单笔订单金额在 10 000 美元以下的交易。

7. 通过国际支付宝在线交易如何报关

如果你的货物申报价值在 600 美元以下，快递公司会集中报关。如果你申报的货物价值超过 600 美元，你可以提供全套的报关工具，委托快递公司代报关。

8. 通过国际支付宝在线交易如何核销退税

买家使用 Visa 和 MasterCard 信用卡支付时，无法核销退税。买家使用 T/T 银行汇款和 PayPal 支付时，买家报关后可以进行核销退税。

9. 如何更好地向买家介绍国际支付宝

根据市场调研，使用过国际支付宝的买家在第二次购买时，他们更倾向于重复使用，而且当国际支付宝接入更多的支付方式时，买家可以自由选择他们喜欢的支付方式，如果买家支付流畅简单，在速卖通做生意也会更加容易。因此在交易中，如果你的买家对 AliExpress Escrow 存在困惑，可以同他们沟通解释，以便更好达成你的生意。

(三) 国际支付宝的支付方式

国际支付宝支持多种支付方式：信用卡、T/T 银行汇款、MoneyBookers、借记卡等。

1. 信用卡支付

买家可以使用 Visa 及 Mastercard 对订单进行支付，如果买家使用此支付方式，订单完成后，平台会将订单款项按照买家付款当天的汇率结算成人民币支付给卖家。

2. T/T 银行汇款支付

这是国际贸易的主流支付方式，大额交易更方便。如果买家使用此方式支付，订单完成后，平台会直接将美元支付给卖家。不过其中会有一定的转账手续费用，收到的金额可能会有一些出入。此外，银行提现也需要一定的提现费用。

3. MoneyBookers 支付

欧洲也是速卖通的主要市场，MoneyBookers 是欧洲的一个电子钱包公司（类似 PayPal），而且集成了多种支付方式，在欧洲是主流的支付服务商。

4. 借记卡支付

国际通行的借记卡外表与信用卡一样，其右下角印有国际支付卡机构的标志，它通行于所有接受信用卡的销售点。唯一的区别是，当使用借记卡时，用户没有 Credit Line，只能用账户里的余额支付。

（四）国际支付宝是否有 5 万美元的收款限制

当买家使用信用卡支付时，所有的外币都将由中国银行按照买家支付当天的平均汇率直接转换为人民币，卖家收到的是人民币，因此没有 5 万美元的收款限制。

如果用户设置了美元收款账户收取美元、使用公司账户收款时，必须办理正式报关手续，并在银行端完成相关的出口收汇核查、国际收支统计申报之后，才能顺利收汇、结汇。如果使用个人美元收款账户，会受到每年 5 万美元的限制。

如果设置了美元个人收款账户，超过 5 万美元的限制可以通过两种方式解决：①如果一次提现已经超过 5 万美元，可以分年结汇，例如 2015 年先结 5 万美元，剩余的待下一年结汇；②在金额未超过 5 万美元时提现一次，下次提现时更改个人收款账户，分开提现。

（五）国际支付宝卖家保护指南

为了保护全球速卖通平台买卖双方的合法权益，让双方能够更加放心和顺利地在速卖通平台完成交易，避免不必要的纠纷，平台特别推出"支付宝卖家保护指南"，当买家投诉货物没有收到或者收到的货物与描述不符时，"支付宝卖家保护指南"可以协助和保护卖家在最短的时间里解决纠纷。

1. 什么是支付宝卖家保护

支付宝保护速卖通的卖家在平台上进行的合法交易。支付宝的卖家保护主要包括以下几个方面：①"先收款、后发货"的交易模式保护卖家；②遭遇交易纠纷时，支付宝的卖家保护指南帮助卖家有效解决纠纷；③支付宝的风控系统可以有效排除可疑订单，防止买家欺诈。

2. 支付宝卖家保护范围

（1）只保护合法卖家在全球速卖通平台上使用支付宝进行的交易，若未使用支付宝将不能享受支付宝卖家保护。

（2）只保护合法卖家发布的不违反交易平台禁限售规则的交易产品。

3. 支付宝卖家保护指南是如何保护卖家的

(1) 当买家投诉没有收到货。如果卖家能够向平台提供货物已经送达给买家的证明，卖家将得到平台保护。因为物流等原因，货物可能还在途中，因此当纠纷发生时，卖家需要主动联系买家，同买家沟通。若双方达成一致，买家确认收到货后撤除纠纷，平台将全额放款给卖家。

若买家投诉没有收到货物，而卖家能提供清楚显示货物已经送达的证据，包括但不仅限于：货物的运单号、货物底单、物流妥投证明、货物的运送状态显示"已送达"、送达日期、收件人地址（确保收货地址和买家地址一致）、收件人确认收货的签字回执，平台将会全额放款给卖家。

若买家投诉没有收到货，经平台查明货物被扣关，而卖家能够提供物流出具的买家不愿意清关导致货物被扣关的证明，平台会全额放款给卖家。

(2) 当买家投诉收到的货物与描述不符。如果卖家能够提供清楚的文件来证明货物的说明是恰当的，卖家可以得到平台的保护。例如，当卖家提供的文件能说明以下问题时，索赔可能会按对卖家有利的原则解决：

买家投诉收到的货物为二手货，而卖家在产品描述中已经清楚说明该物品是二手货。

卖家产品描述正确，比如卖家在产品描述中已经清楚说明了该物品的实际功能及可能存在的缺陷，而买家因为期望值等问题不想要了。

当买家投诉货物数量不对时，卖家能够提供证据证明是按照买家需求发出的订单。

货物与描述不符的投诉由于涉及买家期望值问题，卖家需要积极主动提供证据来证明对该买家购买产品的描述是清楚的，平台将会根据货物的实际情况同买家协商，对卖家做出全额放款、退货、部分放款的处理。

4. 支付宝卖家保护指南相关的问题

(1) 在买家提交纠纷申请后，该怎么办？买家向平台提交纠纷申请后，平台会尽快联系卖家。卖家需要积极主动地提供相应的证据，包括但不限于运单号、货物底单、物流妥投证明、买卖双方交谈记录截屏等，详细的证据有助于平台站在有利于卖家的立场上解决问题。

(2) 如果买家申诉成功，会怎么处理？如果申诉成功，平台会针对货物的实际情况，协调双方对买家进行全额退款或者部分退款、退货处理。

(3) 买家提出"未收到货物"纠纷申请时，如果货物仍然在途中，该如何处理？这时应积极主动同买家沟通，告诉他货物仍在途中，希望他耐心等待并且向平台申请撤销纠纷，平台上很多纠纷就是因为买卖双方沟通不畅导致的。如果买家撤销了投诉，等到货物妥投、买家确认收货后，平台会全额放款给卖家。

（4）我提供了正确的运单号，但是货物在运输途中丢失了，该如何处理？你需要积极联系物流公司或货运公司，确认货物目前的状态，同时主动同买家沟通，尽量让买家耐心等待一段时间。若确认货物是物流公司在运输途中遗失，平台会将钱退回给买家，你需要向物流公司提出索赔。

（5）要确保买家满意，我应该做些什么？卖家要发布详细的产品描述，在产品描述中讲清楚货物的状况，比如是否是二手货物、货物是否有瑕疵，不夸大货物功效，提供清晰、丰富的产品图片。卖家在发货后尽快向平台提交货物的订单号，确保买家能跟踪到货物。积极主动地同买家沟通，让买家在整个交易过程中感觉到你的真诚和耐心。很多纠纷通过沟通都可以避免。

五、其他支付方式

（一）MoneyBookers 支付方式

1. 什么是 MoneyBookers

MoneyBookers 是一家国际领先的在线支付系统和电子货币的在线支付服务商，由英国和欧盟的法律授权，受英国金融服务管理局（FSA）监管，是欧洲比较热门的支付服务之一。通过 MoneyBookers，买家可以使用超过 50 种支付方式在全球速卖通上支付货款，不仅包括信用卡，也包括一些借记卡。

2. MoneyBookers 支持哪些支付方式

Moneybookers 共支持 50 余种欧洲各国流行的支付方式，包括信用卡、借记卡（没有透支功能的银行卡，类似于国内的一卡通）和一些欧洲各自当地的支付方式。其中，速卖通平台为 Maestro、solo、Carte Bleue、PostePay、CartaSi、4B、Euro6000 等七种借记卡开通了快速付款通道，因此买家使用这七种借记卡支付货款，卖家会在订单管理里看到"借记卡支付成功"。买家用其他 MoneyBookers 提供的支付方式支付货款，卖家会在订单管理里看到"MoneyBookers 支付成功"。

（二）Boleto 支付方式

1. 什么是 Boleto 支付方式

同多数欧洲国家一样，巴西的在线信用卡支付使用率并不高，巴西国内的在线支付方式主要是银行转账和 Boleto 支付。Boleto 是由多家巴西银行共同支持的一种使用 Bar Code 识别码的支付方式，在巴西占据主导地位，客户可以到任何一家银行、ATM、指定超市或超市彩票网点完成支付。

2. Boleo 支付限额是多少

支付限额是 1 美元到 3 000 美元，需要同时满足 AE 网站和 Boleto 支付限额。

3. Boleto 退款失败了怎么办

Boleto 退款失败会由 EBANX 负责,速卖通跟对方的协议中要求 EBANX 必须退款到买家端。

4. Boleto 付款超过 5 个工作日未到账怎么办

如果超过 5 个工作日未到账,请联系买家确认是否已付款。如果已付款,请买家提供付款凭证,并联系支付宝客服确认,客服链接是 https://alipayaccount.alibaba.com/i.htm。

提示:只要买家在下面点击了 Boleto 付款方式,卖家页面上就会有提醒(买家点击了 Boleto 付款,订单最长需要 5 个工作日才能显示付款成功,在此期间请不要修改订单价格或联系买家催单。如超过 5 个工作日没有显示支付成功,请联系买家确认是否付款)。如果买家只是点击了这种付款方式,但实际并没有去银行汇款,那么超过 5 个工作日订单还是处于等待买家付款的状态,卖家需要跟买家核实是否已经付款。

5. 买家完成 Beleto 支付后多久能到账

正常情况是 5 个工作日左右,到账后订单状态会变化为"等待卖家发货",不会出现订单在审核中的情况。

(三)QIWI 支付方式

1. 什么是 QIWI 支付方式

QIWI Wallet 是俄罗斯客户主要的支付方式。QIWI Wallet 是 QIWI 金融集团旗下的电子钱包系统,其服务类似于支付宝。依托于 QIWIBank,QIWI Wallet 是俄国市场上唯一注册地在俄国境内、能够直接与外国电子支付服务商合作的第三方支付服务提供商,占有了俄国电子钱包支付业务 1/3 的市场份额。

2. 如何设置 QIWI Wallet

卖家无须设置 QIWI Wallet 支付方式,买家付款时,其付款页面会有此支付方式的提示,买家可以根据自己的情况选择合适的付款方式。

3. QIWI 付款多久能到账

根据买家支付方式,到账时间也不一样:

(1)如果通过信用卡、QIWI 支付,且通过一般资金审核,24 小时左右即可到账。

(2)如果通过西联汇款,一般需要 2 个工作日到账。

(3)如果通过 T/T 转账,一般需要 7 个工作日左右到账。

(四)WebMoney 支付方式

1. 什么是 WebMoney

WebMoney(简称 WM)是由成立于 1998 的 WebMoney Transfer Technology

公司开发的一种在线电子商务支付系统,其支付系统可以在包括中国在内的全球 70 个国家使用,是俄罗斯三大主流支付机构之一。

2. WebMoney 的支付有限额吗

在 AE 网站上,WebMoney 这种支付方式的消费额度是 0.01 美元至 5 万美元。同时,不同买家在 WebMoney 的支付额度也有限额。买家的消费金额需要满足网站和 WebMoney 两边的支付限额要求。

关于 WebMoney 具体的支付要求,可以请买家联系 WebMoney 的客服。

3. WebMoney 订单退款了多久到账

退款被 WebMoney 受理后,会立即到账,目前速卖通支持账户余额支付。

若买家提交的退款申请被支付宝受理,会将退款请求提供给 WebMoney 处理。WebMoney 即时退款到买家账户。

4. 通过 WebMoney 支付退款的是卢布还是美元

通过 WebMoney 支付退款的是美元,买家可以在 WM 的账户里自己兑换成卢布。

课后训练

任务一:设置适合自己店铺的物流模板。

任务二:对已经成交的订单,进行线上发货。

参考文献

[1]速卖通大学. 跨境电商:阿里巴巴速卖通宝典[M]. 北京:电子工业出版社,2015.

[2]冯晓宁,梁永创,齐建伟. 跨境电商:阿里巴巴速卖通实操全攻略[M]. 北京:人民邮电出版社,2015.

[3]易传识网络科技. 跨境电商:多平台运营[M]. 北京:电子工业出版社,2015.

[4]肖旭. 跨境电商实务[M]. 北京:中国人民大学出版社,2015.

[5]速卖通大学(http://university.aliexpress.com)。